U0055476

賽尚

川菜江湖

百年傳奇

向東◎著

目錄

耗子洞張鴨子

作者序
九天開出一成都

記得小時候，父親常在晚飯後帶著我，到街頭茶館裡聽說書。茶館裡正中靠牆的一邊擺了個小檯子，上面放了一張條桌，桌上鋪了一塊鑲著白邊的藍布，一把太師椅，那說書的中年男人常穿著一件皺皺巴巴、不乾不淨，繡有花紋的紫紅色長衫，拿著一把大摺扇，一當他抓起一塊油亮的木塊，劈劈啪啪一陣猛擊，那震耳的清脆聲響立馬就讓喧鬧的茶館頓時安靜下來，他就要開始說書了。

然而我怎麼也沒弄明白，那桌上就一個木塊和一碗茶，連張紙都沒有，他又怎麼說書呢？父親告訴我，說書就是擺龍門陣，先把書看熟了再聽他慢慢擺裡面的傳奇故事。打那以後，剛讀書的我第一次聽到什麼「三國演義」、「隋唐演義」、「七俠五義」、「水滸傳」，於是對「傳奇」這個詞便有了深刻的印象。

小學三年級後，凡是帶「傳奇」和「演義」一類的書，我都會如饑似渴地通看。幾十年轉瞬即逝，我自己也沒想到會親手撰寫一部「傳奇」，一部可歌可泣的百年川菜演義史。對於我這個烹飪「外行」和業餘寫手而言，這或許就是一種「緣分」，一份宿命吧。對於一個土生土長，安身立命於成都的寒酸布衣，也算是我對這塊生我養我之沃土的一分責任與感恩。

「九天開出一成都，萬戶千門入畫圖。草樹雲山如錦繡，秦川得及此間無。」這是千多年前李白對成都的高度讚美。位於大西南腹地之成都，從古至今，倒也是一個非凡而獨特的都市。從北緯30度獨特地理位置，到金沙文明時代傳承下來的人文積澱，再到川西平原「人融於天」的自然生態，千百年間，任憑宮廷改弦易轍，城頭旌旗舞動，成都仿佛天生就擁有幸福的基因密碼。從從容容的慵懶、慢慢悠悠的生活、鬆鬆垮垮的節奏、坦坦蕩蕩的性情、不急不躁的氣度。在成都人眼裡，幸福從來就沒有統一的格式，街頭路邊小吃、蒼蠅館子便飯、冷淡杯、夜啤酒、農家樂、玩棋牌、曬太陽、蓋碗茶、龍門陣……日常生活中的點點滴滴，都蘊藏著一種快樂，都能綻放幸福的禮花。

成都市民雖大多也關心和議論天下大事、小道新聞，但腦子裡沒有特別濃厚的政治意識，也不崇尚分秒必爭、貪婪無垠的向錢看，把尋常日子過得從容散淡、輕鬆自在。他們關注的是小日子的舒適與快樂，永不疲憊的是吃喝玩樂，如此而成就了川菜，川菜也成全了他們。得意也罷、失意也罷，進餐館也好，在家中也行，幾樣可口的菜餚，再來杯小酒，慢酌細品中，國事家事處之泰然、人事物事順其自便，管它潮起潮落，風吹雨打，只管齒頰流香，朵頤大快。春夏秋冬，川人就這樣用舌尖品味著這座城市，以肚腸感受人世冷暖，用美味書寫著快樂人生。這就是被聯合國授予「美食之都」的箇中奧秘。

於是，成都成為一個有著很多「舌尖上的故事」的地方。這些故事，不僅閃現在萬家燈火後面，也蘊藏在不計其數的老字號、老店鋪中，它們是城市風情一個個精彩的章節。當你漫步街市，尋覓著舌尖上的故事，在大快朵頤之際，你會情不自禁地摹名溯源，將巴山蜀水那些老字號、老店鋪的新老故事，那些大師名廚、名菜佳餚與其令人感動的歷史積澱、深沉的文化底蘊、榮辱滄桑，一道細細嚼來……。

然而最為人傳頌的，卻是從１８６０年到２０１０年，這一百五十年間川菜之聲名崛起，名噪江湖，與百年間諸多名館、名師之前赴後繼、代代奮發，與川菜在百年間經過清末民初改朝換代之洗禮，１９３０年代抗日戰爭與解放戰爭的煙火；１９５０年代公私合營之巧取豪奪；十年文革中被「革命不是請客吃飯」之打砸封；到西元２０００年後，政府為了面子工程而大規模改造拆毀，眾多名店雖忍辱負重、頑強掙扎，但最終亦落得「他殺」和「自殺」之悲哀而淒涼的命運，成為永恆的追憶。然而，他們在１５０年間處變不驚，堅韌執著所創造和書寫的川菜傳奇，卻隨著１９８０年代改革開放之勁風，而演繹得十分的有滋有味，情長味濃，讓人扼腕扶額，感慨萬千……。

向東

2013/3/20 於成都

第〇〇一回　高原雪水萬古流，百年川菜千年風

千百年來，古蜀大地的第一縷文明曙光，一直被淹沒在秦皇漢武那堂皇而雍容的鐵幕之中，難以穿透。至於張儀滅蜀之前成都平原的模樣，惜墨如金的古人用了八個字：不曉文字，未有禮樂。這八個字掩蓋了一切真相，並擋住了兩千年來歷代學者關注的目光。

正是由於這樣的原因，即使是出生於古蜀文明腹心地帶，郫縣的西漢大儒揚雄，也在《蜀王本紀》中寫下了這樣的斷言：「蜀王之先名蠶叢、柏灌、魚鳧、蒲澤、開明。是時，人民椎髻左言，不曉文字，未有禮樂。從開明上至蠶叢，積三萬四千歲。」

那麼，史實果真是如此嗎？幾千年前，在大西南這塊盆地中的那半人半神的洪荒世界，是怎樣被古蜀文明的第一縷曙光照亮的呢？那一個又一個晦黯荒譎的上古傳說，卻仿佛是一絲絲游離於巴山蜀水的幽靈，給那本來就撲朔迷離、上下五千年中華文明史，增添了無數神秘而空幻的身影。

站在郫縣「望叢祠」古柏森森的墓園旁，雖然那個如山丘般的土堆裡，除了人們寄託的哀思與緬懷外，並沒有真正的望叢二帝的遺骸和衣冠。然而，在那幽深柏木林中，不時可見杜鵑鳥悲戚的鳴叫，幾只蒼鷺忽然從樹梢間噗噗驚飛，仿佛真的有什麼神秘的東西從墓園深處騰起，隨著這些灰色羽毛的飛鳥一縷縷飄入空中。就在這個瞬間，綿延了三、四千年的古蜀歷史，像冥冥之中的魂與靈，不僅在我們的心間紮下根來，而且如空氣一樣包覆滿我們的軀體，與我們沉重的呼吸同在。腦海中不由自主地浮現出望叢二帝之風采、古蜀王國的風貌，以及古蜀人在這邊土地上所展現出的，那神秘飄逸，開放進取的氣度；崇尚生命，熱愛生活，既聰慧勤勞又浪漫休閒的氣質……

「蠶叢及魚鳧，開國何茫然。爾來四萬八千歲，不與秦塞通人煙。」這是唐代詩人李白對古蜀國的感歎。字詞之間充滿著迷濛的神話色彩。然而撥開朦朧迷霧，最初定居在川西高原洞穴石室中的蜀人始祖蠶叢氏的生活軌跡，卻是依稀可見。

揭開三千年前古蜀文明的帷幕，追溯古蜀歷史，古蜀人和岷江的關係始終是一個充滿傳奇而又獨具魅力的話題。據地質學家們說，四川盆地在遙遠的石炭紀曾是一個巨大的內陸海。加之，由川西高原點滴雪水，涓涓細流，彙集而成的岷江，飛流而下注入盆地。後來滄桑變化，大禹治水，劈開三峽，使積水東泄，內陸海變成了膏腴的成都平原，並形成了盆地周圍高山環繞、眾多江河穿流全境的獨特的地理環境，為古代蜀人的棲息繁衍提供了一方氣候溫暖適於農耕的區域。但每當溫柔的岷江野性復發、氾濫成災時，平原就成了沼澤。自遠古時代起，古蜀人就開始了與水患的鬥爭。

西元前的蜀國，一片汪洋，川西壩子上，水發，澤國一片，蒼莽遍野；水退，則沼澤濕地，蛙鳴水澤，荒草叢生。水生荒草和蘆葦蕩中，鳥群飛翔，魚蟲潛遊，野鴨呱呱，成群飛舞，古蜀國的人，於是自命自己的部族圖騰為「魚鳧」。《尚書‧禹貢》：「岷山導江，東別為沱」。在高高的草叢中，古蜀人在山上放養畜牧，正如《華陽國志》所載：「江、潛、綿、洛為池澤，汶山為畜牧。」每當春夏山洪暴發的時候，江水奔騰而下，洪進入成都平原，由於河道狹窄，古時常常引起洪災，洪水一退，又是沙石千里。而灌縣岷江東岸的玉壘山又阻礙江水東流，造成東旱西澇。

於是，到了春秋時期的蜀王杜宇，就把古蜀都城建在成都扇形沖積平原的中脊線、地勢比成都、金堂、新津等都要高的郫邑（郫縣）。丞相鱉靈決玉壘山（今金堂峽）以除水害，分泄大江洪水去沱江，大大地減輕平原地區的洪災。秦昭襄王五十一年，李冰任蜀郡太守，他為民造福，排除洪災之患，主持修建了著名的都江堰水利工程。從此，美麗富饒的川西平原，天府之國便脫穎而出，成為華夏大地上一顆閃亮的明珠。

西元２０００年後，世人方被新津寶墩、郫縣古城遺址、廣漢三星堆、成都金沙所出土，由古蜀人及其後人所創造的燦爛溢彩文明所驚醒，得以窺探到蜀人先祖的風采、古蜀王國的風貌。青銅錢樹、太陽神鳥、以及精美絕倫的罍、尊、盤、罐、甑、鼎等青銅與陶土餐飲器具，讓人們不無驚訝地看到古蜀飲食文明的氣場。不僅如此，人們還隨之發現先民們在水旱從人，不知饑饉的自然環境中，在農牧魚獵生產活動中，為祈願、為感恩而創造的各種祭祀、典儀及飲食餐聚和宴樂活動。以及為祈願、祭祀、典儀創製了美酒、餚饌、筵宴。豐富的五穀、六畜、瓜果、魚鹽、茶蜜、醬汁等，川菜就此而孕育萌芽。

１９８１年，四川忠縣出土的東漢墓葬中，出現了「庖廚俑」。頭戴配花高帽，一手執刀、一手拿肉，身前擺滿了牛頭、豬頭、雞、鴨、龜、魚、臘腸、蔬菜、瓜果、餃子等。對古代四川人來說，吃，無疑是生活中最重要的事情之一，生前享受了美食，死後也不忘帶一個好廚子到地下伺候自己。而食茱萸、花椒、薑、蔥等辛辣調料的大量採用，則說明當時四川菜餚在重視濃郁味感調料的同時，也十分注重帶有刺激性的辛辣香味。這便是蜀人「尚滋味，好辛香」之起始。

源自古代巴蜀之川菜，經商周至秦孕育萌芽，漢晉時期初步形成，唐宋時代蓬勃發展，終於明清定型，成為一個風味特色濃郁的著名地方風味菜（系）。川菜之發展始終以「地域為要素，以味為核心」，形成「以味見長」、「百菜百味」的特色；而川人之「尚滋味，好辛香」在先秦時已初露端倪，漢代成為風俗。魏晉時，以辛香為特色的西蜀飲食，與「北方重鹹鮮」、「荊吳喜甜酸」，形成我國飲食文化三足鼎立的局面。直到兩宋，我國餐飲仍分為「北食」、「南食」、「川飯」三大主流。

楊雄，西漢著名辭賦家，成都郫縣人。其在《蜀都賦》中系統地描述了漢代四川地區的烹飪原料、技藝、筵宴和飲食習俗，所記載的烹飪原料已達７０餘種。如水中的茭白、香蒲、蓮藕、鱔魚、娃娃魚，陸地上之各種水果、蔬菜及五穀；還有蜀中特產如川南菌芝、川西井鹽、川北野獸，以及生薑、附子、花椒、食茱萸、大蒜、蒟醬等。楊雄蜀都賦言道：「調夫五味，甘甜之和，芍藥之羹，江東鮐鮑，隴西牛羊」及雞狗豬等構成的「五肉七菜」。豪門盛宴是「置酒於滎川之閑宅，設座於華都之高堂。」

常璩，東晉史學家，成都崇州人。其《華陽國志》中的「巴志」與「蜀志」，對巴蜀文化、歷史、物產、飲食、民俗、人物做了詳實的敘述。「巴志」言四川東部：「土植五穀，牲具六畜」，出產魚鹽和茶蜜；「蜀志」言四川西部「地稱天府」，「山林澤魚，園囿瓜果，四季代熟，靡不有焉」。川人之飲食「尚滋味，好辛香」。

左思，西晉文學家，其《蜀都賦》系其「三都賦」之一篇，人們為傳抄此賦而竟使京城洛陽紙價高漲，固有成語「洛陽紙貴」一說。左思的《蜀都賦》同樣生動描寫了四川物產、菜餚、筵宴、食俗等。賦言：「家有鹽泉之井，戶有橘柚之園⋯蒟蒻茱萸，瓜疇芋區⋯⋯」。「金壘中坐，餚隔四陳，觴以清酊（醥），鮮以紫鱗。⋯⋯」。

秦滅巴蜀後，為重振因戰亂而頹敗的四川經濟，秦惠王和秦始皇先後兩次下令要百姓移民入川，隨之也帶來中原地區先進的生產技術、農作物新品種及調輔料；秦昭王時，蜀郡太守李冰興修都江堰水利工程，引流從善。使蜀地，尤其是川西平原的農業生產、商貿交流、食物資源、烹調飲食得到快速發展。巴蜀原住居民與移民的充分融合，更促使飲食業無論在原料、調味、烹調技藝上初具規模，呈現出適應新群體飲食需要的川菜雛形。漢代，蜀中專業食店、酒肆增多。四川德陽出土的

「宴客畫像磚」，成都出土的「宴飲使樂畫像磚」，廣漢出土的「市井酒樓畫像磚」和「庖廚俑」等，反映出漢代四川筵宴的興起與規模。

唐代時期，川西平原已是「田肥美，民殷富，戰車萬乘，奮擊百萬，沃野千里，蓄積饒多，地勢形便，此所謂天府，天下之雄國也。」這一時期川菜已是大量使用優質特產原料，菜點製作精巧味美，特色菜點不斷湧現，餐飲筵宴更是獨具特色，尤以遊宴、船宴名聞華夏。而蜀府成都之繁榮昌盛，吃喝享樂之風則被譽之為「揚（揚州）一益（成都）二」。

經濟發達、物質豐富、商貿興旺、交流頻繁，促使川菜與其它菜系相互融合、兼收並蓄，使川菜得以迅速發展。加之官商流動、文人遊歷，像李白出川、杜甫入蜀，三蘇父子出川、陸遊等入川，他們通過海量詩文生動描述和讚美，使川菜隨其詩文廣為傳播，知曉天下。

兩宋時期，在北宋京城開封及杭州「有川飯店，則有插肉麵、大燠麵、大小抹肉、淘煎燠肉、雜煎事件、生熟燒飯」等已是譽滿世間。在北宋都城汴京城內，橫跨汴河的州橋一帶和東華門外，是四川人進京最愛去吃住玩耍之地。這裡集中分佈的一些四川飯店，以其周到的服務、獨特的菜品，不僅吸引川人，也吸引著京城的王公貴族、官僚豪紳、地主富商、藝人歌伎和形形色色的城市居民。京城裡的四川飯店、南食店甚而得到了皇帝的讚許。這是川食第一次成為一個獨立烹調體系與風味特色的伊始。

這一時期，川菜的蓬勃發展向世人展現出川菜大量採用優質特產原料的特點。像杜甫描述綿陽一帶「肥美知第一」的魴魚、鯉魚，岷江與長江特產之雅魚、黃魚等，以及難以計數的瓜果蔬菜。再者，川菜亦顯示出菜點烹製的精巧味美，如杜甫詩文中講述的涼麵「槐葉冷淘」，陸遊提到的成都有名的蒸雞「美不數魚鱉」，還稱道了四川的韭黃、粽子、甲魚羹等，陸遊所言之薏米飯「大如芡實白如玉，滑欲流匙香滿屋」，以致回到故鄉後仍念念不忘四川特有的「巢饅頭」與「紅蔆餅」。

此時以成都為代表的，將飲食與遊樂融為一體獨特筵宴——遊宴與船宴驚羨華夏。尤為是宋朝一統天下後，更是達到空前興盛，規模龐大、奢侈豪華。元代費著的《歲華紀麗譜》言：「成都遊宴之盛，甲於西蜀。」此時之市肆食場，亦也是飲食店鋪林立，五花八門、晝夜兼營、生意興隆。唐代張籍《成都曲》言：「萬里橋邊多酒家，遊人愛向誰家宿。」

宋朝咸平四年（西元１００１年），宋真宗下詔書分川陜轉運使為益州路、梓州路、利州路、夔州路，合稱為「川峽四路」，簡稱「四川」。至此，便逐漸形成川西人「尚文」，川東人「尚武」，川南人「尚仁」之「三分天下四川人」。這一以地域、物產和食俗的差異，促使川菜以長江流域為主線，形成了四大風味流派，即上河幫、下河幫、小河幫及自內幫川菜。亦對川菜「百菜百味」特色的形成起到了重要的促進作用。

明末清初，川菜經過頻繁戰亂陷入低谷，到清代中葉方開始恢復和發展。「湖廣填四川」之移民帶來了新的或先進的生產技術，農作物新品種，極大地豐富了川菜的烹飪原料和調味料。大批手藝精湛的外來廚師亦在川內落地生根，開辦餐館、授徒傳藝，滿漢全席亦亮相四川。此時的川菜海納百川，博采眾家之長，兼收並蓄，南北融合，使川菜形成剛柔並濟、百味融合的特性。也為川菜在清代末期成熟定型，自成一個風味體系鮮明、烹飪技法較為完善的地方風味菜系奠定了堅實的基礎。

尤其是清末辣椒進入四川，爆發了巴蜀飲食史上的一次驚豔相遇。當辣椒的辣味刺激了四川人味蕾、嘴唇的神經末梢時，心跳開始加速、唾液或汗液大量分泌、腸胃加倍蠕動，一種令人興奮與舒爽的元素大量釋放。這種讓四川人倍感刺激，有如巴蜀古人之靈魂附體，辣椒很快成為了四川人的最愛。

清同治年間，辣椒的食用在四川普及開來。徐心余《蜀遊聞見錄》記載：「惟川人食椒，須擇其極辣者，且每飯每菜，非辣不可。」辣椒從此就成為川菜最主要的材料和最鮮明的印記，尤其是與花椒喜結良緣，就此而演繹出川菜七滋八味、風情萬種的麻辣風尚。

到民國時期，四川名店名師、特色菜點倍出，筵宴興盛、食肆興旺，崛起一批如正興園、聚豐園、榮樂園、枕江樓、姑姑筵、頤之時等獨具特色的餐館酒樓，培養出了一批技藝精湛的川菜大師；行業幫派亦開始風行江湖，如包席館、南堂館、飯食幫、燕蒸幫等。清末徐柯《清稗類鈔．飲食類》亦記載：「餚饌之有特色者，為京師、山東、四川、廣東……」。表明川菜已在華夏飲食上已正式確立了自身地位。

１９５０年後，川菜成為大陸國宴的一部分，除接待外賓外，還用於大陸的重大慶典。每年大陸國慶日檢閱以後，在天安門城樓上的國家領導人都要會餐，而每次聚餐吃的必定是川菜。儘管這以後川菜發展再次經歷了諸多天災人禍造成的衝擊與倒退，但川菜在民間仍然頑強地固守著它的風姿風韻。到１９８０年代初，川菜的大本營成都開始躁動起來。乘著改革開放的風勢，川菜進入了繼明清和抗戰以後的第三次發展高峰，迎來了全新、跨越式發展的機遇。

１９８３年，一隊特殊的人群走進了人民大會堂，來自大陸各地的優秀廚師，前來出席第一次大陸全國烹飪名師技術表演鑒定會，即大陸第一屆全國烹飪技術大賽。在大陸歷史上，這是廚師第一次走進人民大會堂。這次大賽上，由5人組成的四川代表隊就獲得了5個大獎，3名全國優秀廚師稱號而被譽為滿堂彩。

１９９０年代後，以鄉土菜、家常菜、泡椒泡菜風味、江湖菜、傳統川菜、精品川菜及火鍋為特色的成都餐飲市場迅速崛起，風靡全大陸，在大江南北掀起一撥又一撥的美食熱浪。西元２０００年後，近十家餐飲企業進入中國餐飲百強，年度經營總額始終佔據中華前三甲。川菜與火鍋連鎖企業遍佈華夏大地，川菜的影響擴展到五湖四海；同時，在大陸國內獨資、合作開辦的川菜酒樓達數百家，在國外近５０個國家和地區開辦川菜館也近２００家，幾十萬川廚在省外和海外展現川菜廚藝，開展交流與合作，形成「川菜天下，天下川味」之盛景。川菜亦通過參與國際烹飪交流、世界烹飪大賽、世界美食節，向世界展現了川菜非凡技藝和美味風情，贏得五洲四海廣泛讚譽。

縱觀川菜之歷史，亦是「尚滋味，好辛香」，不斷兼收並蓄、融合貫通的演繹史；從商周到清朝中葉的「古代川菜」，清末民國時期的「近代川菜」，１９５０年代至今的「當代川菜」，起承轉合，一脈相承，形成現今川菜烹調技藝融合化；風味體系多元化；菜餚品種個性化、潮流化的現代川菜特色。

「手拿一只勺，腰別一把刀，瓢舀三江五湖水，刀切五洲四方菜……」這便是川菜廚師的寫照。千百年來，一代代的川菜人，一把菜刀、一副圍腰，風塵僕僕、闖蕩天下。他們懷揣改變命運的決心奔赴異鄉，以手藝安身立命，以美味博取尊嚴。從莽莽高原到浩瀚大漠，從方圓九州到五湖四海，川人帶著川菜遷徙散播，像一首澎湃奔騰的史詩。他們意志堅定地在廚房裡，在血與火、油與汗中耗盡了青春年華，揮灑盡聰明才智。他們的命運和故事，則書寫著川菜江湖的一部部傳奇。

有道是：百年川菜千年風雲，霞依稀意猶濃。

第〇〇二回　今古奇觀話成都，別洞觀景說食肆

成都，又稱「蓉城」、「錦城」，享有「中國第四城」、「西部之心」、「全球經濟增長最快城市」、「中國最幸福的城市」等之美譽。正如唐代大詩人李白所感歎：「九天開出一成都」。這座中華歷史上惟有之三千年不變其址，未更其名的獨特歷史文化名城，自古就被譽為「天府之國」的人間樂土。覽史觀志，成都的的獨特奇異、燦爛輝煌、千般磨難、百遭浩劫，終難磨滅蜀人與生俱來的，古蜀先民在遠古時期由特殊地理環境所造就的那神秘飄逸、開放進取的氣度；崇尚生命、熱愛生活，既聰慧勤勞又浪漫休閒的氣質。正是這一氣度與氣質，三千餘年間，方使這座古城多次死而復生，萬劫不倒，魅力依然。

久居成都，關於成都的種種傳說，聽得耳朵都要起繭子了，其中尤以張儀築城的故事為甚。眾口一詞的說法是，西元前３１６年秦滅蜀，秦國大夫張儀和將軍司馬錯率軍隊佔領成都，蜀國滅亡，秦改置蜀國為蜀郡，並委張儀築城，卻屢築屢垮。正在一籌莫展之際，忽有一只靈龜前來相助，繞行一周後死去。儀心領神會，沿龜跡再築城，果然城牆牢牢站穩了……。張儀也罷，靈龜也好，姑妄言之姑妄聽之吧。

而在數千年前的古蜀先民在那時就已清楚的意識到，天造地設的成都平原是神靈賜予的一塊福地，是地球上一片最宜於人類居住的地方。西元前３４７年，相當於中原的戰國時期，蜀國不斷向外擴張，北邊到達今陝西漢中一帶，南邊到了今雲南、貴州北部一帶，西邊到了九頂山、峨眉山，東邊與巴國接壤。在開明九世時，隨著蜀國疆土不斷擴展，開明王九世從郫縣遷都成都，在成都平原上建立「北少城」，即今天「天府廣場」以北的五擔山一帶。較為罕見是，蜀王沒有採用當時西周營國制度對正南北中軸線的要求，而是因地制宜、依勢傍路地採用了一條北偏東約３０度的軸線來定位建城。其後一直沿襲至明初，近一千七百多年不曾改變。

西元前３１１年，秦滅巴蜀後，秦惠文王派大夫張儀仿咸陽城，在緊鄰蜀王城的南邊和西邊分築「大城」

和「少城」。「少城」因其中移民多為商賈和手工業者而成為城市商貿活動頻繁的經濟中心；「大城」則為政治、軍事機關和秦移民住地。從此，成都城在其後的兩千三百多年中，雖屢有興廢修葺，但其城市位置一直沒有更移。

到漢代，成都平原生產發展、商貿興盛，富庶一方，尤以蜀錦甲天下。因其洗漂錦緞而色染濯錦江，錦里成都設有錦官，人曰錦官城，成都因而又名「錦城」。說起這個名字，那還是詩聖杜甫給起的呢。在唐肅宗（李亨）的上元二年（西元７６１年），從中原「飄泊西南」到成都的晚年的杜甫的生活已經比較穩定。詩人的身體和情緒也大有好轉。在一個春雨芳菲的夜晚，寓居在成都浣花溪畔草堂的詩人以欣喜的心情寫了千古名篇——《春夜喜雨》：「好雨知時節，當春乃發生。隨風潛入夜，潤物細無聲。野徑雲俱黑，江船火獨明。曉看紅濕處，花重錦官城。」而其中後兩句更是膾炙人口：「曉看紅濕處，花重錦官城。」

到五代十國時，後蜀皇帝孟昶偏愛芙蓉花，命百姓在城牆上遍種芙蓉樹，花開時節成都「四十里為錦繡」，故成都又被稱為「芙蓉城」，簡稱「蓉城」。

西元１３７１年，朱元璋之子朱椿被封為蜀王，將漢唐、前後蜀遺留下來的「子城」一併拆毀，在舊址上重新修建「蜀王府」。雖為王府，卻儼然有皇宮的巍峨氣派，故老百姓稱之為「皇城」。其前面的牌樓、拱橋和一大塊空地，則被稱為「皇城壩」。「皇城」和「皇城壩」的位置，便在今天的「天府廣場」北端和展覽館一帶。

西元１６４４年，張獻忠率軍攻入成都，自立為帝，國號大西，稱成都為西京。隨後滿洲八旗入川，與張獻忠在成都激戰，兩年後撤離時張獻忠令士兵殺光、搶光全川，再縱火焚城。清順治三年（西元１６４６年），成都全城焚毀於戰火之中，隨後的五、六年間蜀地蜀郡已然是彌望千里，渺無人煙的淒涼慘景。城裡城外幾成荒野，野狼狂吠，皇城、房屋、城墎一併墜毀蕩然無存。

到清初康熙五十三年（西元１７１４年），「湖廣填四川」之大移民，使成都逐漸恢復生氣，省府也從閬中遷回成都，遂開始動工重建成都大城。過了四年，即康熙五十七年（西元１７１８年），大將軍年羹堯在皇城西南修築少城，（現今人民公園周圍及順城街、寬窄巷子為主體），以作「八旗」營地，專供滿人和蒙古人，即八旗官兵及其眷屬居住，成為「城中城」，設為禁區，漢人不得擅入，因而俗稱「滿城」。

隨著其後幾十年之社會安定，生產恢復，經濟提升，商業亦逐漸繁榮，飲食業更是捷足先登日漸興盛，往昔之宴飲盛況，燈紅酒綠的景象又重現在飯館酒樓，官宦豪宅。依照清王朝的規定，居住在滿城中的滿州人與蒙古人從小到老便享有特權，給田配宅，月賜銀糧，坐吃俸祿。於是大多數人便成為遊手好閒，吃喝嫖賭的浪人，成天拖著兩片鞋，手裡不是提著鳥籠、魚竿，就是團弄著鐵彈子，廝混在茶館、酒肆、飯館、賭場、妓院，養尊處優，百無聊賴的混日子。以李劼人先生之話語：滿城是另一個世界，是一個極消閒而無一點塵俗氣息，又到處是畫境，到處富有詩意的地方。

到1911年11月，辛亥革命成功，大清王朝滅亡，四川爆發保路運動，四川軍政府在皇城之明遠樓殺了清王朝之最後的四川總督趙爾豐。隨之八旗子弟被解散，少城、滿城作為滿人和蒙古人之安樂窩也被拆除。現今只有寬窄巷子還保留著當年少城的些許清風遺韻。

晚清之成都，市肆飲食已很興盛，且劃類經營的很好，飯館酒肆無論大小，均各有特色，自有其客。當時，已分有專事包席的「包席館」，既賣川菜又供應江浙、湖廣菜的「南堂館」；還有經濟實惠的本地「炒菜館」、「便飯鋪」，亦有主營外菜洋菜的「大餐館」；有鄉土風味濃郁的「小食店」，也有流動小攤挑擔的「遊動小吃」等，形成了成都市肆飲食之繁榮景象。

所謂包席館，主要針對官員升遷、富豪喜慶、鄉友聚會、婚嫁壽慶而包席宴飲，歡聚一堂。故而多有在自家宅院，或城內外專供開筵設宴的場所，請專業包席館承辦。此種包席館大都不賣坐堂，也就是不設廳堂雅間，不接待零餐散客。僅接受宴席預訂，到時廚師挑上一應物料、餐具上客人公館或筵宴場所烹製。包席館之廚師多是當時知名大廚，所做之菜餚大都是大菜名菜。那時，成都之著名包席館就有長盛園、正興園、西銘園、雙發園等。

而南堂館則初為江浙人所開設，因江浙地處四川之南，故人稱南堂，以區別本地川人所開之飯館。此類大型飯館在當時成都有二十多家，主要供應蒸籠蒸菜、紅鍋炒菜、魚蝦海味。可在堂內舉辦各種宴會包席，也經營零餐，隨到隨吃、點菜就餐、吃後結賬，菜餚也可出堂。到清末民初，成都的南堂館已形成多種菜式經營，不再受江浙、湖廣菜式和川菜之約束，亦經營高檔菜餚。像李九如的聚豐園便以售賣海參魚翅席、京味烤鴨、燒鴨而出名，同時還承辦滿漢全席。

炒菜館和便飯鋪更是舉目可見，是大多老百姓所光顧的飲食店鋪。此類小型飯館大多只賣家常菜餚，小煎小炒、蒸燒燉拌，顧客亦可自帶肉菜，店家代客加工。另還有一像豆花飯鋪、燒菜館、豆湯飯館等均屬此類。另還有一類叫「四六分飯鋪」，以經營米飯為主，備有炒菜、小菜、燒菜、豆花、白肉和涼菜。所謂「四六分」，是特指1940年代，成都地區的炒菜館、便飯館，主要接待小商小販、平民百姓等，且以客人自帶肉類，配料及調料是館子配備，這種代客加工只收油料、配菜和調味加工費。同時，館子通常還備有白肉，多以「四分、六分」計價，客人買後再按其要求加工烹炒。故而將這類大眾館子稱為「四六分」飯館。其他還有專業醃滷店、鴨子店、麵食店、甜食店等。

清末時期，遊宴再次興盛。成都人大都喜歡在閒暇和時令節氣之時出遊郊外，一邊遊樂，觀賞山水田園風光，花鳥蟲魚，一邊聚餐，舉箸興杯。元．費著在《歲華紀麗譜》，又名《成都遊宴記》中就寫到：「成都遊賞之盛，甲於西蜀」。晚清時候，城內的遊宴之處便有丁公祠、貴州館、海回寺、相國祠、孫家花園等十餘處；城郊則有武侯祠、草堂、二仙庵、灌江樓（望江樓）等十處。這些場所，雅俗共賞，專業包席館便借地設宴，可席宴可便飯，頗受市民青睞。

由此可見，清末民初，成都之市肆飲食和筵宴餐聚已是十分興隆，風味特色多姿多彩。包席館、南堂館、炒菜館等暗流湧動，亦如長江後浪推前浪，一代名館名師應運而生，八仙過海各顯神通，把這個川菜舞弄得是「清鮮醇濃並重，善用麻辣」，「一菜一格，百菜百味」。就此，川菜不再羞羞答答屈居於陋街深巷之炒菜館、便飯館，亦不猶抱琵琶半遮面地深藏於公館豪宅。她或濃妝豔抹，或略施粉黛，驚豔登堂。

到西元2000年後，雖說是川菜「清鮮醇濃並重」，若是缺了「善用麻辣」之個性，川菜亦與其它菜系大同小異，更不會有盎然生命力而影響世界之胃。而以「麻辣」之獨特個性而著稱的川菜，紅遍全國甚而海外，這或許連四川人都感意外。從南到北，由東至西，從五州到四海，紅辣辣的川菜幾乎遍地開花。或許在這個因全球經濟衰退而缺乏激情的時代，只有這鮮明的「麻辣」才能讓人找到酣暢痛快的感覺，才得以宣洩胸中的鬱悶頹氣。無論是街邊小店，還是高檔酒樓，只要打出「特色川菜」、「正宗川菜」的招牌，總會有人不厭其煩地拿號等坐。在北京、上海、廣州、深圳等這樣分秒必爭的快節奏都市生活中，在經濟低迷的背景下，這不能不說是一個傳奇。

川菜以「味」聞名天下，風格樸實而又清新，具有濃厚的鄉土氣息，做工精細且色彩豐富，不失高貴典雅之風。有人說，川菜是個「毒品」，吃了會上癮。火紅的辣、撩人的麻，辣得千嬌百媚，麻得神清氣爽，在麻辣的刺激之下忘掉現實中一切煩惱與窘境，不辣到嘴唇紅腫、牙根鬆軟，麻到舌頭抽筋、味蕾打顫，東西南北中，暈頭昏腦，不知啥東東，那是決不甘休……。因此，川菜麻辣的複合型口味最能激起人們的味覺興趣與記憶，刺激人們的胃口，更能於麻辣酸甜之中感悟人生百味之不同境界，或許這才是川菜的「致命誘惑」。

自古有言：蜀道難，難於上青天。可一個四面環山之盆地怎樣也圈不住川菜的麻辣風味，更圈不住川菜的風情魅力，試想，如果沒有川菜，中國人的餐桌該是怎樣的寡淡無味，中華吃貨們（指貪愛美食者）的飲食生活又該是怎樣的無聊沒趣。倘若沒有一百多年間諸多川菜名店、名師以及經營開拓者的傳奇故事，源遠流長中華的飲食文化又會缺失多少濃烈、精彩的篇章……。

欲知川菜如何演義、書寫傳奇，且看下回。

第〇〇三回

關大俠蓉城顯身手，正興園引領川菜風

百年川菜演義，即是近現代川菜之傳奇史。殊不知這近代川菜的形成與崛起，其推動者竟然是一位關東大俠，滿族名廚關正興。

話說滿清王朝晚期，隨著各地移民和滿清官宦眷屬先後入川，一批館廚和家廚也從京城和江南隨之而至，尤其是八旗官宦府衙和富豪商賈，帶來了不少名師高廚。官宦人家重飲食、尚滋味，官場交往、遊樂飲宴，促使天府蜀地四方名廚薈萃、各地佳餚爭豔、南北交流融合的局面。這些館廚、家廚不僅帶來家鄉名菜且還創製出如宮保雞丁、蒜泥白肉、涼拌兔丁等今日依舊名聲響亮的川菜。同時，大清宮廷、官府的筵宴之風以及滿漢全席也在川內隨之風行開來，盛極一時。無論是官府公宴還是民間私宴，無論是時令宴、節令宴，還是郊外野宴、遊宴，皆是你攀他比，奢侈豪華。

如是，一批專業承辦筵席的包席館便應運而生。有清嘉慶時，定晉岩樵叟的《成都竹枝詞》為證：「三山館本蘇州式，不及新開四大園。請客何須自設饌，包來筵席省操煩。」詞中所說之「三山館」為嘉慶年間成都之有名蘇杭式筵席館。而「四大園」則指其時成都之玉芳園、玉順園、正興園、薦芳園四大著名包席館。其後又有如四川員警總辦和四川勸業道之周善培詩言：「成都百館共宴客，正興園為蓉之冠。」

各位看官，你看這包席館中之「正興園」好生了得，儼然已為成都之頂級席宴館所，達官貴人為之口碑盛傳，趨之若鶩，以能請正興園操辦包席為榮耀。要知這正興園之來頭，還得從這位入川之關東大俠關正興說起。

清代時期，自乾隆皇帝始便是尚美食、好滋味，一應大小宮廷宴飲不僅具有很高的飲食規格和文化內涵，且留下諸多飲食趣聞軼事。故而宮廷官宦宴飲之風世代傳承，一直延續到末代皇帝。如是，無論是宮廷官府、文人商賈、市肆酒樓，皆是食盛飲旺。從而形成宮廚、官廚、家廚、館廚之四大流派。宮廚則皇家御廚，廚藝非凡，技藝精湛，用料貴、烹飪精、餚饌新、風味奇；

官廚則高官顯貴之專用廚師，廚藝精道，用料廣博，烹製奇巧，風味多樣；家廚便是達官商賈、文人學士之私家廚子；館廚則是市肆飯館酒樓之大廚。

自1840年鴉片戰爭爆發到咸豐10年（西元1860年），英法聯軍再次大舉入侵中國，攻佔天津後隨即攻入北京，圓明園、清漪園等處被焚掠一空，咸豐皇帝從圓明園倉皇出逃，1861年在驚嚇中病死熱河行宮。與北方之遭受浩劫而言，西南蜀地即成為一片樂土，清政府之官員安於成都，樂於享受吃喝宴飲。

此時，隨八旗官員入川的官廚中，有位在北京時就因三次操辦滿漢全席而名噪官場的滿族名廚關正興，又名關志平。他審時度勢，思量著北方大抵是回不去的了，眼見得四川社會安定、成都日漸繁榮，餐飲興盛，便打定主意在此地發展。時年三十五歲，身強體健、走南闖北、見多識廣，身懷高超廚藝的他，早就不甘一輩子淪為官廚、私廚，他看好成都宴飲包席之風，決心在此一展身手，追求夢想。於是毅然辭掉官府大廚之職，下海闖蕩一番。

在成都幾年，關正興對飲食市場已是瞭若指掌，加之常在官場上交往，頗有聲譽，也結識了不少南北名廚和本地名廚。儘管當時在城南之狀元街，已有一家資格老、名氣大，以席點、尤其是大肉包子而享譽蓉城的著名包席館長盛園，但關正興仍覺其檔次較低，僅適合一般官宦人家和普通市民。於是他看好成都棉花街（即今錦江區政府附近）一處公館，該園子原為華陽名士、清朝一品大臣，道光二十年進士，官至吏部侍郎的卓秉恬之老宅。庭院雖不大，卻是樓台亭榭，優雅靜謐，很有氣度，對官府豪宅見多識廣的關正興很是滿意，準備開設一家南北相容、古風新派、獨具特色、品味高雅之包席館。

次年（西元1861年），關正興以名開館，「正興園」粉墨登場。那黑漆金字的招牌，「正興園」三字書法精湛、蒼勁昂揚，十分引人注目。俗話說得好，一個好漢三個幫，關正興憑藉自己的聲望和滿族大廚戚樂齋、貴寶書（關正興之子）及川廚周志成、游丙全等廚界名師連袂。要說這戚寶齋與貴寶書也非同凡響，自小隨從關正興學藝，此時正當年華，廚藝精湛，紅白兩案無所不通，亦在京城輔助關正興操辦滿漢全席，是見過大世面的人，堪稱關正興之左膀右臂。再說周志成、遊丙全也是當時餐飲江湖上叫得響的川菜大廚。起初，正興園以承辦各類筵席宴飲為主，包席品種較少，不過是肉八碗、九大碗、參肚席之類，但由於關正興在官場中頗有人緣，其業務也得到諸多官員的照顧，加之關氏銳意進取，因此開業以來生意一直不錯，很快在成都食肆和官場上聲名崛起。

隨著業務日趨繁榮，實力日漸增強，關正興博採眾長，銳意創新，不斷推出新穎菜式，逐步豐富和提升包席的檔次規格，並根據宴請對象、宴席種類、設宴時間與季節、筵席規模及喜好，安排不同的筵宴規格，使得宴席氣氛十分寬鬆，加之借鑒宮廷官府之服務形式，茶水茶點有專人預備和伺服，頗顯官家氣場，故而深受客人稱道。

正興園十分注重獨具特色，與一般包席館的環境和經營風格大相徑庭。關正興素好收藏古器，所收藏的餐飲器具像古色斑斕的瓷盤碗盞，精緻的象牙和烏木包銀筷子等，皆陳列於包席館內，構成一道獨特的景致，令當時成都不少上流社會食客們心醉神迷。再者，正興園菜式菜品多以精緻大氣著稱，尤為是海味類菜餚，從燕窩、海參到魚翅、魚肚，其成菜方式和品種隨季節不同而富於變化；山珍野味類菜餚，也有獨到的的烹製方法和風味特色；即便是普通原料做成的菜餚，其刀工也很細膩精緻，如通常的「福」字肉、「萬」字肉、「壽」字肉、棋盤肉、虎皮肉等，無論刀法還是裝盤造型，都風格特異、別具一格；更為精到的是正興園的湯菜，製湯格外講究，集色、香、味、器、養於一體，在食客中享有很高的口碑。由於關正興和正興園曾三度承辦滿漢全席而聲震川西，其名氣與廚藝已是無人能與之媲美，故而獨攬了成都官場、商界、文人名流等高級宴席。

到了清光緒、宣統年間，正興園之聲名影響、席宴承接，皆成為蓉城之頂級大戶。清宣統元年（西元１９０９年），傅崇榘所編撰的《成都通覽》亦記有：「席面之講究者，只正興園一處，因其主人素來收藏古器甚多，故官場上席均照顧之。其瓷盤、瓷碗，古色斑駁，菜亦講究，湯味甚佳，所謂排場好而派頭高也」。

此時之關正興正所謂躊躇滿志，意氣風發，眼見得正興園之名氣與生意如日中天。然而，這位極善應酬又精明豪爽的關東大俠，非但沒有洋洋自得，反是不斷開拓、進取。他一方面廣集名師大廚，更培養出藍光鑒、謝海泉、周映南、張海清、李春亭等一代名廚。同時，關正興亦十分看重推陳出新，學習借鑒名家名店之所長，甚而對訂製包席的達官貴人派來之私廚、家廚也很敬重，對其所帶來的名菜點，都囑咐手下廚師細心揣摩學習；對市面上大眾飯館、炒菜館，只要有借鑒和開發價值的菜點，他都要親自帶廚師去品嘗，加以改進，反覆試製，以適合席宴之口味。

當時成都官場有兩位出名的美食大家。一個是清末進士，近代名人周善培（號孝懷），祖籍浙江諸暨縣，其父宦遊來川，遂定居成都。周生於成都，１８９９年，二十四歲的周善培東渡日本考察學校、警校、實業等，１９０１年奉命帶２０名學生赴日本留學，回川後又赴瀘州任川南經緯學堂學監，其後任四川警察局總辦。１９０８年改任四川省勸業道總辦，拿今之話講便是省商業廳廳長。他通令各地普設勸業局，大力資助民族工商業發展。周任警局總辦期間，年輕氣盛、血氣方剛，他改革警制、強化社會風氣、力禁嫖賭。但生活中，周善培亦是尚好吃喝，尤愛題字補壁，杜甫草堂內現存，以青花瓷拼之「草堂」二字就是周善培所題寫。

1958年成都會議期間毛澤東遊覽杜甫草堂，曾在字壁前背手沉思，攝影師按下快門，為世人留下一幅經典照片。也就是在這一年，周善培以八十三歲高齡在上海醫院病故。然而，沒有人知道當時毛澤東佇立在「草堂」二字前所沉思的是什麼。其實這裡面是毛澤東與周善培的一段苦澀難解的淵源。1949年，周善培作為首屆政協特邀委員，在中南海受到毛澤東、周恩來等宴請。在政協會議商討即將成立的新中國名稱時，周老先生堅決反對沿用「中華民國」，主張採用「中華人民共和國」，以表示「兩次革命的性質各不相同」。後來的歷史就不言而喻了。而十六年以後毛澤東卻是後悔不已。1965年，毛澤東接見法國人道報記者馬嘉麗，說到一件令他後悔的事情，就是1949年不應該把中華民國改名為中華人民共和國。他說，如果不改名的話，會減少很多麻煩，解決很多問題，比如聯合國問題、台灣問題等。當然這些都是後話閒話。

據此可見，此先生確是經歷不凡，不僅常年廝混官場，見多食廣，品味甚高，加之喜好烹調、頗有見識，故而對席宴烹調及美食美器要求較苛。他對正興園一幫大廚和關正興十分推崇。在成都任職和從事實業期間，大凡公私應酬都到正興園包席宴請。

周善培經常讓正興園的廚師根據他或他帶去的家廚的想法改良、創新菜式。他尤為推崇江浙名菜，要求菜品要「簡潔有新意、別出心裁」，儘量利用本地蔬菜、物料、調輔料，設計出新菜式上席。他是政府高官，又是大客戶，正興園當然是不敢得罪，非常小心恭敬地按照周善培的要求去做，把很多江浙菜結合川菜的手法，用本地的食材做了不少改良，取得了很好的席面與味覺效果。如此正興園便先後創製出了一批經典南北風味川菜，如芋頭丸子、釀大青椒、茄皮鱔魚、鱔黃銀杏、八寶鍋蒸等，深得周氏贊許。其中之「芋頭丸子」，則取成都北門城隍廟肥田生長的優質芋頭用以燒丸子，那是芋頭細膩滑爽，肉丸鮮香味美，家常風味濃郁；而「釀大青椒」，採用雙流牧馬山的大燈籠辣椒，挖空內瓤，填入摻紹興黃酒的鮮蝦肉餡，使其江浙鮮甜口味中略帶辣味；另外有茄皮鱔魚、芫荽蒸肉、芋頭蒸肉、生燒鴨子、雞油金鉤燒菜頭等，無一不是就地取材，北味川做，吃口一新，且是物美價廉，於是這批菜式被業內稱譽為「周派川菜」。

另一個人物是賀倫夔。光緒三十一年（西元1905年），由京城奉調出任四川警察局總監。此人於吃也是十分講究，主張「美食美器」，特別喜歡到正興園吃飯，人送雅號「賀油大」。但賀氏偏愛「京菜」，到正興園吃飯時也經常介紹講解他所欣賞的北方名菜。甚至有時還帶上家廚，教給正興園廚師如何烹製、改進、變化。據傳有一次他吃了大師傅戚樂齋做的一道「五柳魚」，嫌菜式做得土俗，不大氣，竟十分生氣，當場責打戚樂齋手心二十大板，邊打還一邊說「我今天就要打掉你的旁門左道。」他認為，川菜雖有其特點，但與北方菜相比，缺乏大氣，因此應該從北方名菜中借鑒其所長，來豐富和提升川菜的檔次與品味。賀倫夔的這一飲食觀及後來影響正興園所創新出來的一批菜式，也被行業讚譽為「賀派川菜」。

就此，「周派」與「賀派」便開啟了川菜南北交融之新風，且以正興園為先導，拉開了近代正宗川菜崛起的序幕。一如其後藍光鑒大師坦然言之：「所謂川菜正宗，是集南北地方烹調高手做的地方名菜，融於四川味，以川人喜吃的味道出之。」這便是近代川菜興起「一菜一格，百菜百味」、「清鮮醇濃並重，善用麻辣」之菜系特色。

在其後的半個多世紀裡，引領近代川菜新風的正興園，因大清王朝倒台，八旗官宦解散，生意日漸衰敗，加上１９１１年１０月１８日的一場大火，正興園被燒得只剩殘壁斷垣，歷經５０年輝煌的正興園從此徹底關門歇業。然而，從正興園出師的李春亭、張海清等已獨立開館，名春和園、陶醉村；稍後，戚樂齋和藍光鑒兄弟又合開了榮樂園。在民國初年，他們的烹調技術和經營模式，依然帶有原正興園的傳統風格特色，繼續著由關正興和正興園所開啟的近代川菜之傳奇演繹。

後人如此評價曰：「沒有正興園，川菜難有這麼多豐富多彩的菜式，也難於造就當今的一大批聲名卓著、技藝精湛的川菜大師名廚」；正興園亦被同業譽為近代川菜名廚成長的搖籃。「正興園對川菜最大的貢獻是培養了出了像藍光鑒這樣，在近現代川菜發展過程起到先鋒和領軍作用的大師。近代川菜亦隨之生根發芽，遍地開花」。

而由藍光鑒和榮樂園所培養出來的又一批名師大廚們，代有傳承，使川菜與外地菜餚的融合精神演繹成：「海納百川、兼收並蓄」，也因此而促使川菜一躍而居四大菜系之首。正如李劼人先生所言：「正興園帶來了四川廚事革命」，也因此而被業界和學界稱為川菜之「正興園時代」。從１８６１年到１９１１年，正興園在大清王朝風雨飄搖的五十年中，拉開了近代川菜傳奇演繹的大幕，為近代川菜之崛起與發展做出了歷史性地貢獻。

欲知這場廚事革命掀起了怎樣的波翻浪湧，近代川菜如何呼之而出，且看下回分解。

陳麻婆豆腐
情係中華老字號

第〇〇四回

萬福橋麻婆亮招，陳興盛豆腐艷世

前回說到１８６１年，滿族名廚關正興攜戚樂齋、貴寶書及一幫大師名廚，以正興園包席館為旗號，憑藉眾廚林高手之精湛廚藝，掀起一場廚事革命，一時間在成都食肆引起相當的轟動。

然而，天地乾坤，江湖世事，倒也是山不轉水轉。在正興園開業後的第二年，即１８６２年，在成都北門外府河的一座名叫萬福橋的橋頭邊，冷不丁突然冒出款轟動四門的名菜佳餚來。讓蓉城飲食業界和美食饕客一陣欣喜，趨之若鶩，牽群打浪的趕去一品為快。這一下讓正興園的烹飪高手們大吃好幾驚。要說這是款什麼名菜佳餚，出自哪位名師大廚之手，還聽筆者細細道來。

話說當年的萬福橋就處在府河水道轉折之處，清同治年《成都縣誌・津梁》記載：「萬福橋，縣北二里。架木為橋，上履以屋，有亭有坊，長五丈，寬丈餘。」因橋頭有「萬福來朝」的匾額，故得名「萬福橋」。這裡是從北門城門洞出城，沿城牆邊往西通往外北五塊石、洞子口和郫縣兩路要道。一座橫跨府河的青瓦廊頂的寬大木橋，兩旁是高木欄杆，繪有金碧彩畫的橋亭。府河在這裡緩緩悠悠地流淌著，兩岸田野阡陌，茂林修竹，不時可見頭戴竹笠，身披蓑衣，手握長竹竿，駕著一葉扁舟的打漁船，立在舟頭的魚老鴰，不時撲騰鑽進水裡，叼著一條條鮮活動騰的魚來；漁舟剛順流而去，一兩只點水雀緊貼水面，一起一伏地追逐嬉戲著，水面被「點」起一圈圈漣漪，好一派悠然自得，恬靜空靈的韻味。

萬福橋北端又是另一番景致，那裡有座城隍廟，古剎巍峨，大樹參天，樓台亭榭，花簇藤繞，溪流緩淌，蟬鳴鳥唱，每逢夏季，城裡人便蜂擁而至，來這裡乘涼品茗，或自家遊宴野餐，或店鋪小菜便飯。特別是清明、中秋，城隍出遊，更是車水馬龍、人山人海，周邊及城裡人燒香求佛、趕廟會，以及小商小販叫賣雜貨、遊醫、算命、雜耍等混為一堂熱鬧非凡。這座萬福橋當年亦是新繁、什邡、廣漢及彭州一帶農副產品交易，特別是為成都油糧行送米和菜油的進出要道，是那些運物送貨的腳夫、挑夫、背夫、船夫、推車抬轎等苦力之人歇腳吃飯之地。

其時，一對年輕夫婦從鄉下來到城裡謀生，見這裡不僅是車來馬往、人氣盛旺，亦是風水興隆。二人便在橋頭邊租了間茅草屋，開了個十分簡陋的便飯鋪，專供那些運物送貨的腳夫、挑夫、背夫、船夫、推車抬轎等苦力之人歇腳吃飯。這夫妻倆，男的叫陳春富，女的叫溫巧巧。小夫妻二人一心看好這個「黃金口岸」，欲借此旺鋪生意興盛而發家致富，故取店名為「陳興盛飯鋪」。起初，陳氏夫妻心想自家本錢少、本事小，便只賣點小菜便飯，提供老鷹茶水（又名白茶）。好在其妻農家婦女，不僅善製時鮮小菜、泡菜鹹菜，還小有廚技，因此飯鋪就全仗她主理。

當時，飯鋪附近有家王姓豆腐房，豆腐做得細嫩綿軟，每天都要在陳家飯鋪擺幾板豆腐招客。這條路上也常有挑擔賣豬肉或牛肉的小販，來到飯鋪總要歇一腳坐等買主。而飯店的主要客人，那些挑糧油擔子的挑夫，每日是起早摸黑、肩承重荷、長途跋涉，進城送完糧油回到萬福橋，已是人困體乏、饑腸轆轆、口乾舌燥、癆腸寡肚。於是三、五相湊打個平夥，割幾兩豬肉或牛肉，買幾塊豆腐，再向陳氏飯鋪拿個缸缽，把油簍倒立，讓簍底餘油盡流入缽，連油一併交由陳妻加工代燒。陳妻知道下苦力的人口味吃得大，偏好麻辣鮮燙。因此，她以自製之粗辣椒粉加花椒粉、豆豉，把客人買的豬肉切成片烹燒豆腐。陳妻燒出的豆腐紅亮誘人、麻辣鮮香、又熱又燙，挑夫們吃來是解饑解饞又解澇，不僅胃口大開，且渾身舒暢，氣通血活，極易從疲勞中恢復過來。加之陳妻為人和善，加工代燒，連調料、柴火、燒製等費用一併算入豆腐中，每碗八文錢，價廉味美，大受挑夫和其他吃客的喜愛。陳妻則每日可從挑夫的油簍中收得好幾斤餘油。

不久，陳妻有著「麻辣燙」風味的豆腐，便以十傳百地散佈開來，成為其飯鋪的特色招牌菜。加之，溫巧巧其人白淨漂亮、聰慧賢能、性情開朗，很有親和力，十分招人喜歡。因丈夫陳春富是麻子，臉上坑坑窪窪的，鄉里街坊都喊陳麻子。按舊時習俗，嫁雞隨雞、嫁狗隨狗，女人過門則隨夫姓，陳麻子的婆娘，自然就順便戲喊為陳麻婆。這豆腐出了名，食客也樂得直呼為「麻婆豆腐」，更順口、更有情趣。於是，陳麻婆就這樣叫傳下來。

民國初年，周詢在《芙蓉話舊錄》中如是說：「北門外有陳麻婆，善治豆腐……其牌號人多不知，但言陳麻婆，則無不知者。」當然，如此叫法也無甚貶意，溫巧巧本人更無所謂，只要愛吃她的豆腐，生意好，她也樂而受之。再說「陳麻婆」及「麻婆豆腐」遠比「溫巧巧」、「溫豆腐」更上口，更宜口口相傳。況且人們呼之陳麻婆，觀之卻是豆腐西施，真可謂，豆腐好吃口，秀色亦可餐，四門食客怎能不前呼後擁，牽群打浪般趕去飽口福、享眼福呢！可終究令人有些感歎的是，早先其夫陳春富因店名而被誤叫為陳興盛，人死也就算了，可她白生生、漂漂亮的溫巧巧卻被誤冤為「麻婆」，這一冤就是一百五十年。這還不說，要緊的是麻婆麻倒華人倒也罷了，可連老外都被麻昏一大片，弄得他們為英、法、德語等咋個翻譯「麻婆」二字而搞得焦頭爛額，最後還是只得用中文拼音。

言歸正傳，正當「陳興盛飯鋪」的生意呈現興盛之際，其夫陳春富卻因病逝去。陳妻孤身一人既帶女兒又打點生意，苦不堪言，但她硬把飯鋪支撐下來，生意也日漸有了起色。此後，陳妻請了一個叫薛祥順的廚師和幫工，除了豆腐還增加了些時令小炒。不過，大凡來吃豆腐的，無論什麼人，皆需像腳夫挑夫們一樣自備豆腐、肉和油，交由薛師傅烹燒，薛祥順在原麻婆燒豆腐的基礎上做了些改進，以牛肉臊子替代了豬肉片，且添加了郫縣豆瓣，豐富了醬香味，滋味也更加濃厚，大受食客稱道。而這一代客加工的方式也一直持續到民國初年。

後來，城隍廟的遊客、耍客，城裡慕名而來的吃客日漸增多，陳麻婆就聽人勸，在後院河邊搭起了兩間草棚，擺設了茶座，以方便等吃豆腐的客人及客商喝茶打牌、品酒聊天、憑欄觀河、別洞攬景，顯得情趣盎然。呈現出日後如馮家吉《成都竹技詞・詠麻婆豆腐》中所描繪：「麻婆陳氏尚傳名，豆腐烘來味最精；萬福橋邊簾影動，合沽春酒醉先生。」的生動繁榮景象。如是，食客口口相傳，文人吟詩題詞，硬是把個陳麻婆豆腐吹捧得紅透了成都四門。清末之《成都通覽》已將其列為「成都著名食品」。

到１９２０年代，陳麻婆雖已是遠近聞名的響亮品牌。其店也仍在萬福橋，還老樣子，但卻有了一定實力。人們稱其店為「陳麻婆飯鋪」或「陳麻婆豆腐店」。陳麻婆五十四歲時病逝，飯鋪已完全由女兒及女婿魯希智主理，先前請的紅案廚師薛祥順統廚掌灶。此時，萬福橋木材加工交易興起，麻婆豆腐生意更加興隆。但仍沒掛出「陳麻婆豆腐」的招牌，店內仍是那痕跡斑駁的舊時方桌，高腳長凳，當然麻婆豆腐還是始終如一的招牌菜餚。客人進店，照舊隨手在案板上拿一飯碗，買來牛肉和菜油，交到灶頭，便坐在桌前候等。城裡來的文人墨客，則大多從隔壁店子買些白酒、炒花生胡豆、醃滷、涼菜類，臨窗眺河、細酌慢品，等待麻婆豆腐上桌。更有一些人要麼站在灶頭觀看豆腐烹燒，要不就乾脆去打下手，幫忙剁牛肉、宰豆瓣、切豆腐，順便偷經學藝。城裡一些大餐館的廚師就是這樣慕名前來觀摩學習麻婆豆腐的烹製技藝和訣竅的。

然而，就麻婆豆腐之烹調訣竅和風味特色而言，當時之食客與廚界將其概括為「八字訣」。即：「麻、辣、鮮、香、酥、嫩、燙、渾（讀「捆」）」。

先說其「麻」：非得漢源紅袍貢椒，且須打磨成細粉，方能麻而舒涼、香沁入脾；1930年代初，川中軍閥混戰，陳氏飯鋪的漢源花椒一時缺貨，店主除了向外縣高價購買以外，還特意在飯鋪門面上貼出告示：「因暫缺上好花椒，我店麻婆豆腐停業不賣。」如此真誠經營的做法在社會上傳為美談。

再說「辣」，麻婆豆腐必用成都龍潭寺二荊條辣椒，炒香舂細，才得香辣醇濃，盪氣迴腸；「鮮」一應主輔料新鮮質優，鮮湯熠燒，則鮮美醇厚；「香」，成菜後，豆腐無石膏或鏽水之味，諸味齊揚，味味香美；「酥」，為新鮮上好黃牛肉去筋膜，剁成肉末入鍋煵至酥香滋潤；「嫩」，特指豆腐成菜細嫩、色麗、入味；「燙」，亦是成菜上桌紅油亮麗、豆腐滾燙，燙則諸味活躍，風味濃郁；最後是「渾」，即成菜之豆腐形整不爛。

據說那時的麻婆豆腐還有一個「活」，當是陳麻婆豆腐的烹調絕招。豆腐燒好，起鍋前所下的青蒜苗翠綠鮮活，直立碗中，像是剛從地頭摘來洗淨、切成寸節、插入豆腐間一般，吃到嘴裡卻全無生澀之味，反是清鮮宜口，蒜香竄喉，食客呼之「活」蒜苗。1940年代抗戰時期，蓉城餐館興隆，不少飯館也能做麻婆豆腐，但沒有一家能把加在豆腐裡的蒜苗做『活』。當時南打金街有家江南館子，為做好麻婆豆腐，曾重金挖到麻婆豆腐店的師傅陳三帥去當了三天提調，教授蒜苗做活的絕技。此事當時還被作為新聞上了報紙。

進入1930年代抗戰時期，國民政府遷都重慶，成都成為大後方。各地要員，名人商賈彙聚成渝兩地，吃本身就是一大樂事，更少不了要吃麻婆豆腐。那時，城中南堂館、炒菜館、便飯鋪比肩而立，不少店也賣麻婆豆腐，但食客仍還是你邀我約到萬福橋去品正宗、吃地道。這時陳麻婆的女兒女婿也已雙雙過世。店鋪由其孫子魯世權料理，娶妻龍氏，有一女名俊卿。此時上河壩街有個諢名叫宋么娃的見陳家飯鋪生意如此興旺，覺得有錢可賺，便也在旁邊開了家飯館，照樣賣肉臊子豆腐。他請的袁姓和李姓廚師廚技也不錯，燒的豆腐除按陳家的方法外還添加了些別的調料，其豆腐味道也很香美。這樣，兩家店各施廚技，爭攬食客，但畢竟麻婆豆腐更有名氣。後來又有個叫劉伯安的生意人動了心，便出高價把宋么娃的飯鋪打下，裝修一新，取名「伯莊飯店」，仍經營麻婆豆腐，但增添不少傳統名菜，生意很是興隆。見此情景，陳興盛飯鋪亦依時應市，不再代客加工，而是自備原料，隨堂叫菜，吃後算帳。並開發了系列豆腐菜餚，添加了些傳統川菜，生意就更加紅火。

1940年代，萬福橋頭又新開一家比陳麻婆豆腐大氣體面，叫「江頭歸」的飯莊，且稱擅烹麻婆豆腐，還針對萬福橋木材交易興隆，四方客商眾多而承辦席桌。原來這是城裡一家叫「精一堂」餐館的老闆，人稱金胖子，把伯莊飯館頂下來，擴大規模、豪華裝修，還雇請了名廚劉永清等人主火，一時間真還攬了不少客。其時，陳家飯鋪當家人，已是陳麻婆的曾孫女魯俊卿和丈夫劉柏茂，他們決定啟用「陳麻婆飯鋪」，拿出早先一位文墨先生書贈的「陳麻婆豆腐」字幅，製成店牌。這一弄，果然立杆見影，慕名而來的更是川流不息。沒過一年多，「江頭歸」生意日漸冷清，不久就悄然關門。

1947年，一場百年不遇的洪水突襲成都，全城幾近淹沒，萬福橋被完全沖毀。陳麻婆豆腐店也垮得支離破碎。雖因陋就簡加以維修，很快恢復了生意，但經洪水一折騰，便蕭條了許多。魯俊卿與劉柏茂便在北門簸箕街重振家業，憑藉名氣與招牌生意雖很快復興，但比起之前在萬福橋就著實差了不少。不久成渝鐵路通車，便又搬到火車北站，可生意仍不理想。又再次將店遷回到萬福橋附近的梁家巷二道橋，且特意請了當時蜀中著名作家、美食評論家李劼人先生重書「陳麻婆豆腐」一店招。名牌加名人的效應果然立馬生效，生意迅速興旺。

1951年6月25日，魯俊卿、劉柏茂以店名：「陳麻婆飯鋪」，經營業務：「飯菜麵食」，地址：「成都市上河壩街」，向成都市人民政府工商局正式申請了營業登記，劉柏茂本人為經理。不久劉柏茂因病去世。這時，全國對私改造及公私合營全面展開，陳麻婆豆腐飯鋪於1956年初合而營之。從此結束了由女性當家，相傳四代，自創自立百年品牌之歷史。魯俊卿和鄧姓大媳婦隨資從業，在國營陳麻婆豆腐店工作至退休。

公私合營後，陳麻婆飯鋪改名為陳麻婆豆腐店，搬遷到城中心的西玉龍街。其後轉為國營陳麻婆豆腐飯店。1960年代，由四川著名書法家余中先生書寫了「陳麻婆豆腐」招牌，用生漆金字做成橫匾，上挽紅綢懸掛店堂。1966年，在文革「破四舊」的浪潮中，最令人啼笑皆非的，是陳麻婆豆腐被勒令改名為「文勝豆腐」，意為「文化大革命勝利」之義，簡直就是「張飛打岳飛，打得滿天飛」。自1950年末三年自然災害到文革十年動亂，生活物資奇缺，一應基本用品均憑票供應。在這一歷史階段中，麻婆豆腐因被劃為成都名特小吃而受到相應的保護，並享受物料專供的特殊待遇，保證了大眾的基本需求和市場供應，以及烹調技術和風味特色的傳承。

1970年代末，改革開放，陳麻婆豆腐店得以恢復原名，經營上也隨經濟體制改革實行獨立經營，自負盈虧的傳統經營模式，形成以陳麻婆為招牌，麻婆豆腐及豆腐系列為特色、綜合經營的傳統川菜館，重新煥發出其生命活力與風味魅力。如今，除總店在成都文殊坊，陳麻婆豆腐老店仍在西玉龍街外，已是在成都、四川、全大陸甚至海外開辦了多家陳麻婆豆腐店或陳麻婆豆腐川菜館。

縱觀一個半世紀，麻婆豆腐不單是款風味名餚，她如同回鍋肉一般，已是代代川人化解鄉愁、懷念鄉情、寄託鄉思的一道難以替代的非常情餚。從民國至今朝，無數高官賢達，文人雅士，豪紳富賈，名流明星，無不對麻婆豆腐情有獨鐘，更有不少舞文弄墨，吟詩作賦抒發其讚美和眷戀情懷。那些少小出川，終生在外的，如郭沫若、張大千、巴金等文壇藝苑巨匠，那些川籍中央領導和將帥們更是對川菜懷有特殊的情感。１９５３年，一代川菜巨匠羅國榮就奉調進京，在北京飯店設立川菜廳，其菜譜中麻婆豆腐位居前列。１９５９年，周恩來總理親自批准建立的北京四川飯店，成為黨和大陸領導人宴請外國元首、政要、名流的高級食府。而在大多宴請筵席上都必見麻婆豆腐的芳容。

１９８０年，川菜名師劉建成、曾國華赴美國紐約川菜館「榮樂園」主廚，他們精心推出的魚香八塊雞、脆皮魚、麻婆豆腐等經典傳統川菜一炮走紅，讓美國政要、聯合國高官、社會名流及美食大家首次品味到了正宗川菜的風味魅力。榮樂園因此而榮獲《紐約時報》「三星」極好評價。而一位以其挑剔出名，有「慈禧太后」之稱的紐約著名美食評論家稱，若是再把麻婆豆腐的麻辣味做夠，她將首次破例給予「四星」超級好之評價。儘管如此，品食者卻是紛至遝來，爭相品嘗，一份麻婆豆腐竟然賣到３０美元。

１９８１年，川菜名廚陳志剛、李躍華主持香港錦江春川菜酒樓。一次接待由世界著名美食及旅遊雜誌主編，權威美食評論家亨利・高特率領的１５０人歐美及東南亞各國烹飪專家，美食家考察團。抵店後，高特先生立即提出將原定菜單上的紅燒鮑魚、蒜子大貝，不變原定標準（３００元一桌）改為麻婆豆腐和螞蟻上樹。品吃後，全團人員十分興奮，讚不絕口，感歎「吃在中國、味在四川」果真名不虛傳。

１９８８年，成都陳麻婆豆腐店廚師東渡日本，參加國際食品博覽會，其表演的「陳麻婆豆腐」在日本曾掀起一股「豆腐旋風」。１９９３年，中國烹飪代表團到日本表演，四川廚師烹製的陳麻婆豆腐及豆腐系列菜品，在東京、京都、大阪等城市引起轟動，排隊求食者絡繹不絕。其實早在１９７０年代，麻婆豆腐就已成為日本家喻戶曉的中國名菜，這依然要歸功於一位四川廚師陳健民。

原籍四川富順，十二歲在宜賓開始從廚，１９３１到１９５１年先後在南京、上海、台灣、香港事廚，其間曾為張大千家廚的陳健民，1952年去到日本謀求發展，並於1958年在日本東京創建第一家川菜館——四川飯店。當2008年11月11日這位川菜名廚之子陳建一，從日本厚生勞動大臣手中接過日本「現代名匠」證書時，五十二歲的他尤為百感交集。他做夢也未曾想到，時隔二十年，自已竟和父親陳健民一樣榮獲象徵日本行業模範的「現代名匠」稱號，而評委會給他的頒獎祝辭是：「精通四川料理烹技，尤對麻婆豆腐的烹調具有獨到的認識與技術，堪稱這一行業第一人，其陳建一麻婆豆腐對日本中華料理及烹調技術發展作出了突出貢獻」。父子二人都以「麻婆豆腐」而榮獲日本「現代名匠」之殊榮，這的確令人感慨萬千。倘若陳麻婆九泉之下得知這一喜訊，同出一們的陳氏後人，能在異國它鄉把麻婆豆腐傳揚得這般榮光，她必定也會樂得歡笑而醒。

現今位於成都青華路的陳麻婆豆腐店，仍不時有聞香而來的食客。五十三歲的張盛躍是該店主廚，憑藉製作麻婆豆腐的手藝，進入省級非物質文化遺產專案代表性傳承人的推薦名單。1997年，我拍攝大型電視節目《中國川菜》時，張師傅就已是麻婆豆腐傳承人。2000年，日本一家企業引進了「陳麻婆豆腐」的品牌，並邀請他前往日本擔任總廚。十餘年間，「陳麻婆豆腐」在日本已開到8家。回到成都後，張盛躍每天要為顧客燒製數百份麻婆豆腐。廚師服換上，站在爐灶前，立刻有了大師範兒。熱鍋中的油在跳躍，張師傅開始加料，盛放豆瓣、辣椒、豆豉等調料的容器置於他的左後方，他甚至不用回頭——右手握勺，側身探去一舀、一掂，迅速下入鍋中……加料後，等到嗆人又鮮香的煙霧繚繚升騰，便輪到浸泡好的豆腐塊上場了，鮮嫩的小白塊很快變成金黃色，勾芡、撒花椒粉，一道活色生香的麻婆豆腐便濃香四溢。

張盛躍道出秘訣：一塊尋常豆腐，能夠在世界各地風靡百年，「麻辣」和「火候」二字是關鍵。在麻婆豆腐的傳承過程中，「變通」二字，正如時大時小的火候，讓麻婆豆腐流風餘韻，香氣遠播。「所謂傳承，是在原有的精髓之上不斷創新。」麻婆豆腐的現任掌門人張盛躍還計畫摸索水果麻婆豆腐、海鮮麻婆豆腐。

縱觀今日川菜，麻婆豆腐已成為一種家常風味流派，演繹出像麻婆豆腐蟹、麻婆豆腐扇貝、麻婆豆腐蝦、麻婆豆腐牛蛙、麻婆豆腐燒牛腩、麻婆豆腐鮑魚、麻婆豆腐海參等千姿百味般的麻婆風味系列。

麻婆豆腐，一款生於坊間，傳於民間的地方風味情餚，風流一百五十個春夏秋冬，仍風味依然、風韻猶佳、味醉人間。其名氣甚而超過「國菜」北京烤鴨，成為中國菜在海外影響力最大的一道名餚佳饌。

從陳麻婆夫婦到傳承家業的四代女性，麻婆豆腐之風味到現今之品牌聲譽，這個鄉村巧婦以其祥和敦厚之心創建了「麻婆豆腐」這一享譽世界的絕世佳餚。當人們在津津樂道的品味著麻婆豆腐之時，是否也會想到，這位一字不識，孤陋寡聞的農村婦女以其忠厚而受世人尊敬，以其家常而韻味深長。雖現今世事、世風之狡詐多端，到底忠厚人顛撲不破；世俗之繁華奢侈，終覺平淡處趣味彌長。亦如麻婆豆腐一般，平常之處見真味，家常之中顯真情。讓人品來是舒心閒適，心安理得，夢香神安。而百幾十年間，流傳於世的有關麻婆豆腐的諸多傳說，更給這道坊間名菜增添了諸多奇趣食情，至使地球村裡各種膚色之麻婆豆腐Fans（粉絲）趨之若鶩，迢迢萬里飛渡，拜吃麻婆豆腐，問味芙蓉錦城。

有道是：村婦巧姑亮奇招，百年風流陳麻婆。欲知川菜傳奇後事，且看下回分解。

第〇〇五回　李九如標新立異，聚豐園笑傲江湖

話說１８６１年到１８６２年這兩年，時值正興園和陳麻婆豆腐把整個成都食肆鬧得風風火火之際，殊不知又一個餐飲奇才呱呱落地。真道是三十年河東三十年河西，他就是日後傲笑江湖的廚界高手、燕蒸幫舵主、聚豐園老闆——李九如。

李九如本名李樹通，字世成，九如為號名，四川合江縣仁懷鄉人，生於咸豐十一年（西元１８６１年），少時曾讀過幾年私塾，略能書寫。他父母在鄉鎮上開有一家小飯館，故而自幼對飲食行業耳濡目染，從小便給父母當幫手。光緒二年（西元１８７６年），李九如十五歲時到合江縣城一家包席館拜師學廚，5年滿師後便留在這家包席館事廚。他不僅掌握了全套烹飪技術，還學會了筵席製作工藝，雖說剛２０出頭，已是心存抱負，想點滴積累存錢開個自己的館子。兩年後，父母為他提親，李九如便與一姓王的小腳女子結婚，一年後生大兒李素青。有了家小，開館子的心更加堅定了。

李九如打工的這家包席館常為縣衙承辦筵席。一次縣官回成都，帶他當廚，李九如第一次進到省城大開了眼界。他發現成都是辦餐館大有作為的地方，便暗自下定決心將來要到成都大幹一番。光緒十三年（西元１８８７年），李九如二十六歲時，有次為縣官承辦筵席，被縣官的一位從北京來的朋友看上。該人系北京一家大型包席館老闆的弟弟，這次來川就是要物色一名川菜大廚。此人自稱善看面相，他見李九如頭圓耳大，頗帶財相，加之勤奮忠誠，將來必在烹飪界有所作為，便邀李九如到北京當廚師。並說明薪金待遇比在合江當廚師高出三、四倍，但因旅途開支較大，如果願幹就得一次簽定十年的契約。年輕的李九如正想到外面見見世面豐富廚藝，更重要的是以後要到成都開餐館，需要不小的資金。於是他不顧父母反對當即應承下來。臨行前，李九如對家人叮囑道：「每隔一段時間我會給家裡寄一次匯票，家裡除了必須的開銷外，一定要小心存好，不可挪用，將來要用這筆錢在成都開家像樣的大餐館」。

辭別家人後，他即與該人取水路出川，在武漢登陸

路進京。李九如在北京受雇的這家包席館，位於天安門附近的一條大街上。以經營京味和「滿漢全席」為主，同時亦聘有一些外省廚師，以應付不時之需。餐館常為官僚、貴族、富商以及來京的各地官僚等承辦各種筵席，生意非常之好。在辦川菜筵席時，李九如是當然的大師傅；在辦其他筵席時李九如就當助手，這樣大大地提高了他舉辦高檔筵席的能力，還日漸熟練地掌握了京菜、魯菜、蘇菜的烹調技術，尤擅長北京烤鴨、燒鴨、填鴨及「滿漢全席」的製作。10年間，他還與分管包席的一些師傅一道，多次跟隨一些大員出巡，先後到過浙江、湖廣的許多地區，廣開眼界，掌握不少江浙、湖廣菜的烹調技術。

這十年，李九如亦非常節儉，吃自然是由包席館負責，穿也是能省便省，從不出去遊玩，也未沾染任何不良習氣。這期間他也親眼目睹了京城官場及社會的腐敗，一些權貴大臣，今日耀武揚威，明日便淪為階下囚，落個滿門抄斬，多年侵吞的財產皆被罰沒充公的下場。李九如漸漸懂得了世道的艱險，明白了為人之不易。

光緒二十三年（西元1897年），契約到期，包席館的老闆希望李九如再簽10年契約。但李九如心想自已有了一定積蓄，可以實現心中的夢想了，加之思家心切，便婉拒老闆盛情，隨即打道回川。在合川家裡過了大年後，李九如就迫不及待地攜妻和十二歲的兒子李素青前往成都。他先對全城的飲食業和包席館一一摸底，尤對正興園、長盛園、西銘園、秀珍園四大著名包席館，從口岸、經營方式和服務、菜品等逐一調研，做到心中有數，同時亦選口岸看地方。李九如自小十分迷信風水，每看中一個地方，便要請風水先生測驗，三番五次，最後終於選中了華興街的一個大宅院。他便租下這個院子，利用所有的積蓄，開了一家大型「南堂館」，取名「聚豐餐館」。聚豐之意，彙聚天下豐碩珍餚於一堂，以川菜為主，對其他菜系皆擇善採用，南北融合，自成一派。

所謂「南堂」，又叫「南館」，是「江南館子」的簡稱。清代，由於等級觀念，官宦、貴族、富商及其有身份的人，不願在一般人出入的館子進餐，筵席一般在家中舉行。庭院小而客人多或居家臨街者，若需舉辦大中型筵席，則流行租地設宴。清代，成都城內外開闢有很多地方，如一些祠堂、寺廟、花園等，備有桌椅，供人租用擺宴。當時成都的包席館眾多，有的規模很大，如正興園等。包席館一般不賣零餐散客。賣零餐的主要是小型飯鋪，以冷菜、炒燒為主，不包席桌。「南堂」便是針對這種傳統飲食習俗，特別是針對這種習俗中的等級觀念進行大膽的挑戰。其特點是在餐廳內舉辦各種大中型包席，同時也售零餐，顧客隨到隨吃，點菜就餐，飯後算帳付錢；其次，「南堂」還提供洗臉水、茶水等服務專案。

成都開始出現「南堂」約在同治、光緒年間，最初是一些江浙人開辦的餐館，早期生意並不好。李九如以前曾在北京、江浙，自然對「南堂」餐館相當熟悉，對其辦餐方式很欣賞，便選擇了「南堂」這種新型餐館模式。同時他還認為，在成都這個川菜的老窩子中，只搞川菜難以出新，餐館也就缺乏特色。他要發揮自己的特長，要川菜、京菜、江浙菜一起上。李九如的高檔川菜筵席，京味烤鴨、燒鴨、填鴨、海參、魚翅筵席等很快在成都打響，其「滿漢全席」也頗受漢族中上層人士所歡迎。於是上門包席者、零餐者絡繹不絕，生意越做越紅火，並先後收了七、八名徒弟。這期間，其妻又為他生了一個兒子，取名李素章。光緒三十年（西元１９０４年），李九如積累了相當的資金後，又把餐館裝修一新，並與江西景德鎮瓷窯在成都東大街開的聚富行聯繫，訂做了全套餐具，請名師用紅木、楠木打制了全套仿古式桌椅，更提高了聚豐餐館的檔次和影響。

光緒三十一年（西元１９０５年），官府辦「皇會」，為慈禧太后七十歲生日祝壽。成都的許多街道路口都要求紮牌坊，每家每戶都要出錢。華興街里正（相當於今日的里長）也等著要「聚豐餐館」承擔紮牌坊的費用。李九如見推脫不掉，便決心利用此機會為自己的餐館造勢，擴大影響。他用大量的海參魚翅紮了一個很大的五彩牌坊，立刻轟動了全城，成為一道奇異景觀，深受官場賞識。於是聚豐餐館的包席訂單紛至遝來，供不應求，須要提前十餘日預訂，其火爆場景令人咋舌，同行亦是羡慕不已，李九如及聚豐園之名聲大噪川西。

光緒三十三年（西元１９０７年），四川總督府在總府街與華興街之間修建「勸業場」（即今商業場），並於次年７月動工，歷時８個月建成。這期間，宣導修建「勸業場」的署理四川通省勸業道總辦周善培（孝懷）、具體負責修建事務的成都商務總會協董樊起鴻（孔周）等，經常與隨從人員等一道到「聚豐園」包席宴請。當時，周善培正籌畫「少城」的開發建設，便盛邀李九如到「滿城」投資開餐館。李九如考慮後即表示同意。周善培又與駐成都的清廷將軍卓哈布聯繫，徵得他的支持。李九如即請風水師進「少城」考察多次，最後選中了祠堂街南邊關帝廟附近空地。這裡臨近少城迎祥門，是大小城之間的樞紐地帶，位置適中便於包席和零餐。光緒三十四年（西元１９０８年），李九如與「少城」官員正式簽訂了租用關帝廟大部分房子，並利用廟旁空地建房館，開辦「聚豐餐館」，並於該年八、九月間正式開工。簽了協議後，李九如將華興街聚豐園交由妻子王氏與大兒子李素青照管，自己便集中精力負責祠堂街「聚豐餐館」的籌建事務。他一方面命人按江浙庭園格局改建、裝修，一方面親上北京聘請大廚來蓉。

新修的「聚豐餐館」為蘇州園林式風格，在關帝廟旁另建有大門，院內可同時辦席兩百多桌，一次供近兩千人進餐，一舉成為成都最大規模的包席館。聚豐餐館的設計、佈局也別具匠心，在當時無疑是成都第一流的。庭院門口青磚門枋，門枋上用朱紅顏料堆塑四個大字「聚豐餐館」。進門第一個院子為零售廳堂，第二個院子為包席院，包席院有便橋跨金河兩岸；20餘間包席廳苑堂室皆風格各異、各有其名；最大的包席間因門前有五棵大柳樹而名「五柳村」，後有易學之士認為此名不祥，李九如遂命人砍去柳樹，更名「五福堂」。其他分別有君子軒、映月軒、長春苑、友源室、鎖月堂等，皆各有名家手跡詩書詞畫匾額。

庭園中還有荷花池、假山、噴泉、花架、盆景、亭閣、水榭、石舫等，規模宏大，佈置精巧，儼然猶如《紅樓夢》中之大觀園的景致和氣派。李九如定製了大量各式各色的景德鎮餐具，還制定並規範了使用餐具的制度：規定喜筵用紅釉瓷器、喪席用綠釉瓷器、祭宴用黃釉瓷器；每次包席所用的餐具須是一種色調、一類紋飾；貴重菜品使用較大的器皿，一般菜品使用較小的器皿；煎炒菜品用盤，湯羹菜品用碗；許多菜品還必須用專門的餐具，如用「魚船」盛魚，用長方盤裝「烤方」，用荷花瓷盤裝「出水芙蓉」，用攢盒裝冷菜等。聚豐餐館使用的筷子全為清一色的象牙筷子。

「聚豐餐館」的管理和經營模式，開啟了成都近現代餐飲管理之先河。首先，李九如花大力氣培訓堂倌，從站迎姿勢到座次安排、碗筷擺放都進行了嚴格的規範訓練。李九如規定，無論是在包席廳或零售廳，堂倌都不得交頭接耳、說笑打鬧，站要端、迎要躬，不能倚靠或斜立，不能叉腰蹺腿，舉止要優雅、不卑不亢；為避免嘴出臭味怪氣，還規定堂倌在接席前不得吃蔥薑蒜胡豆等；堂倌一律穿餐館統一定製的長衫子。聚豐餐館還定製了大量不同樣式的桌椅，提供給不同層次的包席者使用。如官筵用條桌，以便區分等級；家庭包席用圓桌，以象徵團聚；一般朋友包席用方桌……每次包席使用的桌椅，必須統一形制，質料要儘量一致。在安排宴會時，家庭包席要儘量做到同室進餐。若同時還有喜筵、喪筵前來包席，要儘量爭取在時間上將其錯開，若時間上錯不開，則必須在庭院設席安座等。

宣統元年（西元1909年）春節前夕，祠堂街「聚豐餐館」正式開業。清軍將軍卓哈布及周善培等大員親往祝賀。聚豐餐館巨大的規模、新穎的建築格局、精美的餐具、堂倌標準劃一的著裝，時髦的服務等，令成都人耳目一新、趨之若鶩。聚豐餐館融川菜、京菜、江浙菜於一爐，頗受愛嘗新吃鮮的成都人稱道。前來包席者、零餐者一潮又一潮，那是車水馬龍，人流湧動。

聚豐餐館也承辦上門包席服務，以高檔筵席為主，僅在上門包席這一較次要的業務上，其經營收入就與專門從事上門包席的正興園相匹敵。在開業後的好幾年中，聚豐餐館已取代正興園，在餐飲江湖中雄踞霸主地位。

李劼人，是中國現代文學史上的一位著名作家、翻譯家，還是一位有名的美食評論家，並曾親自從事過餐飲業。在他的作品中多次寫到少城公園旁的「聚豐餐館」。如《大波》的主角，官紳黃瀾生一家就常到「聚豐餐館」吃席。當時女人進餐廳吃飯是新鮮事，要開明女性才有這個膽量，但聚豐餐館的女食客卻很多。當時成都的中層人物往往以能到「聚豐餐館」辦席請客為值得顯擺、炫耀之事。當然，聚豐餐館的飯菜亦也較貴，像《大波》中曾描寫在新軍中當官、代理過「管帶」的吳鳳梧，以其經濟條件而言，「還沒有資格」到聚豐餐館去吃便飯。

祠堂街聚豐餐館開業不久，官府開始修建「少城公園」，有關人員、技術人員等經常到聚豐餐館包席。公園剛修好，李九如捷足先登，在公園內開設了一家小餐館，名「永聚餐館」，以售零餐為主；不久又在旁邊開辦大型茶廳「永聚茶社」，為聚豐餐館屯聚客人。

聚豐餐館雖生意紅火，但李九如十分注重其名聲的持續張揚，拿現今之話講就是廣告宣傳。他積極參與成都的各項大型社交活動，如燈會、花市及各種大型廟會，皆派人設點售小吃零食，以擴大影響。陳寬《辛亥花市竹枝詞》曾記述：「『四春』雅座善溫存，賽過同行『五柳村』；填鴨最肥油最大，南堂要數『聚豐園』。」宣統元年秋，大清將軍玉崑上任後，每月初一、十五都要帶幾名隨員從將軍衙門乘小船到關帝廟祭祀。祭祀後便到聚豐餐館就餐。玉崑吃菜極考究，第一，要「滿漢全席」，第二，必須由李九如親自下廚掌灶，否則不吃。菜上桌後，玉崑盛請李九如坐在他旁邊一同就餐。總的說來，在清末那幾年間，因有官府衙門的庇護和生意照顧，聚豐園餐館未遇到大的麻煩，並完全收回了投資。

清末民初，經歷了戰亂兵變之大動盪後，成都的飲食業發生了很大的變化。一些過去有影響、並與滿人上層統治者關係較密切的大包席館或關門歇業，或破產倒閉，或因失去靠山和客源而一落千丈。如「正興園」、「一家春」等。這為聚豐餐館的發展提供了機遇。李九如抓緊這個時機，充分發揮南堂館的經營優勢，率先在成都推出新式婚宴和各種壽宴。當時，知識文化界一些開明人士提倡新式結婚。所謂「新式」即是不乘花轎；二是到「南堂」餐館辦酒席（過去通常是在家裡辦）。而後者在當時的成都，便以聚豐餐館為最高檔。其時成都小汽車還極為少見，少數上層家庭的青年結婚，能乘小汽車到聚豐餐館吃包席，那簡直被視為頂天的派頭。

另一方面，李九如也大力開展上門包席業務。「榮樂園」的創辦人藍光鑒的兒子藍雲翠先生曾寫道：「民國初年，成都的包席館子很多，其中規模最大的要數五柳村的聚豐園。大宴會的生意大部分都是它做了。其他的包席館子只能做點小宴會的生意，是不能與它競爭的。」可見，當時聚豐餐館在成都飲食行業的獨佔鰲頭之地位。

民國4年前後，由李九如發起，邀請三合園、枕江樓、榮樂園、頤之時、玉珍園等一百多家成都城中的「南堂館」老闆，在少城公園他的永聚茶社開會，成立了成都飲食行業的民間行幫組織——「成都燕蒸幫」。既然是劉九如領頭召集，又是他做東，加之聚豐園之生意與名氣無人能比，自然會上便一致公推李九如為第一任會長。「燕蒸幫」是一個很鬆散的行業組織，主要是防止同行間的不正當競爭，調解行業內部矛盾糾紛等。幫會採用「吃轉轉會」的方式開會（即輪流到各大餐館開月會或委員會，並在那裡就餐），日常糾紛由當事人雙方到聚豐餐館調解。「燕蒸幫」的日常事務由他兒子李素青負責，李九如並不多管。

民國8年前後，聚豐餐館又在成都率先推出西餐，引進霜淇淋、雪糕製造機等系列新鮮洋玩意兒，頗受成都人追捧。那時駐蓉外國領事館宴客，也請聚豐餐館去操辦。李九如中西融匯創製出酸辣牛尾湯、九斤黃雞六吃，即把雞分部位來做，乾煸、涼拌、燒、燉，開了一雞幾吃的先河，引得食客讚譽不已。民國12年春，青羊宮花市期間，李九如命聚豐餐館與永聚茶社皆到青羊宮設點。當時成都著名怪才劉師亮曾寫道：「聚豐餐館設中西，佈置精良食品齊，偷向玻璃窗內望，何人倚桌醉如泥？當路茶園有「綠天」，「鶴鳴」「永聚」緊相聯，問他每碗錢多少，都照君平賣蔔錢。」

民國10年，李九如六十一歲時，其妻王氏過世。王氏共為他生下4子。李九如一年後又娶一妻柳氏，柳氏為其生一女。這時，為集中精力搞好祠堂街聚豐餐館，李九如便把華興街聚豐園頂給徒弟去做。1933年至1937年間，聚豐餐館的業務規模和收入都達到了最高峰。這一時期，省內軍閥爭奪地盤，戰事連連，但大體都在成都城外進行；同時大量「中央軍」入川，成都城內像聚豐餐館這樣的高檔餐館生意一下子變得特別好，每天都有不少軍政大員出入其中。但競爭也越來越激烈。在少城公園內，聚豐餐館的周圍，也有新的高檔餐館開業，僅在少城公園內，便新開了靜寧飯店、桃花源等。少城公園內的茶館也新開了好幾家，有時為爭奪顧客，彼此還發生糾紛。李九如為避免糾紛，先後將在少城公園內開的永聚餐館和永聚茶社轉讓他人。1938年以後，「新文化、新生活」意識已在成都形成主流，在衣食住行等許多方面湧現出新形式、新潮流。但李九如仍抱著一些老觀念，堅持讓聚豐餐館的夥計繼續穿長衫、戴瓜皮帽，於是就顯得不合潮流、不合時宜，甚而成為笑柄，生意也就逐漸冷落起來。

俗話說得好，運氣一好，風都吹不跑；人一倒楣，樹葉子落到頭上都要打個包。聚豐餐館日漸衰落的生意讓李九如一籌莫展。在一次燕菜幫的例會上，其長子李素清又因貪吃霜淇淋而引起腹瀉，竟然不治而死。李九如遭受如此打擊，一下就垮了下來，精神頹廢不振。此後數年間，聚豐餐館雖仍維持日常生意。但自李九如七十歲後，由於年老，加之肥胖臃腫行動不便，很想交班。但他的二子、三子從小生長在蜜糖中嬌生慣養，好吃懶做，對飲食業更是毫無興趣。更為甚者，此二子先後還被人引誘迷上大煙難以自拔。四子李素明年僅十餘歲，也難以擔當支撐家業的重任。

常言道：奢侈慳吝俱可敗家，庸愚精明都能覆事。更讓李九如悲憤傷心的事，其二子、三子不久還被搶匪綁架。由於開價太高，李九如拒不交錢，綁匪便把李素章弄到中壩、江油等地，關押時間長達兩三年。這以後李九如像變了一個人似的，他把聚豐餐館的日常管理交給帳房先生和徒弟，但二人見此光景，便趁機變著法子把錢往自己包包頭裝，還在餐館內公開抽大煙，一些員警、特務亦趁機來敲詐勒索，聚豐餐館的影響如秋風掃枯葉，一落千丈名聲日漸敗壞，生意一滑到底。原有的一批一流廚師，如辦席配菜、主廚聞名的夏增輝，以燒烤著名的周庭松，以白案聞名的唐文新，以刀法聞名的林思安等都先後被靜寧飯店、桃花源等挖去。

１９４２年前後，聚豐餐館已是入不敷出嚴重虧損。二兒李素章被綁匪放回後，曾試圖接替父親挽救聚豐餐館，但他很快就承認自己無力回天。李九如為了維持面子，便向一個富商劉金如借了很多錢。過了沒多久借的錢用光後，又向新繁的一個大財主王棟臣借了一大筆錢，但仍難以為繼。１９４３年，劉金如、王棟臣三番五次索債，李九如因無法還錢，便將聚豐餐館的財產分為三股，李、劉、王各一股，將「聚豐餐館」的牌子換成「權記聚豐園」。又繼續經營了一段時間，仍因虧損無法維持。１９４４年底，聚豐餐館在它經營了整整４０年後悲哀倒閉，祠堂街的聚豐園也在經營３５年後慘澹歇業。

李九如雖是成都鼎鼎大名的富豪，但他始終不在城裡買房子。在搬出祠堂街聚豐餐館之時已是八十二歲。他不願意與那些不爭氣的娃兒們在一起。先是隨著跟他多年的帳房先生鄒浦成到東郊大面堡去住了一些日子，後又回到沙河堡雷打嘴。他的幾個兒子先是在紅牆巷租了一個院子，住了沒多久便因生活無著落而各奔前程。李素章曾開了一個小館子也叫聚豐園，但沒過多久便垮了。李九如晚年主要由么兒李素明撫養，李素明這時二十多歲，讀過一些書，在一個寄賣行工作。1946年，李九如死於沙河堡雷打嘴，享年八十五歲。李素明靠「逗會」籌錢才埋葬了父親。就此，一個餐飲奇才的傳奇神話隨之也入土為安，化為歷史雲煙。

欲知李九如之後，成都餐飲業發生怎樣的變化，且看下回分解。

第〇〇六回　萬里橋畔枕江樓，新派南館獨風流

舊時，出成都老南門，不上百步，就有座跨越錦江，名垂青史的石橋，百姓習慣叫它「南門大橋」。它就是秦代蜀郡太守李冰所建之「長星橋」。三國時期蜀漢大臣費禕出使東吳，以鞏固和發展聯吳抗魏大業，因事關蜀漢命運，諸葛亮憂心忡忡，親自於橋頭為費禕餞行，登舟之時，諸葛亮語重心長，一語雙關地感歎曰：「萬里之行，始於足下。」為紀念諸葛亮，故後人稱其為「萬里橋」。

因此典故，歷代不少大名鼎鼎的詩人都歌詠過這座著名的萬里橋。杜甫詩中的「萬里橋西宅，百花潭北莊」，「萬里橋西一草堂」，引用它以指明「草堂」的位置。王建贈女詩人薛濤詩也有：「萬里橋邊女校書」之句。

「錦江近西煙水綠，新雨山頭荔枝熟。萬里橋邊多酒家，遊人愛向誰家宿？」唐代著名詩人張籍的這首《成都曲》，對當年成都錦江和萬里橋之生動描繪，不由人向時空中眺望到唐宋時代「揚一益二」時，萬里橋錦江河畔之風華勝景：吊腳樓屋一字排開，茶肆酒家鱗次櫛比，酒簾布招迎風飄搖，菜香酒香撲面而來，川流不息的那些「聞香下馬，知味停車」的美食饕客，真是不知吃那家才好。

1990年代前，萬里橋畔的吊腳樓都還有十餘處。雖然樓主一般都是平民人家，但一些精明的酒館飯店老闆卻看好這吊腳樓隱含著「近水樓台先得月」的江畔風情，於是在樓裡開餐館、茶館。民國時期，萬里橋南頭，經營傳統川菜小有名氣的肇明飯店便是其一。在此享用美味佳餚的確別有一番情趣：春、秋之季，天朗氣清，朋友二、三，登斯樓推窗下望，則見流水潺潺，鴨兒上下游淌，翻騰戲水。閒談間，把盞小酌，不時和風拂面，清心涼爽，好不愜意。食客情致意濃，老闆生意也好做，「萬里橋邊多酒家」所描述的勝景仍依稀可見，且還流傳不少軼聞趣事。

風水好，自然吃興旺，大多食客待到酒酣耳熱，杯盤狼藉埋單時，店家便來結賬。其方式也很特別，向

來是以清點桌上盤碗作為計價的依據，這應該是實打實不會有錯。但也不盡然，不時有「惡搞」的吃貨，在大快朵頤之後，趁著酒樓人來人往，生意忙店家不防，擇其桌上空盤一、二，甩手將其拋入窗外河中。算賬時，店家雖疑竇叢生，卻又不明就裡，自認啞巴吃黃連。待到隆冬枯水季節，河底現出不少碗盤來，店家這才恍然大悟，卻也是萬般無奈，只能訕訕大罵幾句：「狗日的，吃欺頭的雜種，生個娃兒都會沒屁眼，少胳膊缺腿杆……」之類，如此而已。

至清康熙五十年（西元1711年），萬里橋重建，到光緒32年（西元1905年），萬里橋雖依然是成都南門重要的水陸碼頭，但早已失去了唐宋時期之風采，於是又再次重建此橋。殊不知隨著大橋之修建，一座酒樓悄然而起，一舉打破成都南堂館子的格局，獨樹一幟，自成流派。這就是萬里橋畔——枕江樓。

話說1905年重建萬里橋時，有個熟悉飲食行業叫黃春山的人，趁熱鬧在橋頭開了家不大的便飯館，以香糟蒸肉、香糟排骨、紅燒櫻桃肉、蒜泥白肉為招牌菜，由於口岸好位置當道，家常便飯味美價廉，生意十分興隆，倒也頗有名氣。這時，建橋工會會長劉老太爺是看在眼裡熱在心頭，也打算開設一家南堂餐館，開闢生財之道。他把這一想法告訴了馬鶴琴、馬曉輝、余培生，回頭再與黃春山商量。正巧，黃春山見生意好做，一心也想擴大經營，卻苦於資本有限，見劉老太爺是官場中人，有錢亦有勢，與其合股，自己也就打上了便車，故而一拍即合。人說好了，但一幫人卻又為無擴充之地盤而發愁。也是天無絕人之路，有志者事竟成。適時，橋頭河壩有經營煤炭生意的張小樓，有塊地皮用於堆煤炭，經與之協商，加上這幫人多，也多少有些權勢，張同意騰出地皮，且作價為入股資金，又經上述諸公打夥集資，緊鑼密鼓、風風火火地把餐館開了起來，社會上公稱其為「十一股東」。

這樣，在面對橋洞、前臨江水、緊鄰古蹟、景致天然、涼爽宜人的河邊，有了座古樸優雅、清新可人，菜餚獨特可口、風味南北相容，服務熱情周到的南堂餐館。並有別於一般的紅鍋炒菜館子，它以水產河鮮和南方海鮮菜品為主，既供零餐散客又能承辦席宴，接待大型宴請。魚蝦河蟹就地可得，且鮮活生猛；海參、魚翅、鮑魚、貝蛤等則從南方運來，這倒也真成了近水樓台先得月。

由於馬鶴琴等正負責大橋的修建，且對古橋古建築頗有研究，故而這座酒樓靠橋臨江修成半橢圓形的吊腳群樓，邊沿全都是飛來靠椅，沿靠椅過道是一個個雅間，分別提名曰：江頭一、江頭二、江頭三和江間、江湖、江濤、江滸、江南及江天一覽等。雅座後院有一草亭，環植竹木花草，亭上與中堂懸掛一副對聯，是股東紀立剛所撰書。亭上聯曰：「百花潭上三秋水，萬里橋頭一酒樓。」中堂聯曰：「樓可集群英，枕上黃粱容客睡；橋能通萬里，江中白波為誰忙。」此兩聯到也措辭貼切，對仗工穩，便以此聯之意給餐館命名「枕江樓」。

李劼人先生後來在《大波》一書中這樣描述：枕江樓是前兩年重修老南門大橋，一般叫做萬里橋時，才趁機熱鬧開張的一家餐館，地點選得還好，恰處在大橋上流的岸邊，臨著錦江水，砌了一道短短的石堤，堤上簡簡單單地修了一排遮蔽風雨的瓦頂平房。平房盡頭處，有一石堤尖端，蓋了間圓形草亭，石堤比大橋低，向下流望去，靠岸第二孔石拱橋洞恰似它的大門。大門外景致甚好，天竺寺的後園牆，牆外臨河小路，路邊臨大黃桷樹，樹腳下的石磧，石磧上的水波，遠遠看去真像畫。只是近處岸邊一座積得像山樣的垃圾堆，成天都有一些窮婦女、窮小孩蹲在上面刨渣滓、找東西，不免有些煞風景。畢竟因為地當橋洞、又在水流喘急之處，無論如何，好像總有一股涼風拂人，在天氣熱時，這地方的確是一個乘涼飲酒的雅座。而且上游處也是一大片鵝卵石，壩上河岸邊一排排砍斫不死的老楊樹，樹下是個賣魚蝦的小碼頭，好吃嘴的客人每每親自去買了魚蝦，煩廚房大師傅趁鮮活做了出來，非常好吃，這一切都合上了成都人的口味。於是它從普通飯館搖身一變，變成一家館廚派而兼家常味、別具一格的南堂館子，零餐設在樓下臨街，樓上為包席雅座，還兼外賣並送酒菜於舟船、旅社、貴宅。其座頭尤為幽雅，又有天然景致，更兼價廉物美，首先來照顧他的，是南門一帶生意人，就是不辦會酒也常來打平夥（聚餐之意），其次的常客是學生們。到學生們做了常客方才懸上招牌，不知是哪位雅人給他取了這個切合實景又帶有詩意的名字——枕江樓。

到１９２０年代，枕江樓再次重新修建而煥然一新。那頗有江南亭閣水榭的土木結構，一樓一底，樓頭臨水小亭，碧瓦朱欄，明窗几淨；入門之廳堂和過道、樓梯兩側，擺放著各色花木石竹，四壁掛有名家畫幅和題贈墨寶，小巧雅致的室內園林，精緻典雅，令人賞心悅目。樓上是一間間古樸包房，裝飾風格迥異；臨窗而坐可近覽錦江秀色，遠眺田園景致。加之上好的鮮活魚鮮，佳餚美酒，卻也吸引了不少四方慕名而至的文人墨客、美食饕客。

生意好，自然名氣盛傳江湖，枕江樓毫不費力地先後以重金聘請來蓉城名廚唐炳如、傅吉廷、吳紹宣、高青雲等主廚。單說這唐、傅二人，皆為廚道高手，身懷絕技。早年二人與高青雲曾在名餐館隆盛園主廚。這唐炳如擅長紅案，其拿手菜餚便是脆皮魚、炒豆泥等；而傅吉廷，江湖人稱「傅瞎子」，功夫在紅案，頗善安排調度，在行道中素有威望。其徒弟蔣伯春、張光榮、李福源後來皆為川菜名師。如今二人再次聯手枕江樓，想必又會幹出一番驚動江湖的事業來。

枕江樓有這些高廚坐鎮，又瀕臨錦江，自然其以河鮮為特色就更加引人注目，加之以「不鮮不賣，味美可口」為宗旨，更在沿河畔都設置有很大的竹簍，裡面的魚蝦全是活蹦亂跳很新鮮，十分引人矚目。食客們可以從餐館踱到河邊上，從竹簍裡挑選出魚蝦，餐館裡的廚子再現殺現烹，熱燒熱吃，魚鮮味美。枕江樓所烹製的醋溜五柳魚、脆皮魚、醉鮮蝦等名菜，就是以鮮美出了名。看來在1930至40年代時，成都就已有「點殺」出現了，甚而成都民謠也都唱到：「萬里橋邊枕江樓，河裡魚兒隨便選。」於是乎，「醉蝦」、「糖醋脆皮魚」、「乾燒臊子魚」、「大蒜鯰魚」、「豆腐鮮魚」、「扁豆泥」就成了享譽蓉城的獨家特色名菜。尤為是這「醉蝦」和「脆皮魚」更是來者必吃。其醉蝦是把活蝦從魚簍裡撈出（如有死蝦，則擠出蝦仁，另作它菜），折去頭腳，放在裝有切成馬耳朵蔥節的盤子上，用碗蓋上；另用一碗兌好麻辣味料及湖廣館醬園鋪的紅醬油，上桌時揭開碗蓋淋上味汁，只見蝦子一下被麻辣刺激得四處亂蹦，滿桌狂跳，戲稱為「全武行」，食客歡喜不已。但倘若蝦子一下跳到你的西裝或白衣服上，更會引得大家嘻嘻哈哈一陣取笑，真真是吃情食趣盎然。

枕江樓之乾燒臊子魚，做法極為精到，以臊子酥香，魚肉鮮嫩、色白味濃、鹹淡怡口而享譽食界，尤其是那些文人學士，更愛以紹興酒佐食此餚，盛讚其風味絕佳、滋味難得。另一款脆皮魚，其做法也是獨出心裁，選用一斤到一斤半之間的鮮活鯉魚，殺淨後將魚背用刀劃成梯子形，均勻抹上不濃不淡的鹽水太白粉，下油鍋將魚炸酥透，味道是大糖醋味，加筍絲、菌絲，起鍋裝盤撒上蔥白絲子和紅辣椒絲子，使這道菜色澤豔麗、形態優雅，達到皮酥、肉嫩、離骨，色香味形俱佳的不凡境界。其時，連榮樂園老闆藍光鑒也慕名而來，特別買了一份回去細心研究個中卯竅。

另有一款「紅燒豆腐魚」也是枕江樓之絕活，即用嫩豆腐燒魚，以郫縣豆瓣、泡紅辣椒燒成濃郁的家常味；豆腐在魚面上，紅亮湯汁、嫩白豆腐、色澤鮮明、香風撲面，讓人禁不住口水滴答；尤其是那豆腐帶著魚味，簡直就比魚肉本身還要美味，食客稱其為「反菜」。1920年代末，當時在成都求學的李一氓（大陸著名詩人、書法家），一次偶然有機會品吃枕江樓，滿桌佳饌美餚在若干年後已記憶不起，惟有兩款「反菜」倒是令他留戀不已。其一便是這「豆腐魚」，另一款則是「蒸干貝」，其中之大蒜香美勝過干貝。

還有唐炳如師傅做的「溜八塊雞」，菜在鍋內時就香風四溢，大有聞香下馬之魅力，以及三不沾（不粘筷、不粘碗、不沾口）的「炒扁豆泥」等，都成為蓉城口碑盛傳的名菜佳餚，誘得城裡不少大師、老闆前來逐個點菜、偷經取藝。枕江樓一下聲譽大震、名噪一方。不僅菜餚和風味自成特色，枕江樓還陸續培養了一批獨具枕江樓烹調風格的廚師馮漢成、龍元章等南堂名師，尤為是龍元章成為枕江樓名菜「脆皮魚」之嫡傳，獲得行業中人高度讚譽，因此而被餐飲江湖譽為「枕江樓派」。

當時，四川省主席張群亦也慕名率下屬魏達俊和教育廳長郭有義等省府官員專門來品嘗這些菜餚，吃了自然是讚不絕口。再說枕江樓的酒也很講究：白酒只賣南大街乾元燒房的大麯酒，東巷子天元號的青稞酒，允豐正的仿紹興黃酒。如此美酒配佳餚，怎不讓那些善吃好喝的達官貴人，文人雅士口饞心動、趨之若鶩，也算是「江魚美可求，蜀酒濃無敵」，品美酒佳餚，賞繞江清流，那是人世間何等快意之事。

抗日戰爭期間，來到大後方成渝兩地的全國知名人士、文人學者也都紛紛慕名前來一品為快。1938年，成都新聞界20餘人特別在枕江樓設宴款待時任南京《新民報》副刊主編，著名作家張恨水。宴前，《成都快報》記者李敦厚研墨展紙，請張留墨誌念，張恨水見此優雅風光，香風美味，略事思索，即濡墨揮毫題詩云：「江流嗚咽水迢迢，惆悵欄前萬里橋。今夜雞鳴應有夢，曉風殘月白門潮。」

據說周佛海沒當大漢奸之前，於1938年10月由武漢飛抵成都，次日便在枕江樓吃醉蝦。周佛海在日記中寫道：「10月23日星期日，九時半起……偕馮志翔、曹蔭雅、曹穀冰出遊覽，首至工部祠、工部草堂，繼至青羊宮、二仙庵，再至武侯祠，『丞相祠堂何處尋，錦官城外柏森森』，幼時早已景仰，今始瞻拜。最後至望江樓，遊薛濤之枇杷巷、薛濤井等地，午飯於枕江樓，食醉蝦，甚鮮美……。」

1942年歲末，當代古典詞學大家，常被人譽為「李清照夫婦」的程千帆、沈祖棻夫妻，以及流寓成都的學者孫止疆、龐石帚、蕭中侖、高石齋、劉君惠、蕭印堂等宴於枕江樓。其時，前線連天烽火，後方流離載道，成渝等地，時遭敵機空襲，杯酒之間，感時傷懷。沈祖棻（時任金陵大學教授）首先作成《高陽台》一闋，抒流離之慟：「釀酒成歡，埋愁入夢，尊前歌哭都難。恩怨尋常，賦情空費銀箋。斷情長逐驚風轉，算而今，易讀華年，但傷心，無限斜陽，有限江山……。」

足見，枕江樓亦為當時文人墨客之欣賞、之傾情。然而，愛國文人就是與眾不同，面對歌舞昇平、佳餚美酒卻掛念破碎河山。時光荏苒，眼下不但斯人遺蹤再難尋覓，大氣污染也使得夜空渾濁朦朧，人們也很難見到萬里橋頭的曉風殘月了。話又說回來，那環境雅致，佳餚名菜，自然也就花費不菲，尋常百姓家卻是望樓興歎，於是民間也就帶譏諷、挖苦性地贈給他一個別名叫「整豬樓」。

關於枕江樓，民間還有個趣味橫生的傳說。說是忱江樓餐館的傅吉廷師傅，平常眼力不大好，綽號叫傅瞎子，一次在拌紅油雞塊時，因生意忙而手腳快，一下看走了眼，誤把白糖當作鹽、把醋看成醬油，拌好一嘗麻辣酸甜，味道不大對，曉得自己整拐了。這時堂口上又在催，傅瞎子就打急抓，將錯就錯把其他幾樣調料都加點改下酸甜味，拌好再嘗，味道怪兮兮的，說不出是個啥子味道，就麻起膽子端上桌。不料客人一吃，頗感這雞風味特別、很是怪異，就問：「傅瞎子，你今天拌的雞有點名堂哈，味道怪兮兮的，跟往常吃的大不一樣，叫啥子呢？」傅瞎子也就順勢而答：「你老真不愧是老食家，這叫怪味雞」。眾人一聽拍手叫好：「怪味雞，味道怪，名字也怪。」打這後忱江樓傅瞎子的「怪味雞」就名響蓉城。

然而，自古以來，世間時事，那像日月經天，江河行地，萬古永恆。有道是天地之間，盛衰成敗，因果迴圈。枕江樓名聲顯赫，座客滿堂，生意如日中天，老闆及股東們賺得喜笑顏開。如此，自然也難免樹大招風，引發不少折磨和災難。民國七年（西元１９１８年），入城滇軍放起一把火就把店堂燒毀一大半，事後培修和恢復耗費不少。１９３０年代，軍閥混戰，酒樓多次被軍隊駐占，不但不能營業，還得負擔官兵痞子的吃喝，時不時還得發放些慰勞費等。１９３４年，當時之《川報》曾以「煙賭娼雲集，枕江樓營業旺」為題報導：「外南枕江樓餐館，每日樓上樓下，座客皆滿，有挾妓女肆賭者，有橫榻吸煙者，有妓女抱琵琶彈唱者，無所不有，座客飛觥猜拳，恣意尋樂。」結果引來警局清查和黑社會騷擾，最後不得已還是花了大把銀錢方才化解。

其後，時局愈發混亂，貨幣日漸貶值，加之股東之間內部扯皮（川話，吵架、不合之意），於是便把餐館頂給了大商人黃湘臣。但黃卻是飲食業外行，不多久就把枕江樓的經營特色與當家名菜搞得面目全非，廚師們也先後被他人挖走，生意一落千丈，拖到１９４７年就偃旗息鼓，一代名餐館就此風采凋謝，落花流水，春去也。但從枕江樓出去的川菜大廚們卻把被食客譽為「枕江樓派」的經營風格和烹調特色傳承下來，改換門庭繼續發揚光大。

有道是：萬里橋下水自流，枕江樓風隨風遊。欲知後事之演繹，且看下回道來。

第〇〇七回　一代宗師藍光鑒，川菜正宗榮樂園

創辦於民國初年、歇業於解放前夕的榮樂園，是老成都家喻戶曉的一個餐飲品牌，也是川菜發展史上最具影響力的餐館酒樓。以其豐盛筵席、精緻檯面、新穎菜式、至尊廚藝，在民國時期引領成都乃至巴蜀餐飲消費時尚，被視為川菜正宗的代表。如今，在一些老成都食客的腦海裡，尚留下不少當年品味榮樂園美味佳餚的美好記憶。榮樂園的傳奇佳話，現今仍是膾炙人口。而說到榮樂園，必得先說說川菜歷史上一位百年難遇的餐飲奇才，他，就是榮樂園之開山鼻主，現代川菜之奠基人——藍光鑒。

清末１８９７年，由滿族名廚關正興開辦的正興園已進入第３６個年頭，其聲名與生意依然是紅火風光。這一年，雖說在成都華興街又崛起一家派頭甚大的包席館聚豐園，但還處於煉口岸的初期階段。正興園依然是穩坐成都餐飲江湖龍頭老大之地位。一天，正興園頭號大廚戚樂齋帶來一個家在成都之親戚的娃娃，剛好十三歲的藍光鑒。對於這個家境貧窮的男孩來說，要承擔起供養家庭的重任，當名廚子就成了這個青澀少年心中的願望。

關正興一看這娃兒一副機靈相，雖個頭兒不高，但還長得算結實，加之又是手下愛將之晚輩。原本關正興向來就重視人才的培養，於是，便特意安排藍光鑒拜貴寶書（關之子）為師。當時在包席館當學徒，按行規是不開工錢只管吃住，每天起早摸黑盡幹一些雜活、水貨、洗碗碟、清掃廚房，收拾炭火煤灰等雜事，還須得按大師傅的吩咐，在當天晚上師傅們歇工後，把第二天上席的原料加工成半成品，像發海參、魚翅、玉蘭片等，初入園的藍光鑒即主要幹此類繁雜瑣事。由於正興園生意一直很好，學徒一年四季也難得有空閒，熬更守夜備料亦是家常便飯，而年終也只有幾個師傅給的份子錢。藍光鑒一心想早些實現自己的願望，因而不多言不多語，手勤腳快、吃苦耐勞、聰穎靈慧、努力學習，悄悄偷經取藝，眼觀心記，還沒出師，就已學得一手好廚技，加之善於為人處事，靈醒乖巧，故頗受關正興和貴

寶書賞識，學徒期未滿，便經常派他挑著出堂席桌擔子到郊外筵宴所去「攬生意」。且經常是夜深了，城門關閉進不了城，他也就在城牆下、板凳上過一夜。但不久後藍光鑒便成為正興園的一名正式專職大廚。

出師後，他的二弟藍光榮、三弟藍光壁也到正興園學徒，兄弟三人不僅工作勤奮，還常在一起切磋技藝，又勤向師兄、師傅們請教，廚藝日益精進，很受關家看重，學徒期滿後都被留園事廚。由於該園在成都的名氣和影響，業務的繁忙，兄弟三人有了得天獨厚的機會向各地名廚學習交流。藍氏兄弟既肯鑽研烹飪技術，又千方百計學習省外的烹調方法，日積月累，烹技日漸全面精道。特別是藍光鑒，通過當時兩位對正興園頗有影響的大食家，被譽為「周派」（蘇菜）與「賀派」（京菜）的周善培及賀倫夔的交流，聆聽二人講述江浙及京菜名菜烹飪特點的同時，更學會了對南北廚藝的融會貫通。這樣，藍光鑒經過二十多年的磨練，盡得正興園廚藝廚風之真傳。他出眾技藝與才華，早在清末即蜚聲業界。時任四川勸業道總辦的周善培就特別欣賞藍光鑒，曾詩讚：「成都百館供宴客，正興園為蓉之冠。治庖何止數千人，川味首推藍光鑒。」

民國初年，經過辛亥保路風潮洗禮後的成都餐飲業，開始了急劇的新陳代謝。隨著大清王朝的倒台，成都餐飲高檔消費的格局也發生了重大的變化。「正興園」在失去滿清貴族這一主流客源後，生意日漸蕭條，１９１１年農曆十月又經歷了兵災戰亂和火災，可謂雪上加霜，終至一蹶不振，於１９１２年初關門歇業。而從正興園出來的李春廷、張海清等大廚先後獨立開館，名春和園、陶醉村。藍光鑒兄弟三個則協助正興園主三師傅（貴寶書之弟）處理完歇業善後事宜，灑淚揖別，也走上了獨闖江湖之路。是年秋天，兄弟三人及師叔戚樂齋在成都湖廣館街（今東風路二段），辦起了一家包席餐館——榮樂園。該店規模不大，創辦資金為三百銀元，全由戚樂齋直接投入，藍氏兄弟則以技術入股。湖廣館街有個當時堪稱成都城內最大的菜市，街頭還有座興隆庵。戚樂齋及藍氏兄弟由於開辦資金有限，無力租買正規營業用房，就和該庵住持眼澄和尚商妥，將館子暫設在廟內，主持圖個香火旺盛也就答應了。

榮樂園雖全面繼承了正興園之風格特色，但起初也以「隨堂配菜、送餐上門、包做宴席」為主。不久，戚樂齋身體欠佳而退出，就由藍光鑒及其弟藍光榮、藍光壁全部接手經營。藍氏兄弟三人各有所長，大哥兼老闆藍光鑒善於拉攏顧客，長期周旋於官僚軍閥之間，而遊刃有餘，財源廣闢；老三藍光壁是理財高手，專司坐櫃管賬，五個指頭撥算盤珠子，那是無人能比；老二藍光榮，是技藝出色的「白案」專家，大畫家張大千就對藍光榮做的「荷葉畫餅」讚不絕口。其他主理廚政的還有鄧厚澤、吳文宣、周映南等，都是成都素有名望的川菜名廚。榮樂園一方面繼承和發揚了正興園的傳統特色，另一方面又吸取了南北大菜的優點，以及成都諸家堂館之所長，從而形成了榮樂園川菜的獨特風格。

雖說藍氏三兄弟的名氣在成都是如雷貫耳，但榮樂園剛開業，仍帶給食客們煥然一新、與眾不同的感覺。他以製作高級筵席和家庭風味菜餚見長，著名菜餚便有紅燒熊掌、蔥燒鹿筋、清湯鴿蛋燕菜、乾燒魚翅、酸辣海參、蟲草鴨子、涼粉鯽魚等。即使是家禽家畜、乾鮮菜蔬等普通原料，成菜也有獨到之處；各種湯菜製作亦品種繁多，十分講究，頗有特色。還改製創新了大量膾炙人口的川菜，如「八寶鍋蒸」、「回撓漢」（又名野雞紅）、「五仁餅」、「蟹黃銀杏」、「蝦仁軟炒麵」和「叉燒雞」等。榮樂園的燒菜、燉菜、蒸菜，尤其是粉蒸肉都保持了傳統川菜的精髓，同時又有很大的提升。

老二藍光榮甚至還設計製作了各種精美可口麵食點心，如蟹黃包子、水晶涼糕、豬油發糕、牛肉水筍麵、鱔魚筍子麵、紅湯麵、撕耳麵及各種羹湯等，用山西的撕耳麵代替一般的炸醬麵、紅湯麵；甜點方麵淘汰了醬米酥、黃豆糕等老式小點，代之以果醬盒、洋芋餅等新式點心。榮樂園始終保持菜式的格調清新，在同業中獨樹一幟，招來大批好新鮮、吃稀奇的各方食客，每日車水馬龍，生意應接不暇。

藍光鑒認為菜餚老是陳腔老調會使人生厭，只要改得有道理、改得好、就大膽改。像清末時期，宴席前的中點、四冷碟、四熱碟極為煩瑣，他便簡化為四個碟子，然後就直接上正菜、上湯，稱之為「便飯」。這種既省時、又省費的便餐形式開創了當時成都餐飲業的新食風，極受食眾歡迎，行業與食肆中的「便餐」、「便酌」之說也由此而來。此外，藍光鑒還把全國各大菜系的名菜，宮觀寺院的素菜，伊斯蘭教的清真菜，歐美的西菜，都揉合變通，一併納入川味菜系。據說，每當他腦子裡的新菜品考慮成熟，都要邀上幾個美食朋友和一兩個夥計，來到田園風光清雅宜人的郊外，親自埋鍋造膳。當新的菜品通過藍光鑒一雙妙手烹調出來以後，幾個人在麥苗青、菜花黃的田野間舉杯細嘗，共同探討這道菜的得與失。如榮樂園著名的「冬筍紹酒」、「燒牛護膝」和「清蒸大塊鯰魚」，其味之佳，妙不可言。藍光鑒說：「這幾樣菜是從黃三爺（黃保臨）處偷學來的，是『姑姑筵』的當家菜，看人家道法多高明啊！」

藍光鑒還善於因時、因人置宜，創製可口菜餚。在大多中上層食客中，有的注重口味、有的偏好食材、有的則講究養生。像有喜歡吃油重味濃的菜餚，他們就製做出「燒烤奶豬」、「叉燒酥方」、「叉燒草雞」、「豆渣烘豬頭」等名菜；針對喜歡吃滋補養生菜餚的，他們就推出「貝母雞」、「蟲草鴨子」、「銀耳鴿蛋」等珍餚；

有顧客喜吃時鮮蔬菜的，則製作出「八寶素燴」、「清湯三大菌」、「三鮮菜心」等，甚至連「熗蒿筍尖」、「乾煸茄皮」、「爛肉厚皮菜」、「熗炒豆芽」等土的掉渣的民間小菜，通過榮樂園名師之手，便就成為名菜佳餚上席。在榮樂園，那些大師名廚，多是精通紅白兩案技藝，除了葷素大菜，也推出不少精品名點小吃，如韭菜盒子、蘿蔔絲餅、鮮花餅、洋芋餅、紅苕餅、慈菇餅、牛肉豆芽包子、蟹黃包子、三鮮魚湯麵、撕耳麵、雞絲軟炒麵等。

榮樂園另一讓人耳目一新的便是「檯面」，即席桌桌面的擺設和裝飾。席桌上不見傳統的瓜子手碟、冷碟、熱碟、對鑲、中點、席點、糖碗等繁雜的餐前閒吃小品，而是以簡單的4個碟子作為開席的點綴，隨即就上八大主菜，最後上一道湯菜吃飯。這種檯面簡潔精緻，既可以把燕窩席、魚翅席、鮑魚席、海參席等的精華菜品挑選一、二加入席中，增添風味和檔次，又減少了華而不實的擺排場，節約了顧客的開支，因此深受顧客讚賞。這一改革，榮樂園每天都要售出酒席數十桌，經營得以大大提升，其影響在行業中噪動一時，甚而成為川菜席桌的規格沿襲至今。

藍光鑒對菜餚烹調特別嚴謹，他要求廚師首先要具備扎實的基本功，以確保川菜風味的純正。他的徒弟特級廚師張松雲曾講過這樣一段經歷：他在榮樂園出師後，到外地跑灘多年，回成都時正遇到榮樂園生意好、出席多的日子，但藍掌門卻不要他上灶，而是叫他去「打掌子」（即臨時幫工），說他在外面跑久了，怕把正宗的川菜做走了樣，敗壞榮樂園的聲譽，由此可見藍光鑒要求之嚴謹。

但另一方面，他又鼓勵廚師大膽改製創新，隨時增添新品種，以滿足顧客需要。該園先後推出的菜餚品種花色竟達數百種之多，美不勝收。如廣東的生片火鍋、蝴蝶餛飩，江浙的蝦爆鱔、醉蟹，山西、陝西的醋溜魚、南邊鴨子等，都是省外名菜；再如佛教中的羅漢菜、素燴，伊斯蘭教中的炸羊糕、炒鍋蒸，都經過榮樂園改製後端上了川菜席桌。炒鍋蒸原是用肥兒粉作原料，配以菜油炒製而成。藍光鑒認為太簡單，不適合席桌上的需要，便改用精麵粉，配以各種蜜餞佳品，經多次試製成功，定名為八寶鍋蒸。道教九皇會吃的素菜，多是用蘿蔔、蒿筍、高筍做成，受人喜愛。榮樂園將其改製，加上豬肉絲，起鍋後撒上饊子一把，別有一番風味。藍光鑒也將民間家常菜與席桌高檔菜相融匯，粗菜精做。如在一般家常魚香油菜薹中加上魚片，炒黃豆芽裡加上魷魚絲、冬筍絲，味道就十分別致，甚至還將街頭巷尾叫賣的蒸蒸糕，加上精美的心子也成了筵宴席點。

榮樂園亮麗登場不久就佳話趣事頻傳，其中流傳最廣、影響最大者，一是操辦四川督軍熊克武的百桌盛宴；二是為省主席、軍閥劉湘的屬下劉從雲烹製象鼻。

１９１８年的一天，四川靖國軍總司令兼四川督軍熊克武為祝壽舉行盛大宴會，經人推薦壽筵由榮樂園承辦，訂做魚翅席一百桌。宴會設在一大戲院裡，台上唱戲，台下設座安席，時人稱這種看戲飲酒的盛宴為「堂會」。為避免客人擁擠，開席困難，筵席選擇了傳統「流水席」的方式，即客人坐滿一桌就開一桌，沒有開席的客人可以安心看戲，席上的客人則可以開懷暢飲，使整個宴會井井有條，不致嘈雜紛亂。但對宴席承辦者而言，這樣大規模的流水席並非易事。它要求隨叫隨開，有幾席就要開幾席，臨時增加席桌或者減少席桌都要乾脆俐落，不出差錯。這對於廚師技藝和餐館的管理調度水準都是一項嚴峻的考驗，若原材料準備不充分、使用無計畫、廚師技術不過關、應急方案不完善等，都會出亂出醜。據說當時曾有一家大餐館承辦堂會，顧客訂了４０桌海參席，在出頭菜海參時，規矩是舀一份端走一份，可掌瓢師傅手上功夫不到家，才舀到三十多份，鍋裡就沒有海參了，前面的都端出去上了席，想勻也不行，後面差了幾份就簡直莫得辦法（川話，同「沒有辦法」），此事在同業中曾傳為笑柄。

那天熊督軍壽宴，來的自然都是達官顯貴，場面很大。藍光鑒親自出馬擔任總調度，他富有經驗、很有條理、指揮靈活、調度自如。來的客人吃得讚不絕口。席終，熊克武叫人送給藍光鑒一個十四色禮品的大抬盒表示謝意，並在客人面前對藍光鑒大為誇獎說：「我指揮一個大部隊作戰沒得問題，要我指揮這個場面就不行了，真是行行出狀元啊。」從此，熊克武對藍光鑒另眼相看，凡是督軍公署的大小宴會，都叫榮樂園承辦。榮樂園資金周轉有困難時，還可以在督署軍需處先行借支。這使得榮樂園的名氣聲震巴蜀江湖。

另一次是１９３０年代初，劉湘駐防成都時，他的軍師兼模範師長劉從雲是榮樂園常客。１９３４年的一天，有人送給劉從雲一根大象鼻子，他便派副官將其交給榮樂園，並交代藍光鑒以象鼻為主菜，配一桌上等酒席，價錢不論多少一定要弄好。象鼻是八大山珍之一，過去只有皇宮御廚才會烹飪。一時園中眾人都傻了眼，名廚周映南接過那又厚又粗又硬的大象鼻子說：「讓我來試試，一定要給榮樂園爭個面子」。宴會當天，周映南煞費苦心地烹製出象鼻大菜，劉從雲等品嘗後大加讚賞，認為榮樂園能做皇宮御廚的名菜很是了不起。

民國十二年（西元１９２３年），榮樂園又在羊市街口開了一家分店，取名為「諼雪」，以經營麵食小吃為主。由周映南、藍光榮主理廚政，孔道生、戴瑞庭、周公學主廚。由於小吃品種豐富、製作精細、風味醇美，很受廣大食客稱道。其蟹黃包子、豬油發糕、波絲油糕、鮮花酥餅、紅湯麵、三鮮撕耳麵、鱔魚筍麵、牛肉水筍麵、銀耳羹、哈什瑪（田雞的滿語諧音）羹、荷葉綠豆湯等都備受食客喜愛而口碑盛傳。

1930年代，成都各個包席館為適應新的消費需要，都紛紛設起了座場，就餐環境也十分講究。此時榮樂園已從興隆庵遷到了布後街，以尋求更廣闊的拓展空間，新園址專闢了三個座場，以接待客人在館子裡開席。三個座場每天座無虛席，有時訂座訂到四、五日以後，進一步擴充店面已是勢在必行。

1933年，適逢業主出售布後街園址所在房產，新主顧為四川邊防軍總司令李其湘，經人牽線搭橋，藍光鑒以相當優厚的條件與李氏達成了一項園址改建與長期租賃協議：由主人出資，按榮樂園的營業要求改建樓房，長期租與榮樂園使用，所耗用的建築費由榮樂園墊付，其中一半作為租房的押金，另一半作為租金，每月按銀行利息折算。房屋擴建工程由蜀華公司設計承建，建築很合理，單是設宴開席的房間即有16間，可以同時接待近百桌客人，為榮樂園擴展業務提供了極為便利的條件。

為構建蓉城第一流的就餐環境，藍光鑒還對座場進行了精心佈置，特在上海訂製了印花檯布、玻璃桌面、高級皮沙發等，把16個房間裝飾得富麗堂皇；食用器皿也非常考究，派專人到江西景德鎮訂燒仿古瓷器，從湯匙到盤碗總計數千餘件，還將原有的象牙筷子添置到將近一百桌；園中四壁，掛滿了向仙喬、盛公偉等蜀中名流的字畫，及海內書畫大家的珍品，且16個房間的字畫按四季轉換作全部更換。有一次掛出的是清一色的清代所有狀元的書法作品（據說是藍光璧多年的收藏）。這樣的排場和優雅環境，是當時成都絕無僅有的。

此時，成都的英美人士不少，軍隊、華西大學的教員等亦常餐聚。藍光鑒遂與時俱進，大膽地引進西菜，成功地改為西菜中吃。如美國蘆筍，改成蘆筍鴿蛋；印度咖喱雞，改成碗裝小塊上席；法國蘑菇，改為蘑菇鴿蛋；美國的櫻桃，改製成櫻桃凍作為甜點上席，既可幫助消化，又有醒酒功效。其中難度較大的是美國火雞，它原是整個推出，由主人分割敬客，榮樂園把它改成外包網油用叉燒做法，分三部分上席，取名為叉燒雞。再如西餐中的番茄、蛋黃、蝦仁炒麵，它的特點是番茄與蝦仁要粘在面上，面是用雞蛋黃做的，成品特色是紅黃白相間十分美觀，特別鮮香味美，頗受英美客人欣賞。

榮樂園的湯菜尤為名冠川西，其製作十分講究。藍光鑒常講：「唱戲的腔，廚師的湯。」他常講述自己吊湯的經驗之談：一是講究火候，「奶湯要猛（大火燒熬），清湯要吊（小火煨熬）」；二是講究配料，湯菜配料「無雞（老母雞）不鮮，無鴨（老鴨）不香，無肚不白（豬肚），無肘（豬肘）不濃。」榮樂園的湯菜不僅品種繁多，自成體系，而且鮮美可口。其廣受讚譽的代表菜品就有：開水白菜、竹蓀鴿蛋湯、銀耳鴿蛋湯、肉餅湯、慈菇肉丸湯、番茄牛尾湯、淡菜冬瓜湯等，聚色香味養於一菜，鮮香無比、美口益身。

１９４０年代，駐成都川軍中有位師長人稱陳將軍，是個頗有聲名的美食家，以好喝「頭道湯」出名。每天一大早，他便從塩市口散步到布後街榮樂園餐館，由側門進去吃早飯。榮樂園上下人員當然都很熟悉他，一邊請座一邊按他的老規矩，一碗米飯、一盤泡蘿蔔或泡仔薑，一大碗熱騰香、撒了鮮蔥花的「頭道湯」。吃畢算帳，飯菜總共兩角錢，湯免費。有朋友問起何以如此節儉，陳將軍總是神秘地微笑道：「那是頭道湯啊！原汁原味，最有營養」。此事在成都流為美談。不僅是這大名鼎鼎的陳將軍，抗戰期間，英軍坦克司令韓可、美軍飛虎隊長陳納德及英美法駐成都領事館的外交官，也多次光顧榮樂園。都對榮樂園精美川菜及中菜西餐合璧的經營風格讚賞不已。

不僅如此，藍光鑒、藍光榮還經常深入民間食肆，去發現和收集一些大眾百姓細聞樂吃的民間菜餚。早在１９２０年代，藍光榮就曾好幾次親口感受了皇城壩的盆盆肺片，認為這不失為一款風味小吃，便通過改良製作方式，不用滷水也不帶湯汁，用炒鹽辣椒粉、花椒粉等乾調料拌合，稱為「乾拌肺片」，辣麻乾香、牛肉味濃、佐酒尤佳，頗受歡迎，成為榮樂園特色涼菜。

１９３０年代，一天藍老二轉悠到青石橋，發現有家叫嘉州怪味雞的小店，雞的拌法很是獨特，風味怪異，於是藍老二就經常去品吃。他老兄本來就是有名的行家裡手，什麼卯竅一看一吃就搞懂。於是藍老二就把怪味雞帶回榮樂園，稍加改進，加了麻油豆豉，便在榮樂園推出，此後榮樂園的怪味雞也便一鳴驚人，成為一款當家特色名菜。

１９４３年，太平洋戰爭爆發後，作為戰事大後方的成都人流彙集，飲食業呈現出慘烈競爭的局面，姑姑筵、哥哥傳、頤之時、靜寧、義勝園、玉珍園、竟成園等南堂包席館生意都很興隆，真是八仙過海各顯神通，都以自家的特長及烹調絕技招攬顧客。而藍氏兄弟的榮樂園，在如此激烈的競爭中，能以兼收各家之長，又嚴格維護自己川味正宗的聲譽，沒有廚師團隊高超的技藝和博大之胸懷，是難以做到鶴立雞群的。

俗話說：三人齊心，點石成金。藍氏三兄弟從正興園學徒始，就親密和睦、齊心協力、各展所長，把榮樂園的生意越做越火，不斷發展。經常到下半年，便是結婚高峰時節，榮樂園的婚宴動輒就是好幾十桌，有時還得兵分幾路出動。這時，就是藍光鑒親自掛帥，藍光榮充當先行，藍光壁坐鎮後勤。手下幾員大將，各領一路人馬，擺開陣勢，只見爐火熊熊、刀光閃耀、鍋勺鏘鏘、碗盆叮噹、端菜送盤、往來穿梭，有如緊張激烈之戰鬥場景。而大功告成後，藍光鑒則悠哉悠哉地逗弄他的雀鳥，凝思著下一步之佈局；老三在欣賞他那收藏的古玩字畫時，也在考慮另一個席宴的物料調度；只有老二最休閒瀟灑，心安理得去悅來場唱圍鼓或聽揚琴去了。

榮樂園經營了幾十年，確也賺了不少錢，但從未買田置地，藍家人口眾多，開銷頗大；再說家裡還有幾只鴉片煙槍，姑嫂婆媳之間「燒對燈」，把辛苦賺來的錢都燒進去了。解放前夕，榮樂園在內外交困中被迫歇業。

１９５０年初，藍家兄弟為謀一家老小的生計，也不甘自家一輩子奮鬥而成的烹飪技藝就此賦閒，三兄弟又召集舊部，在梓潼橋正街開了一家飯館，名為「勞工食堂」，零餐便飯為主，後遷至總府街遂更名為「群力食堂」，取群策群力，再度奮起之意。店面毫無任何特色，也不起眼。一單間門面，店門上高掛一招牌，進堂還要穿過以狹窄通道才是堂口，內有餐桌六張，右面是廚房，當時只供應零餐，因剛解放，無人包席。餐館還是藍光鑒「拿總」，藍光榮做麵點，藍光璧坐櫃，掌灶廚師有藍光鑒之嫡傳愛徒張德善、曾國華、毛齊成、蔡伯三等；名菜有：乾燒玉脊翅、一品海參、乾煸魷魚絲、仔雞豆花、涼粉鯽魚、五香粉蒸肉等。因原本名氣就大得很，故開業後生意自然十分興旺。

１９５８年３月的一天，中午１２點，幾個身材魁梧帶了大口罩的神秘賓客，在一群護衛人員的簇擁下進到群力食堂東房入席，席罷進入後堂，同廚師、跑堂的以及坐櫃的藍光璧一一握手，原來竟是毛主席和賀龍元帥來此就餐，尤對「豆渣鴨脯」、「口蘑老豆腐」讚美有加。餐後毛澤東還十分高興地向張德善師傅詢問了「口蘑老豆腐」的烹製方法，並說這是他吃到的豆腐菜中最好吃的。毛主席對廚師們的精湛廚藝讚不絕口。隨之，劉少奇、朱德、周恩來等也到此用餐，評價甚高。群力食堂一下便風車斗轉，名揚四方。

榮樂園不僅把川菜發揚光大，形成中華一個獨具地方特色的著名菜系，還培育了如張松雲、孔道生、劉篤雲、朱維新、曾國華、華興昌、毛齊成、陳建新、曾其昌、楊孝成、王開發，以及重慶的周海秋、綿陽的吳朝棟等川菜大師級人物，使得榮樂園的烹飪技術、川味正宗的精神也完整地傳承下來。

其後，由於各種原因，「榮樂園」這個金色品牌被長期閒置。直到１９７０年，藍氏兄弟去世多年後，在騾馬市方重新掛出了「榮樂園」的招牌，繼續以川味正宗供應中外食客，而且還專設了教學灶，作為培訓基地，由張松雲、孔道生、曾國華等執教。一時間被譽為「川菜黃埔軍校」。培訓持續了近１０年，培養出的「藍派」

第二代弟子難以計數，散佈在全國乃至世界各地，個個都是叫得出名來的川菜大師。其中，現今最具代表性和為食客大眾所熟知的，就是２０００年後，在成都國際美食節餐飲高峰論壇上，被譽為新一代川菜掌門人的飄香酒樓行政總廚肖見明。

１９８０年，成都市飲食公司將在文革中改名為「紅旗餐廳」的「榮樂園」重歸其名，裝修為四合院一樓一底的庭院風格，設有大廳散座及榮樂、榮禧、榮祿、榮壽等高檔廳房，成為成都市餐飲業規模最大的場所之一。榮樂園製作的仔雞豆花、罈子肉、涼粉鯽魚，也在１９９２年被成都市人民政府命名為「成都名菜品」。其後，該店名菜被收入中、日合編的《中國名菜集錦（四川）》一書。１９９５年，榮樂園被中國國內貿易部認定為「中華老字號」。１９９７年，因城市建設拆遷搬到人民中路二段；２００４年公司改制調整後的榮樂園，又遷往城東蓮桂南路，榮樂園嫡傳弟子，川菜大師張利平任總經理並主理廚政，重推昔日名菜佳餚。

榮樂園不僅在國內久負盛名，且早已名播海外。１９８０年６月，由中美合營的第一家川菜館榮樂園在美國紐約開業，揭開了川菜走向世界的新篇章。作為一項國家政治任務，廚師的派遣亦根據四川省委省政府的指示，選派頂級廚師赴美。四川省蔬菜飲食服務總公司和省烹飪協會，派遣川菜泰斗級特級廚師劉建成、曾國華任正副廚師長，率十餘高廚組成廚師班子。

說起劉建成，圈內人都知道，劉大師最自豪的是有一手罕見的好刀法：大腿上墊上一張白綢，把煮好的肉放在上面，既快又準地將肉切得又薄又均勻，白綢沒有一點破損。１９５８年他在成都耀華餐廳任餐廳部主任時曾為毛主席、周總理做過菜。毛主席在吃完回鍋肉後直誇味道好，並說要將回鍋肉推向全國各地。

劉建成生於新都，十三歲時因家境貧寒告別雙親到成都謀生，在成都怡新飯店師從名廚陳吉山兄弟學藝。學成後四處打工「跑灘」。先後在成都味腴食堂、浣花溪、重慶西大公司、成都廣寒宮、竟成園等名店主廚。１９５０年在耀華餐廳主理廚政。１９６１年後擔任成都市飲食公司業務科長、技術培訓課長。培養了大批川菜技術人才。是國家首批特一級廚師。劉建成精通川菜技藝，長於墩爐，尤對燕菜、魚翅、海參等烹技嫻熟多樣。

曾國華大師為榮樂園藍光鑒之嫡傳愛徒，１９５８年在武漢曾為毛澤東事廚４０餘天，深得毛讚譽。他二人精心調研，認真準備，隆重推出的榮樂海參、成都全魚、神仙全鴨、麻婆豆腐、雞豆花、魚香八塊雞、家常海參、香酥排骨、糖醋脆皮魚等川味名餚以及賴湯圓、鐘水餃、龍抄手、春捲、核桃泥等８０多種川味名食，在紐約一亮相便一炮打響，引起轟動。每天營業額達１

萬美元以上。

榮樂園之魚香八塊雞和魚香茄條更被《紐約時報》評論為：「不可思議、無可比擬的神奇美味」；讚賞神仙鴨子「湯淡如水，味美似醇」；鐘水餃「如絲似綢」，春捲「嬌小脆酥」，核桃泥「令人心醉」等。其後，美國一家社團機構專門組織了一場由法國菜、德國菜、俄國菜、印度菜、日本菜及中國菜的名廚同堂競技羊肉烹飪的表演。曾國華大師一款魚香羊肉絲技驚群英，香醉滿堂，獲得高度讚賞。媒體盛讚：「川味正宗，名不虛傳」。曾老師不僅獲獎金一萬美元，組織方還特邀其在五星紅旗下合影留念。讓美國政要、聯合國高官、社會名流及美食大家首次品味到了正宗川菜的風味魅力。榮樂園因此而榮獲《紐約時報》「三星」極好評價。而一位以其挑剔出名，有「慈禧太后」之稱的紐約著名美食評論家稱，若是再把麻婆豆腐的麻辣味做夠，她將首次破例給予「四星」超級好之評價。《紐約時報》還評論稱：「十位大廚，個個都是明星」。美食評論家米．喜來登說：「在榮樂園吃的菜，從品質到花色品種，都是紐約中國菜中最地道、最好的」。如此，榮樂園在紐約掀起一股強勁的「川菜熱」。

開業僅一年多，即先後有十多個國家的元首、政府高層在此宴客，美國各界上層人士、各國駐聯合國代表、華僑和外籍華人，更是這裡的常客。一次中國大使館宴請季辛吉，當見到服務員要把吃得差不多了的「脆皮魚」盤子端走，季辛吉連忙說道：「請別拿走，全都留下好了」。美國國務卿舒爾茨去榮樂園進餐，品吃了曾國華做的「熊貓戲竹」、「松鶴拼盤」、「蓮花素燴」等，十分高興，特請曾大師合影留念。

著名作家韓素英也是榮樂園的常客，每次就餐後都對曾國華的烹飪藝術讚不絕口，曾回國後，她每次回成都來都要專門拜訪曾大師，一種鄉音、鄉味維繫著萬里之外的縷縷鄉情。１９８０年，著名歌星鄧麗君光顧了紐約榮樂園，吃得十分愉快，特地到廚房去慰問了大廚們。同時，川菜文化，川味美餚，給全世界留下了美好的印象。其楹聯「榮祖榮先，四季色香調羹鼎；樂山樂水，八珍美味協陰陽」。句首以「榮」、「樂」妙示店名，也隨著榮樂園的美食和海外華人的鄉情而揚名中外。

縱觀藍光鑒和榮樂園之成長與發展經歷，幾十年之風雨滄桑，從１９１２年亮麗登場，到１９４８黯然歇業；從１９５０再度以「群力食堂」接待了毛澤東等國家領導人，到其後藍光鑒受聘為四川華西醫大營養保健系教授，直至１９６２年病逝。榮樂園數十年間的精烹細調，所留下的「川味正宗」及無數醇濃香美的經典菜餚，和技藝精湛的大師名廚，是前人任何一代所沒有過的。藍光鑒對近代川菜的貢獻和影響重點突出在三個方面：一是川菜筵席的精兵簡政，二是南北融合之菜餚創新，三是培養藝徒名師輩出。即便在隱退味道江湖後，於華西醫大營養保健系任教的十餘年中，他又盡心培養出一大批學生和高級廚師。他曾說：「所謂川味正宗者，是在原有基礎上甲南北之秀，而自成格局也。」「正宗川味，是集南北烹調高手所製的地方名菜，融匯於川味之中，又以四川人最喜食的味道出之」。他還引用古書上所言：「擇其善者而從之，其不善者而改之」。此精闢論道，至今仍為川菜創新發展之根本。

２００４年，榮樂園終又重見天日。高大門庭一派古色古香，端莊幽雅、舒適親切的氛圍，仿三星堆的裝飾展示出深沉的底蘊和內涵，百年名店的風采閃爍其間。

榮樂園百年來堅持名師主堂，重開業榮樂園以特級名廚、烹飪大師曾國華之高徒張利民主理、中國最後一位堂倌——路明章為技術顧問，以姚忠厚、陳大富、李志慧等榮派嫡傳弟子組成的廚政班子使其榮樂園菜品傳統依然，新品不斷，風味更佳，吃口更歡。其每週一款新菜，如張利民大師親創之「榮樂上上籤」、「四味筆筒」、「生菜魚香切條包」、「聖果銀雪魚」等已成新老食客必點之熱門菜。

榮樂園自搬遷到蓮桂南路後，眾多老食客苦苦打聽，新食客慕名而至，老吃客仍留戀其傳統名餚，新食客則喜好家常風味及新品川菜，而年輕人則鍾情於各種風味小吃小點。榮樂園的隨意、親切、溫馨的服務，尤以服務生娓娓講解的榮樂園之歷史、名菜典故更使食者溫情湧流、深切感懷，品之更是有情有味。而當和張利明大師談起藍光鑒和曾國華，他都十分地動情，飽含著深深地懷念。

古人云：觀朱霞，悟其明麗；觀白雲，悟其卷舒；觀山嶽，悟其靈奇；觀河海，悟其浩瀚，則俯仰間皆文章也。對綠竹得其心；對黃花得其晚節；對松柏得其本性；對芝蘭得其幽芳，則遊覽處皆師友也。而縱觀藍光鑒之一生，從一個青澀少年到享譽中外的川菜宗師，藍光鑒這位百年難遇的餐飲奇才，把自己一生之生命和熱情毫無保留地傾注給了近代川菜之崛起和發展；他縱攬南北風味，橫采東西之長，俯拾民間真味，仰摘堂倌精華，創造出絢麗多彩的榮樂之園，其影響之深遠，百年之後仍難以估量。雖然榮樂園這一百年餐飲名店，最終徹底淡出人們的視野，但卻是「陽魂不散」，永久留在了人們的記憶中，正如在街頭巷尾、茶餘飯後，關於榮樂園的趣聞軼事還在細碎彙聚，講述著一段趣談，鎖定一段川菜發展的傳奇。

正是：餐飲奇才百年難遇，川菜正宗代有傳人。欲知榮樂園後又有何等高人現世，且看下回分解。

组合清
元/人

第〇〇八回
姑姑筵風韻醉錦城，黃敬臨命歸汪山居

要說姑姑筵，先得費點口舌說說「姑姑筵」是個啥意思。「姑姑」是對父輩姐妹的稱呼。舊時，一般大眾百姓生活貧苦，難得吃上一頓豐盛飯菜，到親戚家，特別是到姑姑家去，少不了要辦頓招待，四碗八盤大肉大菜的筵席。因此，「姑姑筵」就成為請客赴宴的代稱。成都三、五歲的小娃兒，小時候沒得什麼玩耍的東西，就愛搞辦「姑姑筵」的兒戲，也有叫做「辦家家」、「辦客」。每當有小夥伴提議辦「姑姑筵」，左鄰右舍的三、五小孩，立刻就跑回家象徵性地拿來蔬菜、米麵、花生、豌豆或小菜、辣椒蔥蒜等，你喊他叫，熱熱鬧鬧地模擬大人燒火煮飯、切菜炒菜，個個動作逼真，純真而童趣盎然。有時還相偕至南河邊、城牆上，撿柴搭灶，燒水煮飯，然後再採些野菜、捉河裡的小魚蝦蟹，洗淨煮好，或燒或烤至熟，大家一塊兒歡聲笑語享用「姑姑筵」。如今回想起來，那童真和童趣依然讓人懷念，是現今任何電子、數位玩意兒所遠不能及的。

不過，年歲大一點的老成都人都還記得，「姑姑筵」也一度是名揚川西的一家川菜名館的招牌。在川菜發展史上一枝獨秀，書寫下了濃郁而絢麗的一筆。當然，這個「姑姑筵」就非同兒戲了。而且，這「姑姑筵」之操辦者，亦也非同尋常之人，他是晚清成都秀才，曾供職北京光祿寺御廚房管事，頗受慈禧太后賞識，賞賜四品頂戴，有「御廚」之稱，其後三度任縣長，進入《四川名人錄》之近代奇人，開創川菜「黃派廚風」，公稱「一代儒廚」的著名川菜儒家——黃敬臨。

黃敬臨（西元１８７３至１９４１年），又名黃循，晉臨為號，原籍江西人，清同治十二年出生於四川雙流縣華陽鎮名門世家。晚清時期，聰慧靈氣的少年黃敬臨曾受教於有「五老七賢」之稱的徐子休（名炯），其後畢業於四川法政學堂。黃敬臨自少便喜詩文，擅對聯、工書法，每日必寫小楷數紙，數十年如一日，遍寫《資治通鑒》及十三經。尤喜交遊，性情瀟灑、幽默風趣，酷愛古董字畫，園林山水。暇餘好翻袁枚的《隨園食譜》和李化楠、李調元父子的烹飪佳作《醒園錄》，且常下廚舞鏟弄勺，視為趣事，不亦樂乎。他常與徐氏門徒，同窗好友，詩酒酬酢。每遇珍饈美味，必探本溯源，更至入廚，時日一久遂成美食及烹飪大家。

青年時代，黃敬臨宦遊北京，在清廷光祿寺供職御膳房管事，其間為皇家創製了多款獨有心致的菜品，像貌似平常味的開水白菜、樟茶鴨等佳餚而受慈禧太后賞識，賞以四品頂戴，而有「御廚」、「雅士名廚」之稱。其中黃敬臨以唐代大詩人李白當年在四川時愛吃的一款當地名菜「燜蒸鴨子」，按當時之製法，廚師宰鴨後，將鴨放入盛器內，加酒等各種調料，注入湯汁，用一大張浸濕的綿紙，封嚴盛器口，蒸爛後保持原汁原味，既香且嫩。天寶元年，李白受到唐玄宗的寵愛，入京供奉翰林。李白以這一燜蒸鴨子為藍本，用百年陳釀花雕、枸杞子、三七等燜蒸肥鴨獻給玄宗。皇帝非常高興，將此菜命名為「太白鴨」。於是，黃敬臨便照此法加以改進，將鴨清洗淨後填入調味料和香料燜蒸，再用樟樹葉和茶葉燻鴨，這樣經過煙燻和油炸出的鴨子，皮酥肉嫩，色澤紅潤，味道鮮美，具有特殊的樟茶香味，深受慈禧欣賞，欽定為宮廷御菜，每每招待外國使節，必點這款菜品。這可能是川菜第一個進入宮廷的皇家御菜，至今仍然是川菜名品。

1930年代，一代川菜名師黃紹清就以樟茶鴨香醉十里洋場而名噪上海灘。20年後，黃紹清之高徒，原北京飯店川菜名廚范俊康，1954年隨同周恩來總理赴瑞士日內瓦參加世界和平大會。事後周恩來宴請瑞士各界名流，著名電影表演藝術家、幽默大師卓別林品吃了樟茶鴨後讚不絕口，感歎為「終生難忘的美味」，並請求周恩來一定要送他一只帶回去與家人分享。席間卓別林還特意會見了范俊康，幽默地說：「我將來要到北京專門向你學習製作樟茶鴨。」引來賓主開懷大笑。

再說民國成立後，黃敬臨和川軍將領陳鳴謙小時同在一私塾受啟蒙教育，長為相知，因陳鳴謙之推薦先後擔任射洪、巫山兩縣縣長。因厭惡官宦生涯，不願給軍閥當走狗而棄官，一度被省立成都女子師範學校聘為烹飪課教師。黃敬臨罷官後，跟隨他多年，烹飪技術十分成熟的彭廷輝向他提議：「賦閒已久，新猷無路，坐吃山空，殊非長策，不如開家飯館，進可以攻，退可以守。」黃敬臨一聽心想對啊，加之一時技癢，心血來潮，經成都通俗教育館館長盧作孚的幫助，便在成都少城公園（今人民公園內）楠木林東側，租得一間房屋開設了一間飯店，名為「晉齡飯店」，自己排調掌灶，彭廷輝做廚師長。「晉齡」與敬臨川話音同，不欲以真名示人的心態非常明顯，顯現出黃敬臨實乃不得已而為之。畢竟謀官不成而從商，對於那時一個有名望的文人儒士而言，其內心之不平衡與苦惱是不難想像的。於是他便常借此寫些詩聯自嘲，以明心跡，有詩云：「挑蔥賣蒜亦人為，誤入歧途百事非，從此棄官歸去也，但憑薄技顯餘輝。」

由於黃敬臨對烹飪十分精通，亦有精湛的烹調技藝，故而，「晉齡飯店」便以色香味俱佳，價廉物美的堂燒片鴨、軟炸扳指、豆腐魚、溜填鴨肝、叉燒肉等多樣佳餚出名。因地處鬧市公園，園內有鶴鳴、枕流、濃蔭、綠茵閣、永聚等五大茶園為他集聚食客，遊人喝過早茶之後，大多喜歡到晉臨飯館用早餐。加上黃敬臨的名氣，又當過御廚和縣太爺，民眾你吹他捧，一時間是越吹越神，生意爆好，譽滿蓉城。

可是，他的知交陳鳴謙等人卻另有看法，認為一個大清秀才、縣老太爺淪為廚子，實在是有辱斯文，頗感有些難為情。因此又想方設法給黃敬臨謀得一個滎經縣長的缺。一來朋友盛情，二來黃之官宦之心未泯，於是便把晉臨飯館交由大兒子黃平伯經營，自己便走馬上任去了。

黃敬臨一生皆是個風流人物，在哪兒都會有些逸聞趣事。在滎經當縣官期間，有一年輕寡婦欲改嫁，向縣府遞上一紙訴狀：「夫亡妻少，翁壯叔大，瓜田李下，該嫁不該嫁？」縣太爺黃敬臨看罷為之動容，當即揮筆下判：「嫁！」那女子的訴狀，寥寥１７字，既敘述了現實，陳述了苦衷，又提出了要求，十分凝煉。而黃敬臨的判詞更為精彩，雖僅一字，卻入情入理，令人稱絕。大約一年餘，黃敬臨始終看不慣官場迂腐貪婪之風，便又卸職回到成都。卻發現他一手締造，蒸蒸日上的「晉齡飯店」已被揮霍無度的大兒子黃平伯弄得亂七八糟，因周轉不靈而難以為繼。於是黃敬臨只得把飯館頂給溫江商人陳錫候，改為「靜寧飯店」繼續經營。

縣太爺做不成，飯館又打給了人家，那時黃敬臨已經五十七歲，年近花甲的落魄老人為了一家老小的生計而憂愁。他召集家庭會議，連嫁出去的姑娘，也都喊回來幫忙出謀劃策。七嘴八舌扯了大半天大家也沒拿出個主意來。黃敬臨心想自家之長還是烹調技藝，加之開「晉臨飯館」的成功經驗，便提出還是辦餐館更有把握。他三妹立馬譏笑說：「看你那副文縐縐的老斯文相，辦個『姑姑筵』倒還差不多，開啥餐館啊！」黃敬臨經他妹這一激、一提醒，像是心有靈犀，若有所悟地拍桌而起，說：「對頭！就辦姑姑筵。」辦姑姑筵既充分顯現了一位官場失意的文人那十足的頑童性格和幽默情趣，且來吃姑姑筵，則令食客不禁要想起兒時童年生活的趣事。於是當即決定開辦姑姑筵餐館。經過周密策劃，大家出資，把他在包家巷住宅隔壁的一院房子買下來，增修亭台、佈置成小型園林。

就這樣黃敬臨帶著彭輝廷和一幫姑嫂妯娌在包家巷開辦起「姑姑筵」公館菜來。１９３０年正式掛出「姑姑筵」招牌，專門定做席桌。「姑姑筵」內亭榭錯落，花木扶疏，儼然是一小巧雅致的私家園林，這是當時成都第一家園林式家庭餐館；黑底金字的「姑姑筵」三字店招，書法很見功底，系出自黃本人手筆；亮堂之日，大門上貼著一副黃自撰的對聯十分逗人發笑，聯曰：

右手拿菜刀，左手拿鍋鏟，急急忙忙幹起來，做些魚翅海參，供你們老爺太太。

前頭燒柴灶，後頭烤炭爐，轟轟烈烈鬧一陣，落得殘湯剩飯，養我家大人娃兒。

匾額：混壽緣

他還在大廳上貼出一聯：

學問不如人，才德不如人，只有煎菜熬湯，才算我的真本事。

親戚休笑我，朋友休笑我，安於操刀弄鏟，正是文人下梢頭。

沖著黃敬臨之名氣與稀奇古怪的傳聞，姑姑筵開業場面之紅火自不用說。當時蓉城軍政、文化界不少名流均慕名蒞臨捧場，熱鬧氣派非同尋常。出自清宮御廚的黃敬臨，是位精於烹飪的高手，自然對菜品的要求是精益求精。用料之講究、工序之精確完美，每一道都包含著濃重西蜀歷史的風土人情，集粹著川粵京蘇四大菜系的精華。像芙蓉雞片、樟茶鴨子、白水豆腐更是做工精緻，用料考究，為川菜之上品。最令人神往的是傳說當年黃敬臨先生為趙堯生老師奉獻的「壓軸」一菜「白水豆腐」。那青花瓷大碗公裡盛的湯清花亮色，看似白開水，湯裡除了豆腐，就只有幾根萵筍尖。聽黃老先生介紹之後，大家細心品嘗，無不拍桌叫絕，一道名菜傳遍全川，其後衍生的「開水白菜」，亦也飲譽國內外，至今仍是川菜上品。

1930年代中期，因西較場擴充營地，徵購了黃敬臨在包家巷的老屋，姑姑筵便遷到青羊宮外離百花潭僅一步之遙的馬長卿花園，此處是趕花會的必經之路。青羊宮古時又叫青羊肆、青羊觀，是川西最大的道教宮觀，人們可以在宮裡摸青羊、趕花會、觀彩燈。姑姑筵與花會同時揭幕，引來四面八方趕花會的人佇立圍觀，生意自然格外好。喬遷新址時，黃敬臨又貼出一自嘲聯和門聯兩副。

自嘲聯曰：

可憐我六十年讀書，還是當廚子；

能做得廿二省味道，也要些工夫。

又一聯云：

提起菜刀，拿起鍋鏟，自命爐邊鎮守使；

碗有佳餚，壺有美酒，休閒路隔通惠門。

另一聯曰：

歎老夫無命做官，才租這大花園承包酒席；

替買主下廚做菜，好像是巧媳婦侍奉公婆。

那時，黃敬臨的對聯，與其精緻美食已融為一體，成為一道美食文化奇觀，不少人還專門沖著他的這些聯子而來。而此時的姑姑筵雖仍然保持那不大的規模，但他家素來善烹擅調的姑嫂妯娌都上得廳堂、下得廚房，黃氏也因勢利導賦予姑姑筵店名以新解：「為啥叫這個名字，看了後堂就明白，全是我們家的姑嫂妯娌在下廚，不然亮出招牌名不副實，豈不讓人笑話。」這亦成為一大稀奇新聞，吸引來很多人圍觀、議論、品吃。每年青羊宮花會期間，也是姑姑筵營業最為旺盛的季節，逛完花會的人們，不少便走進姑姑筵來午餐，後堂事廚的姑姑們和門前雙聯，構成了這裡的兩道獨特風景。為廣大食客增添了無盡的餚外之情，味外之趣。成都文壇怪傑劉師亮，在遊花會時看到上述兩副對聯後，一口氣寫了十二首竹枝詞回贈黃敬臨。其中的一首為：「看會欣逢二月天，姑姑筵外貼雙聯；君休誤認姑姑美，名借姑姑好賺錢。」直接點破，詼諧輕鬆，果是出手不凡。

黃敬臨的「姑姑筵」可能是有史以來最牛的飯館子。它不賣零餐，只做包席。且開業之時，黃敬臨就定下五大規矩：

1、所有來吃飯的客人，必須稱他為黃先生或黃老太爺。凡是敢叫黃老闆或者黃師傅的，免吃。

2、每天只做四桌，須提前3至5天預定。

3、預定時只說一桌多少大洋的規格，不能點菜。所有菜品，由黃老太爺決定安排。

4、定席時，必須交足菜金。並且必須開列被請人名單，註明年齡、籍貫、身份、性別、嗜好。

5、主桌上，必須給黃敬臨留一個桌位，他是否到席，由他自己決定。

這一來，黃敬臨之派頭更是傳遍市井、官場，鬧得是風起雲湧，別說提前5天，常常是提前15天也難以訂到一桌席。成都凡是有臉面的人都以在「姑姑筵」請客或者被請吃視為口福，不吃「姑姑筵」，不足以言美食。此風頭一時間在成都上下盛傳為美談。

此後，黃敬臨對於請客者是何等人物，客人身份、嗜好、吃什麼不吃什麼，都會事先過濾，非其人（認為不忠不義之人）則婉言拒絕。他視客人情況擬排菜單，並在廚房嘗味把關，親自端菜上桌。菜上齊等到他入席後，即從烹飪文化到烹調技藝，對各式菜餚詳加評講，一般食客往往恭聽其言，任他大擺「龍門陣」。知味者則謂聽其言、品其菜，兼得口福耳福。據說這位黃老太爺還曾「教訓」來客，「你們不要誤解，以為川菜就只是麻辣，那就錯了。真正純正、正宗的川菜倒是一些也不辣的」。

1935年秋，張學良來成都見蔣介石，四川軍閥劉湘為其設宴接風以盡地主之誼。張亦早有耳聞，成都有家「姑姑筵」廚藝絕妙，菜餚精美，既已到此，何不嘗嘗。劉湘隨即指派兩位副官前去安排。二人來到姑姑筵，責令老闆黃敬臨必須當天為省府準備一桌高級筵席款待重要賓客。1930年代，一桌席至少索價30銀圓，而特地為四川省主席備辦的一桌酒席，出價爽然是100銀圓，但卻遭到黃敬臨斷然拒絕。黃回答說：「我一家人力量有限，每天只能做一桌。今天已有人事先預定了，恕難從命」。兩位副官一下就呆起了，再一問此席是誰定的，回答：「王元甫」。二人忽然眼睛一亮，只道事情有辦法了。原來這王元甫是劉湘手下一名師長，剛剛才下台。劉湘得知此事後，拿出名片在上面略批數語，要王元甫讓出此席，又派人在別家酒樓置辦一席交換。如此，張學良方才如願以償，品吃了姑姑筵後倍加讚賞，稱其品味甚高。

雖被外界譽為「雅廚」、「儒廚」，但黃敬臨卻自嘲為「油鍋邊鎮守使，加封煨燉將軍，」其本意倒是指燒菜、燉菜最講究的是火候，只准「人等菜」，不能「菜等人」。所以主客必須準時上桌，凡遲到早退者，認為瞧他不起，列入拒絕往來之「黑名單」。黃敬臨的菜結合宮廷風味與四川風味，其貴菜除燕窩、魚翅、海參，還有燒熊掌與樟茶鴨等。前者須用文火燉上兩晝夜，且用特製高湯，故極酥爛鮮美；後者必用填鴨，重至6、7斤，特別肥腴，經整治醃好入味後，晾乾3個時辰，隨即入沸水鍋燙至緊皮，放燻爐內，加福建漳州茶葉和果木等料重烤，再經蒸、炸等工序製成。其特點為色澤紅褐，皮酥肉嫩，香氣濃郁，經切塊裝盤後，仍保持著鴨形。黃做菜不惜工本，以致色香味皆臻妙絕。比方說，別人的菜館可以「一雞三吃」，而他卻「三雞一吃」，為萃取頂級高湯，必先將一只雞以文火燉至極爛，取出後，再於原汁裡放第二只燉，如此者三。而在品嘗時，前兩只雞棄而不用，只吃第三只雞。如此精心製作，當然醇厚鮮嫩，美味至極。

「姑姑筵」的菜品沒有固定的菜譜，全由黃敬臨根據包席客人的情況量身安排，既精心搭配，又不拘一格，隨心隨意。雖然這時黃敬臨已經時近暮年，但是包席上的主要菜品，大都由他親自下廚指導。後來，他先後請了川菜名廚曾青雲、杜鶴齡、羅國榮、陳海清、周海秋等在「姑姑筵」掌勺，但黃敬臨依然臨廚，務求每一款菜餚精益求精。黃氏的烹飪不受傳統菜系框架的限制，眾采各地各派烹藝和菜式精華，融入自己的靈感和體悟，追求飲食感受的別開生面，清新靈動，花樣繽紛。在姑姑筵期間，後來被郭沫若譽為「西南第一把手」的羅國榮，尤得黃之神髓。他做菜講究火候，曾說：「烹菜如火中取寶，火候第一，不及則生，稍過則老，爭之於俄頃，失之於須臾，非言語所能傳其妙，非筆墨所能盡其奧，多實踐始能得心應手。」

黃敬臨從傳統中推陳出新，從民間中去粗取精，從自然中勾沉發微。黃敬臨出身於世家名門，祖父為子聘媳，必要其精於烹飪。黃敬臨的母親陳氏，僅鹹菜就能製300餘種，於是得進黃門。黃敬臨身兼黃陳兩家烹藝精髓，故多以家常風味為主打，如筵席後吃飯時則上各種家常小菜：泡小黃瓜、醬小黃瓜、醬小茄子、甜子薑、甜蒜、泡燈籠椒、泡菜等，風味別樣，既解酒除膩，又開胃助餐。而這一切，便都在黃敬臨之靈性飛揚的內心中融會貫通。黃敬臨之於烹飪藝術，既無師承，也無菜譜，由於他見多識廣，窮收博采，成為他自己富於創造性的烹飪技藝，有人謂之：「黃氏體系」、「姑姑筵流派」亦無可厚非。

姑姑筵另一獨一無二的特點，就是名廚與家廚相結合，創造性地做出了罈子肉、燒牛頭方、香花雞絲、樟茶鴨子、酸辣魷魚、豆渣烘豬頭、叉燒肉、青筒魚、酸菜煮黃辣丁、軟炸扳指、麻辣牛筋等佳餚，至今仍流傳於川菜堂館。1935年，四川大學教授李宗吾先生曾撰寫《「姑姑筵」餐館食譜序》，說：「晉臨的烹飪學，可稱家學淵源。他的祖父，由江西宦遊四川，精於治饌，為其子聘婦，非精烹飪者不合選。聞陳氏女在室，能治鹹菜三百餘種，乃聘之，這便是晉臨的母親。於是以黃陳兩家的烹飪法治為一爐。」

像姑姑筵的罈子肉，就是黃家烹法的經典，專門用陳年紹酒罈子，因其年代久遠，酒汁浸入罈內微小孔隙中，洗淨後，裝進各種調輔料：公雞或老母雞、宣威火腿、鴨子、豬排骨等，燒熱後用文火慢煨，使罈子內的陳年酒汁慢慢浸出，融入物料裡。一揭開蓋便是一股股出奇的香味。再有那青筒魚，是一道取法傣家竹筒燒飯的烹法，取新嫩的楠竹一節，一邊留下節底，將剖洗乾淨、碼味充分的鮮魚和作料放入筒中，再加入鮮湯，封上筒口，然後在杠炭火上旋轉炙烤數小時，鮮竹的清香完全融入鮮魚和鮮湯之中，魚極嫩美、鮮香奇異，天然風味十足，遺憾的是此菜早已失傳。

黃敬臨做菜著重強調提煉食材的本味，即原汁原味。他尤為反對濫用香料和其他佐料，更堅決反對用「味之素」。如其「肝糕湯」、「雞皮冬筍」等，都是清鮮淡雅，重在品湯。他的「黃辣丁湯」，以煨熬的原湯和家常泡菜來提味增鮮。還有「豆腐魚」，以鯽魚加郫縣豆瓣和醪糟，在炭爐子上猛火燒出，其味美妙無窮，回味無盡。

「化腐朽為神奇」，亦是黃敬臨廚藝的極致。大畫家徐悲鴻就曾說：「將貴重原料製成美味不難，難在將平凡菜色做好。」而這即是畫家一再光顧「姑姑筵」的原由，沉浸其中，樂此不疲。黃敬臨最為人所豔稱的家常名菜，像燒牛頭方、豆渣烘豬頭、青筒魚、酸菜煮黃臘丁、酸菜魷魚、軟炸斑指、叉烤肉方、紅燒鯉魚肚、油淋隨園魚、麻辣牛筋、香花雞絲等。而這些被稱為「天下美味」的菜餚中，所用者均為賤價食材。像牛頭甚難烹調，一般人棄而不用，他則以適當的火候及醬料製成一道美味；豆渣本為製豆腐剩下來的渣滓，通常當成飼料或肥料，經他適度加工，爆香再與豬頭合烹而成佳餚；泡菜黃臘丁則學自川南船工的烹魚方法改進而成。其中又以軟炸斑指尤值一提，此菜為徐悲鴻之最愛，每到必嘗。此菜的原料為豬大腸頭一部分，可選用者不多，加上不能賣高價，僅在酒席中偶爾配套出現。徐悲鴻既為老友，黃敬臨非但不拒，反而親自下廚，做好此菜奉客。徐悲鴻品過之餘，還專為黃老太爺畫了一幅奔馬圖以表謝意。黃則珍而重之。此用奔馬圖換佳餚的故事，一經好事者渲染，隨即轟動食界，傳為食壇佳話流傳至今。

抗日戰爭時期，１９３７年黃敬臨應湖北省主席楊永泰之邀去武漢，黃行至重慶，聞楊遇刺不幸身亡，於是便留在重慶考察。其間，黃敬臨得城防司令鮮英支持和邀請在渝開館，黃見重慶陪都，國民政府軍政要員、全國各地的名流雅士、豪商富賈都彙聚山城，姑姑筵的菜餚與經營風格正適合南北食客的口味，於是便把在成都已搬遷到陝西街經營的姑姑筵交給二子黃仲霆管理，另外組織一幫人馬到重慶，在中營街公安局隔壁又開起「姑姑筵」。後遷新玉沙街。在國民黨中央大員庇護下，遷到官邸林立的南岸開業。「姑姑筵」其店堂佈置和菜式結構、經營風格與服務特色一如成都。衝著「御廚」之名，重慶軍政要員、文人商賈，乃至一般百姓都蜂擁而至，生意自然十分火爆。

後不久，又遷到官邸林立的南岸汪山公安局旁。黃敬臨生來為人性格獨特，瀟灑倜儻、幽默風趣、磊落不羈。工書法，擅對聯，諷刺時政，表達悲懷。對烹飪技藝，確有其絕招，南北通融，不拘傳統；立足現實，借鑒移植，用一般材料，通過加工做出色香味形俱佳的菜品，故而備受食客青睞。１９３８年蔣介石叫劉文輝在重慶「姑姑筵」菜館包了４桌，吃後讚不絕口，適時黃敬臨親捧大菜上席，劉即向蔣介紹，蔣獎譽說：「如此精美，雖清宮御廚，其技不過如此。」又令黃次日再備４桌。黃當即拒絕說：「姑姑筵的訂席規矩是３日前提出，廚師要休息，恕難辦理。」蔣介石也無可奈何。

姑姑筵重慶店大門自然也少不了黃書撰的楹聯，不僅解頤，甚至稱絕：

流落在貴碼頭，裝一個忸忸怩怩新嫁娘，殺雞為黍；

公安局大門口，來幾多漂漂亮亮高貴客，下馬聞香。

但內堂聯語，則有些令人膽戰心驚了：

營業稅，印花稅，席桌捐，紅鍋捐，這起去，那起來，弄不清楚；

蒸公雞，炒母雞，燉牛肉，烤豬肉，肥的精，瘦的嫩，都要整齊。

有好友曾問過敬臨先生，「如此譏諷當局，不怕惹禍事？」老人一笑置之：「前清朝，後民國；前內戰，後抗戰，老夫還有身家性命否？」跟著又補充了一句：「正因為害怕城門失火，殃及池魚，到陪都寫的對子，都留有老夫賤號。確實，每副楹聯的下聯底部，總有一行小字——黃敬臨手啟。

然而，此話果然言中。不久，社會上都在議論姑姑筵大門口的對聯，這使國民黨重慶市政府官員感到很不是滋味，便假借全川大旱，號召「節約救災」，禁售奢侈高檔食品，重慶市公安局則以政府號召國難節儉，「不得前方吃緊，後方緊吃」為由，稱「姑姑筵違反禁令」，下令查封。姑姑筵就這樣被迫關門歇業。1941年秋重慶頻遭日機轟炸，國難家難齊至，身性膽小的黃敬臨，每聞轟響就驚慌失措，一身顫抖，必卷俯桌下，壘以棉被，致使年近七旬的老人身體日漸不支。1942年秋終因驚嚇而臥病不起，命斷山城，終年六十八歲。蔣介石還送了幅挽聯「無冕之王」。其長子黃平伯迅即趕到重慶，料理完父親之喪事後，接下姑姑筵原班人馬，在市中心民國路繼續經營。

清末民初，是中華民族的命運大震盪、大轉折時候，然而在川菜發展史上卻有幸迎來兩位餐飲奇才，他們是近代川菜的開拓者，亦是奠基人。一位是藍光鑒和他的榮樂園，另一位便是有「仙品」之譽的「姑姑筵」宗師黃敬臨。黃敬臨所創辦的「姑姑筵」與湖南譚延闓的譚家菜、北京譚篆青的譚氏官府菜、廣東孫孔殷的蛇宴齊名，被譽為中國「四大美宴」，成為美食家們所推崇的美食極品。

黃敬臨生前曾打算寫一本烹飪書。他說：「往年在成都省女子師範充任烹飪教師，曾分：燻、蒸、烘、爆、烤、醬、炸、滷、煎、糟十門，今準備就此條細分縷析，寫一教科書，但茲事體大，苦沒閒暑時光，奈何！」後來，他還是接受李宗吾教授的建議，寫有《姑姑筵宴食譜》，但未見付梓，甚是可惜。

天降黃敬臨，似乎命定要他來開一代廚風，麻辣酸甜苦鹹鮮，才是他人生縱橫的浩淼山河。他首開廚藝學術化之先河，不但使川菜展現京華氣勢，也使宮廷飲饌化為民食，相容並蓄，有容乃大。他一生最驚人的事蹟，不在官場竟在廚房，這種結果，應是當初那位「政聲很好」的縣太爺所始料未及的。雖然姑姑筵在時間的長河中存在的時間並不算長，但它的熠熠光輝，至今還照耀著川菜的廣闊天地。幸好在那個戰亂混沌的年代，無法讓黃敬臨安然做官，不然，也許世間有了個可能還算正直清廉的縣太爺，但失去的，將是一位千秋留香的一代川菜宗師。黃敬臨在他暮年的時候，以川菜史上曠古絕今的飲食才華，把千秋川菜提升到了「會當臨絕頂，一覽眾山小」之卓然臨風的高處。黃的傳奇人生，被收錄到《成都詞典》人物篇及《四川近代人物傳》。

有道是：愁煩中具瀟灑襟懷，胸懷裡皆春風和氣；暗昧處光明世界，身心中皆白日青天。在黃敬臨之一生中，無論在寵辱官衙，興衰商場，無論身處順境逆境，總保持著博大的胸懷和氣度，瀟灑幽默之心態，心中始終像充滿陽光，吹拂著春風一樣和熙樂觀。亦如他的「姑姑筵」一般，在混沌世事中不流於俗見，在餐飲江湖上獨樹一幟，為川菜注入了新穎的概念和內涵，為後世開啟了一扇風雅川菜、文化川菜之窗。

黃敬臨之姑姑筵誕生以後，其演繹派生而出的「不醉無歸小酒家」、「古女菜」、「哥哥傳」、「凱歌歸」等，雖說後來亦相繼歇業，但行業內外，乃至民間偶一談起這一系列黃派川菜的烹調技藝與經營風格，依然令人稱道不已。據黃氏後人所言，「姑姑筵」川菜館近年在海外影響日增，據說日本開有一家，台灣開有三家，且都生意興隆。作為「姑姑筵」之故土的成都，亦也聽說在陝西街恢復了「不醉無歸小酒家」。當然，早在十餘年前，同樣是大學教授，文人儒士，精於美食文化，通曉烹調之道，尤對黃敬臨深有研究的黎華白教授，就在城西草堂重開「老成都公館菜（姑姑筵）」，黃派川菜的清風柔雨依然滋潤著川西大地。

那是：縣太爺下廚掌灶，儒秀才御廚神功。欲知姑姑筵之軼聞趣事，還看下回道來。

女儿红

第〇〇九回　不醉無歸小酒家，食苑美談哥哥傳

上回說到黃敬臨棄官從商，下海事廚，從清宮御廚管事、四品頂戴、三任縣太爺到餐館老闆；從「鍋邊鎮守使、煨燉將軍」到雅廚、儒廚和一代川菜宗師，最後臥榻病死重慶汪山居。真的是：大江東去，浪淘盡千古風流人物。

再說黃敬臨風華錦繡時的１９３０年代，在成都陝西街有一酒家，門匾書「不醉無歸小酒家」作為店名，更有一副個性頗強、酒文化濃郁的聯語，上聯：劉伶借問何處有？下聯：李白回答此處佳！這家口氣不小的小飯店便就是黃敬臨在轉讓晉齡飯店、開設姑姑筵餐館後，考慮到姑姑筵畢竟是供官員和有錢人家吃的，為了照顧零星散客、小公務員、教師、大學生的消費水準，讓他們也能花費不多，一樣吃得樂呵。於是，由其子黃平伯留法學習美術歸來後，在陝西街開辦了一家小餐館，取《詩經》「厭厭夜飲，不醉無歸」之句命名。人們簡稱為「小酒家」或稱「不醉無歸」。酒家店堂臨街，沒有園林美景點綴，於是黃老先生便取古人：「室雅何須大」之意，在酒家四壁掛上名人字畫，讓食客步入店內便覺雅潔宜人，食情吃趣盎然。尤其是門口那副問答聯，更透露出深厚的文化氣氛。上聯說的劉伶，晉人，竹林七賢之一，嗜酒如命，著有《酒德頌》；下聯說的李白，素有酒仙詩仙之稱。讓兩位酒客一問一答，使人讀後遐思頓起，酒興頻添。

「不醉無歸小酒家」聘請了原聚豐園名廚張正華主廚，掌理佐餐助酒之事，菜餚仍以家常風味小煎小炒、蒸燉燒煨為主，如蔥燒魚、紅燒舌掌、蒜泥肥腸、豆泥湯等，加上黃家特製的醃菜、泡菜等。這就使大眾食客不僅耳目口感一新，三、五朋友或家人，憑欄暢飲舒心品吃，花費不多，口福盡享。黃敬臨對於黃平伯經營晉臨飯館的失敗教訓後，決心重振旗鼓而開的這家「小酒家」的經營也特別關照，常為其出謀劃策，安排佈置，同時把姑姑筵應接不暇的買主向小酒家介紹，因此生意很快就做開了，店中常是座無虛席。那時，不少顧客都很有來頭，門口不時停放著雪佛蘭等豪華名車。齊白石

當年來成都，成都著名老畫家劉既明夫婦就在「不醉無歸小酒家」宴請齊老。請他點菜，齊白石要吃「脫袍鱔魚」，這原本是款湖南菜，廚師不懂其做法，白石老人講明後，「小酒家」廚師居然做了出來。廚師把鱔魚去皮，以川味出之。齊白石吃得非常高興，一個勁兒地誇獎做得好、有創意。

抗日戰爭期間，社會黑暗，人心惶惶，個個感到前途渺茫，於是不少教師、小公務員、大學生常來光顧，借酒排遣愁悶。酒店雖小但名氣大，也曾吸引來大畫家徐悲鴻，他對宮保雞丁尤為欣賞，讚之為四川菜的代表，色香味型俱佳，而且又不太辣麻，還保持了正宗川菜的風格，大家都可接受。品嘗、小酌後高興之餘，欣然畫馬相贈，並即席吟誦了一副對聯。黃敬臨酒酣之餘亦趁興用舌蘸墨題詩回贈。這一來，「不醉無歸小酒家」更是身價倍增、名氣大噪，吸引了很多文化界名流，普通食客也慕名蜂擁而至。此店一直經營到１９４１年，日軍對重慶狂轟濫炸，而在重慶經營「姑姑筵」之黃老先生，已近七十高齡，加之虛弱多病，受到驚嚇而病逝。黃平伯為了趕去去奔喪及料理後事，方才將不醉無歸小酒家關門歇業。

１９３７年，在黃敬臨支持下，黃之三弟黃保臨在成都的打金街又開了家「古女菜」餐館。黃保臨亦系前清科舉中人，與其兄一樣，性情豁達、喜笑健談、書法甚精，也好編聯。曾在舊財政廳任科員，但常也滿腹牢騷，不滿官場惡習。於是便跟隨黃敬臨經營姑姑筵。原本黃家之人，不論男女都善烹調，黃保臨在其兄的言傳身教之下，耳聞目染，亦也精於美食、通曉烹技。故而開辦「古女菜」一展身手。他自己解釋餐館名字時說：「哥哥開了家『姑姑筵』，我便將『姑』字拆開來就是『古女』，以此為店名，一來寓意繼承兄長之事業，並非眩人耳目；二來延續『姑姑筵』之盛名。」

「古女菜」開業後，卻也集晉臨飯店、姑姑筵、不醉無歸小酒家三個店之名菜佳餚之大成，又增添了雞豆花、炒鴨脯、粉蒸鯰魚、冬筍燒牛護膝、雞腎湯、肝糕湯、鳳尾拌雞等冷熱新菜。由於黃保臨是官場中人，同事們聞風而至，對菜餚大加讚賞。１９４１年秋，黃敬臨在重慶病逝，加之因店堂地址較為偏僻，黃保臨就將「古女菜」遷至總府街，為紀念兄長，遂更名為「哥哥傳」，示其技藝為兄所傳授。

「哥哥傳」開張後，黃保臨一心要傳承兄長之遺志，發揚兄長之技藝，故而首先在菜餚製作上，要求技藝精益求精，嚴格用料，不得有絲毫馬虎和差錯。有次，一位客人點了一道名菜，價格甚貴，但當時廚房恰好有樣配料不足，廚師打算臨時變通改用別的配料，黃保臨知道後堅決不同意，他說：「決不能自己打爛招牌」。隨即親自向客人解釋道歉，希望另點它菜，改日再來品享。如此，客人深為感歎，哥哥傳誠信待客的口碑四處傳揚。

黃保臨還親自書寫定下「炊事十則」：一、清潔衛生；二、庖製洗刷；三、選擇原料；四、刀口刀法；五、掌握火候；六、調味作料；七、菜餚配色；八、按季節性；九、美食美器；十、科學營養。「十則」中，他特別看重三、五兩條，認為原料選擇不當，全局皆輸。他說雞人人皆可做，但不首先選擇仔雞、嫩雞、好品種雞，縱有好本事，好作料，也一切全輸。它還舉牛肉也得分黃牛肉和水牛肉，就是黃牛中也要分食用牛和製皮革用的牛，因為它們的食料不同，肉質也不同；燉牛肉和乾煸牛肉則以犛牛肉最好。

他還介紹說：「我的粉蒸鯰魚，取酒杯粗的鯰魚塊，上粉子前我有我的卯竅，先用噴壺噴料酒在鯰魚塊子上，然後上粉子，如此這般，既避其腥，又易蒸出美味。」他說到第五則：「掌握火候，則牛羊肉燉燜煨全在一個「𤆵」字；而肝腰合炒，關鍵在一個快字；罈子肉就要溫火，先開後溫，以溫為主，所以這樣的菜要預定。我家的罈子肉，首先是淨罈，一定要裝過紹酒的罈子，越陳越好，裝女兒酒的罈子更好。成都人冬至燉牛羊肉，只有滎經砂鍋燉出來的味道特好！特好！」

其次，他還視時令變化，探討顧客的口味需求，由此而適時增添新的菜餚。「暑怕油、冬忌涼，心中要有四季帳：南愛甜，北偏淡，手巧能保百口鮮」等口頭語，便是他研討得出的經營之道。因此，哥哥傳一年四季的鹹甜味道、冷熱熟菜，都做到了烹製精湛、色調雅致、香氣溢鼻、味道鮮美。日後他更以善燒罈子肉而名噪一時。

那時，成都的燕蒸業有一按月內部輪流請客的「轉轉會」，以加強和切磋幫內技藝交流。哥哥傳以其「粉蒸鯰魚」最為內行稱道。他用大鯰魚腰斷成幾塊加料粉蒸，上菜時加香菜和現打磨的辣椒粉，魚肉風味味道十分適口。枕江樓著名的烹魚專家龍元章師傅品嘗後說：「我就是專做魚菜的，黃三爺這道菜我硬是服了」。美食家李鐵夫時任成都市長，也慕名品嘗了這道菜，吃後評價是：「出手不凡，做法別致，格調高雅，有黃（皇）家氣派。」有人問：「何以見得？」李答：「清淡中見辣味，但是這一手就虧他想得出來，進過大內的廚師，門中高手，出手不凡，你我吃了幾十年的鯰魚，請問哪家館子能想出這個辦法來？」其時，成都頂級包席館榮樂園著名的「冬筍紹酒」、「燒牛護膝」和「清蒸大塊鯰魚」，其味之佳，妙不可言。藍光鑒坦率地說：「這幾樣菜是從黃三爺（黃保臨）處偷學來的，是人家的當家菜，看人家道法多高明啊！」

黃敬臨、黃保臨兄弟二人，從開辦姑姑筵到哥哥傳，一個是文而能庖，一個是在官經商，加上其子棄美術而從廚藝等，都成為錦里佳話。有人還為此編了一聯：能文能庖，似袁子才開「姑姑筵」；亦官亦商，學陶朱公有「哥哥傳」。有人還仿黃敬臨的風格，給黃保臨題了副對聯：「烹鮮治國姑姑筵；廚藝高招哥哥傳」。黃保臨無疑從性情、交際、書法、詩聯，到美食美器、烹調廚藝、經營風格，可以說全面完整地繼承了黃敬臨，使「黃氏川菜」、「姑姑筵流派」得以傳承。並在川菜領域中，獨樹一幟，飲譽海內外近半個世紀之久。且黃家兄弟二人與飲食文化相輔相成，自成體系，成為川菜飲食文化的一項寶貴遺產。

1950年前夕，成都因受通貨膨脹、貨幣貶值的影響，哥哥傳與遷往新玉沙街的姑姑筵同時關門。1950年後，黃家餐館全都歇業，黃保臨則被春熙路耀華餐廳聘為顧問。耀華原先只經營西餐，黃去後使其中西融匯，且在吃飯上做了不少改革創新，以適應社會消費新的發展。以後，他又被抽調去參加了編撰「川菜食譜」。當然，此時的他已是有自身餐飲經歷和學識淵博的飲食學者和專家了。

姑姑筵和由它派生出來的不醉無歸小酒家、古女菜、哥哥傳等，1950年解放後雖都已歇業，但姑姑筵、不醉無歸小酒家、哥哥傳之一脈相承，不僅在近代川菜發展史上濃墨重彩地書寫了奇特的一筆，也對近代川菜之崛起做出了不可磨滅的貢獻。於今，無論業內還是民間，人們偶一談起這些黃派川菜館的烹調技藝及經營作風，仍令人稱道不已。近年，黃派川菜在國內外影響日增，姑姑筵川菜館現在日本有一家。作為姑姑筵的創始地，1990年代末陝西街蓉城飯店內恢復了不醉無歸小酒家，城西草堂附近恢復了姑姑筵，黃派川菜的風采得以重現蓉城。

欲知黃家之後，又有何方高手食壇打擂，且看下回分解。

第〇一〇回

頤之時巴蜀稱雄，羅國榮冤死京城

話說清朝末年，成都近郊的新津縣，出了幾個在川西壩子很有名望的廚師，行業中人稱之為「大王、小王，大黃、小黃」，這大王、大黃即是近代川菜聲名卓著的名廚王海泉與黃紹清。王海泉早年曾做過四川總督錫良的私廚，後隨其去過雲南、北京及東三省，見多識廣，經驗豐富，京廣蘇魯菜餚，紅白兩案無所不通，烹技十分了得。清末民初隨官自貴州返回成都後便離開官府，在成都書院街創辦包席館「三合園」，頗受行業中人敬仰。黃紹清為王海泉之高徒，在成都與師兄王金廷創辦包席館「福華園」，承襲了師傅王海泉「三合園」之風格，後王金廷、黃紹清分手，分別獨自開辦了薦芳園和桃源春。除此之外，王海泉實際上是造就了一批著名川菜廚師，一代宗師羅國榮便是其中出類拔萃者。

羅國榮１９１１年出生在新津縣花園場，祖輩自耕而食，家境清貧。他有一個哥哥，兩兄弟只讀了一兩年書，父母就相繼離開人世，弟兄兩個只好自謀生計。羅國榮十二歲時，經人介紹拜王海泉為師學廚。他人雖小卻十分懂事，勤奮苦學、善於思索，加之天資聰慧，日漸長進。雖幹打雜活，但任勞任怨、踏實認真，對師傅十分尊崇，體貼入微，深得王海泉喜愛，於是盡其心力傳授烹飪技藝和為人之道。七、八年間，不到二十歲竟學得一身本事，成了師傅的得力助手。

那時，按行業傳統規矩，學徒滿師後須得擺謝師酒，才算正式出師。徒工學藝滿三年後，如果所學技術已過關，徵得師傅認可，便可獨闖江湖或自立門戶。但徒弟須得辦台「出師酒」，請行業內有名望的人來參加，祭祀廚道祖師，酬謝師傅教藝之恩。徒弟給師傅叩頭，送給師傅衣帽鞋襪；師傅退還投師文約，對徒弟說些祝願的話等。按規矩，無錢謝師，未辦出師酒的就不能算出師。羅國榮因拿不出錢來擺謝師酒，故而遲遲不能獨立。他私下很是著急，逢人便說：「那個給我出錢擺謝師酒，以後我就供他一輩子」。恰好他有個親戚羅伯卿還比較寬裕，便出錢給他擺了幾桌謝師酒，羅國榮方才名正言順出了師。羅國榮亦遵守承諾，以後數十年一直供養著羅伯卿直到他1962年病逝。

羅國榮滿師獨立後便得自謀生路。他先到成都福華園餐館幫廚，恰逢餐館的老闆是大師兄黃紹清，他見羅國榮聰明能幹，手腳靈活，很是喜愛，便悉心傳授自己的廚藝，幾年後羅國榮便能獨當一面，到一些大公館去操辦筵席了。1933年，他經人介紹為四川軍閥劉文輝操辦宴席，深為劉文輝所讚賞。羅國榮年輕力壯、身材高大、相貌堂堂，加之技藝不凡，人又伶俐、應酬得體，深得劉公館上下賞識，便被挽留在劉公館事廚。民國二十三年（西元1934年），劉湘、劉文輝為爭奪地盤開戰，劉文輝兵敗雅安，消息傳來，羅國榮藉故未去，繼續留在成都。後又經人介紹，受聘在名聲彰顯的「姑姑筵」事廚。沒想到，他從廚生涯自此便發生了深刻的變化和跨越式的提升。

姑姑筵之黃敬臨可算是成都家喻戶曉的名人，前文已有介紹。此老先生精於美食美器，通曉南北烹藝，故而治廚十分嚴謹，極其注重菜餚之改良創新和色香味形，尤對器皿甚為講究，務使每菜必有自己的特色，哪怕是一碟泡菜，也要求別具一格，且是常與廚師細緻研討，窮究其妙，以推陳出新使之盡善盡美。黃敬臨之廣博學識以及對烹飪的見地，很是讓羅國榮佩服之至，於是勤奮好問、用心揣摩、聰慧靈醒，頗得黃的喜愛。一個出新意，一個搞實踐，珠聯璧合、相得益彰，在黃敬臨的薰陶下，羅國榮之烹技上升到了烹藝的境界。同時，他還悟出一個真諦，烹調技藝要發展，就得立足於變，不能墨守陳規，要敢於求新，大王（王海泉）師傅如此，黃敬臨更是如此，方才能形成自己獨特的風格。在姑姑筵之幾年，羅國榮雖不是黃敬臨的入門弟子，但長年在「姑姑筵」耳濡目染，接受黃敬臨的精心指導，烹飪技藝日臻嫺熟，深得黃之賞識，盡得黃之教誨，承襲了姑姑筵之烹飪精髓和經營之術。

1935年，羅國榮受二十四軍駐渝辦事處處長丁次鶴的盛邀，到了重慶，任劉文輝在重慶康寧路3號「小園」餐廳的主廚。這是源於二十四軍軍長劉文輝早在幾年前就請羅國榮到他的公館幹過，知道他的廚藝非凡。這次到了重慶，要與黨國要員聯絡感情，經常都要宴請張群、林森、賀國光、顧祝同、孔祥熙、宋子文等人「醉一台」，羅國榮便大顯身手，每次都吃得這些達官顯貴滿面春風讚不絕口，連吃慣了江浙味、最怕麻辣的宋子文都說：「沒想到四川味這麼可口！」自此，「小園」便聲名遠揚，諸多要人請客都要借用「小園」。羅國榮亦因此認識了不少要員，成為官場中的另類特殊人物。

在重慶，雖然羅國榮已較有名氣，也已娶妻生子，但畢竟是在幫工，經濟上依然十分拮据，家庭負擔甚重，迫使他難以安於現狀。於是在民國三十年（西元1

９４１年）回到成都，邀約親朋好友，湊合一些資金，在成都華興街川劇場旁開了一家餐館，招牌是請著名書法家盛光偉取的，且由他書寫。「頤之時」三個氣宇軒昂的大字，棣情篆韻，極見功力。頤之時三字出典於易經：「頤貞節，觀頤，觀其所養也。天地養萬物，聖人養賢，以及萬民，頤之時大矣哉」。其名典雅莊重，又突出了頤養身體、延年益壽之意。於是，頤之時在成都飲食行業中獨樹一幟。招牌寫得好，名字取得妙，菜餚品質高，竟成為頤之時之三絕，名聲不脛而走，前來欣賞品嘗者絡繹不絕。很快便成為與榮樂園、福華園、玉珍園、聚豐園等齊名的成都名餐館之一。

「頤之時」開業之初，人才濟濟，廚界高手雲集。有名廚黃炳清、王小金、王銀宣、黃永林、劉少安，師弟陳海清、余集成、楊吉安等，跑堂掌門彭聚星、樊玉成，爐子李玉平，另有徒弟汪再元、白茂洲、陳志剛、梁國全、劉元發、陳崇真等２０多人。但是到了１９４７年，除了徒弟之外，其餘的合夥人都走了，便由羅國榮獨自經營「頤之時」。

「頤之時」創立之時，正值對日抗戰期間，各種海產品奇缺，海參、魚翅、鮑魚、魚肚等不僅量少而且價貴。因此，「頤之時」一直堅持立足本土，就地取材烹製出了一系列拿手好菜，像紅燒熊掌、清蒸腳魚、燒牛頭方、一品酥方、乾燒蝦仁、筍衣鴿蛋、開水白菜、肝膏湯等等，點心小吃則有豆芽包子、蘿蔔餅、家常臊子麵、菠菜麵等入席。令人口感一新。雖說是雞鴨魚肉等普通大眾原料，亦能巧施技藝，以變求新，以精取勝。拿羅國榮之話來說：「除了木頭、石頭我做不成菜，只要是可以吃的原料，我都能夠做成美餚上席。」

羅國榮做菜強調求新求變，同時強調以技術作保證，對火候、刀工都有嚴格要求，他曾總結自己的治廚心得：「火候第一，不及則生，稍過即老，爭之於俄頃，失之於須臾，非言語所能傳其妙，非筆墨所能盡其奧。」強調菜品的「形」美，無論是絲、丁、片、塊，都須有過硬的刀工技法。

其時，羅國榮的乾燒魚翅已是技驚烹壇，味冠巴蜀，食客都讚其魚翅是燒燃了的。羅國榮烹燒時，通常把魚翅佐以火腿、雞湯反覆煨燒，火候到時以筷匙挑觸，如膠似絲、欲斷又連，其色淡黃晶瑩，其味鮮而不膩。他還獨出心裁，別開生面的採擷時令鮮蔬、野菜等作陪襯，或鮮嫩南瓜藤圈於周邊作龍爪形態，或以野菜狗地芽鑲綴盆中作花環狀，以青花大瓷盤盛裝，好似碧綠翡翠擁抱溫潤黃玉；成菜上桌大氣優雅、色調悅目、香美味濃，魚翅柔軟滋潤，食之無不嘆服。此菜不僅「乾燒」技藝精湛，其裝盤造型可謂首開先河，一應裝飾輔料像牡丹、綠葉、蔬果、藤蔓均可一併食之，更為主菜增豔添味。當時之成都大書法家盛光偉，最喜愛羅國榮的乾燒魚翅，說他採配新鮮南瓜藤於魚翅湯周圍，真虧他想的巧妙，如「王公舞畫墨龍，生動有致，潑墨神奇，畫中王宮舞，菜中羅國榮」。川大老教授向楚評論為：「出手不凡，似陳子昂之前不見古人」。大書法家昌爾大吃他的乾燒蝦仁、筍衣鴿蛋後說：「羅國榮手下似顏魯公書法，雄秀獨出，一變古法」。

另一款名菜蝴蝶海參，系將發脹之大海參片成極薄的大片做為蝶翅，把雞脯肉用刀背捶茸，加少許鹽、胡椒調味，用雞蛋清調和，做成指拇大小的條為蝶身，再將蝶翅放在蝶身上。十多只蝴蝶造型優雅精美，擺放在一大圓盤內，入籠蒸熟，出籠後在冠以特製清湯上席，可說是滿堂驚喜、不忍動箸，香鮮奇美，盪氣迴腸。

羅國榮做出的蝦仁，潔白飽滿、質嫩鮮美，以紅豔火腿碎粒點綴，好似一顆顆晶瑩的珍珠，閃閃發亮的瑪瑙，吃來是酥嫩化渣、爽滑怡口，有食客戲謔到：「吃頤之時蝦仁，謹防吞下自己的舌頭」。

再有「開水白菜」這道名菜，是羅國榮從黃敬臨的姑姑筵學來加以改良創製的，由黃敬臨發端，羅國榮創製成型，被認為是近現代川菜代表菜之一。開水白菜碗內是「白開水」，清花亮色、晶瑩見底，水中是十來片白菜心或十來條青筍尖，像碧玉似的漂在碗裡，熱氣騰騰，卻一點油星星都沒有，然而只要喝上一湯匙，那鮮美之清香味令人無法形容，只感覺是口舒胃娛、神清氣爽；與其「肝膏湯」和「雞皮冬筍湯」等高級湯菜一同名冠巴蜀。羅國榮還將「肝膏湯」這道湯菜作為宴席的頭菜推出，算得是打破了傳統，令食客耳目一新。當時中華書法大師謝無量把這三款名湯大菜喻為「三希堂法帖」中的《伯遠帖》、《快雨時晴帖》和《中秋帖》。１９５３年，羅國榮奉命進京，其三款名湯佳餚也就成了北京飯店的國宴大菜。

當年「頤之時」成名後，每日前來預訂筵席的人很多。四川許多軍政要人在家裡舉辦宴席時，也常請羅前去操辦。１９４７年的一天，劉文輝娶兒媳婦，在成都玉沙街劉公館內辦了４００多桌流水席。這次大製作、大場面的筵宴，由羅國榮率領「頤之時」的全體員工前去操辦。劉文輝的兒媳婦姓孟，其父孟處長沒過幾天便又在鄧漢祥（時任四川省政府秘書長）的公館內置辦了回門酒１０多桌，這次則是由羅國榮之高徒白茂洲前往主廚。第二年，劉文輝又娶兒媳婦，在陝西街開流水席，席桌擺滿整條街，幾十上百桌，張燈結綵，白天黑夜不斷開席，連搞三天三夜，來者不拒，連叫花子也趕來道喜吃席。街面上吃的是「九大碗」，公館內則是開海參席。也全由羅國榮親自率眾員工操辦。

當年國民黨要員孔祥熙曾派人找羅國榮，說要訂兩桌筵席。羅國榮當時對來人說，一桌筵席６０個大洋，兩桌共１２０個大洋。這在當時成都包席館中是最高昂的價位，來人當場同意並照付。結果兩桌筵席孔祥熙吃後非常滿意。第三天，孔祥熙又派人送來１２０個大洋，讓其再做兩桌酒席，隨後孔祥熙便派人將筵席給蔣介石送去。蔣介石除自己留下一桌外，還將另一桌送給了國民黨元老林森。林森吃後十分高興不說，隨後還特意給羅國榮送來一塊橫匾，匾上刻著親筆書寫的「川菜聖手」四個大字。

有次國民黨要員張群宴請賓客，感到席上雞肚魚翅分量不僅多且品質好，趁羅國榮上席徵求意見之時，悄聲問道：「光這一份菜管多少錢，恐怕不下三四十塊大洋吧？」羅國榮微笑應答：「稍高一點，稍高一點」。因張群素來被認為較吝嗇，故而羅國榮當面不好直說，但事後仍向其副官照價實收。

羅國榮深知自己文化知識淺薄，故而十分喜歡與文化人交往。當時寓居成都的中華文化界的名流，如張大千、林山腴、向仙喬、肖心遠、盛光偉、楊嘯穀、白仲堅、向傳義、陶益廷、鐘體乾等人，都是「頤之時」的常客。羅國榮對他們尤為尊敬，每當他們來「頤之時」，都要親自下廚一展身手。每逢大節日，羅國榮還特別讓人把自己親手做的菜餚送到不少名流府上以求指教。羅國榮這一行銷手法非常高明，一下子就佔領了高端消費主顧，去頤之時吃飯也成了有面子、顯擺身份的象徵。

當然，到頤之時來就餐的人雅俗都有，羅國榮因生意關係，對軍政商學無所不交，袍哥、地痞等也難免結識，但他既不同流也不合汙，因與軍政要員往來頻繁，大多下三爛、青紅幫也不敢在他們前惹是生非。全賴他幾十年潔身自好，而能清白一生。但對於師門和親友之誼，凡有所求都盡力而為。他尤對大王師傅尊敬不渝，王海泉晚年潦倒家鄉，他派人接來成都，奉若父母，白天請他上店指點，晚上買好戲票讓師傅上錦江劇院看戲，大王死後，他還將棺木送回新津老家，對他大哥亦是如此，做到生養死葬。

他對雅俗之客也是分別對待，對「俗」客他是「君子動口不動手」，叫手下人製作，自己只是在一旁指導，把好關而已；對「雅」客他就親自下廚，精心烹調，甚至親自端上席桌。他的「雅」客除了眾多的軍政要員之外，更多的則是文化名流。這些名人雅士，學識淵博、能詩會畫、會吃善談，羅國榮不時虛心求教，得益良多。如其中之一名流雅士楊嘯谷，崇慶（崇州）縣人，在北京教書多年，博學考古，名重一時。此公精美食、善烹調，是遠近聞名的「名廚票友」。他常告訴羅國榮，烹飪是文化的藝術體現，要不同凡響，要有書卷氣，要敢於嘗試，要日新又新，才能登大雅之堂經久而不衰。羅心領神會，從善如流，揣摩實踐，探索創新，以形成自己獨一無二的特色。

羅國榮獨立門戶後，開宗立派，開拓出精品川菜之一派新風，而被餐飲江湖敬稱「羅派川菜」。當時有知味者說：「頤之時一出，盛極一時，人稱榮樂園與頤之時為一時瑜亮；……比之繪畫，稱之為吳湖帆與張大千。」頤之時之名菜佳餚尤令當時不少書畫大師、學者欣賞。被讚譽為「別出新意，前人未及。」「出手不凡，雄秀獨出。」文化名人與並沒有多少文化的名廚之間這種沉浸至深、引為知音的默契，在此後越來越動盪、紛亂的世道中再難醞釀，頗似「高山流水」似的絕響。

羅國榮雖說沒多少文化，但他特別注意自身的形象，絕不像其他的廚師那樣胸前掛一塊圍腰，雙手戴著袖籠子，周身油糊糊的。他的穿著是一身潔淨的藍布長衫，足蹬斜紋布圓口布鞋，頭戴緞青瓜皮帽，加上他五官清秀，身材修長，很像個滿腹經綸的學究，所以人稱「秀才廚師」。受這些文人雅士的影響，他還喜歡收藏名人字畫，雅士們也樂於為他揮毫塗鴉，單是謝無量一人就先後給他寫過十多件作品，加上另外那些名流的墨寶，共有好幾百件，他裝裱起來，在餐廳裡像搞書畫展覽似的，輪番展出，使得頤之時更加顧客盈門而盛極一時。

１９４０年代初，賀龍率大軍進入成都，熊克武將軍宴請賀老總於慈惠堂，李井泉宴請起義軍將領，都指定由羅國榮操辦席桌，美味佳餚，典雅風韻，讓軍政領導們讚美有加。１９４８年，西南軍政委員會在重慶設第二餐廳，賀老總提議調羅國榮組建廚師班子，羅即離渝返蓉，將成都頤之時交由熊倬雲主理。自己則帶白茂洲和一班人馬在重慶市中心鄒容路開起了「頤之時」。其餐廳氣派典雅，早點、夜宵、小吃，做工精細，頗獲好評。尤其是羅國榮的「紅燒熊掌」、「開水白菜」、「開水鳳尾」，是為「頤之時」的當家菜。最鼎盛時期，共擁有八個餐廳，店堂設計突出民族特色，古色古香，環境幽雅。當時重慶的頤之時在底樓設西餐廳，供應西餐、早點；一樓設頤香園、頤樂食街、頤園、家居廳，供應小吃、零餐；二樓設川菜廳，供應家常川菜；三樓設風味廳，則為席桌包房；四樓設火鍋廳，供應火鍋、燒烤。整個酒樓可供１２００餘人同時進餐，在重慶已屬規模較大的高檔酒樓。

１９５２年，當時設在重慶的西南公安部接管了頤之時，１９５４年又劃歸重慶供銷合作社，更名為「重慶第二餐廳」，由名廚周海秋主理。此後，頤之時曾經接待許多中外政要名流。亦曾宴請末代皇帝溥儀，溥儀對「紅燒熊掌」讚不絕口。該菜被收入「中國名菜集錦」一書。其後的頤之時一直保持「羅派川菜」風格。還創出了乾燒岩鯉、大蒜鯰魚、白汁魚唇、家常海參等川菜經典菜餚。到１９５６年重慶市飲食公司成立，再次還原店名為頤之時餐廳。２００５年後，因城市改造，頤之時曾一度停業，兩年後就陸續在解放碑、江北和南岸再次恢復經營至今。尤其是頤之時南岸店，時尚典雅的就餐環境，讓人有些懷疑這不是國有老字號餐廳。不過在時尚光鮮、繽紛優雅的氛圍中，卻飄溢著股股傳統美味。當年頤之時的名菜佳餚，像乾燒江團、家常海參、紅燒鮑魚、高湯魚翅、魚香帶子、銀針兔絲、小煎雞、開水白菜等，無一不品味到歷史的風韻。

話再說回來，１９５０年秋，川西地區人民代表大會在四川大學召開，大會代表一千餘人，四川軍政委員會亦邀請羅國榮為大會籌辦伙食，一連１０天菜熱飯香，代表們十分滿意。有與羅相識的代表要求吃豆芽炒肉絲，用大炭灶炒供一千多人吃的大鍋菜，談何容易，不糊則生。羅國榮被此公一激，便要求不是頤之時的人，一律退出廚房，一是擔心當面出醜，而是不願洩密。他親自上灶，把握火候，結果炒出來的豆芽肉絲，一如單鍋小炒，與居家美味無二，頓時偌大個飯廳交口議論連連稱絕。

１９５３年，羅國榮隨賀龍調到北京，安排在「北京飯店」川菜部主理廚政，成都頤之時隨之歇業。在１９５０至６０年代，「北京飯店」是專門接待外賓的招待所，直接歸國務院管轄。１９５４年以前，在「北京飯店」舉行的國宴上都是以廣東菜為主。不過在羅和徒弟黃子雲，以及師弟范俊康調入以後，便在「北京飯店」的粵菜和川菜廚師之間開始了一場技術比拼。

儘管當時的粵菜廚師們用盡了全力，但最終仍沒比過百菜百味的川菜。１９５９年，「北京飯店」評出了４名特級廚師，川菜就占了兩名，即羅國榮和范俊康，另外粵菜１名，譚家菜１名。此後在「北京飯店」舉行的國宴便改為以川菜為主了。周總理還特別指示：「以後要首相級或副首相級外賓來了，才用特級廚師做菜招待他們。特級廚師不論走到那裡，都要作為首長接待。」當時「北京飯店」正經理的月薪為１７０元（人民幣，後同），而特級廚師則全部同副經理一樣，月薪都是１５０元。

在「北京飯店」，不論哪位廚師做出來的菜，只要外賓吃了感到滿意，周總理都要到廚房去給廚師敬酒。有次印度總理尼赫魯訪問北京，周總理設國宴招待，其後又再設便宴。便宴中，尼赫魯直誇菜餚精美，風味獨特，周總理特地把羅國榮叫出來介紹給尼赫魯，並說，這是我們四川省的川菜名廚，招待你的菜餚都是他做的。尼赫魯很高興地和羅國榮碰杯，賓主極盡歡愉。

還有次宴請尼泊爾國王，羅大師做的菜讓國王十分滿意，周總理就端上一杯茅台酒直接來到廚房，他親切地對羅說：「羅師傅，今天你又露了一手。」說完就給羅敬酒碰杯。後來羅國榮多次跟隨領導人出國訪問，包括著名的萬隆會議等。有次，周總理親自領來一個叫余誠的年輕人，並指定要向羅國榮學習，囑咐羅好好培養。羅國榮謹遵總理吩咐，認真細心的給與指導，學成後便回到中南海為毛澤東做飯，之後毛外出視察，亦常把余誠帶在身邊直到毛澤東逝世。

１９５６年謝無量應毛澤東主席之邀，先任北京文史館副館長，後任中央文史館副館長兼中國人民大學教授。其間，羅國榮常親自做拿手好菜給謝無量送去，謝亦揮筆落毫將自己得意的孩兒體書法相贈，並以「國榮兄」尊稱。

１９５９年，由周恩來總理親自批准建立北京四川飯店，羅國榮隨即調任四川飯店主廚。一天，賀龍元帥來到四川飯店進餐，點的菜品中就有「開水白菜」。待所點菜品都一一上桌，惟獨不見有「開水白菜」。詢問之下，方知羅國榮早已下放西山勞動改造去了，這道菜沒人能做了。對於羅國榮，賀老總任西南軍區司令員時早就熟悉了，羅的情況賀老總全知。當即，賀老總就發話：「羅的長處是烹調，去西山搞農業豈不是一大損失！」事後，羅國榮很快又重返四川飯店。其間，毛澤東、周恩來、朱德、鄧小平和許多在京的四川籍中央首長都品嘗過他的菜。郭沫若曾讚譽他為「西南第一把手」。１９５９年羅被北京市政府授予特級廚師稱號，還當上了北京市政協委員。

１９６０年代，羅國榮曾無不自豪地說：「從前我做的菜，美國的威爾遜、華萊士吃過，蔣介石、孔祥熙、張群、劉文輝等一批國民黨軍政要員吃過，我無非也就是個廚子。現在我能親手做菜給毛主席、劉副主席、周總理、朱委員長品嘗，那該是多好啊！」「也只有在今天，我們這個行道才喊蹬伸（川話：揚眉吐氣）了。」

然而在１９６６年文化大革命中，羅國榮卻被打成「反動技術威」，繼而又成了「反動政客和反動軍閥的狐朋狗黨」、「賀龍死黨」而慘遭迫害，於１９６７年含怨去世，年僅五十八歲。一代國寶級川菜大師，竟這樣命斷京城，真真讓人唏噓不已！１９８２年撥亂反正，羅國榮方得以平反昭雪，開了追悼會，補發了工資，妻室兒女也重返北京並安排了工作，使羅大師得以欣慰於九泉。

羅國榮事廚４０餘年，收過眾多弟子。其中又以黃子雲、陳志剛、白懋洲最有成就。黃子雲１９５４年調入北京飯店後，善於鑽研，敢於創新，不但承其傳統燒烤方面的特長，且在爆炒方面功力尤深。並從１９７９年起先後赴美國、法國、德國、日本及奧地利獻藝，贏得「烹飪特使」的封號。黃子雲在北京弟子極眾，有３０餘名已晉身為特級廚師，均能獨當一面，成為食壇菁英。

陳志剛曾以中國川菜專家身份出訪東歐各國，表演川菜烹技，傳授川菜技藝，還赴香港10餘天舉辦大型川菜和川味小吃展演，多次奪得全國及省市、以及香港舉辦的烹飪技術大賽冠軍，1987年成為首批榮獲國家級「優秀廚師」稱號的廚師。

白茂洲，1951年隨師父到重慶頤之時主廚，1955年隨達賴喇嘛進西藏，在西藏軍區小灶主廚，次年回川在省政府招待所任主廚。1960年被派往中國駐緬甸大使館主廚，其後一直在省府招待所任廚師長。先後擔任過瑞典、朝鮮、美國等國家元首的主廚。

羅國榮雖含冤早逝，但三位高徒卻是全面傳承了羅大師及頤之時的烹調技藝與治廚理念，弘揚光大了「羅派川菜」的求變求新、與時俱進的精神，使川菜更為豐滿完美。到現今，羅派川菜之傳人可以說是桃李滿天，盛世風華。想必羅國榮大師也一定會有所感知並為之驕傲的。

羅國榮的川菜大師生涯中還有一件值得一提的往事，當年國畫大師張大千要招一名家廚，前往應聘的是一位青年人。這位青年雖然人品很好，但廚藝尚不成熟，因此張大千打算不要。羅知道此事後，就對大千先生說：「此人我瞭解，廚藝雖差些，但人品還好。以後大師您和其他人都可以指點他，我相信要不了多久，他定可成材。我勸大師還是留下他吧。」於是張大千收下了這名青年。此人跟著張大千學習廚藝，而且十分勤奮，後來果然成了一位川菜名廚。這位青年廚師就是日後名噪日本，連天皇也尊敬三分的陳建民。他在日本開有數家川菜館，並以麻婆豆腐成為日本家喻戶曉的川菜大師，被日本政府授予「現代名匠」的殊榮，但已於1990年去世，現由其次子陳建一繼承衣缽。因此，凡是遇到四川人來川菜館就餐，除了免費招待來人一頓飯以外，還會將上述故事講給客人聽，以感謝羅國榮對陳建民的知遇之恩。

1950年代，原頤之時名廚張雨山回憶說：頤之時的歷史、羅國榮的廚風、對川菜的改良，在一個特定的時代做出了不可磨滅的貢獻。他還回憶，羅國榮在金牛賓館為毛澤東做菜，特地做了毛澤東最喜歡的四川泡菜。毛澤東每頓飯的菜不多，中午要喝一杯大麴。毛澤東很喜歡羅國榮做的菜。一個下午，毛澤東約羅國榮去聊天，他坐在沙發上候等，毛澤東來後同他坐在沙發上問了他的過去，學藝經歷，得知他愛喝酒，還特意送羅國榮長頸瓶的瀘州老窖兩瓶，張雨山後來一直保存著這兩個空酒瓶。

在川菜傳奇史上，繼榮樂園藍氏兄弟和姑姑筵黃家流派之後，被譽為「川菜聖手」的羅國榮，無疑是那混沌時世中名噪巴蜀的一代川菜大師。它所嘔心瀝血創建的頤之時，這1930至40年代名噪巴蜀的著名川菜館，曾一度引領川菜時尚。它經挺住了戰爭與動亂，沒想到卻被１９５０年代中期的「三反五反」之暗流所沖沒，作為一家頗有象徵性和代表性的川菜品牌酒樓，至今仍在人們的追憶中。

羅國榮從一個貧窮的鄉村少年，到一代川菜大師，國之瑰寶，他的一生榮辱不驚、興衰不頹，一如他之菜品始終風味如一，味中有味，香美襲人。有道是：貧無可奈惟求儉，拙亦何妨只要勤。當貧窮潦倒、人生坎坷之時，羅國榮儉以養德，暗懷志氣，勤奮努力，積聚才華；當事業有成，譽滿江湖之時，他謙卑向上，學朋友長處，行聖賢言語。其做菜亦如做人，他廣交文人學士，吸納才華德情，智慧人品，以彌補先天之不足。最終得以成為世人敬仰之烹調全才，川菜聖手，為川菜之崛起和發展，也為川菜之傳奇演繹書寫了多姿多彩的篇章。

值得欣慰的是重慶的「頤之時」還健在，只是已經不姓「川」了。在重慶，熟悉頤之時的市民，應該還能回憶起頤之時消失前的模樣：位於渝中區國泰電影院旁的四層高樓，從下至上依序經營著西餐、大眾小炒和名小吃、高檔川菜和火鍋、茶樓，曾是重慶市面積最大的單一餐飲店，在餐飲界紅極一時。

「因有解放碑情結，我們一直希望能在此地重舉頤之時品牌大旗。」重慶餐飲人士稱，如今在渝都大酒店７、８樓重新亮相的解放碑旗艦店，完成了頤之時擁護者的心願。該店秉承精品、傳統的川菜路線。頤之時解放碑店投資近６００萬元，全新面貌富麗堂皇。乾燒岩鯉、乾燒江團、家常海參、紅燒鮑魚、高湯魚翅等名菜，家鄉南瓜、靈芝酥、巴渝爐橋麵等名小吃，將重回頤之時餐桌。邱長明、周心年等餐飲名師以顧問身份，把關頤之時。邱師傅的乾燒岩鯉、家常海參等，周師傅的糯米小豬、綠沙靈芝酥等曾令食客排隊守候的名菜、名小吃，將幫助市民重新找回頤之時當年的名牌效應。

據說１９８９年後，北京開張了一家「頤之時飯莊」，由羅國榮在北京的徒弟梁國全主廚。羅國榮與頤之時的卓越廚藝依然還代有承傳，這當是川菜之幸，食客之幸。

欲知後事，且看下回分解。

第一十一回

竟成園別出心裁，川南堂獨霸錦江

民國四年（西元１９１５年）前後，由風頭正盛的聚豐園老闆李九如發起，邀請三合園、枕江樓、榮樂園、頤之時、玉珍園、竟成園等一百多家成都城中的「南堂館」老闆，在少城公園永聚茶社開會，成立了飲食行業的民間行幫組織「成都燕蒸幫」。每月採用「吃轉轉會」的方式開會（即輪流到各大餐館開月會，並在那裡聚餐），來議事或調解幫內餐館間的日常糾紛，同時交流烹飪技藝、品評各家名菜。就此形成了燕蒸業行幫之不成文的規矩。

其後，行業論道，一致公認榮樂園的湯及藍光榮之白案、枕江樓龍元章的脆皮魚、晉臨的填鴨、哥哥傳的鐔子肉、蜀風的涼粉鯽魚、廣寒宮的豆瓣魚、頤之時的開水白菜與乾燒魚翅、白汁魚唇、竟成園的芙蓉雞片、耀華之西餐、明湖春之蔥燒海參等，為蓉城名菜佳餚之絕品。

各位看家，其中點出的一家江湖新人，一出道便一鳴驚人，這即是本篇要講述的川菜名店「竟成園」。

１９２３年，在成都名店林立、高手雲集的味道江湖，膾炙人口的包席館、南堂館、紅鍋炒菜館真是難以盡數。然而，冷不丁在市中心的青石橋南街，呼啦啦又冒出一家叫「竟成園」的包席館來。創辦者是位叫陳漢三的人，取「有志者事竟成」之意，而定名「竟成園」。且攜二子陳伯勳、陳仲篪一道經營。竟成園起初亦和其他包席館一樣，只承接席桌，不賣零餐散客。雖說是初生牛犢不怕虎，初來咋到也不睬禍事，但作為一家包席館，要想在榮樂園、聚豐園、姑姑筵、頤之時等聲望顯赫的名店中分得一杯羹，站立起來，卻也非同易事。故而竟成園初期之經營也十分艱難，到１９３０年代，生意才大有起色，在同業中以貨真價實而著稱，在食客中也享有味美價廉的口碑。但此時，陳漢三的兩子陳伯勳和陳仲篪卻鬧分家。於是，１９３０年代末陳漢三便把青石橋店交給老二經營，在新南門南河邊又開了家新店，由老大陳伯勳獨自經營。

水做成都，水豐則橋多，歷來，大凡臨江靠橋的餐館、酒肆、茶社都生意興隆，恐怕是占盡上風上水的緣故吧。在新南門橋頭的竟成園也不例外，一開張生意就紅紅火火，煞是喜人。陳伯勳獨立經營後，發現生意雖然不錯，但經營模式較為單一。就把原先的包席館轉變為「川南堂」餐館。所謂「南堂」，也叫「南館」，是舊時成都的「江南餐館」之簡稱，多為江浙人所開，陳設雅致、設備齊全，顯示江南派頭，以經營江浙風味、南方海產、水產、燕鮑翅參席宴等為特色。其後，川人汲取其經營之所長，代之以川味，經營零餐並承辦宴席和出堂等業務，形成更具經營多樣化和靈活性的綜合性餐館，而稱之為「川南堂」，「竟成園」即是其中之典型代表。

這一轉變大方向是對了，但陳伯勳又發現其廚師班子不得力，於是便請來當時成都最著名的餐館「榮樂園」掌門人，川菜大師藍光鑒商議，幫他重新搭建了一套十分強勁的廚師班子。這樣，先後來竟成園主廚的便有劉讀雲、湯永青、謝海泉、龍元章、林萬佑、易正元、張興發、劉建成等川菜名廚。尤其是劉讀雲、謝海泉、龍元章三人，在江湖上那可是非同等閒之輩的人物，名氣響噹噹得很。劉讀雲出自榮樂園，是藍光鑒之高徒，以「菊花雞」享譽食界；謝海泉則出自老牌名店正興園，其「雞豆花」名冠食苑；龍元章原為枕江樓得力幹將，其絕活「糖醋脆皮魚」無人能比。三員大將不僅身懷絕技，還分別給竟成園帶來不少當家名菜，像：生燒筋尾舌、三絲魚翅盅、糖醋脆皮魚、奶湯大雜燴、酥煸豆泥、雞皮慈筍、仔雞豆花、菊花雞、繡球珧柱、神仙鴨子、雪花雞淖、砂鍋豆腐、砂鍋三鮮、砂鍋雞、砂鍋全鴿等，尤其是謝海泉師傅親手創製的「砂鍋豆腐」、「仔雞豆花」被譽為「竟成園一絕」。

陳柏勳格外注重菜品研發，他知道菜品及其品質是經營之命脈，因此時常到外面去搜尋、學習，只要一聽行道中說起，哪家館子有道菜很好吃，他就要去品嘗，更經常與榮樂園老闆藍光鑒一起交流取經，探討菜餚製作和經營管理的經驗。其後，竟成園的罈子肉、砂鍋魚頭、蝦肉白菜、冰糖肘子、芙蓉雞片、紅油麻醬雞絲、三菌燒雞翅、大蒜鯰魚等，都是陳伯勳與湯永清、謝海泉、龍元章等師父一起研發出來的傳世佳品。從而使竟成園的菜品形成百花齊放、五彩繽紛，百菜百味的風格特色而享譽川西。

陳伯勳向來十分看重廚師的人品和廚藝，他不惜重金從各大行幫流派禮聘來名師大廚。竟成園的盛極時期，最多曾擁有三十多位成都廚界高手，一時間讓同行羨慕不已。有了這些個名廚和名菜，竟成園一下就站在了蓉城餐館酒樓的前端。而陳伯勳更是如虎添翼，進而一舉打破父親過去傳統的經營模式，對竟成園進行了大膽地經營改革。他把竟成園逐步改造成了酒菜麵飯，吃喝玩樂為一體的餐館酒樓，在吃喝之餘也能休閒娛樂。拿今天的餐飲格調來說，竟成園便是開了「休閒餐飲」之先河。

竟成園鼎盛時期，其經營面積達1500餘平方公尺，餐館不僅經營南北大菜，同時還以新派川菜、家常風味為特色，一時間成為蓉城最好的「川南堂」館子。食客在餐館既能吃到各種高檔山珍海味、定製燕鮑翅參席，還可以在後花園裡遊玩，賞花觀景、品茗聊天、洽談生意、照相留影。更為美妙的是，竟成園還開展有河上乘坐龍舟，漫遊錦江，在船上聚餐喝酒、打牌下棋的餐飲娛樂專案，頗有唐宋五代成都船宴之雅韻。竟成園因此而名噪蓉城，成為引領新風尚、新潮流的先鋒。文人名流、官商貴戶，大眾人家蜂擁不斷，尤為是在節假日，更堪稱瘋狂，生意自然是蒸蒸日上。

到1940年代中期，陳伯勳的竟成園已是嫌小了，容納不下大批量的客人。於是他一不做二不休，請來工匠，在後院建造了一個600多平方公尺的大餐廳。陳之原意是用來承辦大型婚喜壽宴。然而殊不知剛一建成，便被當時在華西大學任教的美國和加拿大教授看中，特意找到陳伯勳，要他把大餐廳租借出來，以便他們每晚舉辦舞會。如此，每晚來跳舞的華西大學中外師生多達一兩百人，吹吹打打，歌舞昇平熱鬧非凡，竟成園簡直就成了成都市民看老外、觀美女、開眼界、湊熱鬧的一大花哨景觀。更成為成都一家環境優雅、頗具品味的高檔舞廳。幾乎是達官貴人、文化、工商、「白領」階層休閒消遣的樂園。這一來竟成園當然是名利雙收，在川西壩子傳為佳話趣談。

整個1940年代，以餐飲休閒為特色，集名師大廚、名菜佳餚為一堂的竟成園，先後接待了許多中華各界知名人士。如1943年11月15日，文化藝術界就在竟成園為葉聖陶先生慶祝五十大壽，搞了一次規模宏大的祝壽活動。全大陸不少文化界名人，像謝冰心、陳白塵、葉至善、李濟深、劉開渠、張恨水等名流都有參加，還在竟成園辦了十幾桌宴席，「雞鴨魚肉、蒸燉拌齊全，為祝壽增色不少」。

竟成園優於別家餐館的，也最為食客稱道的還有他餐館後院，瀕臨南河的茶園。茶園裡翠竹綠樹、鳥語花香、曲徑通幽、河水潺潺，頗有詩意畫境。更吸引食客和茶客的是竟成園自己焙製的茉莉花茶。陳伯勳專門派人從鄉下採收回新鮮茉莉花，親自指導炒茶師孫德理每天清晨烘炒出新鮮茶葉，用這種現烘、現炒，河水現泡的茶，那茉莉花香和茶葉之清香，真是沁人肺腑、盪氣迴腸。如此而誘得成都老茶客，尤其是喜好喝早茶的，一大清早便魚貫而入到茶園品新茶、聞鳥語、觀河景、迎茶友，然後順便又在竟成園吃點早餐，這日子過得好不舒心悠閒。竟成園為方便那些前來遊園、蕩舟、喝茶、打牌、下棋等客人，還特意推出一些特色小吃，且做得十分精緻可口，像鱔魚麵、素椒雜醬麵、酸菜肉絲麵等，每天少說都要賣出好幾百碗。這樣，普通百姓、平民人家也都攜兒帶女前來遊玩。

１９４０年代末，竟成園曾一度遷至悅來場，１９５０年代公私合營後一直經營到１９６１年陳伯勳因病去世。１９６０年代初，因城市建設而又再度遷到總府街，由特級廚師張利民主廚。記得那時我剛讀中學，有個表哥在竟成園事廚，父親平日裡最愛吃燉蹄花和燉肘子，每逢父親生日，表哥就要叫我去竟成園給父親端一大搪瓷缸缽罈子肉或冰糖肘子，當然這是表哥的心意了。１９６３那年父親的生日，我中午去到竟成園，表哥正在灶上忙碌，將我帶到一旁的原料房，不多一會兒，表哥端來一缽熱騰騰、香噴噴的燒田雞（青蛙）叫我吃完了再端份罈子肉回去。那一大碗青蛙，油色黃亮，蛙肉白嫩，鮮香撲鼻，我連湯帶肉吃了個碗缽朝天，肚兒脹得都要爆炸了，口裡不斷打著飽嗝，哪香美氣味直沖腦門。要知道那時剛度過餓殍遍野的三年自然災害啊，能吃上一碗白米乾飯就是天大的福分了，哪個餓癆像就可想而知了。這鮮燒田雞無疑是天賜佳餚，飛來的口福，讓我永世難忘，以至後來進入餐飲行道，每每提起竟成園，我都會感到一陣心熱，有種難以言喻的親切與溫馨。

１９６０年代後，由於竟成園的名聲與技術，其後多次派出廚師班子赴大陸好幾個大城市支援當地川菜館，像北京「人人大酒樓」、「首都賓館」，後來都成為著名川菜酒樓。１９８３年，竟成園川菜館在美國新澤西州開業，這是繼紐約榮樂園之後的第二家著名川菜館落戶美國，名廚陳廷新擔十名大廚主政，推出魚香八塊雞和魚香茄子，被美國食界和傳媒讚譽為：「色澤光亮，香味四溢，味道雋永，讓你味蕾留香三日不絕」。

１９９４年底，竟成園成都原址新大廈落成交付使用，竟成園再度恢復幾十年前的經營風格，成為一座集餐飲、娛樂、商貿為一體的大型企業，並於１９９５年榮獲國內貿易部授予的「中華老字號」稱號。

欲知竟成園之後，又有哪路英雄出山，亮相江湖，請看下回道來。

第一十二回 朵頤食堂市美軒，獨領風騷一招鮮

民國十二年（西元１９２３年）的一天，成都最熱鬧繁華的總府街春熙路口，在熙熙攘攘的人流穿梭，車馬叮噹聲中，臨街一座兩層樓的餐館，似乎是一夜之間就拔地而起。那名字也取得好像有點怪兮兮的，好多人一開始認得到字，但卻懂不起是個啥子意思，「朵頤」食堂，硬是麻倒了好多人。後聽線裝書看得多的人講，所謂「朵頤」，出自《易經》「頤卦」，「頤」為臉頰；「朵」即動口咀嚼，大快朵頤是也，換句話說，就是吃得巴適、吃的安逸的意思。創辦人好像也很低調，不知道姓啥名誰，只曉得後來的老闆叫黎銀鑫。

朵頤食堂是一家「川南堂」兼飯鋪，以「綜合經營」為特色的新格局「餐廳」，與當時的著名餐館，像榮樂園、姑姑筵、頤之時、竟成園等比起來，他就是個大眾飯館，以供應零餐為主，也可承辦席桌，但規模不大。其主廚倒是大名鼎鼎，他就是榮樂園的名廚張守動，曾師從正興園的貴寶書，廚藝精湛，尤擅長山珍海味、燒烤大菜的烹製，還在榮樂園學得操辦高級筵席、大型宴會的經驗。故而依靠張大師的名聲，朵頤食堂一開張，加上黃金口岸，生意倒還不錯。當時有豆腐魚、脆皮魚、粉蒸肉、怪味雞和燒什錦、燒白等叫得響的菜餚都很有風味特色。

不久，朵頤又請得一位其貌不揚，寡言少語，卻身懷絕技的高人，叫溫興發。此人看似無關緊要，在朵頤做雜菜工，也就是管做些小菜、泡菜之類瑣事。殊不知就是這小菜、泡菜一碟，卻讓朵頤食堂名震蓉城，撐起了半邊天。溫興發是新繁縣人，十五歲到成都萬方飯店學做小菜、泡菜技藝，先後在錦里餐、五都市、竹林小餐專事製作泡菜。他製作的泡菜，色香味俱佳，經年不變色、不走味。朵頤之出名，多半要歸功於溫師傅的泡菜，很多食客就是沖著那泡菜去就餐的，誰都知道朵頤的泡菜比肉菜還貴，但依然興致勃勃的一品為快，親切地稱為「溫泡菜」。

溫師傅從十五歲就學泡泡菜，到七十歲病故，一生與泡菜結下５０餘年不解之緣，始成一代四川泡菜宗

師。當年在朵頤，一看溫師傅的泡菜罈子就知道非同尋常，那一溜整齊排開的泡菜罈子，個個錚光發亮，無一點污漬水痕，罈沿水新鮮乾淨，無任何雜質。罈中的泡菜鹽水清花亮色。溫師傅釀製的老鹽水尤如菜籽油，顏色黃亮濃稠、清澈純淨。這樣的鹽水泡出的菜，即使是泡了幾年，吃起來依然如頭天泡的一樣鮮嫩如初、香脆爽口。像泡紅辣椒，不變形、不走籽，根根飽滿豐腴、鮮如初摘、脆爽可口；泡青豆，色澤翠綠、圓潤結實、香脆味美；泡蘿蔔，顏色微黃、肥嫩多滋；其泡柚子仁，那更是巴蜀之絕無僅有的珍品。

溫師傅日常照管他的泡菜罈子，簡直就像呵護親生兒女一般，每天一到店裡，便拿出一張乾淨手帕，挨個的把罈子抹得光光亮亮，蓋罈口的陶瓷缽，他從來不直接用手去揭開，而是專門削了一把竹片刀，把陶瓷蓋輕輕撬起來。店裡任何人要想動他的罈子，那就像要他的命一樣。溫師傅還又一絕招，別人泡的子薑即便是已經泡發黑了，但只要薑心還沒黑透，交給他，溫師傅通過重新泡製，可以把黑子薑的顏色改還原，依然是淡黃鮮脆。溫師傅還能把已經泡變味而發軟的豇豆，經處理重新泡得清脆可口。1950年代，朱德、陳毅等老帥到朵頤就餐就非常喜歡溫大師做的泡菜，吃得十分過癮。

但溫師傅的絕技是傳子不傳女。弄得之後的餐飲主管部門的官員甚是著急，乾脆就由組織上出面，動員一個小夥和溫家姑娘談戀愛，結果戀愛到談成了，婚結了兒子也生了，手藝還沒來得及傳，溫大師就辭世了。美男計功敗垂成倒不說，關鍵是再沒人能做出「溫泡菜」了。好在還有溫興發口授其高超技藝，經行業專家整理出版了《四川泡菜》一書，至今依然是經久不衰的暢銷工具書。

新繁泡菜的創始人何子濤也是終身與泡菜結緣的奇人，當他開始製作泡菜時，就經常到朵頤請教溫師傅，學得不少溫大師的訣竅和奧妙，何子濤日後便創造了泡魚辣椒及其他絕品，使新繁泡菜的名氣享譽華夏、聞名世界。就連《辭海》在解釋「泡菜」這一條目，最後也不忘補注一句：四川泡菜最有名。當然這些都是後話了。回頭再說朵頤食堂。

到了1930至40年代，朵頤以其經營靈活、味美價廉，加之獨一無二之絕品——「溫泡菜」，更使「朵頤」的名氣和生意蒸蒸日上。這時，朵頤先後又請得張德善、曾國華、陳松如、葛紹清、梁竹民、夏永清等等大師級名廚主政，隨之而來的又是這些個大師的廚藝絕活和一大批名菜佳饌。朵頤之聲望簡直就是騰雲駕霧。尤其是張德善、曾國華、陳松如三人，其廚藝廚風在成都業界和食苑那是高高在上、聲名彰顯。張德善師從名師，擅長墩子、爐子等烹飪技藝，其後更是去波蘭、走朝鮮，坐鎮錦江賓館。

曾國華更是名氣如雷貫耳，在1930至40年代，人們要到榮樂園或朵頤去聚餐，都說的是：「今天去吃曾國華」。曾大師自少年就師從藍光鑒，不到三十歲就已成為榮樂園的名廚，深得藍氏三兄弟之喜愛。曾大師技藝全面、擅長爐子功夫，藍家老二藍光榮評價他是「全手匠人」。當然，曾大師其後更是走遍五洲四海、名冠中外，這是後話了。

曾大師在朵頤主廚其間，為朵頤帶來了：涼粉鯽魚、醬燒冬筍、家常海參、大蒜鯰魚、雞皮冬筍鴿蛋湯、芙蓉肉糕等一系列名菜佳餚。

另一位即是其後被譽為「國寶級大師」的陳松如，1950年代初在朵頤主廚，至1959年調往北京四川飯店任首位廚師長。在朵頤其間，陳大師的精湛廚藝讓食客心服口服，讚歎不已，其名菜清湯口蘑豆花、黃酒燜雞、網油燈籠雞、珊瑚雪花雞等是吃得中外食家如癡如醉。

三位大師先後在「朵頤」主廚，讓「朵頤」一舉登上了成都名餐館之巔峰。1950年代公私合營後，「朵頤」一樣名聲不減當年，直至1965年，因城市建設所需，總府路之改造重建而被拆除歇業，一代名館就此夭折。其後好些年，甚而至今，有時話題說到，仍讓不少老成都懷念當年朵頤的漚泡菜，真真讓人是扶額惋惜啊！

話說1940年代初，不知何故，朵頤食堂的老闆黎銀鑫放棄了經營近二十年的餐館。於1943年，在朵頤食堂街正對面，商業場背後的華興正街，正對滷肉名館盤飧市，又另開了一家叫「市美軒」的館子。華興街歷來就是成都有名的「好吃街」，集中了好幾家著名餐館，像頤之時、盤飧市等，還有大大小小的燒菜館、便飯館、小吃店。因為那裡有著名的悅來川劇場，白天夜晚人氣興旺。地處如此黃金口岸，自然一開張就生意爆好。

「市美軒」實際上是一家豆花飯館，經營對象主要是大眾百姓。其為市民稱道的是市美軒之「三絕」：蒸肉、豆花、米飯。尤其是那粉蒸肉，比一般的要大片厚實，但卻蒸得很是香軟，皮色紅亮、肥而不膩、軟而不爛、鹹鮮微辣回甜、還加有五香粉、豆腐乳及椒麻拌合肉片，且用排骨墊底，滋味更美，看上去就油色光亮，聞起來香美誘人，吃來十分過癮，每天只要蒸肉一出來，不到兩個鐘頭就喊賣完。加之，黎銀鑫以經濟實惠的大眾化菜餚為經營特色，要求菜品樸實無華，烹製上崇尚傳統，專營具有濃郁家常風味的菜品。於是，市美軒的各種小煎小炒、蒸菜、燒菜、拌菜、豆花、泡菜等，很快就口碑四揚，成為大多市民吃家常便飯的首選。不僅這些風味小菜，味美價廉、經濟實惠、方便快捷，市美軒亦不追求高檔，不搞豪華裝修，店堂與菜品同步，一樣簡潔大方、乾淨衛生、溫馨舒適，誰都可以大大方方地進來就餐。市美軒的經營特色，不僅受到廣大百姓食客的歡迎，也贏得飲食行業一致贊許。「市美軒」招牌三個字，黎銀鑫特意誠請成都有名的秦篆書法家李頌華先生撰寫，更讓市美軒簡樸之間透出一股優雅的文化品味。

於是市美軒名聲在外，引來眾多名人前來品嚐民間佳餚和家常名品。像蒜泥白肉堪稱一絕，除了選料精到、刀工講究、蒜香味濃郁、紅油香濃外，肉煮好以後，需得像當年竹林小餐蔣師傅那樣，讓肉浸泡在原湯裡，讓它慢慢地溫涼，這樣方可避免肉味揮發掉，使片出的肉，皮與肥瘦肉相連且潤滑香軟。１９９７年，市美軒廚師長毛師傅親手為我拌了一盤，自那以後我就沒有再吃到過如此香美、細嫩化渣、肥而不膩的蒜泥白肉了。印象中市美軒的鍋巴肉片、宮保雞丁、香酥雞、鄉村豆花等都成為食客樂吃不疲的佳餚，食客也都知道黎銀鑫原是朵頤的老闆，故而，市美軒的泡菜也就成了一絕。尤其是他對面的悅來劇場，川劇團的演員都愛在市美軒吃飯，兩對門嘛，很是方便。那些著名角色，像周企何、劉金龍、陳書舫、小艇、小舫等更是常客。著名詩人流沙河、著名戲劇作家魏明倫也是熟客。後來，流沙河還應市美軒經理文瑄之請，用他那一手清秀工整極富韻致的正楷法書，寫了２４句表面平淡卻含蘊深邃的詩句，引來了轟動效應。詩曰：

民以食為天食以民為銓，百姓所稱讚物美且價廉
白肉拌蘿蒜腰花炒豬肝，落座便可啖爽口即為鮮
雞丁說宮保豆腐話淮南，鍋巴燴肉片炸響滿堂歡
嗟彼千金宴鳳牝配龍鞭，宴畢猶未飽花此冤枉錢
惟食可忘憂惟肉可延年，能吃你不吃齒落吃鏟鏟
我來市美軒青春想從前，幸哉胃口好饕餮喜有緣

——市美軒題壁乙亥臘月流沙河

這詩十分地生動有趣，細細讀、慢慢品，亦如市美軒之家常小菜，韻味悠長。雖然如杜甫說的「風騷共推激」，仍有淺出之必要。如第二句「食以民為銓」的「銓」字，《漢書王莽傳中》便有「考量以銓」之句，那就是衡量輕重的意思。話說回來，如今進館子去吃，各人都有個打米碗，先摸摸自己的腰包，飽滿否？羞澀否？再便是要看它是否「物美且價廉」。「白肉拌蘿蒜」是指「市美軒」繼承了過去「竹林小餐」的名菜「蒜泥白肉」，電影藝術家謝添就最喜歡此菜，一到成都必先要點上這一道菜。「齒落吃鏟鏟」即成都人常戲說的「吃個鏟鏟」，或言賣完了吃不到，走了空路。去吃個鏟鏟，這句話用在此處俗雅並出，既通俗風趣，又有成都人口語中常蹦出來的那麼一種幽默，林琴南就曾說過：「能使旁人解頤（開顏笑）」，「能於嚴冷中見風趣者，尤不易及」。

要知「市美軒」經理文瑄是怎麼請到流沙河題詩的，這又與飲食文化有關啦！文瑄的老輩子們如文壽喬先生就與張宣（羊角）、康乃爾、程大千等在１９３０年代初辦過文藝刊物《春天》；而那時知識界有名的四川大學「黑白二將」之一的國文老師文百川也是他們文家一脈。因此文瑄自幼便受到長輩們的影響，許多年前他加入了工人老大哥的行列，並在烹飪上狠下工夫，他還曾遠及海外獻藝。前年，著名美籍女作家陳若曦來蓉就慕名專訪過「市美軒」，還與之合過影。如此，飲食與文化相結合，膾炙人口，何樂而不為呢？合眾社駐台灣辦事處，前主任肖樹倫先生，更是每到成都必至市美軒，享受此處美味的菜品和清幽的就餐環境。

１９９５年，市美軒被國內貿易部授予「中華老字號」榮譽稱號。２０００年，因商業場改建，市美軒一度停業。２００２年，應邀遷至詩聖杜甫的舊居——杜甫草堂。針對外來遊客居多的消費特點，擴大了經營，增加了樓堂，菜品在保持原有風味特色外，還提供風味小吃套餐。繼續傳承著平民飲食與大眾文化和諧相融，相得益彰的新詩篇。精美的傳統家常風味菜餚，懷舊風格的古蜀庭院，還有那棵盛放花朵的，草堂樹齡最長的臘梅樹，無不彰顯著市美軒的傳統和文化脈流。

朵頤食堂之後，食肆如何，且繼續聽在下道來。

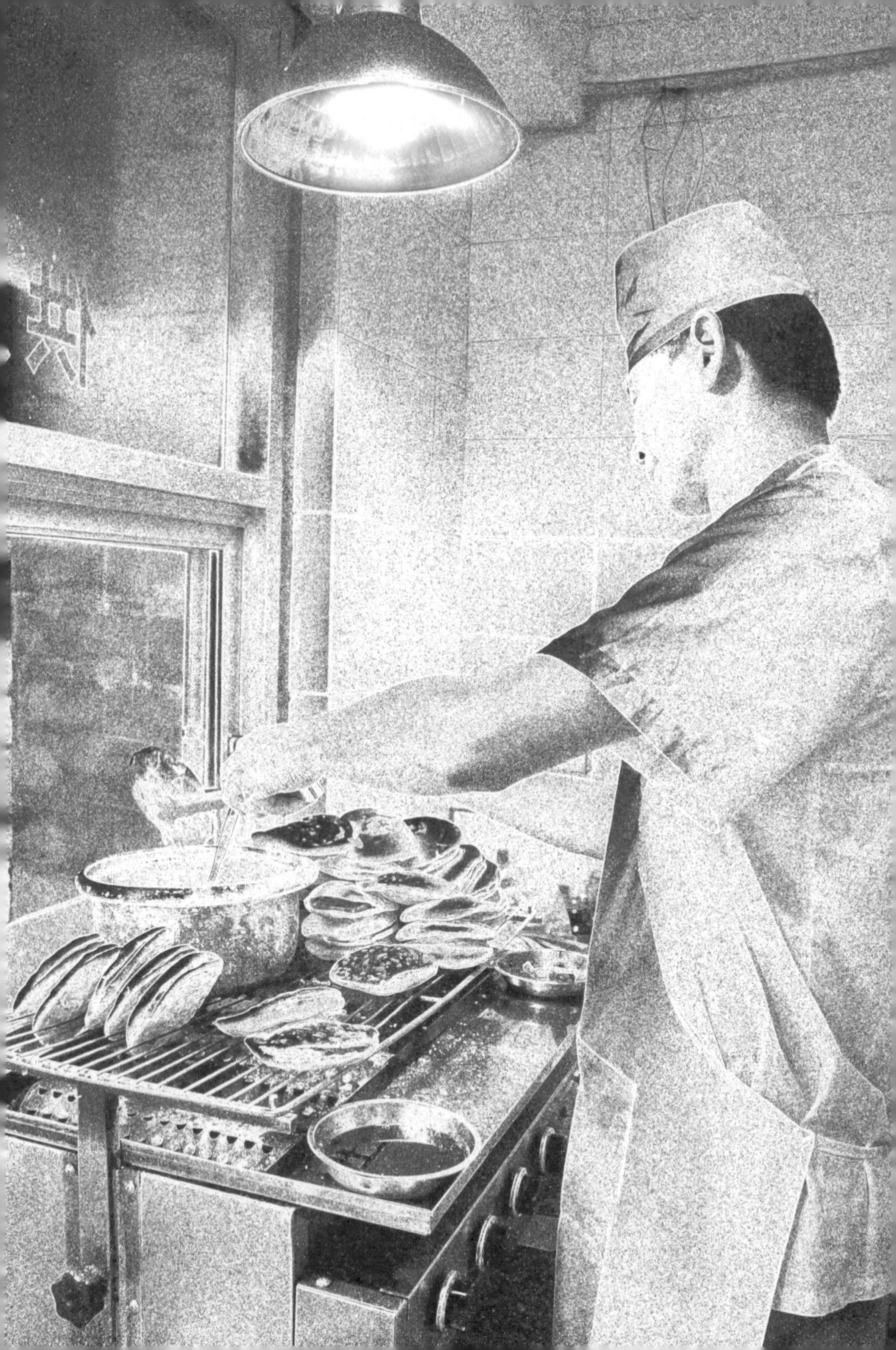

第一十三回

盤飧市遠無兼味，滷肉鍋魁為君香

天府成都街頭，人們三三兩兩泡茶鋪，進街頭路邊小食店打間、品冷淡杯小樽小酌的場景很容易見到。這是成都普通百姓的一種日常休閒方式。這種習俗無從知曉它起於何時。不過，唐朝詩聖杜甫的《客至》詩卻記錄了這一情景：「舍南舍北皆春水，但見群鷗日日來。花徑不曾緣客掃，蓬門今始為君開。盤飧市遠無兼味，樽酒家貧只舊醅。肯與鄰翁相對飲，隔籬呼取盡餘杯。」這詩，似畫，更似白描。那是唐玄宗天寶年間，安祿山造反，詩聖杜甫也跟大眾百姓一樣淪為難民，從長安流落到成都。他在西門外百花潭的浣花溪畔，請人搭建了兩三間茅草屋。真也不愧是大文人，不知是自嘲流落他鄉舉目無親，百無聊賴之境遇，還是大詩人之豁達胸懷，怡然自得，將這「茅屋為秋風所破歌」的居所，美其名曰「草堂」。西元761年，杜甫五十歲，他的母舅崔明府翩然蒞臨「草堂」看望他。在顛沛流離之際，突然至親相聚，驚喜之餘，杜甫寫下了這首《客至》。詩中除表達了他的喜出望外和落難生活的窘態外，從另一個側面而言，也真實地描繪出一千二百多年前，成都人朋友往來，薄酒淡飯，賓主悠閒自得的畫卷。

到西元1925年的一天，有牟茂林、楊漢江、冷遠舉三人在茶園吃茶閒聊，細數成都餐館的風味特色。三個人不僅是吃香喝辣的名嘴，亦是行業中人。談到成都的醃滷攤子雖然很多，但專業的醃滷店卻是屈指可數。於是三人心血來潮，不謀而合，當下決定開一家專業醃滷店。

果然沒多久，一家古樸典雅的醃滷酒家就在華興街悅來川劇場旁邊粉墨登場，店名便是借杜甫之詩句：「盤飧市遠無兼味，樽酒家貧只舊醅。」意即「因集市太遠，盤中菜餚並不豐盛；因家中貧寒，杯中酒是陳年舊釀」。這家餐館名即取自此句前三字，定名「盤飧市」。這家醃滷酒家，無意間創造了當時成都餐飲業的三個第一：第一家專以滷肉為特色和招牌的餐館；第一個直接從杜詩中截句作店名的酒樓；三是建店至今，雖也經歷世事動亂，卻是不易其址不變其名，為數極少的酒樓。

有趣的是，「盤飧市」之「飧」字，本應讀「孫」，但不少食客卻誤讀為「盤餐市」，流傳下來，也就只好將錯就錯，至今依然如是。

成都人「吃香喝辣」的飲食習俗很濃，常以「香香嘴」、「五香嘴」自嘲。男女老少正餐之外時常愛買一些小吃或風味食品香嘴娛舌，瓜子花生、滷肉之類都為首選。於是，有滋有味的醃滷食品自然就成了成都人十分喜愛的消閒零食。盤飧市的滷肉正迎合了這種消費習俗。該店經營的品種以小貨為主（即雞翅、雞爪、鴨翅、鴨足、鵝掌、鵝翅及雞、鴨、鵝的胗、肝等），選料精，講究火候，滷好的小貨都糯軟適口，色香味都比一般的「燒臘攤子」的品質要好得多，故而深受食客追捧。加之店堂緊鄰成都錦江劇場，喜愛川戲，又好吃香香的中上層婦女幾乎都是「盤飧市」的座上客，或是買一大包滷雞爪、滷鴨腳等在戲院中邊看戲邊吃香香，十分地悠閒舒心。

普天下之人，都說成都人嗜好麻辣，此言似對也非對。其實，成都人不管男女老少，骨子裡最喜好的是吃「香」。君不知，成都人稱好吃者為「五香嘴」、「香香嘴」，稱吃零食為「吃香香」。然而，此「香」非彼「香」，亦非單純的香料之香。任何食料只要不香，成都人就會輕蔑地說：「沒得吃頭」！包括麻辣在內。不香的麻辣，在成都人眼中便是「乾辣燥麻」。麻辣乃是一種自然屬性，大凡辣椒皆辣，花椒皆麻，但要達到香辣、香麻，這就要考手藝了。中華其他吃辣椒的地方不少，但都認可沒有四川的辣椒香，尤其是「紅油辣椒」、「熟油辣子」。殊不知這「香」就是成都人吃喝之最大追求，對醃滷食品而言更是這樣。

盤飧市便巧妙地抓住了成都人這一特性，由牟茂林、牟再田兩兄弟親自主廚，滷製的雞翅、雞爪、雞腎、鴨肝、鴨翅、鴨腳、鵝掌，以及滷雞、滷鴨、滷鵝、滷豬肉、豬耳朵、豬拱嘴、豬蹄、豬舌、豬尾等，用料精細、配方獨到、火候精準、柔軟滋潤、鮮美味醇，出售時再刷上香油。因此盤飧市的滷製品從滷製到出堂，街面上就滿是那誘惑得人心慌意亂的滷味香氣，那是香風襲人、香美誘人、香味醉人。盤飧市的滷品放眼一瞄，那確實比市面上大多滷製品的色香味要高出幾個品味。行業內有人將盤飧市的滷貨總結為四大優點：

1、盤飧市掌門人牟茂林借鑒了廣東風味滷食的技法，先以薑蔥及不為人知的香料醃製原料使其入味，再入滷鍋滷製，使盤飧市的滷菜風味別具一格。既兼顧了川滷的香味，又兼具廣式的醬香、臘香和酒香味。

2、原料的精選與分滷。所用原料一定要「鮮」，滷製品只選用當天宰殺的牲禽，從宰殺到使用決不會超過8小時。為保證滷水的品質，即使是鵝翅、鴨足等這樣的小貨滷製品也絕不用冷凍原料。豆製品、蛋類等易壞滷水的食物，實行分鍋滷製。

3、獨到的火候加工。醃滷製品講究火候，一般先用大火燒開，再用中火。根據不同的火力特點除掉異味，使各種滷料的味道浸入原料中，致使成品香氣醇厚濃郁。

4、經久的秘製陳年老滷湯。這是幾代人滷製食品傳承下來的，其中加有盤飧市特有的私家香料。故而風味獨特，市肆間無人能揣摩個中之卯竅。

如此，盤飧市高雅的店名和絕佳的滷品，一時間成為成都人口中的美談、佳餚，每天上下午都是顧客盈門，排隊候買。加之又緊鄰錦江川劇場，「盤飧市」就成了中上層男士女賓的「食堂」。時至今天，去盤飧市賣滷貨都得排隊等候。

其後，再經這些看戲喝茶的淑女、紳士的口碑，住在公館裡的達官貴人、名流雅士亦也成了座上賓。「盤飧市」便一舉成名，享譽四方。很多食客，先是聞其店名，品嘗了各種滷品，方被其品質與滋味所折服。「盤飧市」成了真正名副其實的「知味停車，聞香下馬」的醃滷風味酒家。

「盤飧市」還有一絕，便是滷肉夾鍋魁，不僅風味佳美，也特色獨具。他請來手藝高超的打鍋魁的大師傅，隨堂烤製白麵鍋魁。食客選好肥瘦相連的滷豬肉後，切成薄片，再把鍋魁用小刀劃開，夾進滷肉，澆上香味濃醇的滷汁，放在火爐邊稍加熱，然後就可大快朵頤了。此時此際，無論你是餓腸轆轆，還是腦滿腸肥，此滋此味亦會讓你垂涎欲滴，吃情橫生。送進嘴裡，鍋魁皮酥內軟、滷肉滋糯芳香、滷汁鮮美潤口，令人十分快意，既作主食，又是零食，還便於攜帶，故而幾十年來，「盤飧市」的滷肉夾鍋魁，就一直是成都市民流連忘返的美味小吃。

１９３０至４０年代，「盤飧市」的滷肉夾鍋魁，更是大公館裡太太小姐們每日夜晚打牌、玩麻將必不可少的香美夜宵。四川軍閥劉湘的幾個姨太太，每天都要早早地派下人去買好些滷肉夾鍋魁放起，半夜打牌餓了，便拿出來烤熱解饞，其風味亦如剛買回來一般美不可言。當時川軍第七師師長陳國棟，特別癡愛盤飧市的滷肉夾鍋魁，常命軍士趁熱買來跑步送回府上享用，不時還以此佳饌招待賓客。據傳他有次驅車，前呼後擁地到郊外視察，突然嘴饞，叫司機繞道趕往盤飧市，叫來兩個滷肉夾鍋魁，一邊吃一邊趕路，在軍界和食界傳為趣談。

筆者也是十分愛吃盤飧市的滷貨，尤其是滷豬耳朵和豬尾巴。記得１９５０年代，父親有時會帶回家用乾荷葉包上的滷豬頭肉或滷排骨，有時還有幾個滷鴨腳，說是盤飧市的。一打開荷葉，那滷香味、肉香味就滿屋亂竄，誘得人心急火燎。每逢此時最興奮很激動的莫過於我們三兄妹，就像要過年一樣。雖說父親或許成天幹體力活很累很疲，買點滷肉下酒解乏，但一上桌，父親母親看到我們三兄妹餓癆兮兮的饞像，也就象徵性地吃兩三塊，大多都分夾在我們的碗裡。儘管這樣美餐一年頂多也就兩三次，卻讓我終生難以忘懷。

1960年代中期，有一次父親帶著十來歲的我，路過盤飧市，我瞎猜了好一陣，也認不準中間那字，但從店裡飄散出滷肉的香味，誘得我饞涎欲滴。我纏著父親一定要買個滷肉夾鍋魁，父親拗不過我，答應買一個讓我解饞。我走進店鋪窗口，只見一師傅在隨堂烤製酥脆白麵鍋魁。另一師傅用刀將烤製好的白麵鍋魁從邊沿半剖。滷鍋放爐上，用小火燒製保持滷水微沸，把半肥瘦滷肉切成薄片，在滾燙的滷水中冒熱後夾入鍋魁內，再舀入適量滷汁即成。我拿著滷肉夾鍋魁，三兩下就進了我的肚子，當時那美滋滋的感覺，至今都餘味嫋嫋、美在心頭。更有那「小小鍋魁團川人鄉愁情緒，圓圓薄餅映天府千里春色」的對聯，讓人品味不盡。

1950年代，公私合營後的盤飧市同其他餐飲名店和名小吃一樣，幾經沉浮，所幸的是其滷製技藝得到很好的傳承，經營特色也很快恢復。到1980年代後期，盤飧市在原址重新裝修一新後完全恢復。1992年，其「滷肉夾鍋魁」被授予「成都名小吃」稱號，1995年，盤飧市被國家貿易部認定為「中華老字號」名店。2006年，再次被國家商務部認定為「中華老字號」名店。如今，盤飧市在成都已開有盛隆街店、棕南店等分店。在繼承傳統滷貨和滷肉夾鍋魁風味特色基礎上，又增添了川菜傳統小鍋小炒、川菜筵席、成都名小吃，形成以滷製食品為主，綜合經營為特色的多功能酒樓。

2007年的一天，正當盤飧市中華老字號大旗迎風飄舞，顧客一如往常排隊選購各種滷製肉食之際，哪知，斜刺裡突然衝出一老者，面朝「盤飧市」厲聲一喊：「我才是『盤飧市』絕技惟一傳人，看我絕招……」各位客官，來者何人？原是盤飧市開山鼻祖之子！這一喊，令江湖譁然。只見來人叫喊道：「我乃『盤飧市』開山鼻祖牟茂林之子牟實明是也！」

牟實明年屆六旬，他向世人透露，自幼隨父學藝，練就一身好功夫，身懷「醃、滷、熏」三種道法，可做出一兩百道川菜。他宣稱，「盤飧市」與眾不同之處，在於蔥燒味，即在醃滷熏之前，用蔥薑及一些名貴香料經特殊工藝處理。「遙想當年，成都人譽其為『滷水一開，香了半條街』，而今的『盤飧市』只是用普通方法製作出的醃滷食品，能獲得『中華老字號』之稱，雖有它獨到之處，但並不能與先父所創『盤飧市』神奇絕技相比」。

牟實明稱：「本家絕技從不外傳，且是傳男不傳女，先父生前只將生平功力傳我一人。１９２５年，身懷絕技的先父先母開山建派，派名取自杜甫詩《客至》中『盤飧市遠無兼味，樽酒家貧只舊醅』。８０餘年過去了，本派真正絕技已鮮為人知，如今我年事已高，不忍此派功夫失傳，欲讓絕技重現人間，因而尋有緣者傳授技藝。」

牟實明回想往事：１９５０年代，先父自願將「盤飧市」店子獻給國家，成為成都市飲食公司一名職工，但只將普通廚藝傳出，並沒有將製作上佳醃、滷、燻食品的獨門功夫傳給別人。後來因歷史原因，「盤飧市」一名消失，直到１９７０年代末，成都恢復名小吃，成都市飲食公司使「盤飧市」重現江湖，但只有其名，沒有掌握牟茂林獨創的絕技。身懷本派秘技的牟實明稱他將招兵買馬，另立門派，重現「盤飧市」神功，無人能與之匹敵？

然而，「盤飧市」掌門人張經理對牟實明之貿然出現並不以為然，她坦然言之，牟茂林確系本派宗師，但並非如牟實明所言「先父絕技從不外傳」。在「盤飧市」歸成都市飲食公司後，牟實明曾有一段時間也是「盤飧市」掌門人。在他離開後，本派弟子在原有技術基礎上，不斷改良創新，使其技術日臻完善，才有「盤飧市」的今天——獲得「中華老字號」稱號。張經理以為，如今「盤飧市」的功夫比當年牟家的「盤飧市」更厲害了。至於牟實明將另樹大旗一事，張經理並未放在心上，因為成都市飲食公司早從國家工商部門手中拿到「盤飧市」的「印璽」，法律將保護這塊招牌。不管牟實明在江湖上興起什麼風浪，盤飧市將一如既往，以風味品質求勝，不怕任何人挑戰打擂。

牟實明則胸有成竹：「家傳絕技行將失傳，不管如何，我一定要在有生之年將功夫傳於世間。我將尋求律師幫助，既不侵犯現有『盤飧市』法律權利，又要讓我家獨門絕技再展雄風，與今之『盤飧市』爭霸天下！」不知這牟實明是借此自我炒作，還是以此來招攬尋求發展的商機，盤飧市門前排隊候賣的人們不以為然，僅是看看熱鬧，淡然一笑，買到東西吃進嘴裡方才重要。

欲知後事如何，人們拭目以待。

中華老字號

第一十四回
美味佳餚藏竹林，白肉罐湯滿城香

據史書記述，說早期生活在東三省的滿族人，曾有一種傳統大禮叫做「跳神儀」，通常於春秋兩季擇良日敬神祭祖，祭祀後便要吃「跳神肉」。肉皆白煮，無佐料，甚嫩美。食者一手把肉，一手執刀，自割自食。且宮廷新年朝賀，亦也要賜廷臣大吃白肉。一般滿族人家大凡祭祀或喜慶，則設食肉之盛會，無論旗漢，相識與否，皆可前往自割自食，食愈多，則主人愈樂，若連聲高呼添肉，則主人必致敬道謝。滿族人向來視這種白肉為「神肉」、「福肉」，十分看重。

袁枚的《隨園食單》也說，白片肉「此是北人擅長之菜」，「割法雖用小刀片之，以肥瘦相參、橫斜碎雜為佳，與聖人割不正不食一語截然相反。其豬肉之名目甚多，滿洲跳神肉最妙」。袁枚說滿洲跳神肉是白肉中最好的。這種跳神肉，「肉皆白煮，不准加鹽、醬，甚嫩美」。其吃法乃「自片自食」。「善片者，能以小刀割成如掌如紙之大片，兼肥瘦而有之」。

宋代時，這一跳神白肉傳到了京城開封，市肆上也有了專賣「白肉」的飯鋪。清代，滿族人食白肉也逐漸講究起來，用肉、煮肉、加工都有了很多章法，食肉也變化出很多花樣。其品種有煸白肉、砂鍋白肉、木梳白肉、虎皮白肉、白肉涮鍋等。

比袁枚小十四歲的四川文人李調元，在整理他父親李化楠宦遊江南時所收集的烹飪資料手稿中，也將江浙一帶的「白煮肉法」載入了《醒園錄》。晚清時，「白肉」、「椿芽白肉」則可以在傅崇榘寫的《成都通覽》所記食品類中看到，「白片肉」已出現在成都的市肆飯館中，有了諸如「涼拌白肉」、「椿芽白肉」、「蒜泥白肉」之類的白肉佳餚。且還提供了白肉傳入四川的路線：北方→中原→江南→四川。特別值得提到的是，四川人在白肉的烹飪基礎上加以蒜泥、辣子紅油、甜紅醬油調味，不僅色澤豔麗、肉更好吃了，且風味口感和營養價值也更高。

隨滿族人入川的跳神肉亦也被作為供品，廣泛用於各種祭祀習俗。祭祀後的白肉後來在巴蜀大地又演生成為「回鍋三兄弟」，即「回鍋肉」、「連鍋子」和「涼拌白肉」。過去民間，尤其是農村中的涼拌白肉，因鄉村人家少有紅油辣子、醬油類調料，大多用小青椒，放在柴火灶中用熱灰炕熟，擦淨後和大蒜、青花椒一起剁茸，加鹽或泡菜鹽水拌合。這種鄉風鄉味極濃的「燒青椒拌白肉」鮮辣、微麻、青香、蒜味濃郁、略帶鹹酸，十分可口。

鄉村中也還有用自製辣豆瓣醬加蒜泥、花椒剁茸拌成的「豆瓣蒜泥白肉」，色澤紅亮、鹹鮮香辣、蒜味突出，口感別樣。若家裡人多肉少，便要添加些時令鮮蔬，如用香椿或折耳根拌的「椿芽拌白肉」、「折耳根拌白肉」。春冬兩季，青翠碧綠的萵筍出來了，以青筍片為輔料，用「毛毛鹽」醃脆斷生，放在白肉碗中墊底，澆上調味料拌吃，民間戲稱為「蜞螞兒白肉」；蜞螞，四川人指田裡的青蛙，與青筍一樣碧綠。其他還有用黃瓜片，綠豆芽等與白肉同拌的。走訪四川民間和鄉村，在農家或鄉村飯館，一盤小青椒做的燒椒白肉、一碗豆花和香辣蘸碟，一碟泡菜、一大碗甑子飯，你定會吃得忘乎所以。有人還把這款鄉味佳餚戲稱為「傷心白肉」，所謂「傷心」，一指吃時那新鮮小青椒又香又辣讓你淚水、汗水雙流，看似吃得很「傷心」，實際上是指一邊吃肉，一邊就情不自禁地想起了鄉風、鄉味、鄉情來。

涼拌白肉，作為一款地道的家常風味佳餚從鄉間進入城市，從民家登入店堂，都以其香辣鹹鮮、蒜香濃郁之風味，肥而不膩、瘦而化渣的口感，以及佐酒助餐、滋味悠長的特色，加之經濟實惠而廣受大眾喜愛。

過去的成都，穿城九里三分，人口才三十幾萬，但城中到處都是賣白肉的飯鋪飯館，不僅城中心的東大街、春熙路、總府路、華興街、塩市口等繁華地段的紅鍋炒菜館都賣白肉，就是城郊較偏僻的路邊便飯鋪也有白肉賣，有不少還以白肉賣出了名。如春熙路的快活林、果爾佳，新街的經濟日夜飯店、東大街的李鈺興、祠堂街的邱佛子，以及復興街的竹林小餐都是成都過去很有名氣的白肉館子。其中竹林小餐的「蒜泥白肉」因其片肉之工藝和獨特的風味而享譽蓉城。

清末民初，竹林小餐開業於福興街，創業人叫王興元。因歷史上魏晉時期，曾出現過一幫叫「竹林七賢」的文人學士，以清雅脫俗的風格，在我國文學史上產生過較大影響。王興元便效仿取名「竹林小餐」，即以清雅簡約的小菜便飯、蒜泥白肉、雞絲罐湯為經營特色。

一段時間後生意日漸興隆，但菜品顯得有些少而單調，於是又增添了燒帽結子肥腸、燒筋尾舌及魔芋燒鴨等罐燒菜品。１９４０年王興元去世，由其妻何氏和兒子王亞雄主理店鋪。１９４５年，隨著生意的興旺品牌也漸響。「竹林小餐」便擴展經營增設了不少炒菜、蒸菜，店鋪亦擴為中型飯館。由於生意旺、名聲好，吸引了不少身懷絕技的高廚加盟竹林。如老成都紅案名廚師謝躍武、李子南、謝紹榮等，長於醃滷的高連章，以及原朵頤食堂泡菜名師溫興發和享有「江湖一把刀」美譽的蔣海山師傅。

尤其是白肉師傅蔣海山，是行業內公認的刀工高手。蔣師傅技藝精湛、做事較真，從白肉選料到煮製的火候、軟硬，從片肉的刀法刀工到調料製作，無不精妙、恰如其分。尤其是片白肉的功夫被烹界與食眾讚譽為一絕。竹林小餐蒜泥白肉之有名，與蔣海山絕妙的刀工和調味技藝相映成趣。

蔣師傅片白肉猶如表演絕妙刀法一般，那是腳踏實地、身板挺直、表情從容、氣定神閑，刀平力穩、不快不慢，刀隨手推、肉從刀離，片下的白肉大小一致、厚薄相當、平整透明，皮肉相連、瘦肉粉白、肥肉油潤，一條油光發亮的肉皮，有如銀絲鑲在肥肉邊，熱氣徐徐，揮發出股股鮮美的肉香。蔣師傅每片出一片肉，兩個指頭順勢一拈一彈，白肉隨即輕飄飄地蜷落在圓盤中，像木材刨花一般，行業內因此把蔣師傅片白肉戲稱為「鏇刨花」。

肉片好了，可一片片平鋪，也可成捲筒般擺在盤中，然後就是調味汁。蒜泥白肉看似調味料不多，就三樣，但其製料、調味都很是精道。醬油，過去多用成都太和醬油或溫江窩油，也有用中壩或德陽的口蘑醬油的。蔣師傅則要把醬油加紅糖、香料、香菇等，重新熬製成拌白肉專用的複合醬油。再就是紅油辣子，須得雙流東山之二荊條乾紅辣椒，又紅又辣、辣而不燥、香辣濃醇。蒜泥則用溫江特產之獨頭香蒜，當天用當天舂成蒜泥，保證蒜味清新濃醇。放調料需趁白肉熱乎，依次澆上醬油、紅油和蒜泥，盤中即呈現出白裡透紅，醬香、辣香、蒜香混為一體的濃滋美味，直撲口鼻，用筷將白肉輕輕一拌裹送進嘴裡，那滋味、那快意真是不緊不急、悠悠緩緩地浸潤著五臟六腑，美得人一臉媚態，似醉非醉。

再說這雞絲罐湯，只是那盛湯的罐子就得另眼相看。用的是如腰鼓狀的雙耳環銅罐，一如古董玩意兒般。其湯更是來頭不小，源自孫中山先生最喜吃的：「四物湯」。竹林小餐取其兩物——小木耳與黃花，再與涪陵榨菜、銀白粉絲、雞脯肉絲相配，加入用整只新鮮雞骨架慢火熬製的原湯，上桌時，再放幾根鮮嫩豌豆尖。此湯忌放鹽、味精、胡椒類調料，只取天然風味、原汁芳香。吃時蘸蔥花、芝麻油和白醬油調製的味碟，爽口婉約、悠然味長，口口牽腸掛肚。

那時，抗日戰爭爆發，成都文藝、新聞、教育、衛生等各界人士，以及廣大市民，因「前方吃緊」，故而紛紛抵制「後方緊吃」的歪風，不去高檔酒樓擺席設宴，都往一些較有名氣的小餐館、便飯館就餐。於是竹林小餐自然便受到各界食客青睞。人們在竹林小餐吃飯多是一盤小份白肉，一兩碟小菜，一份罐湯，花錢不多吃得樂呵。不但吸引了廣大市民，也誘得不少文人名流前去品享。最有趣的是大學士郭沫若、大畫家徐悲鴻及夫人廖靜文、電影名流張瑞芳、秦怡、金山、白楊七人，時常愛在「竹林小餐」聚會品享蒜泥白肉和罐湯，故而被圈內人士戲稱為「竹林七賢」。如此一來，更使這家便飯餐名聲鵲起，火爆非常。可見當時竹林小餐「蒜泥白肉」、雞絲罐湯和家常菜餚之魅力。

過去，成都市民大凡說起吃白肉，必定是「竹林白肉」，而且還有個很是有趣的說法：竹林白肉，一人吃不夠；兩人吃不完。其意是指竹林白肉小份一般為七片，能吃者一份吃完尚覺不過癮，嘴巴和心頭都還欠些些的；兩人去吃，你一片他一片，最後剩一片你推我讓誰都不好意思動筷。其時，成都另有一家名餐館少城小餐，亦是「三絕登盤色味香」，「三絕」即指該店的豆花、白肉、小菜。也吸引了成都文化界不少名流大快朵頤，揮筆潑墨。其中之佳話，隨後再一一道來。

１９５０年代公私合營後的竹林小餐遷至塩市口，仍以蒜泥白肉、雞絲罐湯、燒帽節子肥腸等聞名。１９９５年國營「竹林小餐」被國內貿易部認定為「中華老字號」名店，後因城市改造拆遷而歇業。其蒜泥白肉的技藝與盛名逐漸被後來居上的華興街之市美軒所取代。

現今，雖成都大小餐館仍不凡蒜泥白肉，但其品質與風味已是相去甚遠。只談這肉一次性煮好，放進冰櫃一凍，用時再拿出來放在切片機中兩三分鐘就大片大片的出來，然後用熱湯一燙，淋上一般調料就出堂。雖是片張薄大、皮肉相連，但其質感口感、鮮美香濃之味盡失。更遺憾地是作為烹飪技藝之一絕的片肉之刀技卻是斷了代。值得欣慰的是在傳統「白肉」的基礎上也有了創新與發展。像泡菜白肉卷、晾杆白肉、三絲白肉卷以及用韭菜葉、青蒜苗、小青椒去籽攪拌成泥，調入香油、醬油、白醋、味精、花椒、紅油拌合的「翡翠白肉」等。但無論何種仍難以與當年竹林小餐的蒜泥白肉媲美，亦難以與鄉味濃醇的燒椒拌白肉同日而語。

有道是：白肉不白味道濃，絕技刀工難效仿。欲知後事，下回分解。

第一十五回　洞天福地有珍饈，奇俠聖手曾亞光

重慶，地處巴東，故又稱巴渝。自古巴人就好占山為王，大自然的薰陶、險惡的環境，煉就一種山一般的頑強、堅韌和果敢的性格，因此巴人以放蕩不羈、勇猛好鬥而著稱。大山大川也因此鑄就了山城男兒熱情似火而又剛烈豪邁之性情，女兒英氣勃勃而又柔情似水之稟性。這種特有的性情在重慶人日常飲食中亦也表現得淋漓盡致。重慶飲食向來就是兩大特色——麻辣火鍋與江湖川菜。

起源於川江船工的火鍋，表現出了中華飲食所蘊含的和諧之道。從原料、湯料的採用到烹調技法的配合，同中求異，異中求和，使葷與素、生與熟、麻辣與鮮美、嫩脆與柔綿、清香與濃醇等美妙地融合在一起。特別在食風食俗上，重慶火鍋呈現出一派和而不同與淋漓酣暢相融之場景與心理感受，營造出一種同燙一鍋，各定一格，風味共用，費用自付的獨特飲食文化風情。

重慶川菜雖然也是味型多樣，但與成都相比，卻是少了平原大川之柔美，尤顯山野峻嶺之雄風，粗獷豪放、大辣大麻、風味濃烈、追新求怪、不拘一格，故而被稱譽為「江湖川菜」。重慶火鍋與川菜亦如重慶妹兒一般敢說敢當、敢愛敢恨，快言快語、剛柔並濟，讓人望而生畏，愛恨糾結。重慶的男女老少，都曉得「吃菜吃味道，風味更重要」。甚而有人還調侃，說重慶人給奶娃兒餵奶，那奶瓶裡都要加點辣椒粉、花椒粉，要不娃兒就不好好吃咯。當然這是玩笑話，然而也從一個側面反映出重慶人的口味特點。在傳承傳統川菜的基礎上，凸現了自己風味濃厚、善用麻辣、味感濃烈、放蕩不羈、個性鮮明、敢於創新的地域風格特色。

１９２０至３０年代，是一個全國都以上海為摩登的時代，如果一個城市有「小上海」的稱謂，便是十分的「長洋」。１９２０年代，軍閥劉湘委任的軍人市長潘文華治理下的重慶，便被「小上海」的讚譽所籠罩。隨著城市建設的加快，重慶城市景觀有了空前的改觀，於是，「下江人」關於重慶的話語也便充滿了「摩登」、「現代」等辭彙。「小上海」、「十里洋場之風」、「建築頗

似香港」是描述重慶當時都市景觀的時髦話語。重慶最好的莎利文飯店，不比上海的國際大飯店遜色。抗戰爆發後，重慶發展更為迅速，史料記載說，「柏油馬路、四五層的立體式大廈、影院劇場、咖啡廳、西餐廳，油漆錚亮的汽車、五彩繽紛的霓虹燈，凡大都市所有者，無不應有盡有」。

抗日戰爭爆發，隨著日軍於１９３８年１０月佔領廣州、武漢，國民政府從南京撤至重慶，並將之定為「陪都」，實為「戰時首都」。重慶成為當時中國的政治、軍事、經濟、外交及文化中心。抗戰時期的重慶，同美國的華盛頓、英國的倫敦、前蘇聯的莫斯科一起被列為世界反法西斯戰爭的四大歷史名城，亦是世界反法西斯遠東戰場的指揮中心，也是國共合作和抗日民族統一戰線的重要政治舞台。

而隨著國民政府遷渝，重慶亦成了內遷工業、學校的集中地，一大批有志於民族復興、抗日救亡的青年學子紛至遝來，一大批著名的教育家、學者來渝執教，眾多文化藝術界名流也來渝工作定居。諸如郭沫若、柳亞子、馬寅初、陶行知、梁漱溟、徐悲鴻、老舍等，使陪都文化興盛一時，重慶成為了當時四川省的文化教育中心。更從這裡走出了大批優秀人才，如著名的諾貝爾獎金獲得者丁肇中教授、中國第一位女大使丁雪松、中國第一顆人造衛星設計者之一王家聲等。

如此，也造就了重慶飲食業的繁榮興盛。在整個１９３０年代，可以說是重慶歷史上餐飲業最為輝煌的歲月。甚而誘得成都的不少名餐館，像姑姑筵、頤之時等都蹭身重慶，一展雄風。一大批名店名師脫穎而出。本章要說的「小洞天」便是其中之佼佼者。

「不到三峽，就不算到了中國；不品嘗小洞天的美饌佳餚，就不算到了重慶。三峽風光迤邐，小洞天佳餚味美，給我們的旅遊增添了不少情趣，得到了一次難得的享受。」這是前不久新加坡一個旅遊團的感概之言。這亦是指１９８２年在重慶較場口新建大樓重新恢復經營的小洞天飯店。

話說１９２４年的一天，有廖青廷、樊青雲、朱康林三人合夥在重慶長安寺後祠坡開了一家餐館，其店依山築樓，鑿壁為室，設席其間，舉杯暢飲，恍若置身洞天福地，遂以道家傳說：神仙居住地有「十大洞天，三十六小洞天，七十二福地」的意境命名為「小洞天」。這承頭的廖青廷，那是個重慶飲食江湖上大名鼎鼎的人物。重慶巴縣人，十三歲就到重慶名餐館適中樓拜杜小恬學藝。而這杜小恬當時稱得上是川東餐飲江湖的舵爺，人稱杜胖子。他在重慶一手創辦了適中樓餐館，招收培養了一批徒弟。經他嚴格調教出來後，不少成了重慶餐飲業的著名廚師，個個都是頂樑柱。像廖青廷、熊維卿、曾亞光、周月亭等，廖青廷、曾亞光即是當中出類拔萃者。

廖青廷少年志高，勤奮好學，人稱小聰明。由於人矮灶台又高，他是墊著凳子上灶炒菜，在廚壇中傳為佳話。廖青廷功底扎實、廚藝精湛，在行業中有「七匹半圍腰」（烹飪全才）的美譽。自創名菜醋溜魚、半湯魚、黃豆芽燉雞等，深為行業同道敬仰。而他的另兩個合夥人，樊青雲、朱康林既是經營能手，又是烹調行家，成為廖青廷之左右二臂。

如此，小洞天占盡天時、地利、人和之優勢，加之在經營上煞費心機，自成格局。主廚者廖青廷，不僅繼承發揚川菜傳統，而且博收川菜技藝之精髓，選料嚴、用料精、烹調細，在菜式上不拘一格、力求新穎，善推獨門菜餚，如醋溜雞、小煎雞、豆渣鴨子等就是其開業之初的獨創佳作。這樣，自然吸引了不少名流要人，受到各界食家的讚譽，那些重慶當局的軍政要員、社會名流如范紹增、劉湘、康心如，實業家盧作孚等都成為座上常客。其生意如日中天，可謂「日有百宴，座無虛席」。

抗日戰爭時期，重慶不少餐館酒樓都特添了一款流行名餚，叫「轟炸東京」，實則為「三鮮鍋巴」，此菜當時十分叫座。每當菜上桌，三鮮湯汁澆到鍋巴上，嘩嘩啦啦響聲驟起，熱氣騰空，圍坐者定要起立拍手歡呼，就如同真的轟炸了日本侵略者的老巢——東京一般。三鮮鍋巴原本是很平常的菜，但因其成菜特色效果與其時之抗戰背景，人們的精神與心景相吻合，便被食客大眾幽默風趣地稱為「轟炸東京」，使這道菜具有了特殊的時代意義，這款著名菜餚即出自小洞天。

轉眼到了１９３０年代末，小洞天又請得一位名噪山城的烹調高人，廖青廷的師弟、當代名廚曾亞光任主廚。曾１９１４年生，也是重慶巴縣人，曾讀過幾年私塾。十四歲師從杜小恬。青年時代行藝於長江流域，先後在上海、南京、武漢、常德等地著名餐館酒樓事廚。不僅旁通蘇菜、魯菜，還憑著過硬的基本功和聰慧的天資，加上勤奮刻苦，把川菜烹調技藝與其它地方菜系融合貫通，使自身的技術更為全面和精道。１９３９年回到重慶，先在國泰、凱歌歸飯店，其後便被師兄廖青廷誠邀到小洞天主廚。

曾亞光身材高大、體魄健碩，川菜烹技精湛，尤擅長燒烤、乾煸，燒烤大菜更有獨到精妙之處。特別是他烹製的乾燒魚翅、乾煸鱔魚、叉燒填鴨、叉燒乳豬在山城廚界更無人能比。他製作的狗肉席、猴肉席風格獨具令人嘆服。長期的烹飪實踐使曾亞光的烹調技藝形成了博採眾長、兼收並蓄、富於變化、自成曾派技藝特色。其對烹製之嚴謹、精細尤為行業稱道。他對選料用料的一絲不苟、哪怕是一道尋常的家常菜餚，其刀工運用嫻熟自如，火候掌握得心應手，調料使用靈活多變。比如他創製的「荷包魚肚」，其靈感就來源於民歌「繡荷包」。這款菜餚取的是民歌意境，只不過曾亞光「繡荷包」用的「針」卻是刀，用的「線」是發菜、絲瓜、冬菇和泡紅椒等原料。這道「荷包魚肚」色澤豔麗、形態生動、造型美雅、風情歌意盡在其間，且不僅魚肚柔和脆爽，雞茸細嫩，其味亦是鮮美香醇無比，達到了相當的技藝境界。

到了小洞天後，曾亞光雖為主廚，但卻是經常和廖青廷、熊維卿談烹論調，切磋廚藝。熊維卿才思敏捷、點子特多，被稱為小諸葛，不管熊提出什麼稀奇古怪的點子，曾亞光也總會想出新招法來實現它。於是，小洞天總是隨時隨地出其不意的推出新菜和新吃法，加上曾亞光自己創出的荷包魚肚、金錢海參、乾燒魚翅、乾燒岩鯉、乾煸鱔魚、叉燒填鴨、叉燒酥方等席宴大菜，小洞天是風光這邊獨好，成為抗戰時期山城陪都最為搶手的餐廳，自然更是達官貴人、名人名流筵宴聚會的必選之處。曾亞光、廖青廷、熊維卿三人也被廚界和食界譽為重慶「廚壇三學士」。

１９４８年，小洞天歇業，１９５０年後曾亞光被調去從事烹飪教學和培訓工作，培養了一大批優秀廚師，其衣缽弟子數十餘人，而聽他講過課的更是千人以上。這些人多數已經是特級廚師，有的還是國家級烹飪大師，企業家和餐飲界名流。

一位特級廚師對筆者講過這麼一件事：１５年前，有一天，我在烹製一道乾燒岩鯉時，由於精神不集中，魚燒過了頭，色澤不僅不好看，而且還略帶點苦味。服務員剛要把菜端出去，曾師爺見了卻趕緊叫把菜留下來，他把大蒲扇往腰後一插，便親自上灶重做。只見他手腳麻利地選岩鯉一條，洗淨後，在魚身兩面各剞數刀，然後遍抹料酒和精鹽，入油鍋稍炸，至皮皺時撈出。鍋換冷油燒熱，下泡辣椒、豆瓣、薑米、蒜顆等炸出香味，掺入鮮湯燒沸，隨後打去料渣，把炸好的魚和火腿丁、肥肉丁、川鹽、料酒、醋、糖等陸續放入鍋，燒至湯開時，移往小火慢燒，待湯汁稠釅且魚入味時，下蔥顆和勻起鍋裝盤。一盤形態完整、色澤紅亮、鹹鮮微辣，略帶回甜的乾燒岩鯉便呈現在我們眼前。事後曾師爺語重心長地對我說：「當廚師每做一個菜都要認真，做到自己吃得，顧客才吃得。」這件事對我觸動很大，可以說當年去培訓班進修是我一生的轉折，因為曾師爺不但教我怎樣做菜，而且還教我怎樣做人。

１９７８年曾亞光被四川省人民政府授予特級廚師職稱，並特聘為全國烹飪大賽評委。１９８２年，曾亞光隨四川省的「川菜赴日講習小組」在東京、大阪講習川菜烹飪技藝，他表演的乾燒魚翅、八味鮑魚、回鍋肉，尤其是他的拿手乾燒魚翅，以嫻熟高超的烹製調味技藝，魔術般的換鍋手法而藝驚四座，轟動了日本料理界。其後曾亞光還參與了《四川菜譜》、《中國菜譜・四川》，中日合編《中國名菜集錦・四川卷》等的編撰。

１９９７年７月，筆者到重慶小洞天特別拜會了已年過８０高齡的曾老師，他高大體魄、精神爍悅、童顏鶴髮、言談爽朗，席間與他交談中，我深為他的精湛廚藝、高尚廚德、豁達開朗、謙遜隨和的人性魅力所欽服。其後，有幸觀摩曾老的「叉燒酥方」。

這「叉燒酥方」是曾老的拿手絕活。做這道菜，須選用１０公斤左右的硬邊帶骨豬保肋肉，把這肉修（切）整齊，用竹籤子在肋骨間的瘦肉上刺若干個氣眼，然後把肉塊叉在鐵叉上，置明火上均勻地燎燒，待表層粗皮脫落後，再用小刀刮去焦皮，放入溫水中清洗，洗淨後用乾淨紗布搌乾水分，再用鹽、薑、蔥、花椒、料酒、麻油去塗抹肉皮，然後放在木炭火上反覆均勻地燒烤。烤方技術複雜、操作困難，由於燒烤肉塊時不能有風，而這時的室溫高達４０多度。曾老舉著鐵叉一邊烤肉，一邊講解技術要領：烤酥方所選肉塊需表皮完整無損，切取方肉時以「肋骨七匹」為好，刺眼時還不能把皮刺穿。烤方時要注意排氣均勻，若發生「粗眼」（穿孔）可用蛋清糊加以補救。曾老這一精彩生動的表演，給我留下了永恆的記憶。

然而十分令人意外的是，三年後的七月，曾老師竟辭別人世，駕鶴西去，令人傷感不已，一代烹壇巨匠就此隕落。幾十年間，曾亞光在四川、重慶兩地烹飪界的影響和貢獻是無可估量的。對這位把畢生精力奉獻給川菜烹飪事業的老人，除了敬佩就是尊重。

回頭再說小洞天，１９８２年在重慶民權路恢復經營。不同於以往的是，新生的小洞天已是一家集餐飲、客房、夜總會、美容、桑拿、證券、商務中心、旅遊等功能的星級大飯店。３６００多平方公尺的營業區域，分為川菜廳、小吃城、火鍋廳及歌舞廳、教學部和客房。整個環境豪華端莊，陳設講究，天井、花壇、魚池、假山、清泉、瀑布融會自然，飲酒就餐，情趣盎然，真個是洞天福地，別有洞天。

小洞天雖已是別樣風景，但無論是家常便飯、小煎小炒、乾燒乾煸，還是筵席大菜，依然遵循傳統風格，精烹細調。除保有小洞天之傳統特色名菜外，還增添了家常海參、百花江團、大蒜鯰魚、樟茶鴨子、小煎雞、米燻雞等上百種傳統川菜名餚。

恢復經營的小洞天作為重慶飲食業烹飪技術培訓基地之一，曾亞光再次被請回小洞天擔任顧問，並和張國棟、李夔堯、楊安全等川菜（點）大師一道創立了行業公認的曾派川菜烹飪技藝體系和張派川式冷菜烹飪技藝體系，以傳承川菜烹飪文化，提高全行業烹飪技藝為己任，為行業和社會培養了數以千計技術人才。這些廚師大部分仍是活躍在重慶、四川及全國各地的川菜名廚，小洞天亦被川菜行業公認為培養烹飪名師的搖籃。許多名廚還先後被派前往香港、美國、新加坡、法國、日本、捷克、奧地利、馬爾他、索馬里、毛里求斯、澳門、台灣等地任廚講學和技術交流。

在小洞天的第二代、第三代廚師中，有多人被評為國家級烹飪大師、國家級烹飪名師。有多人被授予高級烹調技師、特級廚師職稱，這些廚師技藝精湛，屢創佳績，在第二、三屆全國烹飪大賽奪得三塊金牌，四塊銅牌；有數十款小吃被評為「重慶名小吃、重慶風味小吃」；有六道精品菜獲「中國名菜」稱號，有十五款小吃獲「中華名小吃」稱號；小洞天飯店被評為「中國名店」；酸辣涼粉、口水雞、三鮮鍋巴、水煮魚、東坡肘子、擔擔麵等，以及辣子田螺、毛血旺、板栗燜鵝、民間瓦罐湯等被評為中國名菜。現今的小洞天在廣州、北京、三峽有連鎖店八家，不僅比過去的小洞天更加輝煌明亮，更讓曾亞光、廖青廷、熊維卿等一代川菜宗師九泉含笑，為之驕傲。

有道是：巴山出英傑，蜀水多文豪。欲知後事，且看下回。

耗子洞張鴨子

第一十六回　耗子洞樟茶鴨美，青石橋冒烤鴨香

川西壩子歷來盛養鴨子，每到春天成鴨便率領著幼鴨，成群集隊數百上千，在頭戴草帽、手握長竹竿的「鴨司令」的指揮下，或在公路上旁若無人搖搖擺擺地散步，暢享春日的溫暖；或是在河壩、水塘密密麻麻一大片，不是爭先恐後地扇動翅膀撲騰下水、從容悠游、捕食魚蝦，就是一窩蜂前呼後擁地湧上岸，啄食沙蟲昆蟲、清理羽毛；游痛快了、吃飽喝足了，便與「鴨司令」一起躺臥在河灘上曬太陽、沐春光。

在四川各地城鎮，尤為在成都大街小巷，從早到晚空氣中無不飄悠著鴨餚的香味。推車叫賣的、臨時擺攤的、開專賣店的以及其他一些綜合醃滷店，遍及街頭巷裡隨處可買、舉手可得。各式鴨餚及鴨的小零件，像鴨翅、鴨腳、鴨脖、鴨舌、鴨肫肝向來就是成都男人的下酒好菜，美女好吃嘴裡的休閒佳食。

在眾多鴨餚中更有不少風味獨道、特色獨具的名品。如早年在成都西御街，１９７０年代中期遷至少城半邊橋街的王胖鴨，其掛爐烤鴨已有百餘年歷史，是當時成都唯一的清真鴨店。創始人王福興人肥體胖、精明能幹，其軟燒鴨子選料講究、配料繁多、製作精細，具有色澤紅亮、鴨皮酥香、肉質細嫩、鮮香滋潤的風味特色，深得食眾喜愛，人們贈以「王胖鴨」之趣稱。成都青石橋的張烤鴨也是成都有名的燒鴨子，其燒鴨至今依然堅持傳統方法烹製，風味如故、興隆依然。青石橋還有以「填鴨」出名的溫鴨子、以及榮華寺的莊鴨子、郫縣唐昌板鴨、彭州九尺板鴨、邛崍油燙鴨等。然而最具聲望的還要數久負盛名、享譽國內外的成都耗子洞張鴨子。

成都平原，又稱川西壩子，受都江堰之思澤而水美土肥、四季豐碩。人們生活富足而悠閒，連豬牛羊、鴨鵝雞也都在田間地頭、溝渠河塘閒庭信步，怡然自得地享受著不知饑饉、無憂無慮的閒適生活。

川西壩子歷來盛養鴨子，每到春天與河壩岸邊田地裡黃燦燦的菜花、青翠碧綠的麥苗、粉紅嬌豔的桃花、白嫩水秀的李花天然組合，形成一幅讓人為之生情的天

府田園風情圖畫。

成都平原的鴨子多在河壩、池塘、溝渠、稻田中放養，以昆蟲、魚蝦、穀物為食，秋季成熟上市。因天然習性自然生長而肉質細美，自來就是川人口中美食、桌上佳餚。百多年前流行於成都市井坊間的各式鴨餚就有：甜皮鴨、板鴨、燒鴨、烤鴨、滷鴨、油燙鴨、醬鴨、桶鴨、糟鴨、鹽水鴨等數十個品種。而餐館酒樓的菜譜中，各式鴨菜亦達五十餘款，現今更是超逾百款。

書歸正傳，再說這耗子洞，此處非指耗子（老鼠）居住出沒的洞，而是成都人對狹窄深長小巷的俗稱。過去成都市內有兩處地方被叫為「耗子洞」，一處是東門椒子街的一條小巷，巷口小、巷子長；另一處是市中心提督街和暑襪街交口處的一條小巷，巷內有茶鋪、客棧、酒館，也因巷子深、巷口小、人來人往進進出出猶如耗子穿梭，成都人生性幽默，戲謔為「耗子洞」。張鴨子便是1920年代末在這巷子裡開鴨作坊、在巷口擺燒鴨醃滷攤開始了謀生和創立家業。

1928年，年僅十四歲的張國梁因生活所迫而輟學，同父親張月亭在耗子洞口經營自家的燒鴨醃滷生意。由於張家父子的鴨子品質優、味道好、風味別樣、吃口爽美而很快口碑四傳，不少買主常在其鴨子還未出堂就到巷裡院內的作坊去買。這小巷進出的人手裡都拿著乾荷葉包裹的燒鴨或滷鴨，喜笑顏開、穿梭一般、十分熱鬧，加之其名十分風趣，「耗子洞張鴨子」就這樣叫傳開來。1931年底，張氏父子將燒鴨攤子遷到耗子洞對面的「江東浴室」門口，仍是在門邊擺攤，門洞裡面放兩張方桌和一張條桌賣酒，算是正式開了店，取名個雅號「福祿軒」，但人們依然叫為「耗子洞張鴨子」。

然而開店後的第二年張月亭便病故，十八歲的張國梁帶著兩個弟弟張俊超和張俊才及一家老少硬把生意苦撐下來。其後歷經八年抗戰和幾年解放戰爭，雖時世艱難，耗子洞張鴨子的名氣和品牌卻是家喻戶曉、名揚省內外。1949年代初張國梁二弟張俊超病逝，三弟張俊才又改行學木匠。耗子洞張鴨子的生意和品牌傳承的重擔便由張國梁孤身擔負。1956年，耗子洞張鴨子成為「公私合營」企業，其後又轉為國營店，張國梁夫妻作為普通員工也一直留在在店裡工作。

張鴨子國營後，其人員設備及經營品種都有較大的調整和擴展，成都治鴨名師傅廖榮卿、盧紹清、李桂榮等也齊聚一堂，加工製作各式鴨子仍由張國梁負責。經營品種多以燒鴨、煙燻鴨、樟茶鴨、油燙鴨、板鴨、桶鴨及燒鵝、燻兔、燒雞為主要品牌，以樟茶鴨最為有名，附帶滷鴨、雞、鵝小滷品等。這期間，耗子洞張鴨子還培養出了一大批青年治鴨技師，其後大都成為企業技術和經營管理骨幹。其中張國梁的大徒弟陳信良，1981年奉派去美國紐約榮樂園川菜館工作。他用耗子洞張鴨子的傳統工藝製出的「張烤鴨」受到美國食家的高度讚賞和熱捧。1984年陳信良回國後擔任了「耗子洞張鴨子」二分店經理。此時，「張鴨子」已發展為有四個分店、兩個加工廠的連鎖企業。1981年六十八歲的張國梁退休後又被請回店擔任技術指導，直到1988年七十五歲，方才完全離開他父輩二人創立的「耗子洞張鴨子」這塊名冠天下的美食品牌。1991年耗子洞張鴨子獲商業部「金鼎獎」，1995年國家貿易部授於「福祿軒老張鴨子店」中華老字號稱號，耗子洞張鴨子再次煥發青春和美味魅力。

耗子洞張鴨子不僅鴨香味美、品質優良，經營方式也頗有特色。春季多以賣燒鵝為主。夏秋鴨子正當膘肥體健、肉質鮮嫩時節，則大量供應燒鴨、燻鴨、滷鴨等。冬天則以年節市場需求為重，售賣或加工醃臘品、醃桶鴨、板鴨、元寶雞、鹽水雞、纏絲兔、臘豬頭、臘肉及各種風味香腸。在張鴨子整年銷售的各式鴨、鵝、雞、兔品種中，知名度最高最廣，深受省內外喜食的還是其獲得專利的樟茶鴨。

自創店以來的幾十年間，儘管時事變遷、歷經艱辛，耗子洞張鴨子卻是始終堅持以不變應萬變。這「不變」，就是遵其祖訓：「不怕無人買，只怕貨不真，不怕無人請，只怕藝不精。」堅持傳統工藝、精挑貨源、嚴格進貨、加工精細、製作講究。像在進貨這一環節上，凡不夠標準的瘦鴨、老鴨一律淘汰，寧可出高價也必選品質優良的鴨子。由於貨源不穩定，常有短缺稀少的情況，難免有些瘦小鴨鵝，張鴨子則挑出來再飼養至達標後才用。鴨鵝加工就更為嚴謹，鴨子宰殺後不能見一根鴨毛，通常是在鴨翅下開個小孔，取出內臟洗淨鴨體，再把川鹽、生薑、蔥節、郫縣豆瓣、豆豉、芽菜、花椒、胡椒、白糖及滷汁裝入鴨腹內，用青杠木燃燒後的炭火烘烤，這是燒鴨、燒鵝的加工。煙燻鴨、煙燻鵝則要用川鹽、少量火硝醃漬，然後出坯成形，以穀草煙燻上色，其後加薑片、蔥結、胡椒、花椒、香料、白糖、白酒滷製。

而樟茶鴨的加工就更為精細，其加工方法也十分獨特，要經過醃製碼味、煙燻上色、滷製入味、提鮮增香、然後再上籠蒸酥軟，最後下油鍋炸至皮脆肉香。這五個環節中最具創意，也是樟茶鴨風味特色關鍵之所在，便是燻製時須以鋸木屑、香樟樹葉、茉莉花茶碎末的陰火燒出的濃煙，把鴨體表面燻成紅黃色，讓香樟和花茶的芳香浸入鴨體，如此而謂之「樟茶鴨」。

前些年，有些川菜烹飪書刊和文章將樟茶鴨說為「漳茶鴨」，引起不少爭議。漳茶鴨是1920至30年代川菜名館姑姑筵創始人黃敬臨青年時期宦遊北京，在光祿寺供職期間，潛心研究烹飪，受當時御膳房所做滿漢燻鴨的啟示，改用從福建漳州進貢之嫩芽茶做燻料，使燻出的鴨子奇香撲鼻，口感綿長，深得慈禧太后喜愛，並以之招待外國使節，席上主賓無不對這道菜讚美有加。至今，「漳茶鴨子」仍是北京席宴上的一道特色菜餚。回四川後因漳州茶葉進貨難而改用樟樹葉和花茶末，故而稱其為「樟茶鴨」。

但耗子洞之樟茶鴨卻有別於其他類似的鴨餚，其用香樟樹葉和茉莉花茶燻製鴨子而產出奇妙的鴨肉香味，應是張家自己的風格特色。四川各地均有香樟樹，川人亦嗜喝茉莉花茶，因地制宜、就地取材，十分自然方便。故而樟茶鴨乃是川人玩味之藝術的展現，是一菜一格、百菜百味的川菜奉獻給世人的一款美食美味傑作。

近百年來，樟茶鴨名揚華夏、享譽海外，既流香尋常百姓家，成為川人佐酒佳品、吃香喝辣的休閒美食；亦味醉高堂雅客、香美四方賓朋。樟茶鴨形態完美、色澤紅豔，輔以荷葉餅、蔥醬碟而成為頭菜之後的筵席大菜。其鴨皮酥脆、肉香美、肥而不悶人、綿而不頂牙、細嫩化渣；風味是七滋八味、香鮮甘美、醇濃綿長；荷葉餅潔白素雅、綿軟柔綿，令人感官、口感格外舒爽。

品食樟茶鴨講究現炸現上、熱嘗熱品，方能充分感受到其雅香醇味。若美酒一杯悠悠吮之、徐徐啖之，那是鴨美酒香、味濃酒醇、口舌溢香、和腸娛胃。1930年代，一代川菜名師黃紹清就以樟茶鴨香醉十里洋場而名噪上海灘。20年後，黃紹清之高徒，原北京飯店川菜名廚范俊康，1954年隨同周恩來總理赴瑞士日內瓦參加世界和平大會。事後周恩來宴請瑞士各界名流，著名電影表演藝術家、幽默大師卓別林品吃了樟茶鴨後讚不絕口，感歎為「終生難忘的美味」，並請求周恩來一定要送他一只帶回去與家人分享。席間卓別林還特意會見了范俊康，幽默地說：「我將來要到北京專門向你學習製作樟茶鴨。」引來賓主開懷大笑。

1950年代末及60年代初，川菜名師孔道生、陳志剛先後被派赴捷克斯洛克首都布拉格「中國飯店」，向捷克廚師傳授川菜烹飪技術，其中樟茶鴨倍受捷克政要和社會名流讚賞。1979年，川菜名師獻藝香港，樟茶鴨成為轟動香江的金牌名菜。1983年11月，首次全國名廚烹飪技術表演，川菜名師曾其昌以樟茶鴨等川菜名餚榮獲全國優秀廚師稱號。

常言道：無巧不成書。耗子洞樟茶鴨近百年來品牌不老，鴨餚飄香，成為成都人香香饞嘴之不可少和缺。然而在成都青石橋，另有一家也叫張鴨子的，雖說論資歷比起耗子洞張鴨子，那也該算是孫子輩了，但卻因其鴨子的烤製和吃法別具一格，而在吃貨們口中享有極高的聲譽。這便是成都青石橋張烤鴨。

說起烤鴨，東南西北的人自然會想到「北京烤鴨」，可在成都，此烤鴨絕非「京烤鴨」，無論做法與吃法可謂「天壤之別」。在成都人眼中，那瘋鬧滿世界的「京烤鴨」根本不值一吃。就連其叫法成都人也不屑一顧。儘管青石橋這家店的招牌仍是「張烤鴨」，但成都人偏不認這個名，非要叫成「燒鴨子」，或是「冒鴨子」這「燒」與「冒」遠比「烤」來得更有氣勢、更加生動、更神秘、更加蠱惑人心。故而成都的哥們兒弟夥常掛在嘴邊的就是：「走，去宰只燒鴨子下酒」，或是說：「去冒只燒鴨子吃耍」。跟華夏著名美食吃家沈宏非先生吃鴨子只吃鴨腿一般，換在成都妹兒紅唇巧舌裡，常對老公或男友說的便是：「人家想吃鴨翅膀、鴨腳腳，去買點嘛！」一樣，吃的就很細膩、很精緻。

青石橋的張烤鴨，１９８６年由下崗職工張靜來夫婦創建。雖說幾十百把年來，滿成都都是燒鴨子、醃滷鴨攤子，但張烤鴨卻也有其過人之處。其一是店內巨大的泥磚烤爐，以青杠木、香樟木土法烤製；其二是只選用川西壩子敞放的麻鴨，仔細加工清理，鴨胚上先噴白酒、刷上飴糖，在鴨腹腔內放入宜賓芽菜、泡紅辣椒、薑塊、香料包，然後才逐一掛進烤爐燜烤。

烤爐裡每只鴨子下面都放有一大土碗，專門用來盛從鴨子身上滴下來的「窩子水」，你可千萬別小看這「水」，這才是張烤鴨的精華。原汁原味的「窩子水」與烤熟的鴨子同時出爐，加上各種調輔料再燒製成滷水，把砍成小塊的鴨子放進滷水中「冒」，也就是燙，然後裝入大碗中，再舀進滷水，即可上桌品享。故成都人將其想像生動地說成「冒燒鴨子」。

成都麻鴨，個兒頭雖小、但長得結實，故是肥而不膩、瘦而不綿，烤製出來後是色澤金紅、油光閃亮、體態優美、外酥內嫩、鮮香撲面、入口化渣，加上特製原味滷汁，吃來尤是別樣風味、另類風情。除了冒燒鴨子，還有冒鴨腸、冒鴨血，被成都吃貨們喜稱為：好吃不貴，美味三絕。用年近百歲的老成都超級吃家車福老先生之感受而言：青石橋張鴨子，其實就是老成都的燒鴨子。

小小一只麻鴨，看不起眼、無足輕重，但經川人一雙妙手和川菜烹調絕技，便成為舉世無雙的人間佳餚，無論是色香味形，還是吃情食趣都不由人拍案稱奇、鼓掌道絕。而其味中之味、味外有味的耗子洞樟茶鴨和青石橋燒鴨子皆有異曲同工之美妙，如同川西壩上風情，更讓食者穿腸難忘、醉意綿綿。

欲知下文，且繼續看來。

第一十七回
治德治文龍虎鬥，小籠牛肉獨自香

在川西壩子，平民百姓的一日三餐中，多以豬牛雞鴨兔魚為主要肉食。過去成都的牛肉市場和牛肉餐館大多都集中在皇城壩（今天府廣場）一帶。因為這裡是以滿族為中心的聚居地，故而清真牛肉館子很多，以買賣犛牛肉、黃牛肉、水牛肉為主。各牛肉館子大都賣有清燉牛肉、紅燒牛肉、粉蒸牛肉、乾拌牛肉、醬牛肉、滷牛肉、煙燻牛肉、麻辣牛肉乾等；大眾餐館裡日常供應的亦多是乾煸牛肉絲、蘿蔔燒牛肉、芹菜炒牛肉、牛肉豆腐、牛肉豆花、燒牛雜、牛肉圓子湯等；小吃裡則有：紅燒牛肉麵、牛肉脆臊麵、牛肉包子、牛肉水餃、牛肉炒手、牛肉焦餅等。而粉蒸牛肉中，有款小籠蒸牛肉最為有名，尤以「治德號」的小籠蒸牛肉廣為受寵。

１９２８年，在皇城壩附近的順城街，有家賣紅燒牛肉麵和牛肉臊子麵的麵館，通常中午賣麵，下午和晚上賣杯杯酒及滷牛肉、滷豆腐乾等，冬季添賣粉蒸牛肉。老闆叫王炳章，店牌叫「治文號」。因其麵條和牛肉味道好、價格低廉、經濟實惠，每天中午僅有一間鋪面的店堂擠滿了食客，常常是忙得前腳踢後腳，生意高峰時，一個人就硬是手忙腳亂，滿頭大汗。於是王炳章就把同門師弟姚樹成叫來幫忙應酬生意。

姚樹成，１９０６年１０月生於成都外北洞子口一個貧苦家庭，十二歲就進城在飲食行道做學徒。當時，成都三倒拐街有家賣小籠蒸牛肉的麵飯鋪，店主叫曾固，生意也不錯，但那蒸牛肉就是聞起來香吃起來不香，姚樹成有時也去照顧他一下。去了多次，慢慢的看會了他的做法，覺得這中間頗有值得研究可以改進的地方。十九歲那年他離開了學手藝的那家麵店，另外幫人當大師傅了，在做白案（麵食）之外，就兼做小籠蒸牛肉。到了１９３４年，又到魁星樓街口幫王師兄的「治文號」做小籠蒸牛肉。儘管他的操作在那時已經能招徠買主，可也是聞著香吃著不香，他自己也覺得很傷腦筋，一籌莫展。

後來，王師兄想擴大發展，就把「治文號」頂給了姚樹成，另到青石橋街開大館子。當時姚樹成手上只積存有9個大洋，但他對於改進小籠蒸牛肉的意願正濃，也朦朦朧朧有點門道了，心想這是個機會，便四處找朋友，湊了100個大洋把生意頂了下來。

經過一段時間的摸索試驗，姚樹成終於在一個偶然的機會裡找到了突破點。原來有幾位四川大學的教授（那時川大文法學院是在皇城裡）是他的熟買主，其中曾任法學院長的吳君毅是位美食家。他得知姚樹成的想法後，向姚建議，用雞湯煨口蘑香菇加進去可以提鮮增香。姚過後試了一下果然不錯，大喜之餘便不惜多花本錢選用好口蘑，用吊子（頂鍋）熬。這樣一來，他的小籠蒸牛肉不但聞起來香，吃起來也香了。但是為了競爭他必須保密，連對這幾位教授也沒有多說。店上除了他弟兄夫婦外，只有一個徒弟，所以別人也無從知道其中之奧秘。

生意蒸蒸日上，姚樹成改進的信心和勁頭更足了，他又用海星、大棗泡酒作料，再加入「太和號」的好醬油，「口同嗜」的上品豆鼓，清溪的花椒，龍潭寺的辣椒粉，在調味上大下功夫，同時也特別注意加用香料的分量，不能讓它們壓了牛肉的香味。如此，他的小籠蒸牛肉很快就名傳四方。不想生意正大有起色的時候，殊不知麻煩也隨之而來。

原來那位姓王的大師兄在青石橋開大館子折了本倒了號，整得垂頭喪氣。原來王的新店開業初期也還過得去，但它所不知的是，青石橋位於城東南，附近周邊居住的大多是漢族百姓，按習慣多在秋冬季吃牛羊肉，平常多愛吃豬肉。於是，王的生意便每況愈下，月月虧損，沒做幾個月就熬不下去而被迫關門歇業。而他原先頂給姚樹成的牛肉麵館，因地處長順街，周圍居住的幾乎全是官宦、商賈、滿、蒙、回族人，一年四季皆以牛羊肉為主要肉食。這樣，王見姚樹成把「治文號」經營的有聲有色當然就紅了眼，便藉口「治文號」這塊招牌是他的要收回去自己經營。於是就在姚樹成麵店的斜對面也開了一家麵店，把「治文號」的招牌取了過去掛起。此時長順街就出現了兩家同字號，經營相同品種的牛肉麵館，且又是兩對門。世人也不以為怪，以為是兩兄弟所開，因王在這一地段時間較長，熟人熟事、老買主多，自然生意就日漸日好。而姚的生意則日漸疲軟，大受影響，但卻又是啞巴吃黃連有苦說不出。

姚樹成只好在牛肉及麵條的風味品質，在誠信經營上努力提高，生意又逐漸紅火起來。當然師兄弟之間的競爭也日趨公開化。王師兄認為是招牌的原因，便以契約上「只頂鋪子、沒頂名號」為由，非要師弟另立店招。舊時店招就是營業執照，沒有店名就不能營業。這就大大苦了目不識丁的姚樹成。他一籌莫展之時，一天蹲在店門口焦眉愁眼冥思苦想，見一小孩在小販攤子買東西，拿回家後因短斤少兩，大人又找來理論，雙方就吵了起來，路人都說小販欺老哄少，做生意缺德。姚一聽心想「對呀，做人要講誠信，做生意更要有德。」他靈機一動，把「治文號」僅改一字變成「治德號」，不就是新招牌了麼。於是他立馬請書寫先生刻立字牌，黑漆金字的「治德號」便掛了起來。１９３３年，長順街就出現了「治德號」、「治文號」兩家牛肉麵館。

「治德號」招牌立起後，為了區別於「治文號」，突出自家特色，姚樹成便以「小籠蒸牛肉」為當家品種，以「紅燒牛肉麵、牛肉脆臊麵」等為輔的經營特色。尤其在蒸牛肉上，它以當天宰殺的新鮮黃牛腰柳肉、腰窩肉及腿子肉為原料，不符合做蒸牛肉的料堅決不用，寧可不賣、也不以次充好；在米粉及調味上則按季節時令的變化，增減用量和口味輕重，樣樣親自動手，且用直徑約１０公分、高５公分的竹製小蒸籠蒸製，蒸熟後的牛肉再撒辣椒粉、花椒粉和香菜。

如此，姚樹成的小籠蒸牛肉不僅新穎獨特，而且還當街大灶大鍋，小竹籠立在蒸鍋上，一如塔林，十分壯觀，熱氣騰騰，香風四溢，很是誘人。那籠中牛肉雖是分量不多、卻是色澤金黃油亮、濃香妙味撲鼻，吃到嘴裡麻辣鹹甜、滋味豐厚、柔嫩軟和、入口化渣，口感異常美妙。於是，每日中午時分，前來品嘗的食客紛至遝來，攜碗帶盆買回家吃的亦是絡繹不絕，店內店外人聲鼎沸。治德號小籠蒸牛肉的名聲不脛而走，很快傳遍成都市區。

治德號小籠蒸牛肉自開張，就一直保持著他的製作和經營特色。一只破舊大汽油桶製成的爐灶，一口大鍋和幾十個已變得紅黑油亮的竹製小蒸籠矗立在店門口，現場製作當眾表演，熱氣翻卷滿街飄香。隨著蒸肉濃郁的香味，老遠就看見門前大灶大鍋上，幾十個重重疊疊似塔林般的，雲霧繚繞的小籠蒸牛肉，使過往行人無不放緩腳步，頗感新鮮好奇。那蒸騰飄逸地熱氣，香美濃郁的氣味，更讓人胃腸蠕動垂涎欲滴，非飽餐一頓方可心安！無論你是獨食獨享，還是做東請客，花費不多卻美味盡啖，吃來是軟糯滋潤、辣麻香濃、鹹甜多滋、美口舒心，倘是酌點小酒，細品慢咽、悠嘗閑嚼，你必定會忘乎所以，不知身在何方。治德號小籠蒸牛肉的這一生動誘人的場景，幾十年來，成為成都的一道生動的市井風情。

名氣大振、生意興盛並沒有使姚樹成止步，他知道自己剛立住腳跟，還得加把子勁不能歇氣。很快他在小籠蒸牛肉的基礎上推出了「小籠蒸肥腸」、「小籠粉蒸雞」、「小籠粉蒸兔」、「粉蒸刨花豬肉」等品種，還專門請人在店裡做「白麵鍋魁」，用來夾小籠蒸牛肉，吃情食趣更加濃郁，「治德號」的生意亦火爆非常。而「治文號」在如此強勁地競爭情勢下，雖費盡心機、幾經掙扎，仍無力抗爭，終於在１９４０年代抗戰尚未結束前就悄然歇業。

姚樹成是個定了心就要一竿子插到底的人，他決心要把「治德號小籠蒸牛肉」做成品牌。常在經營上動了不少腦筋。抗日戰爭時期，姚有一個吃貨朋友是放電影的，當時電影是個很新鮮的時髦玩意兒，有錢人家都爭相觀賞。他便請這位朋友幫忙把「治德號」的經營品種、特色、招牌、地址「打玻璃」（放幻燈片）做廣告宣傳。同時，他還給對風味品質和服務提出意見與建議的顧客減價或免單。這一來，「治德號」的生意和名聲在成都四門炸響開來。

１９３７年，張大千先生攜家眷來成都舉辦大型「抗日畫展」，成都文化界首領，著名藏書家嚴谷孫設宴款待，張大千先生提出要吃「籠籠粉蒸牛肉」，嚴老命人就近買回一家也是有名氣的，張大千嘗後嫌太粗糙不正宗。非要吃治德號的不可，結果從治德號端回來一嘗方稱讚不已，但大千先生仍覺味不夠濃，在他的指點下，添加了現舂的辣椒粉、花椒粉和香菜，又叫人到德勝街買回有名的「葉鍋魁」。大千用這椒鹽鍋魁夾入粉蒸牛肉，方才吃得興高采烈、舒舒展展。

１９８１年過大年，張大千在台灣宴請張學良及夫人趙一荻等，１６樣菜餚中，就有「籠籠粉蒸牛肉」。台灣那時沒有成都這種小竹籠，大千在海外就改用一般大蒸籠。粉子則用玉米粉拌合牛肉蒸製。不過，張大千一生仍然很懷念成都治德號的小籠蒸牛肉。

治德號的小籠蒸牛肉，多年來征服了成都的食客，也振撼了南來北往的老饕。著名的電影藝術家謝添，１９８９年剛抵成都，就不顧旅途勞頓，走街串巷尋覓他的故知——成都小吃的芳蹤。當那黃澄澄、香噴噴、麻辣鮮嫩，柔糯化渣的小籠蒸牛肉呈現在他的眼前時，謝導演禁不住驚歎起來：哈哈，久違了！治德號幾十年來生意常盛不衰，真名小吃也！

１９４０年代後，「治德號」的生意達到鼎盛，「生意通四海，財源達三江」。發了財的姚樹成開始買田置地，拿現今之話說，就是投資房地產，成為成都頗有名氣的大戶。如此，１９５０年後姚樹成被劃定為工商業兼地主，但仍在公私合營後歸屬成都市飲食公司的「治德號」店裡主持業務，傳授技藝。治德號一直在長順中街經營到１９５８年，不久便遷到提督街，１９６３年又遷到祠堂街人民公園右側，１９８４年因修建東西幹道，便再次遷到西幹道市政府對面，１９９６年又因擴建天府廣場而關店歇業，１９９９年在成都金絲街路口恢復經營。

久違了的治德號小籠蒸牛肉，使市民們欣喜不已，爭先恐後，蜂擁而至，一品為快。儘管姚樹成於１９７９年４月以七十三歲高齡功成身退，已經不再是「治德號」事實上的主人，但他有理由感到由衷地欣慰，這畢竟是他傾其一生的心血之結晶啊！曾跟隨姚樹成學藝的川菜大師劉曉旭說道：「姚師傅不僅有一套精湛的技藝與訣竅，更有難能可貴的廚德，他對製作精益求精，每個環節一絲不苟，選料、配料、拌料、調味及加工十分嚴謹。即便在物質緊缺的年代，他也是「寧缺毋濫」，絕不以次充好。現今雖年事已高，關鍵工序仍是親自把關。難怪成都市歷屆名特小吃評選鑒定，治德號小籠蒸牛肉總是名列前茅。」

１９９９年後，重獲「新生」的「治德號」更上一層樓，小籠蒸牛肉先後榮獲四川省第二次烹飪大賽熱菜一等獎；全國第四屆烹飪大賽金獎，姚樹成的徒弟，時任「治德號」廚師長的倪聖中喜獲「中華最佳廚師」稱號；２０００年，「治德號」被授予「四川餐飲名店」；２００２年，「小籠蒸牛肉」被國家貿易部認定為「中國名菜」；２００６年，四川省商務廳正式認定「治德號」為「四川老字號」名店。

但早在１９８３年，姚師傅不慎摔倒後病重不治而亡。為人親切、善談，喜歡每天飲一、二兩小酒的姚師傅去世了。近八十載之風風雨雨，姚樹成與治德號一路走來，在動盪中不屈不撓，在順境中兢兢業業，始終固守著他嘔心瀝血一手創製的美味佳餚與純真風情。常言道：和平處事，勿矯俗以為高；正直居心，勿投機以為智。姚樹成少年從業即以和氣生財，家和萬事興來打理日常生意，無論其在困境還是順境，為人處世都十分低調，心平氣和，總是兢兢業業，足踏實地，從不投機取巧，他不顧一切始終確保小籠蒸牛肉的品質與風味，用真情和真味回報食客大眾，同時也善待了自己艱辛一生所創出的品牌。

有道是：莫道蒸籠小，堆積成品牌。欲知後事如何，請看下回道來。

第一十八回
烽火狼煙革命飯，驚心動魄努力餐

1929年的成都，軍閥紛爭、戰火不斷、虎去狼來，真個是「穿城九里三，更響把門關、兵匪難分辨、蒙冤只喊天」的世界。可這省城畢竟是觀瞻所繫的首善之區，官紳名流薈萃之所，為了適應他們往來應酬，花天酒地的吃喝需要，大凡有名的川菜館都集中於此，高級餐館像榮樂園、聚豐園、枕江樓、姑姑筵、竟成園等，也是日日興隆，夜夜興旺。為避免街市喧鬧，同時遮人耳目，這些名館大都隱於深庭大院或花木濃蔭之中，雖然「座上客滿堂」，卻也是「往來無白丁」。普通老百姓只能望園興歎。

就在這年5月，成都飲食業竟綻放出一朵奇芭，一座臨街青瓦灰樓、一樓一底、雙間門面的南堂館子，挺立在三橋南街口（今人民南路四川劇場對面）。這裡是南門進城的必經之路，人如潮湧、熙熙攘攘，同其他南堂館子的優雅環境相比，便顯得十分的簡陋。更讓人頗覺稀奇的是，這個餐廳的大招牌上書寫的是三個醒目大字——「努力餐」。而且門口懸掛的菜牌上還列著有「革命飯」。過往路人紛紛駐腳，議論聲起。在那軍閥混戰的年月，公然標出「革命飯」，且還「努力餐」，這不是老虎屁股上扯尾巴，惹是生非，自找禍事嗎？

次年5月，這家餐館搬遷到祠堂街，不僅依舊處於市中心的熱鬧地段，且店招、菜牌依然如故，進門的廳堂內還掛著一幅楹聯，上聯是：「要解決吃飯問題，努力，努力！」下聯是：「論實行民生主義，庶幾，庶幾！」立意深遠，令人回味無窮。果然不久，便有特務嗅出了味道，來到餐館質問老闆車耀先：「車先生，為什麼你要賣『革命飯』？」車耀先坦然以對：「這有啥子稀奇？孫中山先生的遺囑不是告誡我們說，革命尚未成功，同志仍須努力嘛！」一句話弄得那些傢伙無言以對，只好怏怏離去。

那麼，這車耀先是何許人也？竟敢在老虎嘴裡拔牙？車耀先原名榮華，1894年9月27日出生在四川大邑縣灌口場小商販家庭，五歲起斷斷續續讀了幾年私塾，後因父親病故家境貧寒而綴學。十一歲跟隨母親賣地瓜、甘蔗等糊口度日。十四歲經親戚介紹到崇慶縣（今崇州）一家布莊當學徒，幾年下來仍無力助家。十九歲有熟人引薦到劉湘軍隊當兵，由於他知書達理，幾年後晉升為連長，後作戰有功又升為團長、新兵訓練處處長。車耀先性格剛直不阿，正直開明，在軍隊中接觸並受到共產黨員的影響，於１９２８年正式加入共產黨。其後發生了殘殺共產黨員和革命群眾的「三・三一慘案」，便憤而退出軍隊，出遊日本、朝鮮，回國後根據黨的指示，車耀先以自己素日喜愛烹飪之特長，創辦了「努力餐」飯店，以餐館老闆做掩護，利用在舊軍隊中的影響從事革命活動。

車耀先本著「努力餐」的宗旨，為解決勞苦大眾的吃飯問題，烹製適合大眾口味的菜餚，創造自己的特色，做到物美價廉，切實服務於廣大勞動人民。他還先後請來川菜名廚盛金山與何金鳌任主廚，後者早年曾在護國軍中給任旅長的朱德當炊事員，廚藝精湛、技術全面，且見多識廣。其後，又先後請來白松雲、馮德興等名廚主理，經營宴席和零餐。推出的招牌菜有生燒什錦、宮保童雞、清湯三鮮、蒸碗飯、大眾麵點等，以正宗川味、價廉物美而著稱。他經常鼓勵工友們要把「努力餐」辦成聞名全川的餐館，精心烹製大眾化的名菜，創造自己的特色。當時，一般餐館都出售燒什錦，但「努力餐」何師傅的燒什錦卻別具一格，配料齊全、汁濃味鮮；「宮保童雞」、「白汁魚」、「清湯三鮮」等菜餚，以其獨特風味贏得顧客交口稱讚，成為「努力餐」的名菜。車耀先還是個經營有方的餐廳老闆。「如果我的菜不好，請君向我說；如果我的菜好，請君向君的朋友說。」車耀先的這句名言不僅在社會上廣為流傳，也為努力餐迎來了自己的特色和人氣。

「努力餐」雖是大眾飯館，卻為川菜的發揚光大做出了貢獻。其招牌菜「紅燒什錦」、「白汁鮮魚」、「宮保童雞」等成為川菜精品。「紅燒什錦」裡，除有發好的海參、魷魚，還融入了公雞肉、鴨肉、豬後腿肉，以及豬舌、豬肚、心、腰子、香菌、玉蘭片、白果、板栗、鮮胡桃仁等十餘樣食料，入鍋紅燒時，還要加料酒、冰糖。用１２吋大盤盛一份，足夠四個人進食。當時的價格僅需０・６５銀元，約合現今人民幣２０元。其菜上桌，汁稠味濃、色澤美豔、質地香軟，爽潤不膩，下酒佐飯老少皆宜，加上那個澆頭又可做頭菜上席，故而享譽蓉城。食客對此菜的評價是：「質高、味厚、色美、價廉、營養」。從三十年代起，群眾中就流傳著「燒什錦，名滿川，味道好，努力餐」的民謠。抗戰時期努力餐的名菜「鍋巴肉片」被食客戲稱為「轟炸東京」，「炸元宵」稱作「原子彈」，十分生動有趣吸引了不少消費者。

努力餐還有一大成都餐館中獨一無二、幽默風趣的特殊景觀。便是在其涼菜櫥窗裡，常年掛著兩三只生的全雞骨架，從頭到腳光溜溜，一絲不掛、資格全裸，無一毫筋、皮、肉，但骨架卻完整無損，那剔骨之技藝真也堪稱一絕，很受行業內外稱道，戲稱為「燈籠雞」。其後，努力餐真還開發出一款與紅燒什錦齊名的燈籠雞來。顧名思義，這燈籠雞舊時即指客人把整只雞肉吃完了，就剩下一副形似「燈籠」的雞骨架子。許多餐館老闆過去就常把這些個雞骨架拿來給廚師或幫工們吃。而努力餐的燈籠雞卻另是一番風情風味。

大凡春節，車耀先為犒勞店裡的員工，特意讓廚師們自由發揮，拿出自家的拿手菜來。當時有個廚師用一只仔公雞，清理乾淨後，經醃漬入味，再放進開水鍋中出水，撈出搌乾水氣，在雞身上抹一層紅辣椒粉，放入盆中，加薑蔥、料酒、豬網油裹上，用牛皮紙封住盆口，入籠大火蒸熟，取出後置於大圓盤內，澆上原湯原汁，淋上香油即成。這道菜一上桌，形態大氣、風味獨特、雞肉細嫩鮮美，吃來是香美可口，眾人驚歎不已。「這道大菜叫什麼名字？」車耀先問，廚師大都廚藝好文化低，一時張口結舌說不上來。便請車耀先取個名。車看了看盤中的雞，又抬頭望瞭望門口懸掛的大紅燈籠，於是不加思索地說：「就叫它燈籠雞，圖個喜慶吉祥。」就此，川菜名菜中就多了這一款美味佳餚。

為了給勞苦大眾服務，「努力餐」還專門設有配套合菜，分冷碟、熱菜、紅燒、清蒸。客人就餐時配的兩碟泡菜尤受歡迎。這是車耀先親自去新繁請來的泡菜師傅精心泡製的。努力餐日常還大量供應經濟實惠的「大眾蒸餃」、「大眾蒸碗飯」和小份菜餚。「大眾蒸餃」個大餡多，一個蒸餃二兩多重；尤為是這叫做「革命飯」的大眾蒸碗飯，一碗一碗蒸在大竹籠裡，每碗約四兩，裡面摻合有肉顆、青豆、嫩筍和芽菜，油氣很重、軟硬適口、香味撲鼻。一般食量一碗即可，食量大的充其量也不過兩碗，就吃得腦滿腸肥。來客入座、飯菜上桌、經濟實惠、快捷方便，確實是名符其實的中式速食，自然受到勞苦大眾的歡迎，吸引了一大批草根階層，黃包車夫、報童、學生、小職員、城市平民等前往光顧者絡繹不絕，每日食客盈門，人人吃得心滿意足。有人還問車耀先：「你那『革命飯』這樣賣能賺錢嗎？」他哈哈一笑說：「賺錢？我是甘願蝕本給窮人吃的。他們吃一份等於打個小牙祭，我就是要讓『黃腳杆』也能吃餐館。也只有窮人才願吃革命飯啊！」他又說：「其實，也不會真蝕本，吃酒席的老爺們，會替他們還賬的。」

凡來店就餐者，不論婦孺老幼，車耀先都要虛心聽取意見，詢問請教，不足之處，隨時改進。凡聽說誰家餐館出了名菜佳餚，馬上派出廚師品嘗，花錢學習。回來後博採眾長，對菜餚加以改進，烹炒調製進而推廣。如此，努力餐贏得了四方賓客，越辦越紅火，名噪蓉城。不論土生土長的巴蜀人，還是逃難在川的晉陝豫魯北方人、江浙兩廣人，都喜歡光臨品嘗。

「努力餐」因此不僅為革命活動籌集了資金，而且成為共產黨的地下秘密聯絡站和上層進步人士聚會的場所，南來北往的秘密工作者常出入其間，只要喊出「一菜一湯」的暗號，餐館就會為其提供免費餐飯。就這樣，「努力餐」默默接濟了許多當時生活上存在困難的革命志士。

當時在川的中共領導人吳玉章、鄧穎超等，曾到餐廳樓上開會，車耀先還曾宴請沙千里、史良等。車耀先和當時任中共四川省委書記的羅世文等經常在樓上隱蔽的小屋內分析研究革命形勢，商討鬥爭策略，領導全川的革命運動。店裡的員工則分散在周邊站崗放哨。「努力餐」自創建始，便招收貧窮人家的青年子弟來店學徒，白天忙完飯店的活計，晚上關閉店門，車耀先便給這些窮人家的孩子上文化課，教他們念書寫字、講革命故事、講鬥爭史等，飯店成了傳授革命道理的紅色學堂。飯店的員工在車耀先革命思想的教育下，在環境的影響和薰陶下，大多成長為革命交通員。

１９３７年1月，車耀先用餐館內兩間屋子作為編輯部辦公室，創辦《大聲》週刊。他用筆名發表大量文章，揭露親日派挑動內戰的陰謀，積極宣傳抗日，反對內戰。成為當時四川抗日救亡運動的喉舌。該刊曾多次被國民黨反動派查封，不得不先後改名為《大生》、《圖存》等名。

１９３８年，當時在成都從事地下工作的鄧穎超代表周恩來，在「努力餐」宴請了剛從獄中出來的中華救國會「七君子」沈鈞儒、鄒韜奮、史良、李公樸、章乃器、王造時、沙千里等。沈鈞儒還陪同鄧穎超與車耀先會面。鄧穎超在成都期間就住在東御街１１號，即李鵬母親的家裡。同年十月，中共中央參加國民參政會的代表董必武、吳玉章、林柏渠、陳紹禹（王明）等路過成都，亦在努力餐舉行隆重招待會，對車耀先及中共川西特委多年的工作給與了高度評價，陳紹禹還風趣地說：「努力餐是我們成都的『統戰部』」。１９４０年，中華文藝界抗敵協會成都分會歡迎馮玉祥、老舍來蓉而舉行的歡迎會，也在「努力餐」舉行。

當然，車耀先當時主要還是從事革命工作，努力餐的實際經營全歸妻子黃體仙及妻弟黃以新主持。車妻當時正值三十來歲，精力充沛、熱情樂觀、豪爽健談。不僅充當老闆娘，店裡一應繁雜事務，從清洗碗筷、抹桌椅板凳、原料採購、廚房管理，她都親自動手或料理。逢年過節，她還特地為工友做不少湯圓粉子和心子、粽子、葉兒粑、米花糖等。每年除夕，車耀先夫婦都會在店裡與全體工友團圓聚餐，以示慰問與感謝。大年初一，油漆、粉刷一新的努力餐門面，都要掛起一排精緻美麗的宮燈，火紅色的門面與燈光，把努力餐映照的喜氣洋洋。到了開春，成都西郊的青羊宮的年度傳統花卉又開始了，努力餐總會在花會設點，為趕花會的四方農民和城鎮居民供應價廉的大眾飯菜麵食。為此，車耀先還專門編寫了一首順口溜作宣傳廣告語：「花會場，二仙庵，正中路，樹林邊，機器麵，味道鮮，革命飯，努力餐。」吸引了眾多去花會趕場的父老鄉親。

１９４０年３月，國民黨製造「成都搶米事件」，嫁禍於共產黨。時任八路軍駐成都辦事處主任，兼成都新華日報社主持人的羅世文被國民黨逮捕。同時，在一個風雨交加的夜晚，國民黨特務謊稱收電報，敲開「努力餐」的大門，秘密逮捕了車耀先，將他先後囚禁於貴州，與張學良等一同拘押息烽集中營，長達６年與外界隔絕。１９４５年轉押到重慶渣滓洞。在獄中，車耀先抓住一切機會學習，並從國民黨特務的「攻心武器」曾國藩家書中受到啟示，給子女寫下遺書。

車耀先被秘密抓走後，車夫人四處奔走打聽下落，並於同年３月１７日寫出狀紙，向國民黨當局提出抗議。而當局則謊稱：「究系何機關派出，以及拉到何處，均以事出夜半，附近居民大多均在睡夢中，故無從查處」。幾天後，軍統頭子戴笠親自來成都押走了車耀先與羅世文。車夫人後來方才從一位熟人那裡得知車耀先留下的口信：「我大概一下回不來了，請把兒女們照看好。」從此竟成訣別。直到１９４６年，從重慶渣滓洞集中營出來的孫壺東，捎帶出來車耀先在獄中六年撰寫的幾十萬字的《四川軍事史》及一步尚未完成的《自傳》。

車耀先和羅世文被捕後，中共中央亦多次提名要求釋放，但遭到蔣介石拒絕。１９４６年８月１８日，蔣介石下密令，國民黨軍統特務將車耀先和羅世文押解到重慶松林坡秘密殺害，並用汽油澆身焚屍滅跡。臨難前，車耀先和羅世文面對死亡毫不畏懼，高聲朗誦：「故國山河壯，群情盡望春，英雄誇統一，後笑是何人？」

１９５０年後，在祠堂街舊址的「努力餐」重新開業。仍由車夫人和家屬料理經營。１９５６年，車家把「努力餐」完全交給了國家，經過公私合營改造後成為國營企業，隸屬於成都市飲食公司少城中心店。文化大革命中一度被更名為「紅岩飯店」。轉眼間到１９８４年，由於人民公園面臨擴建，有關部門將祠堂街上的老「努力餐」拆除，按照原來的規模和風貌在不遠處的金河路上整體重建。１９８５年７月２２日，成都市人民政府公佈「努力餐」酒樓為文物保護單位。１９９９年，努力餐由成都銀杏餐飲有限公司全權經營管理。現餐廳經過重整、裝修，富麗堂皇的仿古建築格外引人注目。這期間，川菜、川點名師馮德興、李德明、林家治、張中尤等先後入主努力餐，依然保持和經營著原有的名菜名點。並先後接待了張愛萍、魏傳統、胡績偉以及社會名人王昆、蕭軍等。

２０１２年2月，通過重新製作木質格窗、窗欄等造型，在原址改建後的「努力餐」為坡屋頂、青磚瓦，散發著濃郁的川西風味，而裝飾的木窗、山牆則呈現出典雅的風格。兩種不同風格混搭，整體以磚石結構為主，配以木結構，展現給市民的是一幢頗具民國時期風格的建築。靠近小南街的一面牆上，還有一顆大大的紅五星。不由得讓人追思起烽火狼煙的歲月……。努力餐，也成為蓉城近百年間，屈指可數，不變其址，未更其名，尚還「健在」的老牌餐飲名店。

有道是：革命餐館努力餐，傳奇美談革命飯。

第一十九回　棄教從廚實無奈，揮筆舞勺小雅軒

歷史上，從楊雄寫《蜀都賦》，司馬相如與卓文君開小酒家——「文君當爐，相如滌器」，到蘇東坡的燒墩豬肉《十三字訣》算起，亦有楊升庵、《中饋錄》作者曾懿、《醒園錄》作者李調元、《成都通覽》作者傅崇榘等文人雅士，既是大名鼎鼎的文人學士，又是地道川菜美食家、食評家。有的自己還能做幾樣拿手的菜餚，有的則對烹飪有聞必記，廣泛蒐羅資料以傳後世，遺留下了豐富的中華飲食文化與烹飪技藝遺產。

到了近代，更有像曾為前清秀才，做過清宮御膳房管事和三地縣太爺的黃敬臨，不僅精通烹飪，知曉南北大菜，更是自己創辦了名餐館「姑姑筵」，人稱「儒廚」。張大千，名權，後改作爰，號大千。四川內江市人。是國內外著名的畫家，在書畫上堪與齊白石、徐悲鴻並駕齊驅。他也是有名的美食家和烹飪行家，把烹飪看做藝術，不僅善於品評菜餚，而且善於製作菜餚、設計筵席，他的大千風味菜和大風堂酒席名聲早已在外。他曾說：「以藝術而論，我善烹飪，更在畫藝之上。」徐悲鴻也讚揚說：「大千蜀人也，能治蜀味，性酣高談，往往入廚作羹饗客，夜以繼日，令失所憂，能忘此世為二十世紀。」

然而，以上諸公，都不及另一個文學大家與烹飪美食學者的名氣張揚。他就是——李劼人。這位大作家與翻譯家，除了《死水微瀾》、《大波》等小說以外，還留給成都人民兩件至今受益匪淺的作品：一是城中心那條寬闊漂亮的人民南路，那是他在１９５０年代初任成都市副市長時修建的；二就是這家享有美譽的小雅（軒）餐館了。

李劼人（西元１８９１年６月至１９６２年１２月），男，１８９１年６月２０日生，四川成都人，原名李家祥，常用筆名劼人、老懶、懶心、吐魯、云云、抄公、菱樂等，中國現代具有世界影響的文學大師之一，也是中國現代重要的法國文學翻譯家，知名社會活動家、實業家、美食家、編輯家、成都地方文化學者、大學教授。亦曾任《群報》主筆、《川報》總編輯，成

都市副市長。

李劼人１９４７年在《四川時報》「華陽國志」專刊連續發表了四十三篇談飲食文化的文字，總題目為《中國之衣食》。一年後，又將此改定為《漫談中國人之衣食住行》，發表在《風土什志》上，分別為：《食——國粹中的寶典》、《高等華人之吃人》、《老百姓桌上的菜單》、《勞苦大眾的胃病》、《「蔬菜之國」之謎》、《吃雞鴨方式之師承叫化子》、《吃的理想境界》等。

李劼人是中國現代作家群中難得的，如此高密集度探討中華飲食文化的作家。他從學者角度，以作家的筆墨，美食家的資格，在政治、經濟、營養、衛生、烹飪方方面面對中華飲食文化進行了一次大規模的梳理。這一切都源於１９３０年他在成都開辦「小雅軒」餐館及多年來烹飪實踐的總結，也是將中國的烹飪文化推向一個新高度的努力。

１９３０年秋，當時成都的幾家報紙刊登出轟動錦官城的稀奇新聞，標題為：《成大教授不當教授開酒館，師大學生不當學生當堂倌》；文章中的小標題是：「雖非調和鼎鼐事，卻是當爐文雅人」。當時成都的風氣較為閉塞，消息一出，一時傳為異聞，不脛而走。一時間讓一些封建遺老遺少大發厥詞，認為李劼人這留洋的學生，竟然搞這般沒名堂之買賣，且為人師表，如此下作，無怪學風日下。斥責他有辱斯文、敗壞聖德。還有些頑固派認為他的「怪異」之舉簡直是大逆不道。如此等等，李劼人事前就已料到，這些流言蜚語會向他襲來，故而處變不驚，特立獨行。

１９３０年４月李劼人從成都大學辭職，借了３００銀元準備在指揮街開一個小餐館。現在很多文章談到李劼人開的餐館都稱之為「小雅餐館」，這是曲解。當時，李劼人為了給餐館命名，有一次與吳虞閒談，請吳為它取一個名字。吳虞，新文化運動著名人物，四川華陽人。早年留學日本，歸國後任四川《醒群報》主筆，鼓吹新學。１９１０年任成都府立中學國文教員，不久到北京大學任教，北京高等師範國文系教授，並在《新青年》上發表系列文章，猛烈抨擊舊禮教和儒家學說，在「五四」時期影響較大。胡適稱他為「中國思想界的清道夫」。晚年任教於成都大學、四川大學。吳虞在１９３０年５月６日的日記中寫道：「李劼人將開小餐館，予為擬一名曰『小雅軒』。如是，餐館的正確名稱是「小雅軒」。李劼人後來回憶說：「成都大學校長張瀾由於思想左傾，為當時軍閥所扼制，不能安於其位。張瀾先生到重慶去……我就提出辭職，借了３００元經營一個小菜館，吳虞為其餐館取名小雅軒，出典是《詩經．小雅．鹿鳴》」。

李劼人開辦餐館，也是不得已而為之。他說：「我同妻親自做菜，一是表示決心不回成都大學，二是解決辭職後的生活費用」。由於李劼人作家兼教授的身份與名氣，「小雅軒」的問世在成都引起軒然大波，街頭巷議眾口紛云，報紙當即以「文豪做酒傭」為題大肆渲染，說什麼「成大教授不當教授開酒館，師大學生不當學生當堂倌」。一時間，到指揮街看稀奇的、到「小雅軒」嘗鮮的好吃嘴，以及捧場的新朋老友紛至遝來。李劼人和他的夫人楊叔捃女士掌勺，而跑堂的則是他的學生鐘朗華。

那麼李劼人為甚麼要離開成大，不當教授而且甘願去開個小餐館呢？當然，對這位四川知名文人而言，心中自然是有難言之隱。1930年代，作為四川軍閥統治的成都，連年混戰、爭奪地盤，把從老百姓身上敲詐勒索來的錢，在省城花天酒地、享樂腐化，弄得民不聊生。加之對進步人士、青年學生肆意逮捕、濫殺無辜，滿城怨聲載道。李劼人深受青年學生愛戴，他不同流合汙，敢於仗義執言，蔑視反動當局，故而遭受嫉恨。李劼人曾回憶：1930年暑假，張瀾先生在成都待不下去，無奈而到重慶，我自度在張瀾先生走後，我也難以對付那些軍閥官僚。所以，在張瀾先生走以前，我就提出辭職。張瀾先生沒有同意，我遂借了三百銀元，在成都我租佃的房子裡經營起一個小菜館，聊以度日。

當時李劼人先生是成都大學（現四川大學）文學系的教授，常和成都大學教授以及文化界人士每月30日約定在「小雅軒」聚會，照成都的吃法按到會人數「打平夥」，也就是現今的「AA制」、各自分攤。李劼人主廚，因此朋友們都尊稱他為「大師傅」。辦餐館之舉，雖為書生意氣，卻也是做得有聲有色、別有風格。

李先生十五歲時父親病逝，母親因腿疾殘廢不能行走，料理家務、照顧長輩，全由他一個小小少年承擔，沉重的生活擔子壓在他的身上，逼著他學會開門「七件事」。李劼人的母親做得一手好味道的家常川菜，甚至可做家常味的筵席。於是他從小便學從母親言傳身教中學到了烹調的各種技術。他的至交沙汀在《李劼人》一文中曾說：李劼人年輕時下廚「觀摩有物，從選料、持刀、調味及下鍋用鏠的分寸火候，均操練其熟」。可見他的廚藝十分了得。李劼人在文章中亦也說道：「成都平原沃野千里，是天府之國的中心城市，米好、豬肥、蔬菜品種多而味厚且嫩，故成都多小煎小炒，而以香脆滑三字為咀嚼上品。」由此可見，沒有對川菜的這種獨到的體味，是作不出李劼人式的精妙川菜的。中學時代的李劼人有個綽號叫「精緻」，是說他愛好修潔。其實這正是他的性格，做任何事情都一絲不苟。

1930年代的成都指揮街是一色的青石板路，街道兩邊亦是吊腳瓦房鋪面，各色的招牌幌子招搖過市。在街角拐彎處的這家叫「小雅軒」的館子，為四川民居臨街的單間鋪面改造，佈局略顯長方形，面積不大，約

80平方公尺，前堂為餐館，後屋為廚房。餐桌為小圓桌、餐椅為靠背椅，且又按照法國的風格，鋪上白布做餐巾，潔淨雅致。店如其名，僅容得下四張八仙桌大小，倒也精緻典雅。館子的招牌菜是豆豉蔥燒魚，這道菜在當時成都文化和教育界頗有口碑。麵食為燉雞麵和番茄撕耳麵，點心是金鉤包子；冷熱菜有蟹羹——以干貝細絲替代蟹肉、酒煮鹽雞、乾燒牛肉、粉蒸苕菜、青筍燒雞、黃花豬肝湯、怪味雞、厚皮菜燒豬蹄、肚絲炒綠豆芽、夾江腐乳汁蒸雞蛋、涼拌芥菜寬粉皮。此外，還有幾樣法式菜餚：以川西菜油代替橄欖油製作的番茄土豆沙拉、奶油沙司菜花或卷心白菜。「小雅軒」的菜品中西結合，精益求精、十分講究。就連泡菜製作也是很精細的，每天都有人排隊去買。當時，成都「姑姑筵」和「朵頤食堂」的泡菜在成都市大名鼎鼎，但價錢太貴，五角錢一小碟。相比之下，小雅軒則是價廉味美，故而頗受市民稱道。

李劼人向來低調辦事，在「小雅軒」開張的頭一天，他做的最後一件事就是用毛筆正正楷楷地書寫了一條店規：「概不出售酒菜，堂倌決不喊堂」，然後貼於牆上。這樣做的目的，一則是因為「小雅軒」屬於私房菜性質，即老闆自兼廚師，人手太少而又不降低品質；二則是因為，「小雅」請的堂倌是成都師範大學生鐘朗華，李劼人一直在資助這名學生。不讓他像成都市一般餐館的堂倌一樣，每上一道菜就長聲么么地喊堂報菜名，是為了照顧學生的顏面與自尊，也是讓「小雅軒」區別於一般餐館，有清靜稚雅的就餐環境。

「小雅軒」的訪客，名人食客自是很多，但光靠他們是撐不起堂子的，還須靠大眾百姓的認可，讓他們感到又好吃，又吃得起。其實，李劼人欣然同意大文人吳虞所起的「小雅軒」為菜館名字，並不全在一個文雅的雅，而是也含有不登「大雅之堂」之意。老百姓登不起大雅之堂，那便去「小雅」之店吧。從小雅軒的菜譜中也可看出，其中見不到魚翅、燕窩、鮑魚、龍蝦，而多為價廉物美的民間家常菜，如青筍燒雞、乾燒牛肉、粉蒸苕菜、宮保雞丁、熗炒綠豆芽、番茄撕耳麵、夾江腐乳汁蒸蛋等，這中間最有名的有兩道菜，一是厚皮菜燒豬蹄，一是豆豉蔥燒魚。

關於厚皮菜燒豬蹄這品菜，還有一個故事可講。有一天，一個賣菜的農夫，又累又餓，挑著賣剩下的五六棵厚皮菜在「小雅軒」門口盤垣，跑堂的鐘朗華問他是不是要吃飯？那賣菜的農民捨不得拿賣菜的錢下館子，便說道：「可不可以用這幾棵厚皮菜換碗乾飯充充饑？」當時川西壩子這種厚皮菜主要用來喂豬，少有挑來賣的，更沒有館子用厚皮菜當炒菜賣，館子收了這厚皮菜怎麼打發？但鐘朗華果然不愧是李劼人的學生，靈機一動便答道：「這樣吧，我就將就你這厚皮菜作一道菜，就算你的飯錢。」於是，鐘郎華將菜拿進廚房，把這事告訴了李劼人。祖籍湖北的李劼人按照老家的做法，將厚皮菜與豬蹄一起精心燒製，菜成之後，香味撲鼻、味美多滋，引起了其他客人的好奇，紛紛也加點此菜。厚皮菜燒豬蹄便成了一道價廉味美的流行菜品，也成為化腐朽為神奇的經典菜餚，在市肆中傳為佳話。在「小雅軒」的常用菜譜中還有不少小吃供客選用，如番茄撕耳麵、牛頭肺片（夫妻肺片）、榨醬米粉、甜水麵等。李劼人其實是一個真正的四川小吃專家，他對四川小吃早已如數家珍、了若指掌。

李劼人的夫人楊叔捃，曾對成都的老記者兼美食家車輻回憶說：「開小雅軒時沒有啥子菜譜，菜譜都在肚子頭。都是我們一路商量到做菜，當時最受歡迎的是：豆豉蔥燒魚，我們用的「口同嗜」的豆豉，比潼川豆豉、永川豆豉的顆子大，味厚、味好又香，澆上去也出色好看。我們都是用生豬油煎魚，味道格外香美可口。乾燒牛肉，用的眉州洪宜號的黃酒做料酒乾燒，加薑塊子。李先生做菜忌用茴香、草果、八角等香料，說是用了太俗氣，那是一種草藥味，顯不出家常燒的功夫來。」

車輻還問：「聽說李先生做菜，有不少忌諱？」李劼人的夫人楊叔捃說：「他炒菜不用明油（菜炒好起鍋時再加上一瓢油）、不用味之素（味精），總之要去掉堂館味。煙燻排骨，燻法用花生殼加柏枝，說花生殼殼生香，柏枝提味。後來長美軒館子也學到這樣做，也很賣得。我們星期六添幾樣菜，有乾煸魷魚絲，加乾辣椒粉的滷牛肉、板栗燒雞、香糟魚、沙仁肘子（白味，不塗菜紅）。輪流變換，平時配四季不同的鮮菜。」李劼人在烹飪上堅持本味主義，亦如他在文學上守望的自然主義一樣，骨子裡都是順其自然，自然而然。

「小雅軒」也為當時成都的「五老七賢」所津津樂道。劉咸榮（豫波），四川高等學堂成都分設中學的校長、李劼人的恩師，他當然常來「小雅軒」品嘗學生的手藝。南門二巷子父子同榜（舉人）的嚴伯諧、書法家顏楷等都以去過「小雅軒」為榮。時任《川報》社長宋師度、成都大學校長張瀾紛至遝來，為「小雅軒」捧場。樂得李劼人夫婦笑顏逐開，臉上大放紅光。「小雅軒」因此名聲大振。有的食客和朋友，專門到店裡點一兩份小吃，討一碗清茶，一坐大半天，再加上店面不大，也就十幾條板凳，人們像吃「流水席」一樣絡繹不絕，倒也人氣鼎沸。一些達官貴人也慕名而來，再加上門口常擺滿小汽車和麵包車，好像這家餐館很發財的樣子，於是暗地裡招惹來綁匪的「關照」。

在那個動盪混亂的社會，看到「小雅軒」火爆，有人打起了歪主意。李劼人夫人楊叔捃回憶說：「我們的泡菜也做得講究，買的人天天排隊。有人造謠說我們發財了，因此惹起了匪人的注意，才綁架了李遠岑。」李遠岑是李劼人的大公子，那年才三歲，被川軍的一個連長串同土匪綁架了。為了救回兒子，李劼人好不容易找到了當時成都市憲兵部的一個諜察、袍哥大爺鄺瞎子居中調停斡旋。整整經過了２７天的討價還價，湊的湊，借的借，李劼人夫婦一共用了一千個銀元，才將兒子贖回來。這一場晴天霹靂，讓李劼人夫婦徹底垮了，「小雅軒」也被迫關門。此事之後李劼人的館子再也無心開下去，「小雅軒」就此畫上了句號。但在歷史上，在千秋川菜中，李劼人和小雅軒卻留下了一段大作家、名教授開小餐館的趣聞和佳話。而小雅軒的一些菜品也被不少名人拷貝到自家公館，後來成了公館名菜留傳至今。

１９３６年春，日軍飛機轟炸成都，李劼人從指揮街「小雅軒」館子來到東郊外沙河堡鄉間，在美角堰邊修建了自己以黃泥築牆、麥草為頂的棲身之所，在門楣上提著「菱窠」匾額。菱是一種生在池沼中，根紮在泥土裡的草本植物；窠即鳥蟲的巢。先生以「菱窠」為居名，頗有竹籬野舍的逸趣，或許也蘊含了這位被譽為鄉土小說作家植根民間的文學理想。先生在此生活了２４年，直至１９６２年去世。期間先後創作了《死水微瀾》、《暴風雨前》和《大波》三部偉大作品。

李劼人在小說《大波》裡有一段真實地再現了辛亥革命中，大漢四川軍政府剛成立（西元１９１１年１１月２７日）的１０天之內，新政府為了「與民同樂」，開放前清貢院，也就是老百姓說的「皇城」。皇城裡擺滿了各式各樣的小吃攤子。《大波》裡美食擔子寫有：涼粉擔子、蕎麵擔子、抄手擔子、蒸蒸糕擔子、豆腐乳擔子、雞絲油花擔子、蝦米湯擔子、馬蹄糕擔子、素麵甜水麵擔子；美食攤子記有：茶湯攤子、雞酒攤子、油茶攤子、燒臘滷菜攤子、蒜羊血攤子、雞絲豆花攤子、牛舌酥鍋盔攤子；也有不少裝於籃子中沿街叫賣的美食，如瓜子花生、糖酥核桃、橘子青果、糖炒板栗、黃豆米酥芝麻糕、白糖蒸饃、三河場薑糖、紅柿子和柿餅、熟油辣子大頭菜和紅油萵筍片等。這些小吃，有的我們在今日的成都街上還看得到，但更多只能在李劼人的《大波》裡過過「乾癮」了。

李劼人先生是鄉土文學大家，也是鄉土美食大家。他的作品不但時代風雲激蕩，而且處處美食飄香。閱讀「大波」小說，稍不留神就像書中人物黃瀾生一樣與川菜美食碰上了。《大波》中有一段文字：「黃瀾生一凝神，才發覺自己的大腿正撞在一口相當大的烏黑瓦盆上。要不是兩只大手把瓦盆緊緊掌住，它准會從一條板凳上打碎在地。光是瓦盆打碎倒地在其次，說他賠不起，是指盛在盆內、堆尖冒沿、約莫上千片的牛腦殼皮。這種用五香滷水煮好，又用熟油辣子和調料拌得紅彤彤的牛腦殼皮，每片有半個巴掌大，薄得像明角燈片；吃在口裡，又辣、又麻、又香、又有味，不用說了，而且咬得脆砰砰地極有趣。這是成都皇城壩特製的一種有名小吃，正經名稱叫『盆盆肉』，諢名叫『兩頭望』，後世稱為牛肺片的便是。」

這類文字在李劼人筆下比比皆是。從粗獷的平民食物到精緻的官宦宴席，從菜餚的原材料到烹製工藝，在李劼人的作品中都能讀到。如天回鎮的紅鍋飯、正興園的魚翅席、枕江樓的醋溜魚和鮮醉蝦；具體寫到的美食就更多了：溫鴨子、活水魚、肉八碗、陳麻婆、宮保雞丁、夫妻肺片、叫花雞……不一而足。李劼人的作品簡直就是一部川菜大全，一部川菜近代史。

李劼人曾經留學法國四年零十個月，他游離於民間，從巴黎拉丁區到蒙彼利埃下層社會，從兩種不同的飲食文化中總結出：中國人之吃，四川人之吃，從盛宴到民間小吃、到家常味及鄉野菜，都帶有創造性的吃法而自成體系。作為美食品評家，關於餐飲文化的論述在他的選集中收入了37篇、4萬餘字。他還將中國菜的做法歸納為20種，加上其他論述，所涉及的菜品作法經女兒李眉細算不下三、五十種。

1947年，他在《四川日報》的「華陽國志」專刊上以《中國人之食》為總題，發表了43篇文章，涉及到四川的歷史名人及當時的文學家，如蘇軾、楊升庵、李調元、于右任、張大千、郭沫若等人關於餐飲的材料，並融匯了個人對中西飲食文化的比較心得，對川菜的歷史前沿、風格流派，從公館菜到鄉土菜的各種特色一一論述。

因為他是成都本土人，又留過法，從小下過廚，還專門研究過川菜烹飪，所以在他的小說中不僅多次涉及川菜，而且真正把每個菜品的特色絕妙地描述出來。著名作家，百歲老人張秀熟生前讀了《死水微瀾》後，說「李寫四川真寫神了。寫成都的豬飼料不同，故成都的白肉片別有一種特殊的生核桃香味。」他女兒李眉說：「父親不但好吃，會吃，更重要的是他對飲食文化的探索和鑽研。他最喜歡的是家常派中各具特色的菜餚，在他的宣導下，我母親楊叔捃也成為做家常菜的能手。」當時人無不稱李劼人是「當今第一美食家」，此言不虛。

小雅軒雖然存在的時間不太長，但其廣泛的社會影響與它的主人李劼人一樣是長遠的。人們從李先生洞悉成都風情、掌故的作品中去點滴懷想那些細節生動凸顯的場景，包括各式各樣的筵宴和其間風味濃郁的菜餚。雖說是為稻粱謀，小雅軒還是很像李先生身體力行他的美食主張的一個小實驗田；相隔了半個多世紀的今天，人們依然覺得他為民國時期成都的餐飲，為百年川菜傳奇，寫下了頗有書卷氣的，瀟灑而俊逸的一筆。

有道是：自古文人多老饕，舞墨揮勺皆佳品。

CITIZEN.
SHARP
Eco-Drive

第〇二〇回

三湯三肉美巴蜀，風華八十老四川

川人向來以豬肉為主要肉食，輔以雞、鴨、兔、魚。牛肉雖常見亦常吃，但終歸不如豬肉那樣佔主導。民間不也還流傳「諸肉還是豬肉香」吆。然而，單就這牛肉來說，無論是天山貴客、內蒙友人、還是珠江嘉賓，只要喝了「老四川」的牛肉湯，品了「老四川」的牛肉菜，無不拍案叫絕，驚為天下極品。尤其是觀賞了「老四川」三湯三肉的烹飪工藝，更是譽為「巴蜀絕品，人間仙餚」。

近兩百年間，巴蜀大地湧現出了屈指難數的牛肉美饌，不僅帶有濃郁的地方風味特色，還蘊藏著不少亦或美麗、亦或淒涼的動人傳說。像川東的五香牛肉、燈影牛肉、清燉牛尾、紅燒牛頭方、涼拌牛肉等；川南的熏牛肉、火鞭子牛肉、水煮牛肉、清燉牛肉、牛肉毛麵等；川西的大傘牛肉、小碗紅湯牛肉、牛肉絲餅；川北的乾牛肉、掛掛牛肉、五香燒牛肉、軟酥牛肉、麻辣牛肉、果汁牛肉等；更有省會成都的小籠蒸牛肉、夫妻肺片、鍋酥牛肉、家常牛肉、煨牛蹄以及小吃紅燒牛肉麵、擔擔麵、牛肉焦餅等。

不僅如此，川人食牛物盡其用，除了牛皮與牛角不入餚，從牛頭到牛尾、牛唇到牛蹄、牛腦到牛鞭、牛肉到內臟，無所不成餚，無所不美味。如川菜名菜中的燒牛頭方，用水牛腦頂皮；夫妻肺片，則取牛之心肚舌及頭皮；清燉牛尾湯，選用牛尾中段；枸杞牛鞭湯，主料自然便是牛鞭。當然在川菜中首屈一指的牛肉名餚，還是巴蜀牛肉名館「老四川」之「三湯」與「三肉」。

說起「老四川」，龍門陣就長了。雖現今已是出川，成為直轄市重慶的老字號品牌，但亦如幾十年前，它由兩家不同的街口路邊牛肉小攤，發展成店，而後珠聯碧合催生出「老四川」一樣，與川菜依然是難分難離，情味悠長。

話說１９３１年，在重慶國泰電影院門口的路邊上，有一個掛著「亮油壺」賣夜市的小攤子，經營者是來自內江的鐘易鳳、嚴文治夫婦。鐘易鳳當時還是位年輕漂亮、心靈手巧的少婦，為了幫助從事飲食生意的丈夫，便從內江到了重慶。夫妻倆晝夜辛勞精心研製出片薄似紙、紅潤透亮、麻辣香美、滋味濃醇的燈影牛肉。入夜時分，便放在玻璃匣子中，點上一盞油燈，倆人提籃挑擔沿街叫賣，而後在國泰影院旁定點擺攤。電影院人來人往，食客只要一品嘗便會愛不釋口，如此口碑四傳生意日漸興旺。

當時上海《新民晚報》有位駐渝記者尤喜食她們的牛肉，稱其牛肉「香濃味醇，利口醒胃，最能代表川味神韻」。他見這麼好的牛肉，這樣好的生意，竟連塊招牌都沒得，於是就做了塊尺多長的黑漆金字小招牌送給他們，取名為「老四川」。鐘易鳳夫妻倆就把這「老四川」招牌掛在攤子上，這下名正言順，生意更是愈加興隆。其後鐘易鳳夫婦積攢了些錢，便在重慶八一路正兒八經開了家「嚴記牛肉館」，仍掛牌「老四川」。以「三肉」，即金毛牛肉、燈影牛肉、五香牛肉享譽重慶。

與「老四川」另有一段淵源的是重慶一家叫粵香村的名店。1937年「七七事變」後，有三個逃難到重慶的上海人，為謀生計合夥在市區白龍池街開了個小飯店，專賣牛肉湯和燒牛肉。做了兩年生意不見起色，就把飯館轉讓給了一個在長江跑船的船主駱雲亭。此人祖籍廣東，在重慶多年，對重慶人的口味喜好較為熟悉，加之諳熟經營，生意便漸有起色。

1943年，駱雲亭聘請了重慶名廚陳青雲主廚，陳用其在清真館子幫工所掌握的經驗，對牛肉湯的製作進行了改進，把牛肉湯燉得油重味足、湯汁清亮，故取名清燉牛肉湯，頗受食客喜愛。陳青雲見擴大後的飯館沒有店名，就建議駱雲亭借祖籍廣東之簡稱取名「粵香村」。生意此後更加欣欣向榮。到1947年，駱雲亭因忙於船運無暇顧及粵香村生意，又轉讓給了當地的一個保長王雲甫，陳青雲仍留在粵香村主廚。其時，粵香村每天僅清燉牛肉就要用幾十斤黃牛肉，並與後來開發的沙參牛尾湯、枸杞牛鞭湯一道成為粵香村的招牌名菜，被重慶人譽為「陳氏三湯」而名冠巴蜀。

1952年，政府實行減租退押，粵香村老闆王雲甫便回到北碚老家去了。其店無主處於關門歇業的境地，陳青雲不忍看著費心盡力做出的品牌就此垮掉，便動員幾個師兄弟一起承頭，以只管吃飯不拿工資的方式將店支撐起來，直到1950年代中期，成為重慶市第一家公私合營餐館。合營後，重慶市飲食公司派來了書記、經理，陳青雲又才回到自己的崗位上，作為湯鍋組長專事「三湯」的烹製。

1964年，重慶市飲食公司把鐘易鳳夫妻倆嚴記牛肉館及「三肉」合併到粵香村。從此，粵香村陳青雲的「三湯」，加上鐘易鳳之「三肉」便成為重慶無以倫比的響亮美食品牌。

其後，時任重慶市財貿部長的余躍澤認為「三湯、三肉」都是重慶的名菜，應突出重慶特色，便將「粵香村」改名「渝香村」。但廣大食客卻不認同，沒多久又改回原名。「文革」初期「破四舊」中，粵香村招牌被砸爛，強制改名為「紅岩餐廳」，直到「文革」結束方才恢復原名。雖然店堂幾遭厄運幾改其名，但粵香村之「三湯三肉」卻以不變應萬變，有幸得以延續，保持了其風味特色和品牌聲譽。

改革開放後，粵香村重新煥發出招牌活力，鐘易鳳的「三肉」還在酒樓門口開了外帶的專賣部，其袋裝的「三肉」開始遠銷港澳。1982年，由中日兩國合編的大型專輯《中國名菜集錦》，把粵香村九款牛肉名菜收錄其中。當時日方派專人前來拍攝餐館及菜品照片。重慶有關部門考慮到「粵香村」店名實難體現重慶地方特色，決定重新打出鐘易鳳早年的「老四川」這一知名招牌。如此，「老四川酒樓」恰逢其時，絕地重生。

現今之「老四川」品牌依舊，仍以「三湯三肉」名冠四方。鐘易鳳及陳青雲已然作古，但其製作技藝卻是完整地傳承下來。只是「三肉」後來由鐘易鳳夫妻拓展為火鞭子牛肉、精毛牛肉和燈影牛肉。鐘易鳳夫婦製作「三肉」，不僅深得自貢傳統製法之精妙，更在選料用料上一絲不苟。像金毛牛肉，須選用黃牛後腿的精肉，去膜剔筋改塊煮，煮熟後再切成小條，以菜油、調味料、香料小火再煮，待油汁完全浸入肉中表面起毛，再翻到鍋中爆炒出炸油的聲響，毛牛肉此時鬆軟香美、色如琥珀、狀似絲絨，不時閃爍出縷縷柔美金光，吃到口裡味汁沁湧，久嚼不竭化渣潤喉。

老四川的火鞭子牛肉又叫煙燻牛肉。原本是自貢的名特傳統美食。鐘易鳳出嫁前在自貢已是有名的製作高手。她選用黃牛筒筒肉或荷包肉，順紋路切成大塊，再改刀成一端有如一串鞭炮相連的肉條，經碼味、醃製、晾乾、烘烤、蒸熟軟而成。她的火鞭子牛肉吃來是爽牙利口、香酥綿軟、滋味悠長，成為旅遊休閒美食一絕。

而燈影牛肉早先卻是達縣的名特食品，為梁平縣一專做燒臘醃滷的劉姓手藝人所創製，後流落到達縣仍以此為生。據傳西元819年，唐朝詩人元稹來達川任職，一次在一酒店小酌，品吃了這款牛肉，甚感酥脆化渣、香美多滋、吃口十分舒爽。他尤為讚賞其薄如皮影亦可透光，於是命此牛肉為「燈影牛肉」。1927年，達縣一富賈請名師專製了30大罐的燈影牛肉罐頭，送到成都青羊宮花會展銷榮獲銀質獎章。燈影牛肉在四川便遐邇聞名，家喻戶曉。

再說鐘易鳳夫婦製作的燈影牛肉，亦因其薄如紙、酥脆綿軟、紅潤透亮、麻辣鮮香、風味綿長而口碑盛傳。這款牛肉美食要經過醃烤蒸炸數道工序，又以秘而不宣的特製香料調味，故而成品紅亮薄透、香氣襲人、齒觸即碎、美味四竄繞口三日不絕。鐘易鳳之燈影牛肉因此而成為重慶名特美食，人們皆以得而快之，品而樂之。

回頭再說「三湯」，原粵香村名廚師陳青雲可以說把大半輩子的心血和精力，都投進了「三湯」的煉製上。他對「湯」的製作精心到了極致。他總結燉湯要過九道關：選料、解骨、浸漂、煨燉、用火、掠沫、濾渣、加調、調味。行業內則讚稱陳青雲「燉湯五絕」。

一是用料絕，燉湯用胸肋，牛尾取中段，牛鞭去皮除腥。

二是加工絕，黃昏開火，通宵達旦不離人，觀火、調火毫不馬虎，保持一盞油燈的火勢，使湯沸而不發、油光湛然、波瀾不驚，而油下則水深火熱、暗流洶湧。如此十幾個小時煨燉至清晨熄火，鍋中方才風平浪靜，其湯與肉，性不失、味不散已是出神入化。

三是功效絕，牛肉性味溫和、營養豐盛、養氣生血、強筋健骨，老少宜食。

四是調味絕，用薑、蔥、花椒、酒、鹽調味，各料精心投放、恰到妙處，既不傷湯肉本味，亦使味豐美香潤。

五是色香絕，金黃油層蓋面，清爽肉條沉底，湯汁清澈如鏡，配料晶瑩似玉；一湯在手，觀之悅目，聞之喜鼻，嘗之醉舌，令人癡醉。

再說老四川的「三湯」出堂上桌時，按陳師傅的規矩，要先把煮好的蘿蔔或冬瓜、青菜頭等素菜放進碗中，再把牛肉片子加在上面，撒上味精和自製的炒鹽，最後舀進鍋中的原湯。其湯看似平靜無氣，其實滾燙灼舌。陳青雲師傅的湯還有三不添加。一是大甕子鍋內熬湯，一次性加足水，中途絕不再加水；二是上桌後，無論客是何人絕不添湯；三是調製的香油豆瓣味碟，也不添加。不僅如此，他還自立規約：只要牛肉片或牛肉湯兩樣有一種賣完，剩下的湯或肉絕對不出堂。由此可見陳青雲對他的招牌「三湯」是多麼看重和精心維護。

１９５８年朱德來重慶，在老四川用餐，品嘗了燈影牛肉後讚不絕口：「普通原料做出了不普通的味道，廚藝了不起！」其後，周恩來、鄧小平亦到老四川喜嘗了燈影牛肉。１９６５年，柬甫寨西哈努克親王到老四川吃了牛肉佳餚後讚歎：「牛肉能做出如此美妙的菜餚，簡直不可思議，太神奇了！」電影藝術家、著名導演謝晉每次來四川，都要吃老四川的牛肉，有次老四川經理為他開出了龍蝦等高檔菜，謝導卻大筆一揮自開菜單，三湯三肉一個不少，足見謝晉生前對老四川牛肉佳餚一往情深鍾愛不已。１９８０年代初與粵香村合併後的老四川經改造裝修，使這個老牌名店煥然一新。

改革開放後，重慶餐飲市場繁榮興旺、競爭加劇，老四川因機制束縛，管理僵化，致使人材大量外流，職工情緒消沉，經營一度陷入危機之中。加之酒樓經理如走馬燈般換了十幾任，老四川面臨生死存亡的境遇。可天下之事說奇也奇，到十六任經理上任，他逆境抗爭、力挽狂瀾、巧籌資金、精心運作，大刀闊斧進行管理機制的改革，並請回已退休的陳青雲、鐘易鳳兩位特級名師培訓人員，嚴把品質關，重建服務體系，竟然神話般地使老四川起死回生，讓這個牌老色衰的資深名店重新揮發出風姿魅力。

經重新設計裝修後的老四川，牌樓門楣、朱紅圓柱、古風古色、典雅恢弘，門前那玻璃鋼的黃牛雕像，一眼望去便知這是一家以牛肉為特色的風味酒樓。堂內雅座中的「映牛溪」、「鵲橋仙」、「圖牛居」、「牧謠」、「犇頌」等水墨畫讓人感官身輕心悅。加之陳、鐘二位老將的回歸，尤使老四川「三湯三肉」的誘惑力勢與日俱增。其傳統特色名餚，如燒牛頭方、五香滷牛肉、白汁牛肚、醬爆牛脯等，加上新派牛餚如鐵板牛肉、碎米牛排、蘭花牛掌等，無一不展現了從牛頭吃到牛尾，從裡吃到外的全牛美饌，讓食客吃情湧流、爭相品嘗。老四川再度成為重慶餐飲的風向標。

不是牛羊產地的重慶，不是正宗清真館子的「老四川」，卻有著如此高超的烹飪牛餚之技藝和專家名師。烹調出舉世無雙的絕代佳餚，這不能不讓人感慨萬千，心悅誠服。

西元２０００年後，老四川以其深厚的歷史積澱，成為中國西部唯一直轄市重慶的美食名片。眾多政府要人、外國領導人、國際友人名流、演藝明星、體壇驕子蒞臨老四川品享三湯三肉，一飽口福，無不給予高度讚評。如今，老四川成功實現了現代酒店經營管理模式，走上了連鎖化、規模化、集團化的發展道路。其招牌「三肉」與其他產品：燈影牛肉、火鞭子牛肉、毛牛肉及五香滷牛肉等暢銷華夏大地，遠銷東南亞、日本及歐美地區。

經歷八十餘年的世移時易，老四川繼往開來，由昔日街邊小攤，成為特色獨具、風味獨特、品牌彰顯、效益上乘的名店望樓。１９９３年，「老四川」大酒樓被國家內貿部授予重慶中餐業唯一「中華老字號」；２００６年再次被國家商務部命名為「中華老字號」名店。其「三湯三肉」榮獲中國名菜稱號。至此，「老四川」完成了「三湯三肉」創品牌，紅塵七十定終生之華麗演義。

欲知後事如何，且看下回道來。

JMC

第二十一回　夫妻情緣肺片牽，麻辣味濃六十年

２００８年北京奧運會，中華美食自然是必不可少的一道風景線。於是乎，北京官方頒布了中華美食的英文標準翻譯。像享譽世界的川菜名菜魚香肉絲、麻婆豆腐、宮保雞丁、夫妻肺片等，是外國人點擊率最高的。然而過去之英文翻譯不僅錯誤百出，且鬧出不少笑話與誤解。像夫妻肺片，就被翻譯成「丈夫和妻子肺切成片」，那不僅是嚇得老外們心驚膽顫，且還誤認為中國人是個食人族。那麼，夫妻肺片究竟是怎麼回事呢？

要說「夫妻肺片」，得先說「肺片」，方得以引出「夫妻」來。四百多年前，明末蜀亂，連綿的戰火將成都毀為廢墟，尤其是城中心的明蜀王宮（今四川科技展覽館）前廣場一帶，房屋焚毀，草木充塞，野獸哀嚎，好幾年人煙絕跡。這個荒涼的空大壩，即人們所稱之的「皇城壩」，現今之天府廣場。

清初戰亂平息後，大清政府採取「湖廣填四川」的移民政策，從湖廣、陝甘、寧夏等地入川的回民便在皇城壩一帶二十多條街巷內安家落戶，不少人還在壩中搭棚擺攤，賣小吃、打鍋魁、宰牛羊，逐漸形成回民聚居區。到清末民初，皇城壩已成為以回民為主體的飲食娛樂及商貿中心。清真飯館、餐館、麵店、甜食店、牛羊肉店、兔肉攤、缽缽雞、盆盆肺片、鵝鴨肉攤、熱蘿蔔以及名目眾多的各式民間小吃生意紅火熱鬧非常。其中亦有不少逐漸被廣大市民所接受，演變為漢族風味小吃，像麻辣兔丁、小籠蒸牛肉、紅油肺片等。其中之「肺片」，算是最為普通的平民小吃。

據載始於１９２０年代的這一街頭小吃，起初多集中於皇城壩附近的三座橋頭售賣。短凳一條擺於橋頭路邊，一頭放一土瓦盆，一頭坐著售賣小販，盆邊則插滿了筷子，紅油肺片的辣麻鮮香很遠就能聞到，路人實難抵禦其誘惑，吃情食慾則聞風而動。這種肺片手掌般大，薄而透明，說為「肺片」，其實是呈膠質狀的牛頭皮。吃到口裡辣麻鮮香、風味濃厚，頭皮軟糯脆爽，很有嚼頭，尤其是吃後那「辣乎兒辣乎兒又辣乎兒，嘴上辣個紅圈圈兒」的感受很是舒爽過癮。加之以片記帳，

十分便宜，因而大受那些貧民百姓、窮學生的喜愛。人們稱之為「盆盆肉」。

盆盆肺片的名氣很大，甚至吸引了不少衣著光鮮，穿長衫戴禮帽的體面人士。但他們不像貧窮大眾，只要手上有幾文錢，想吃便坦然大方地吃。這些人心裡十分想吃，但又怕被熟人、同事看見，吃這種街邊橋頭的低俗小食而有辱斯文，丟失臉面。然而食也、性也，加之其風味誘惑難擋，食慾難抑，通常便以最迅速之動作，飛快從盆中夾起一兩片送進嘴裡，邊嚼邊往路邊兩頭瞅望，看是否有熟人瞄見。這樣生動而有趣的吃相，便被世人戲稱之為「兩頭望」。

盆盆肺片，最初確為牛肺與牛頭皮混合拌制。那時，市面上每到秋冬時節，便有一種用牛肺或豬肺切成片塊與蘿蔔同燉，叫做「湯鍋蘿蔔」或「砂鍋蘿蔔」的時令街邊小吃，以塊計價，吃時蘸辣麻味汁。寒冷之季，吃來是又熱又燙，辣麻鮮美，頭冒汗水，周身發熱，十分舒暢。其後便有小販將牛肺煮熟拌成麻辣肺片，因牛肺綿軟，於是又加進脆爽的牛頭皮，軟脆相間。但牛肺因煮後其色黑乎乎，看似髒兮兮，嚼在口裡又如同咀紙，口感較差，人們大多不願食，隨後便棄之不用，而以牛頭皮為主，輔以其他牛雜碎。這樣改進後，有食客便稱其為「牛肉薈片」，相當於是牛肉大雜燴，人們又叫他「牛肉燴片」。然而，「牛肉薈片」聽起雖雅卻不太上口，且川西壩子不少地區說「薈」「燴」「肺」皆是同音，把「薈」「燴」說成「肺」。再有當時賣這種「牛肉薈（燴）片」的大多就是這樣發音的外鄉人。於是，成都人也就順其自然將「牛肉薈（燴）片」跟著說成「牛肉肺片」了。如此約定成俗而沿用「肺片」之名。

據此可見，這盆盆肉、兩頭望，也就是「肺片」的來歷與淵源，是成都人對「涼拌牛雜」的一種叫法。１９３０年代左右，這種肺片居然還登上大雅之堂，進入當時堪稱頂級餐館的榮樂園。原來榮樂園的二老板藍光榮，平日裡愛到處去探尋一些民間風味美食。他也曾好幾次親口感受了盆盆肺片，認為這不失為一款風味小吃，便通過改良製作方式，不用滷水也不帶湯汁，用炒鹽辣椒粉、花椒粉等乾調料拌合，稱為「乾拌肺片」，辣麻乾香、牛肉味濃、佐酒尤佳，頗受歡迎，成為榮樂園特色涼菜。

１９３０年代中期到４０年代初，在成都皇城壩一帶的大街小巷，人們常看到一對夫妻沿街叫賣「肺片」。男的端著一大瓷盆，女的則招呼買主。直到賣完方才一道回家。如此，無論颳風下雨，還是烈日曝曬，夫行妻隨、妻唱夫合差不多有十年。這就是後來被世人稱為「夫妻肺片」的主角郭朝華、張田正夫婦。郭朝華，四川中江縣人，１９１４年生，曾在國民黨川軍部隊當過兵，後流落成都謀生。１９３５年，二十一歲的郭朝華經熟人撮合與安岳姑娘張田正結為夫妻。他們先是住在皇城壩附近長順上街，結婚後便商量怎麼維持生計。夫妻倆發現皇城壩三座橋的橋頭，有不少賣盆盆肺片的，生意還不錯，又無需什麼本錢和鋪面，於是就打定主意賣肺片。

此後，郭朝華每天一大清早便手提竹籃，到皇城壩清真寺附近的鵝市巷牛羊宰殺房買些牛肉，再從廢棄不要的牛內臟堆裡，精挑細選色澤、質地很好的牛心、牛肝、牛肚、牛舌及牛頭皮，象徵性地付幾文錢一併拿回家。妻子則仔細清理搓洗，先用沸水煮去腥膻味，再用尖刀把牛雜裡外剔除乾淨，經反覆清洗後，放進加有香料和其他調味料的滷水鍋裡煮滷二、三個小時至牛雜頭皮熟軟。通常牛雜進鍋後，郭朝華便守著滷鍋把握火候、翻動牛雜、打泡去渣。張田正則出去選購調味料。婦道人家大都心細，她買的調味料不僅品質好且都是正路貨，像乾紅辣椒、花椒必是二金條和漢源的。回到家裡等到牛雜頭皮滷熟了，撈起晾涼，郭朝華用利刀把牛雜按原料的不同性質、形狀，分別開成薄大均勻的片張，張田正則把調味料加工調製好。夫妻二人把牛肉牛雜片及頭皮片裝進一大搪瓷盆裡，淋上調料、澆上滷水，就一前一後上街叫賣去。

轉眼便是十年，他倆的「牛肉肺片」也已小有名氣。皇城壩一帶的大街小巷每日都會留下夫妻倆的身影與肺片的濃香。甚至每當他們在家中滷製牛雜，調配作料時，那香味都會飄到外面街上，路人免不了聞香止步，打聽打聽。於是這「牛肉肺片」就越傳越開。再經不斷鑽研改進，其品質、口感不斷提高。他們製作的「肺片」牛肉紅潤、牛肚白嫩、心舌香軟、頭皮晶亮，加上紅油辣子、花椒粉、複製醬油、芝麻和滷汁，調拌出來更是金紅光亮、油潤多滋、麻辣鮮香、軟糯滑脆，只是聞著那香辣酥麻之味就讓人盪氣迴腸口水直淌。加之他兩為人質樸和善，每天的「牛肉肺片」很快就賣光。

這期間還有一段插曲，當他們的「牛肉肺片」小有名氣時，郭朝華心想自己的「肺片」比橋頭那些「肺片」味道品質都更好，為了有別於那些低劣肺片，便把「牛肉肺片」改為「牛肉廢片」。他想原本大多就是廢料，經他夫婦二人精心加工便成了美食。這「廢」字比較能說明問題。但用了不久，一些有文化的人說，這麼好吃的東西，用個「廢」字會對食客產生誤導，且十分不雅，還是「肺」字好，肺者，心肺，夫妻肺片雖有心無肺，但卻是很實在，聽起來更順耳。於是又改回為「牛肉肺片」。這「肺」「廢」之變甚而幾十年後的１９９０年代末，在成都商報上還引發起不小的關於「夫妻肺片」到底是「廢」還是「肺」的爭論。

１９４６年，郭朝華、張田正夫妻倆搬到離皇城更近的金河街居住。這一帶有兩所中學，兩所小學，人流量很大。他們便在金河邊一棵大柳樹下擺攤不再走街串巷，這樣也方便了不少老主顧。每到中午、下午，尤其是中小學生放學時，那麻辣鮮香、紅豔亮麗的「牛肉肺片」，誘惑得不少學生圍著攤子轉，有零花錢的學生自然是吃了一片又一片，沒錢的學生也寧願聞香味、吞口水。娃兒們見夫妻倆人好、態度謙和、肺片好吃，於是一放學，學生們衝出校門就喊：「吃夫妻肺片嘍！」後來更有調皮搗蛋的學生撕下兩張作業本紙，歪歪斜斜地寫下「夫妻肺片」四個字，悄悄貼在他倆的背上。郭朝華、張田正發覺後也就笑笑把字條扯了。可生意一忙乎不留意又被貼上，夫妻倆無可奈何也就聽之任之。有老賣主也說：娃兒們喊「夫妻肺片」，你們乾脆就認了，反正是真夫妻不是假夫妻，有啥不好意思的嘛？於是郭朝華、張田正乾脆用一大紅紙寫上「夫妻肺片」貼在攤子前。這一具有獨特情趣和好奇感的名字便很快在市面上口口相傳。後來的烹飪學者與美食家們也沒想到，一個響亮的美食品牌就是這樣生動地，由民間小娃兒們無意喊成。夫妻肺片等於恩愛夫妻加美味肺片，這不僅是一道絕妙的品牌之名，也給世人留下了許多美好地遐想。當然也絕非後來有「Y英語」所翻譯之「丈夫和妻子之肺片」那般恐怖的想像。

自打出「夫妻肺片」這一招牌，幾乎是滿城市民聞風而至，爭相品嘗。1946年10月，少城桂花巷一位特別鍾情「夫妻肺片」的一家匾牌店的熊老闆，特意為其製作了一塊高一尺、長兩尺的小牌匾，上面鐫刻了「夫妻肺片」四個字，還特地描了金，贈送夫妻倆。有了這塊金字招牌，夫妻二人用十年來的辛苦積蓄，在人民公園後門的半邊橋街租了間不足10平方公尺的鋪面，掛上金招牌。從此，「夫妻肺片」便從流動到攤點轉為正南其北的坐店經營。

有了店鋪，有了名份，生意更加興隆。除經營「夫妻肺片」外，還兼賣白麵鍋魁、紅燒牛肉麵。其肺片亦改成盤論份售賣。此時，郭朝華、張田正的肺片製作技術已達到爐火純青的境界。其「肺片」的色香味形更為精道。正如郭朝華自我總結：牛雜應是牛肚白嫩，心舌淡紅、牛肉殷紅、頭皮黃亮，開片要薄而均勻、形整規矩，調拌時，先在盤中放些嫩芹菜節子打底，用紅油辣子、花椒粉、芝麻、複製醬油、滷汁等調料拌合，現吃現拌，形成色彩豐富、紅亮豔麗、辣麻多滋、鮮香滋潤的風味特色。

當時，夫妻肺片店還有一個誘人的特點，就是每份肺片盤中的調料汁水較多，大多食客都要買一兩塊店中的白麵小鍋魁，要麼把鍋魁扯成碎塊蘸調料吃，要不就將鍋魁剖開把肺片夾在鍋魁中吃，那又是一番風味與食趣。再有就是紅燒牛肉麵，不少坐堂而吃的食客，不是來個鍋魁便是一碗牛肉麵，伴著肺片同食。秋冬時節，還把製作肺片的邊角餘料用來燒成湯鍋蘿蔔，這種熱燙香辣的「牛雜碎燒蘿蔔」也大受市民喜愛。

郭朝華、張田正夫婦就這樣紅火風光地經營著已是名冠川內外的「夫妻肺片」。當然，此一時彼一時，郭家已是有錢人家，置了些田地與房產。但有錢了難免人亦因錢而變。此時的郭朝華已被拖下水，養成了嗜賭惡習，且是十賭九輸。但他依仗「肺片」之獨門絕技和「夫妻肺片」的名氣，賭光後賺了錢再賭。如此惡性循環，張田正既難堪也無可奈何。1950年後政府打擊嫖賭，郭朝華不得已方才收了賭心。但此時除「夫妻肺片」店外，其餘家產已是輸得一乾二淨。然而，天下之事有時確令人啼笑皆非。1950年代初國家實施減租退押重劃家庭成份。郭家雖有名氣但無資無產，故而被劃為小商販。郭朝華還因此而得意自嘲，全靠賭得好，賭光了又成窮光蛋。若依以前所購置之地產房產，不劃成地主亦是奸商。究竟是禍兮福兮、時運詭秘很難說得清楚。

常言道：富貴易生禍端，必忠厚謙恭，才無大患；衣祿原定有數，必切儉簡省，乃可久延。這以後，郭朝華又與妻子專心一意地經營「夫妻肺片」。後在成都市中心安樂寺綜合市場（現紅旗商場）租鋪面開店。1956年夫妻肺片店公私合營，夫妻倆以技術和品牌得以繼續參與經營。1958年「夫妻肺片」完全併入國營，劃歸成都市飲食公司中心店管理。郭張二人亦由個體業主轉為國營店職工，仍負責肺片的製作，一直工作到1975年退休。退下不久，張田正又被重請回店，擔任技術指導至1991年七十一歲時，方才真正完全地離開了終其一生的「夫妻肺片」。

1994年2月郭朝華去世，時年八十歲；2002年9月3日1時50分，住在永豐敬老院裡的張田正婆婆因身體不適，在大女兒郭瑞秋的陪伴下準備去醫院檢查。剛走到敬老院門口，張婆婆就倒了下去——她再也沒有醒來，陪伴她的只有大女兒郭瑞秋、保姆許某和一條小狗，享年八十三歲。張田正辛苦一生，打造了「夫妻肺片」這個金字招牌，帶出了成百的徒弟，創造了無法估算的經濟價值，最後卻以每月300元退休金在孤獨中離去。「夫妻肺片」之夫妻倆就這樣走完了他們的人生旅途，留給後世和社會一款無可替代，亦無可超越的地方風味美餚；一個享譽世界的「夫妻」品牌。

1957年鄧小平來成都，提出要品嘗一下「夫妻肺片」。這位少小離家的老四川早已耳聞「夫妻肺片」的芳名。聽說是小平同志要品嘗，張田正精挑細選、仔仔細細地調拌好，親自送到金牛賓館。小平吃得非常高興，吃完後對陪同領導說：「這麼好吃的東西，為啥不列為名小吃呢！」於是第二年，「夫妻肺片」被成都市人民政府命名為「成都名小吃」。此後，「夫妻肺片」便在地方政府和飲食公司共同努力下，不斷維護和打造這一地方風味美食品牌，使其成為成都市唯一保留下來並發揚光大的傳統「牛肉肺片」。1980年代，成都市飲食公司以「夫妻」作為「標誌」，對「夫妻肺片」進行了商標註冊。1992年，成都市人民政府再次授予「夫妻肺片」成都名小吃稱號；1995年，大陸國內貿易部授予「夫妻肺片店」中華老字號品牌；1997年，中國烹飪協會認定成都「夫妻肺片」為中華名小吃；1999年，大陸貿易部授予「夫妻肺片」中國名菜稱號。

自1962年便隨父母學做夫妻肺片，掌握了其正宗核心技術的大女兒郭瑞秋，其後便成為夫妻肺片的郭氏傳人。她對後來「夫妻肺片」不是其父母原創，而屬成都飲食公司集體所為的說法一直耿耿於懷。當自己打算開店獨自經營夫妻肺片時，卻又被告之「夫妻肺片」已商標註冊，其知識產權歸成都飲食公司所有，他人不得佔用。郭氏後人雖然很想不通，但也無力而為，更不想糾纏於名份之爭。只要人們瞭解夫妻肺片的由來，知道「夫妻」為何人，其肺片仍然流香於世，作為後人，她們也就很感欣慰了。其後郭瑞秋在成都燃燈寺東街開了家「郭氏傳人肺片店」，算是傳承了家業。

夫妻肺片，七十餘年來在四川人心中的情結，當然是外國人難以搞懂的。儘管現今也有像「雙眼井肺片」、「清真馬肺片」、「跛子肺片」、「皇城肺片」、「紫燕肺片」等有名品牌，但「夫妻肺片」之地位仍不可撼動，且已從風味小吃昇華為高檔筵席佳餚。

對天府子民而言，夫妻肺片是味中有味、味外有味、味中有情、情在味外。它已成為具有象徵意義的男女風味情餚。大凡情人節、談情說愛、相親訂婚以及夫妻生活中，夫妻肺片已是一款特別的愛情美食。曾有位女士在婚禮上講述戀愛經過，談到與男友的第一次見面，就約在夫妻肺片店。她說，我是成都人，性情如夫妻肺片一樣「麻辣多滋」，提醒對方是否喜歡，是乎會品。另有一對夫妻在銀婚紀念的席桌上，不僅特地點了「夫妻肺片」，兩人還情濃味長地朗誦了各自的小詩。女方誦到：「肺片店裡把君見，麻辣雙味堪精典，夫妻攜手當如此，我織布來你耕田」。其夫則合：「夫妻肺片話當年，你我恩愛二五年，執子之手共偕老，您做飯來我洗碗」。這當是夫妻肺片的飲食風情與人文價值所在。

欲知後事如何，且看下回分解。

LIHWA

第二十二回

帶江草堂鄒鰱魚，風韻猶存浣花溪

有道是蜀水美、河鮮肥。四川自古江河似網、溪流如織，河鮮無處不有，尤以鯰魚、鯉魚、鯽魚、草魚、花鰱、白鰱、黃臘丁等最為普遍。即便是穿城而過的成都南河、府河，舊時為濯錦江，亦是河鮮的世界，魚之樂園。那時，每年春天都江堰開閘放水，肥美的「桃花魚」便順流而下，魚躍水歡，府南河頓時熱鬧起來，撒網的、甩白杆的、扳罾的、網兜撈的、空手捉的，可是忙得人歡狗叫。也倒是春江水暖魚先知，那些藏在河堤石縫裡、岩洞中過冬的魚兒紛紛出來覓食，享受春光。

到了夏天更是捕魚的旺季，沿河兩岸從清早到傍晚全是打漁、釣魚族。漁船悠悠，魚鷹撲水。我們這些學生娃兒在河裡板澡（指游泳、戲水），腳板兒也能踩到魚，空手亦能捉住魚。一個迷頭兒（札猛子）鑽進水底，伸手就能在岩洞裡、石縫中捉到一尺多長的鯰巴郎（鯰魚）。河堤水下的石隙中更是擠滿密密麻麻的仔鯰魚、頭朝外、口吐水泡，只管用手摳住魚嘴一條條往岸上扔。即便冬天枯水季節，小娃兒也可用自製的魚叉，挽起褲腳在溫暖的水中把大石頭搬開就能叉到不少小魚兒。回家用菜葉包住在柴火灶裡煨熟，或烤來吃、炸起吃，美味開心，童樂童趣記憶猶新。

自古河鮮就是川人喜愛的美饌。在傳統川菜中河鮮菜餚佔有相當的數量，且有不少名品佳餚，像清蒸江團、砂鍋雅魚、豆瓣全魚、乾燒岩鯉、脆皮魚、水煮魚、酸菜魚、冷鍋魚等不勝枚舉。四川大江大河沿岸城鎮亦不乏優質河鮮。如新津黃臘丁、資陽球溪河鯰魚、樂山江團、雅安雅魚。而宜賓、樂山三江匯流，河鮮品種更為豐富。但在成都尤以資中資陽球溪河鯰魚長盛不衰，名揚巴蜀。乃至大多鯰魚館子都要打「球溪河鯰魚」這張名牌。雖現今河流溝渠裡野生鯰魚已為珍稀，但池養的鯰魚仍是川人品魚的首選，十餘年來品吃鯰魚之風依然高昂。至今在成渝高速龍泉高洞至內江段，路邊一排排氣派醒目的鯰魚餐館已成為一道高速公路靚麗景觀。這些餐館沿襲成都「帶江草堂鄒鯰魚」的習俗均以姓冠名：周鯰魚、高鯰魚、王鯰魚、胖哥鯰魚、么妹鯰魚及大姐鯰魚等。（註：此處的鯰魚都是指「鯰魚」，川話中「鯰」、「鰱」的音分不清，所以民間多稱呼「鯰魚」，又俗稱鯰巴郎。與白鯰魚和花鯰魚無關，有本質上的區別。）更多以「正宗」、「資格」、「老號」、「野生」、「地道」標其品質，實在是讓人眼花亂難辨真偽。儘管如此仍是車水馬龍吃情盛旺，其中尤以大蒜燒鯰魚、泡菜鯰魚為熱點。

鯰魚是四川河鮮優質食用魚種之一，素以無鱗、魚身有粘液、肉質細嫩鮮美、體無細刺而受到川人喜愛。大江大河中的鯰魚個頭較大，有的可長達1公尺多，重達10多公斤。但在川西平原，尤其是成都周邊，鯰魚多生活在小河溝渠的回水處或樹根洞穴、石堆縫隙中。通常約250公克重，20至30公分長，人們稱為仔鯰。現今的鄉間郊野因幾十年來不斷整治農田、砍掉樹木、截彎取直，加上河水污染，這種天然野生仔鯰幾乎絕跡，要吃到野生仔鯰已是十分難得。

「軟燒仔鯰」是川菜中久負盛名的魚餚，因以溫江特產的獨頭蒜為輔料烹燒，川人又稱為「大蒜燒鯰魚」。七、八十年以來，在成都最具盛譽，為食眾所喜吃和推崇的還是「帶江草堂鄒鰱魚」（應為「鯰」，順應原店名用「鰱」）。

在成都西郊浣花溪畔，有唐代大詩人杜甫晚年寓居的草堂，相距不遠的三洞橋邊，有一知名酒家——「帶江草堂」。過去這裡是鄉野田園之撫琴生產大隊，農田茅屋、清溪綠水、翠竹垂柳、閒牛悠鴨、雞鳴犬吠。1930年代初，成都郫縣人鄒瑞麟偕妻在三洞橋旁馬路邊搭了間竹籬茅屋，開起了賣茶水、涼粉、涼麵、花生油糕、兼營「冷淡杯」的小店，為城裡及附近來來往往去杜甫草堂和王建墓的遊人提供小吃零食。店旁穿流過的小河中有不少仔鯰魚，鄒瑞麟便就地取材烹燒鯰魚賣。

過去，較早有名的是郫縣犀浦鯰魚。鄒瑞麟年少時在郫縣師從川西壩子名廚林世順學藝，練就一手不凡的烹魚技藝，深諳鯰魚烹調之道。因此，他烹燒的大蒜鯰魚不僅有犀浦鯰魚的鄉風鄉味，更有離骨肉嫩、鹹辣鮮美、香濃酸甜、口感舒爽等特色，於是很快名聲四傳，遠近食客慕名而來爭相品吃，稱其為「鄒鯰魚」。

後來，眼見生意日漸興盛，一間破舊茅屋已不堪擁擠，鄒瑞麟便得將茅屋擴大修葺一新，改建為依橋傍水的吊腳竹樓，小間雅座，種上花草果木。鄒瑞麟熱愛田園、喜讀杜詩，因而把店堂裝飾成清幽典雅，富有詩情畫意的農家大院。這一來不僅店堂漂亮大氣，更吸引了不少文人雅客，其中有位叫陳踐竇的尤喜這小橋流水的幽雅竹院，便取杜甫詩句：「每日江頭帶醉歸」的意境，喻院旁流水潺潺，摘「帶江」二字將鄒瑞麟的店取名「帶江草堂」。這以後人們便稱之為「帶江草堂鄒鯰魚」。

鄒瑞麟藝融南北，無門派之見，尤擅長大菜和席桌。「大蒜燒鯰魚」，或說「軟燒仔鯰」是鄒瑞麟的當家菜餚。「帶江草堂」路橫南北、酒旗招搖，大凡食客來店，可在店旁吊腳樓下浸在河水中的竹簍裡自挑自選，現剖現烹，風味濃郁，味道鮮美，價格公道，八方食客聞風而至。經鄒瑞麟不斷精心對「草堂」進行打理修整，帶江草堂儼然成為鄉野田園中的一座高雅「農家樂」，其修竹為樑、雕竹為窗、竹亭竹椅、草青花香、蟬鳴蛙鼓、蜂舞蝶狂，四季秀色之自然風光讓文人雅士、詩人墨客心醉神迷，常會聚於此覽名勝、觀鄉景、嘗魚餚、品佳釀，美酒和腸、魚鮮娛胃，雅興所致賦詩作畫、誦古吟今，留贈帶江草堂。

對日抗戰爆發的第二年春天，即１９３８年春，張大千在成都舉辦了震驚中外的抗日美術畫展後，準備遠去荒漠考察敦煌壁畫。成都文化界為他餞行。因大千先生不僅是蜚聲海內外的國畫巨匠，亦是美食大家，烹魚高手，故而選定帶江草堂請張大千品嘗鄒鯰魚。

大千先生一行坐人力黃包車一到帶江草堂，便見小橋流水，吊腳竹樓下一排竹簍浸在河水中，大千便道：「這家老闆懂魚經、定是養的活魚。魚，我所欲也」。進得堂內張大千環顧四周，略一審視竟然發現修竹庭院內四處張掛的是成都書畫名家的墨寶，楹聯和山水，不禁點頭稱道：「雖竹屋茅舍，卻是典雅脫俗，想必這裡的魚餚定也別有風味」。席間，鄒瑞麟烹好魚後親自送上桌，大千先生放眼一望，只見盆中湯色亮麗，滋汁金紅，七八條仔鯰完整有形臥於盆中，獨頭蒜大小均勻，半沉半浮如玉珠落盆。他輕夾一條魚放在碗裡細品慢嘗，舉箸對一桌人說道：「這魚果然烹道不凡，肉嫩鮮美、湯汁入味、鹹辣酸甜恰到妙處，獨頭蒜也炸得酥軟有味，好魚。」又對鄒瑞麟說到：「鄒老闆，你魚燒得高明，敬你一杯」。話落，還邀鄒瑞麟入坐共飲同品，交流魚經。

１９５９年郭沫若重遊成都西郊名勝古蹟後，在帶江草堂用餐，品嘗了大蒜燒鯰魚後讚不絕口：「這樣的做法符合川味正宗，色香味美都做出來了」。席間，鄒瑞麟特意專門製作一道魚餚請郭老品嘗，並請郭老為其取名。郭老見盤中魚漾淺底蕩清波，配料如鮮花漂浮水面，連聲叫好，欣然為之取名「浣花魚」。郭老還饒有興致地留下墨寶詩作：「三洞橋邊春水深，帶江草堂萬花明，烹魚斟滿延齡灑，共祝東風萬里程」。

１９６１年，陳毅元帥蒙親友相邀，聚會於帶江草堂，一邊透過翠竹綠樹掩映的帶江草堂觀賞農家田園風光，一邊品嘗美味可口的「鄒鯰魚」和朋友敘舊聊天，觸景生情，隨口吟成一首五言絕句。遺憾的是鄒師傅只記住了後兩句：「野田觀農家，溪邊飲酒來」。再三都記不起了。事隔十七年後，陳帥之弟陳季讓再次來到帶江草堂，談及往事，陳季讓欣然提筆補寫了陳毅元帥所吟前兩句詩：「雲天海外回，結伴滌塵灰」。陳毅元帥昆仲聯詩，補缺天成，至今還在帶江草堂傳為佳話。

１９８３年，中國美協主席，著名漫畫家華君武到帶江草堂，品嘗了二十年前曾盡興過的「鄒鯰魚」，盛讚味美：「很好、很好，不減二十年前美味」。盡興之餘，當場作畫一幅贈予鄒瑞麟，旁題為：「熊掌我所欲也，魚我所欲也，兩者不可得兼，舍熊掌而取鄒鯰魚也」。並注曰：「二十年後重來成都三洞橋，見鄒瑞麟同志健康甚慰，作此留念。之後，文化名人巴金、沙汀、李劼人、歐陽予倩、王朝聞、關山月、吳雪等都先後來此做客。

國際友人也紛至遝來，美中貿委會駐京代表葛瑞德，紐約健康食品公司董事長邊敬耕以及加拿大、瑞士、印度、日本等各國外賓都先後光臨帶江草堂。１９８４年在日本出版的《中國名菜集錦》中、日、英文大型食譜收錄了帶江草堂的「軟燒仔鯰」、「浣花魚頭」、「泡菜鯽魚」「紅燒鯽魚」、「龜鳳湯」、「金沙肉蟹」、「八珍燉甲魚」、「蒜茸開邊蝦」、「泡椒划水」、「碧玉烏魚絲」、「太白醬肉」、「貴妃蛋」等風味名餚。

半個多世紀來，帶江草堂的軟燒仔鯰能被中外文人雅士、藝術名流品出詩情畫意來，這在川菜美味佳饌中實為少有。一生熱愛詩書畫的鄒瑞麟自然得意在心，而那些生活在潺潺小河中的魚兒們，倘能感悟到自身能被知已知味者像詩畫般的品賞，想必也甘願鞠躬盡萃，雖死猶生吧。

軟燒仔鯰是以烹法和主料來命名的一款家常風味魚餚。「軟燒」是川菜烹飪中特有的名詞，意指烹製時魚不碼芡、不過油，將清理洗淨的鮮魚直接放入湯汁中，小火慢燒而成。用此法烹魚既能使魚肉入味、滋味鮮美，又可使魚肉細嫩、色澤亮麗。軟燒也可用於草魚、鯉魚、鯽魚，甚至黃花魚。在川菜風味名餚中除了軟燒仔鯰，還有粉蒸鯰魚、醋燒鯰魚、大蒜鯰魚，泡菜鯰魚等。

軟燒仔鯰通常選用約一斤（陸制，５００克／斤）重的仔鯰魚三五尾，剖腹除去內臟，洗淨血水，在魚脊背上橫切兩三個刀口，抹點鹽，鍋燒熱下菜油燒至五成熱，下獨頭蒜炸至皺皮撈出，再下剁細的郫縣豆瓣或細紅豆瓣、薑米熗至油色紅亮、香味溢出，摻入肉湯，然後放進鯰魚、獨蒜，加醬油、白糖、料酒輕推調合，改用微火，幾分鐘後將魚輕推翻面再燒到獨蒜軟糯魚肉入味時，將魚輕揀入盤，然後改用大火，鍋中湯汁加醋、勾芡，下蔥花推勻，舀起淋於魚上即成。

軟燒仔鯰，魚形完整、色澤紅豔、肉質細嫩、味道鮮美、鹹辣酸甜、滋味豐厚、口感悠長。按川人的食俗吃完魚，剩餘滋汁會讓服務生端回廚房免費加燒豆腐。

幾分鐘後豆腐上桌，依然紅豔亮麗香鮮撲鼻，哪怕你已是腸滿肚飽仍會食慾重開，豆腐的口感可與鯰魚媲美。

如今，帶江草堂雖已年逾古稀，卻是成都屈指可數，八十年間不移其址、不變其名的老字號名店。三洞橋也早已是繁華鬧市、喧騰社區。帶江草堂雖仍「帶江」，但其江與草堂卻已面目全非。唯有其古樸典雅的門面和那塊黑漆店牌依然如故，優雅閒靜地注視著川流不息的車潮、熙熙攘攘的人流；店旁那悄無聲息的小河雖早已絕魚，卻也在緩緩流淌，似乎仍在敘述著往昔之悠然光景。有道是：春者，天之本懷；秋者，天之別調。鄒瑞麟和它的帶江草堂，在城郊之一隅，別出心裁，獨具一格，以大蒜燒鯰魚和草堂茅舍為世人奉獻出了舍熊掌而食鄒鯰魚之佳話。

１９５０年代中期，帶江草堂經公私合營劃歸成都市飲食公司，成為國營餐館。鄒瑞麟功成名就退休後，由其大徒弟，川菜名師秦紹都主廚。１９９５年，在鄒瑞麟先生去世十年後，帶江草堂被國家貿易部認定為「中華老字號」名店。在八十年的歲月中，帶江草堂雖也經歷滄桑，卻也享盡風華，其創製的軟燒仔鯰、糖醋脆皮魚、清蒸青鱔、紅燒足魚、奶湯鯽魚、浣花魚頭、泡菜魚、青椒鱔魚均被列入《中國名菜集錦．四川卷》。

此外，帶江草堂還有一款名餚「太白肉」，屬於四川臘肉類，但其製法不同於一般的臘肉。一是不用上色、二是香料的品種與量比臘肉用得多。太白肉無需窖藏，但卻香美勝過宣威火腿，肥肉油亮香醇、卻不油不膩，瘦肉酥而化渣，很有火腿的風味，堪稱一絕，成都人給其冠名為「成都火腿」。鄒瑞麟先生雖已過世二十餘年，然而所幸的是他創製的太白肉與美味魚餚依然風韻猶在、風味流香。其培養的多位高徒不僅嫻熟地傳承了烹魚技藝，也繼承了他的美味求真，做人求誠的可貴品格。

１９９０年代後，隨著「農家樂」的興起及迅速發展，遍佈成都周邊的農家樂幾乎家家都賣鯰魚。每逢週末節假日，城裡人蜂群般湧入農家樂品吃那有著濃厚鄉村風味的泡菜鯰魚、大蒜燒鯰魚和藿香泡菜鯽魚。暢遊天府，無論走到那裡在城鎮餐館，路邊飯店都能吃到各式風味不錯的魚餚。沿江沿河的城鎮縣市魚餚更為豐盛。然而最熱鬧壯觀，最誘人的仍是成都新津、樂山五通、宜賓、雅安等泊在江邊的水上船餐廳。

在船上品魚餚別是一番風情風味，不僅鮮活味美且水魚交融，賞河景、品魚餚，且是味中有味、味外有情，詩情畫意油然而生。那愜意與雅趣實乃人生不可多得。難怪唐代詩聖杜甫就為之感歎：「蜀酒濃無敵，江魚美可求」。陸遊更又是：「客報城西有園賣，老夫白首欲忘歸」。陸老先生遠在宋代就深感成都平原之優雅風情，時令鮮蔬，美味魚餚勝江南，打算買座「農家樂」住下養老而不歸故里。成都，一座來了就不想離開的城市，看來自古皆是如此。

精彩故事，下回道來。

第二十三回

千古老饕頌豬肉，東坡肘子味之腴

民以食為天，即便是神仙皇帝也少不了要食人間煙火。縱觀中華食事，幾千年間任隨世變時移，人世間總是不斷地流傳著不少有關吃喝，尤其是名人吃喝的軼事趣聞。中華菜餚中更有不少佳餚與名人扯上了關係。有些是名人吃出名的；有些則是名人吃得高興，詩興文潮湧動寫出名的；有些則是借名人之名而成名的。然而確也有些菜是好吃善烹的名人自個兒下廚舞弄鍋瓢折騰出來的。說稍遠點便有宋代大文豪蘇軾，說近些則有袁枚、張大千。蘇東坡與袁枚尤為有成就，前者為後世留下了《老饕賦》、《菜羹賦》、《豬肉頌》等美食及烹飪傑作，還自創了「東坡肉」、「東坡羹」、「東坡魚」等名菜。後者則以一本《隨園食單》對中華烹飪產生了十分重要的影響。

看看名人的哪些菜，讀讀名人吃喝的哪些事兒，名人及名人菜之軼聞趣事，不僅點綴且豐富了中華飲食文化，也為市民百姓留下了生動有趣的餐桌龍門陣，或酒餘飯後有滋有味的吃喝聊齋。

「老饕」一詞，當由「饕餮」演變而來。饕餮原本指傳說中一貪食的惡獸，多見於商周青銅器上的紋飾。古人多將饕餮用以比喻特別好吃的人。而蘇東坡則在其《老饕賦》中唱云：「蓋聚物之夭美，以養吾之老饕」，其意為，普天下之美味都因有我這個老饞鬼而存在之。自詡為貪吃好吃的「老饕」。

蘇東坡，四川眉山人，與其父蘇洵、弟蘇轍合稱「三蘇」，為唐宋八大家之一。父子三人皆為中華歷史上的大文豪。蘇軾二十歲前與弟蘇轍在母親程氏的督導下苦讀寒窗。家中說不上富足也算是衣食無憂。儘管有如蘇軾之說，在家時常吃的也是「三白」飯食，即每餐一碗白米飯、一盤白蘿蔔、一碟白花花的鹽。可就這樣的粗茶淡飯卻養育出了兩位千古傳頌的文學大師。

蘇軾母親，世稱程夫人，青神縣人，不僅是一位諳熟《漢書》的才女，亦是善烹調、懂農事的賢婦。川人尚食好味的傳統與母親的言傳身教，使蘇軾在攻讀之餘也學會了些耕種、炊煮之事。蘇軾自八歲從學於道士張易簡開始，二十歲前在家大體上是個五穀為養、五蔬為充的素食之人。在蘇軾登科及其弟中了進士後，入了官場和上流社會，有官做、有錢掙，便成了崇尚吃喝的肉食主義者。蘇軾一生除詩文書畫便是美餚佳釀與香茗，尤喜食豬肉和魚。且給世間留下了不少廣為傳頌的佳話美談。

豬肉是漢民族的主要肉食，食豬肉之歷史少說也有三、四千年。古人造字時，給豬起的名就很有意思，稱為：「豕」。《說文》裡講「豕」字的象形，是毛足而後有尾形。給小豬仔的名又叫「豚」。宋朝元豐六年，蘇東坡的小妾朝雲給他生了個兒子，這個好食豬肉的老饕客乾脆給兒子起名叫「豚兒」，以現代話講就叫「豬娃子」、「豬仔兒」。

蘇軾在浙江吳興任職時，被人誣告關進監牢，後因誤食魚，以為要被加害，便寫了首悲哀淒涼的訣別詩給其弟蘇轍。但其詩卻意外地傳到神宗皇帝手上，神宗原本就愛惜「三蘇」，讀了詩心有所動便免於加罪，讓蘇軾謫居湖北長江邊的黃州小鎮。蘇軾雖死裡逃生，可在黃州薪奉微薄、生活困苦、經濟拮据，難以維持家人生計。他便在黃州城外居所附近的東山坡上開荒種地，精心躬耕，加之又善廚事，栽種吃喝之事皆是自已動手、雖辛勞倒也自得其樂。他效仿陶淵明、崇拜白居易心安理得盡享歸隱之樂趣，自譽為「東坡居士」，此後人們便尊稱蘇軾為蘇東坡。

據蘇東坡記述，當時的黃州豬肉非常便宜，富人不屑吃窮人不會煮。此情此景讓他不勝感歎：「算來惟有豬肉好，可惜世人生吃了」。於是他照家鄉眉山燒燉豬肉之方法常燒常吃。並把其燉燒方法推介給周邊的百姓人家。這便有了傳世名篇、烹飪佳作《豬肉頌》。頌曰：「淨洗鍋，少著水，柴頭罨煙（罨，遮蓋）焰不起（炆火），待它自熟莫催它，火候足時它自美」。後人將其概括為：「慢著火，少著水，火候到時它自美」之東坡豬肉燒燉「十三字訣」沿用至今。

北宋末期，宋哲宗元佑四年（西元1089年），蘇東坡在杭州任太守，引領民眾疏浚西湖、修築長堤，為百姓消災謀福。杭州人民十分感激，稱為「蘇堤」，並擔豬抬酒送到蘇府。蘇東坡見盛情難卻，便叫家廚將所送豬肉切成每個二兩重的四方塊，用他的燒燉方法燒製，連酒一併送到堤上給民工們吃。然而家人在燒製時，把「連酒一起送」領會成「連酒一起燒」，結果燒出的豬肉是紅酥油亮、酒香濃郁、十分香美。肉送到新堤，民工們喜不勝言，吃了都誇味道好極了，稱其為「東坡肉」。從此，杭州就有了一款名聞天下的名人佳餚。

「東坡肘子」相傳又是蘇東坡後來遊歷到江西永修一帶，為一農家小孩治好了疾病。農夫為感激蘇東坡特留他吃飯。大凡說吃，東坡先生是不會客氣的。他站在農家門口，鄉村田園美景讓他很是陶醉，禁不住隨口吟了一句詩：「禾草珍珠透心香」。正在灶間做飯的農夫聽了，以為蘇東坡在告訴他煮肉要「和草整煮透心香」。於是便把肉和繫肉的稻草一起煮，不料竟歪打正著，煮熟的肉別有一種風味。此事傳開後，這裡的百姓人家煮肉便都照此而行，這款稻草煮肘子後來竟成為當地的特色名菜。不少人慕名前來品享，直呼為「東坡肘子」。

蘇東坡一生遊歷的地方甚多，中華各地大凡與蘇東坡有點關聯或蛛絲馬跡的都以東坡命名。如此華夏食苑中一大堆「東坡菜」應運應時而生。像東坡肉、東坡肘、東坡魚、東坡脯、東坡狗肉、東坡羊肉、東坡墨魚、東坡火腿，以及東坡餅、東坡酥、東坡羹、東坡豆腐……然而最享盛譽的還是東坡家鄉四川的東坡肘子。

1943年的成都，到處都在談論著一家飯館，說是該店的當家招牌菜「東坡肘子」是蘇東坡之秘傳，店的招牌亦是蘇東坡所手書。一時間滿城風雨、神乎其神、不由人不信。更有眾多好奇者爭相光顧，意欲親眼觀賞東坡手跡，親口品嘗東坡肘子，於是這家飯館的生意火得門庭若市。這就是成都專賣東坡肘子的名餐館——味之腴。

味之腴創建於成都東大街。由龍道三、李敬之兩個成都人和吳思誠、吳瑩琦、吳世林三個溫江人合夥。五個人雖說都是飲食業外行，但會吃善品。他們常聚在一塊喝茶聊天，覺得成都的餐館飯店雖多，但溫江一家專賣燉肉的館子則是成都所沒有的。那以柔軟滋糯見長的燉肘子，佐以溫江醬油與郫縣豆瓣，色香味形俱佳，在成都必定能「吃得開」。於是便打算開一家專賣燉肘子的餐館。商量好後就重金聘請當時溫江有名的「燒燉專家」劉均林掌墨主理廚政、專攻燉、燒肘子和罈子肉。由於借鑒蘇東坡「十三字訣」燒燉之法而冠名「東坡肘子」。

招牌菜定了還得有店名，幾個人日思夜想查書翻典，偶然在一首古詩中看到漢朝班固的兩句話：「委命供已、味道之腴」。「腴」、肥也、豐也，正好與「東坡肘子」的風味特色相吻合。五人大喜遂定名「味之腴食堂」。雅號有了，必得請名人名家書寫才是。幾個臭皮匠又議，既然是「東坡肘子」，蘇東坡不正是書畫大家嗎？於是便從蘇東坡之傳世墨寶中輯得「味之腴」三字，放大做成黑底金字招牌，果然是堂而皇之十分引人注目，生發思古之幽情。他們趁勢對外宣稱此店名是蘇東坡親筆所傳，「東坡肘子」也是東坡秘訣所制。

如此一來「味之腴」與「東坡肘子」的美名不脛而走，四方傳揚。招來不少達官貴人、文人雅士蜂擁「味之腴」，爭品「東坡肘」。一天，中華著名書法家謝無量慕名而來，一到門口果然一下被三個金字鎮住了，忙打聽是哪位大師所寫，店主見是謝無量便如實告之，謝無量聽明來由不覺大笑：「我說時下成都沒有人能寫出這樣的字嘛！」

味之腴以東坡肘子為招牌菜，配以紅油雞塊或雞絲。肘子與雞原湯煨燉，燉出之肘子色澤雅黃、柔軟滋糯、形態完美，且是肥而不膩、清鮮香醇；湯內輔有汶川雪山大豆煨熬，濃稠不沾、乳白淡雅。在四川，肘子家家會燉，大火燒小火煨都懂得起。但味之腴燉的肘子確與眾不同，是以全雞合燉，生意興盛時每天要下四、五十只雞。這樣多的雞燉出的肘子湯，其香鮮味美可想而知。一般家庭自然心有餘而力不足，即便餐館酒樓大多也不敢這般下料。

此外，味之腴蘸食肘子的味碟也很有特色，用優質溫江醬油、剁細後油酥的郫縣豆瓣，加花椒粉、芝麻粉、味精、特製辣椒紅油，既粘稠又濃香，不由人不垂涎三尺。涼拌雞塊或雞絲則配東坡肘子上桌，堪稱肘子伴侶。那也是一肥一瘦、一糯一嫩、一濃一淡、一紅一白；一鮮香、一辣麻、紅白相襯、色豔味佳，吃情食趣盎然。

1950年代後，味之腴經合營與國營，由原址東大街遷至前衛街口，擴大了店堂增添了設備與人員，一樓一底既供零餐散客外加肘子出堂，又承辦各式席宴。東坡肘子、紅油雞絲及鐔子肉等仍為傳統特色名菜。到1990年代末，因城市改造拆遷，味之腴移至成都西門府南新區餐飲一條街上，仍有不少新老食客前去品味東坡肘子。然而，東坡肘子真正負有盛名，蔚為壯觀的還是蘇東坡之故鄉——眉山。川內外的客人或自駕，或乘大巴前往遊覽「三蘇祠」、品味東坡肘子，那又是另般風情。

眉山，距離成都西南約80公里，與樂山大佛、峨眉山臨近。在眉山縣城西南一角，原有座掩映在翠竹綠柳間的青瓦院子，屋旁潺潺溪水悄然安靜地流淌，周邊蔥籠的菜地蜂飛蝶舞，茂林間蟬鳴鳥唱，一派恬靜幽雅的鄉村景像。北宋時期仁宗景佑四年，蘇東坡就在這裡呱呱出世，二十歲進京參加「高考」得中進士。

至此，在中華文學史上，一顆千古閃爍的「文曲星」照亮了整個大宋王朝，暉映九州方圓，蘇氏三父子就此絕唱千百年。眉山亦因此而成為一座千載詩書城。蘇家那幾間青瓦屋子，也逐漸裝修成為樓台亭榭、殿宇輝煌之「三蘇祠」。雖然僅存一口水井與少許詩詞書畫為蘇氏之真跡，可千百年來依然為人們所敬仰。

近二十年間，巴蜀各地亦有不少父母，每年四、五月間總要帶著準備參加高考或中考的兒女前來拜謁「三蘇」，特別是被譽為「千古第一文人」的蘇東坡，祈望兒女多少能沾點東坡先生的聰慧與才氣，順利中考登科及第。當然，做父母的是否也還企盼兒女亦能如東坡先生一樣善吃善烹，增強些日後獨立生活之能力，這就不得而知了。

任何來到眉山的遊客，除了感歎蘇氏風采和秀麗山水，尤能感受東坡故里的另一人文風情與盛景。那就是滿城遍街的東坡肘子、東坡肉、東坡魚等名目眾多、耀眼奪目的店招店牌，甚而連空氣中也飄忽著肘子的香風美味。眉山的東坡肘子五花八門、風味紛呈，有燉肘子、燒肘子、蒸肘子、燜肘子；有家常味、魚香味、酸辣味、薑汁味、糖醋味；還有脆皮的、豆瓣的、泡菜的、醃滷的、燒烤的等，讓人眼花心亂無所適從。但眉山的東坡肘子卻與成都餐館中的做法不同，大多沿襲當地民間的傳統烹法，故而鄉風濃郁、鄉味醇厚。１９６０年代朱德到眉山視察，參觀「三蘇祠」後提筆揮毫，寫下：「一家三父子，都是大文豪」的詩句，而後品嘗東坡肘子更是連聲讚好！

在蘇東坡之故居，感受中華民族第一文豪的才情與風采的確讓人印象深刻、感歎萬千。自古於今，在中國歷代美食大家中，蘇東坡是第一個自詡為「老饕」的人。然而蘇東坡並不只是好吃善飲，他崇尚自然之味，注重飲食養生，摒棄世俗食垢，推崇自已動手。他躬耕田園、種菜栽茶、燒肉做飯、制蜜釀酒……還為後世留下了《老饕賦》、《菜羹賦》、《豬肉頌》、《東坡羹頌》、《蜜酒歌》、《煮魚法》、《養老篇》等豐富多彩的烹調及飲食文化佳作，對後來之中華烹飪產生了重要的影響。

在眉山，親身感受「三蘇」文化的神韻、領略東坡風采、觀賞古跡遺文，再悠然慢品蘇軾美酒、細嘗東坡香肘，沉浸在幽幽古風之中仿佛置身千多年前的大宋王朝。鑒古觀今，倘若東坡先生再現於世，面對如今中華美食繁華昌盛的世景，川菜風行天下之豪情，縱觀多姿多彩的各式美餚，暢啖從他《豬肉頌》中演繹而出的砂仁肘子、五香肘子、椒鹽肘子、香炸肘子、醬燒肘子、冰糖肘子、紅棗煨肘等。這位千古饕翁必定會是食慾盛旺、吃情澎湃、詩如雲湧，或許也會與時俱進，上網衝浪、博客抒情，揮發出更為精采瑰麗的名篇絕句來。

欲知後事如何，且看下回分解。

锦华馆
1914

第二十四回
中外合璧真耀華，西風洋味誘萬家

在成都人的印象中，位於成都春熙路西段22號的耀華餐廳，是整整幾代人的深切記憶。在那個吃熬鍋肉都稀罕的年代，耀華餐廳經營的俄式牛尾湯、大蝦布郎酒、法式牛排、紅酒豬排等西餐，征服了成都人的胃和心。外地親友來成都，一定會去耀華餐廳給親戚家的小孩買些奶油蛋糕、芙蓉糕、鳳尾酥、奶油球糖等糕點糖果，娃兒們見了這些吃貨眼珠子都會發亮。因為在那個年代，這些糖果糕點，無疑是十分珍稀和洋氣的。記得小時候，偶爾看見院子裡的小孩手拿一支客人從耀華餐廳買來的奶油棒棒糖，羨慕得啊、饞得啊，眼珠子都快隨著口水掉落到地上了。

記得讀小學後，下午放學回家，就要幫母親一起剝花生。那時院子裡不少人家都要從「耀華」領回一大麻袋花生，剝好一大口袋花生可以掙到兩三角錢，還能留下花生殼當柴燒。但於我而言，之所以一放學就會主動去幫著剝花生，倒也不是我聽話懂事，而是一邊剝一邊可以偷吃點，更重要的是一大袋花生剝完了，母親便會送到「耀華」去，不時還能從耀華帶兩三顆奶油球糖回來給我們兄弟妹品享，這對我們窮苦人家的娃兒來說，無疑是一大高級口福。然而，奶油球糖雖給我留下了難以磨滅的香甜記憶，但成年後我卻對糖果類敬而遠之，倒是對花生情有獨鐘，尤對司胖子花生、老8號顆顆酥喜愛有加，不時自己還要油酥一碟花生過癮。想來或許是兒時剝花生常把手指剝起泡，指甲撥開口，留了血的緣故吧。

然而，隨著2002年春熙路改造，成都第一個西餐廳就此在拆毀中灰飛煙滅。但它曾經的輝煌，如同其招牌品種：泗瓜泗（即橘子水）、娃娃頭雪糕、冰淇淋和麥稈吸管一樣，讓人們追憶至今。記得小時候我常去新華書店翻書看，偶爾手頭有點小錢，就要去耀華過下饞癮，一般都是點一杯冰鎮泗瓜泗或一份水果冰淇淋。玻璃杯中的橘子水，那黃亮亮的麥稈吸管，輕輕含在嘴裡，一小口一小口慢慢吸、徐徐吞。那滋味、那悠閒，便讓「耀華」在滋滋地吸允中，深深地浸潤在了心底。

話說抗日戰爭時期，成都春熙路有家叫「耀華電料行」的店子。老闆姓趙名志成，重慶廣益中學畢業，是個信教的基督徒，早些年在英商白理洋行工作，身上多而不少沾了點西洋氣。然而戰爭年代，電料生意日漸艱難。他心想電料做不了，即便是打仗，這吃喝還是需要的。於是便轉到「水濕行道」，也就是飲食業。他就將原店鋪改成了「耀華茶點室」。名字倒還清雅，但他本錢短少，故而因陋就簡，只擺了兩三張小桌，賣點咖啡、可可、橘子水、麵包、餅乾一類洋茶點。趙志成因做過洋行職員，對這些飲食倒也還熟悉，雖然十分寒磣，但生意也還能做得走。

因為趙志成的茶室攤攤小，他是既當老闆又是廚房提調，還兼跑堂招待。但他談吐文雅、為人謙和，客人的印象甚好，加之春熙路上南來北往的人川流不息，他的生意也日漸好起來。於是想再增添些西菜品種，使這個小店更顯得洋味更濃些。他千方百計，四處托人，請來一位會做西餐的師傅，據說此人曾在某國領事館幹過。但搞了不久，趙發現，這位師傅的手藝對付洋人還綽綽有餘，但西菜的口味卻和成都人對不上號，不添西菜還好，添了反而把不少食客擋出了門外，客人不進來，東西賣不出去，天天虧本，趙志成心裡就慌得有些發毛了。

但趙志成慌是慌，可他生來就有點小聰明，腦瓜子靈、點子來得快。他發現臨近的科甲巷有家新開、專賣粵式茶點的冠生園，生意好得不得了，客打擁堂，天天滿堂紅。於是他就每天去觀察，琢磨了好些天，終於找到了個竅門。原來冠生園茶點多，但價格貴，一頓早點，七碗八盤，要花好幾塊錢，一般百姓和窮職員哪能吃得起呢？於是他想，每天只賣一兩樣經濟、實惠、精緻可口的早點，花個幾毛、塊把錢就可解決，這樣不就把大眾客人吸引來了嗎！

這樣打定主意，趙志成又東挑西選請來一位白案師傅，一邊商議、一邊試製、大家品評，改了又改、嘗了又嘗，足足搞了個把月，方才選定了甜豆沙包、鹹甜叉燒包和雞肉大包；麵條也選了三樣：鹹甜雞臊麵、香鮮口蘑麵、咖哩牛肉麵。這幾樣包子和麵條，當時在成都還沒有那家餐廳賣過，對成都人來說也還是頗新鮮的吃食。

儘管是獨家特色，但趙心裡也還是七上八下，摸不準究竟好不好賣。誰知一推出就一炮打響，好新鮮、吃稀奇的成都人蜂擁而至，且一傳十、十傳百，「耀華」店堂從早到晚擠得連點縫隙都沒得。趙志成一下欣喜不已，連連向廚房都打招呼，一定要保證品質，包子蒸好一籠檢查一籠，有堿過重、色發黃或發酵不夠、包子不泡，都一律不准出堂；麵條必須是蛋清麵，雞汁原湯，雞湯用完就停止賣麵。他生怕有人忽略馬虎，就親自監督。如此，耀華的包子麵條，不僅風味好、價格低、且品質上乘，於是口碑四揚，「耀華」就此紅了起來。

這一招如此這般有效益，趙志成更是信心充足，雄心勃勃，他決心還要把做倒楣了的西菜重新做起來。當然賺了錢啥子都好辦，他重金聘來一位俄國大菜師傅，商量好每天只推出三菜一湯，少而精、稀而美，每隔三天換個花樣，如這次是黃燜雞，下次就鐵扒雞，再下回就咖哩雞，一月內不重複。這樣既滿足食客嘗新好奇的心理，又吊住了食客胃口。這一來，果然生意爆好，被食客稱為「公司菜」，意指專供那些公司小職員品吃的西式菜。於是，曾經做得死秋秋的西菜又風生水起、活色生香起來，耀華的名氣如日中天。

趙志成硬是一不做二不休，他又通過在華西大學的洋人，從美國買來一台食品冷藏櫃和一台電動冰淇淋攪拌機。這兩件東西一擺起，那是非同小可，在偌大個成都簡直是鬧響了。一應肉食、蔬果可以冷藏不壞，拿出來照樣新鮮味美；那攪拌機攪出的冰淇淋更是細膩均勻、又快又好、現攪現吃，鮮香可口。這一下，耀華在成都簡直就爆炸了，不用說成群結隊的人前來品嘗這稀奇洋美食，排長隊爭相購買冰淇淋，更有不少人擁擠在門口看熱鬧，觀賞這稀罕的洋玩意兒。一個小小的簡陋茶點室，不到兩年時間，給趙志成做得是風車斗轉，名震川西壩子。

然而，人無遠慮，必有近憂。食客來吃西菜、喝咖啡，都少不了要些麵包點心。而耀華的麵包點心都是依靠成都冠生園和上海一家食品廠批發過來。話說：同行相忌，賣麵粉見不得賣石灰的。上海隔得遠不說了，就在附近的冠生園見耀華生意如此紅火，便時常「拿卡」，藉故貨不多，自己供應都不夠，不批發給耀華。沒有麵包點心，這生意自然大受影響。把個躊躇滿志的趙老闆真還急得顆子汗直冒。他一咬牙，決定無論如何要自己生產麵包點心，不能讓別人卡脖子。想到重慶是陪都，洋人領事館多，西餐也很多，會做麵包的師傅自然不少。於是他去到山城，硬是把老大升麵包房的大師傅鄭順林說動了。以一個負責生產，一個負責銷售、利潤對半平分。就這樣沒多久，耀華的各式麵包、點心就出堂了，尤其是成都獨一無二、鮮為人知的奶油蛋糕、喜慶花蛋糕更成為「耀華」一絕。華西壩的老外每逢耶誕節、情人節和其他喜慶日子都必到耀華訂做蛋糕。從此，耀華就有了自己的麵包點心作坊，不再受他人擺弄了。且給成都食客提供了一個品嘗正宗俄式、法式菜品和西式點心的正兒八經的西餐廳。

趙志成見這一招很火，就又以「產銷合作，利潤平分」為原則，先後開辦了中式糕點、軟硬糖果。陸續推出了方塊白糖、紅白芙蓉酥、海參酥、鳳尾酥、奶油花生、奶油球糖、奶油棒棒糖等，無一不轟動成都，成為惹人眼球的搶手香俏貨。趙志成一下又成了成都糖果糕點行業的龍頭老大。而他的胃口也隨之膨脹，就想方設法把這幾個作坊一併納入耀華，開個頗有規模的食品廠。於是，後來在成都穩坐頭把交椅，著名的「成都耀華食品廠」便應運而生。

1940年代，由於內戰，社會十分混亂，地痞流氓、袍哥丘八橫行霸道、估吃霸賒，輕則海吃海喝一頓，嘴巴一抹，帳記在瓢背上；稍不周到，便是踢桌子、摔板凳、砸碗甩盤，加之樹大招風，趙志成一不小心便招來禍端。臨近1950年的一個冬天，堂上招待得罪了一個歪人。於是第二天就在他店子頭上演了一齣「叫花子，坐滿堂」的鬧劇。三個一夥、五個一群，衣衫襤褸、蓬頭垢面、稀髒邋遢，手裡拿著爛砂鍋、破罐罐的叫花子，湧進耀華，吵吵嚷嚷叫喊：「端麵來，拿包子來，老子們有的是錢！」每個叫花子手裡也果然拿有一張票子一晃一晃的，一時間鬧得一塌糊塗。堂裡的食客趕緊抽身就往外走，外面要進來的一看火色不對，轉身就開跑，只有一大堆看熱鬧的人嘻嘻哈哈。

店上的夥計沒見過這陣仗，嚇得臉慘白、腿發軟，躲在牆角落直喊趙老闆。趙志成從作坊裡頭出來一看，急得把眼鏡都摔落在地上，即刻派人打電話報警察局，卻被冷眉冷眼地告知值日巡官不在沒得人手。趙志成只好關了店門，叫廚房煮麵，端包子讓這些個叫花子海吃一頓。此時，有位熟人悄悄告訴他，警備司令部的呂參謀帶了十幾個人在街對面看熱鬧，今天這事一定是他放的鬼。趙志成方才恍然大悟，趕忙跑到對門恭恭敬敬地把呂參謀請進店，賠了千萬個不是，塞了些現金，呂參謀這才換過臉色順水推舟說：「讓他們吃了就爬！」這一折騰在成都是家喻戶曉，不少食客一想到那些叫化子難聞的臭味、髒味，都不願進店了，硬是黴了個把月才把生意扳轉過來。

其後，耀華又請來的做西餐的師傅，曾是給駐紮在新津機場的美國飛虎隊隊長做菜的美國大廚，這一來更了之不得。加之當時的耀華茶室，一樓一底的單間門面，門前一道四扇玻璃旋轉門，樓下賣糕點糖果，樓上是茶點室，潔淨清爽、窗明椅淨，倒還優雅適時，一杯熱騰鮮濃的咖啡，一邊慢品一邊觀街景，很是讓人悠然自得，頗有一絲浪漫。在當時的社會條件下，耀華已經是很時髦、很洋盤了。趙志成嘔心瀝血能搞成如此這般，也算是登峰造極。然而，耀華真正名揚四方，蓬勃發展確也是1950年以後的事。

1950前兩年的成都，大官僚、大資本家、大地主驚慌不安，跑的跑、逃的逃、飛的飛、躲的躲，兵荒馬亂、人心惶惶。於是許多大餐館紛紛關門歇業。著名的榮樂園也關了門，耀華自然也不例外。趙志成一度以增添川菜來擴大經營，其後，又冬天賣火鍋，夏季賣冰淇淋，同時亦開賣早點，廣式雞肉大包和各式蛋糕飲品，但仍難以為繼，萬般無奈只得關門。１９５０年後，局勢平定、社會也日漸穩定下來，耀華又重新開門營業，但生意不好，西菜、咖啡簡直就沒人來吃了，整天冷冷清清，趙志成也無回天之力，愁眉苦臉無心經營，只好混一天算一天。

有道是，天無絕人之路，柳暗花明又一村。１９５０年成渝鐵路開工建設，大批蘇聯專家來到成都，因為耀華能提供俄國大菜和西餐，西南軍政委員會就指定耀華餐廳為蘇聯專家製作俄國菜，其西點、西菜受到蘇聯專家的交口稱讚。是年，政府又撥專款８０００萬元（當時幣值較低）扶持其擴大經營。趙志成這才精神煥發，重振信心，借政府的資助擴建了可容納三百人的餐廳。這時解放軍進軍西藏，民族商貿公司也向「耀華食品廠」大量訂購糖果糕點，於是又把「耀華」幫扶起來。公私合營後，組織上還特別調來徐桂芳、鄭春和、何新全三位西餐西點廚師，加強西餐廚政班子。

耀華的西餐恢復正常經營後，按政府的要求增設了中餐部，搞中西餐融匯。但搞中餐趙志成就顯得心有餘而力不足了，於是主管部門就特別請來榮樂園的老闆，解放後開辦「群力食堂」的藍光鑒大師和精通麵點、西菜及中餐的原「姑姑筵」二老板黃保臨大師。兩位高手不僅幫助「耀華」調整了西菜，設計了南北菜餚和川菜名菜，還請來幾位川菜名廚曾國華、劉建成、李春和等。於是「耀華」的川菜便集成都「黃派」和「藍派」兩大派系之精髓，既有「榮樂園」菜式之雍容華貴、大家風範，又一顯「姑姑筵」菜式之淡雅清奇、濃妝淡抹，兼收並蓄，風味別具，一席珍餚，口福無盡。這樣，「耀華」的中餐一下就光華四射，生意興盛得了不得。

「耀華」的西餐，在那時可堪稱「西式便餐」。所謂便餐，是指它很少出售「沙拉」之類的冷盤，且品種不多，常供應的僅有：生炸牛排（豬排）、鐵扒雞、咖哩雞、咖哩牛排、生煎肉餅、奶油波蛋湯、奶油雞絲湯、番茄牛尾湯等。其主要是為想品嘗一下西餐的成都市民提供一種方便，即價廉物美。

另外，「耀華」具有「西餐中吃」、「中餐西吃」，中西合璧的餐飲特色。像生炸牛排（豬排）、咖哩雞、奶油波蛋湯等西餐風味較為濃郁外，其他品種都與中餐相似，如「鐵扒雞」，就和「中式扒雞」風味近似；「生煎肉餅」也和中餐生炸「四喜丸子」如出一轍。西方人吃西餐總離不開麵包，而中國人吃西餐卻又不喜歡麵包。於是，「耀華」就借鑒川食之「蓋澆飯」，派生出了「豬排飯」、「肉餅飯」、「鐵扒雞飯」、「咖哩牛肉飯」、「雞煲飯」、「什錦炒飯」等，一人一份，還可加點一份「奶油蛋湯」或「法式蘑菇湯」。此外，「耀華」還出售一些中西式麵點，像「燴麵」、「烙麵」、「雞肉大包」、「咖哩牛肉包」等，濃香鮮美、口感滋潤，享有很好的口碑。

1960年代初，天災人禍，物質稀缺，不少餐館出售的「蓋澆飯」，都是二兩白米飯澆上連湯代汁、葷素兼搭的豬肉臊子。而「耀華」的「蓋澆飯」則依然是一整塊「生煎豬排」，或一塊牛排、扒雞，雖價格稍貴些，但卻很實在。故而，每天在春熙路西段的「耀華餐廳」門前排隊的任然絡繹不絕，宛如一條長龍，有的甚至從黎明就排到中午，才能買到一份耀華的西式「蓋澆飯」，還要連聲說「幸運、幸運」。

1958年3月7日傍晚，耀華餐廳沒有接到任何通知，毛澤東一行人突然來到耀華，並提出在此用晚餐，毛看了菜單之後，點了五個菜：回鍋肉、宮保雞丁、麻醬鳳尾、開水白菜、椿芽炒蛋和雞絲涼麵，吃得津津有味，尤對雞絲涼麵讚不絕口，對菜餚之精緻和風味之獨到讚美有加，並親切接見曾國華、劉建成等大廚，合影留念，並囑咐他們：「將這些好吃的菜，都寫出來，讓全國人民都能吃到」。事後，負責接待的那位招待員說，特別讓他難忘的是主席還和他一起鋪擺檯布。

其後毛澤東從耀華出來，雖帶著灰色解放帽和大口罩，結果還是被人認了出來，一聲激動的高呼：「是毛主席！毛主席來了！」這一下，春熙路就像開了鍋，霎時間就擁擠得是水泄不通，這條街從南到北全擠滿了人，四面八方的群眾還在聞風而來。毛主席也就摘下口罩，向大家揮手致意。於是一夜之間，毛主席來耀華吃飯的消息如颶風般迅疾刮遍川西平原，「耀華餐廳」成為人們心中很是神聖的耀眼明星。

到了1960年代，十年內亂中，「耀華」被改名為「東方紅餐廳」，停止售賣被稱為西方資產階級腐朽生活的西餐西點，只准賣川菜小吃。趙志成也被「斬斷資本主義尾巴」而被批鬥得不成人樣兒，文革後方才平反，重新回到耀華食品廠任副廠長。1980年代，西餐也才逐漸恢復。1981年，在東大街新開蓉城第一家高級耀華咖啡廳，後又改名為「耀華西餐廳」，主要經營西餐、西點和飲料，原店改為耀華中餐廳。新的西餐廳陸續推出俄式牛尾湯、耀華沙拉、大蝦布郎酒、法式牛排、紅酒豬排、黃桃豬排、火腿煎蛋、水果布丁等耀華西餐的經典菜品，尤其是羅宋牛尾湯和沙拉，水果冰淇淋蛋糕、油炸冰淇淋等超級好吃，櫥窗裡經常擺放插有精緻漂亮小雨傘的奶油花式蛋糕，常誘惑人們想犯罪。那時間，耀華不時推出新品種和新花樣，幾乎每樣都是對成都的美食大轟炸。

「你能想像當時耀華生意有多好嗎？」在耀華工作了30年的耀華餐廳前經理高勇說，「我們10點鐘才開門，9點鐘門口就排滿了人，從春熙路西段一直排到中山像那裡，整整有400～500公尺。」「我們做的標花蛋糕，就是現在喊的生日蛋糕，當時俏得喲，全部要預訂。我記得有一天，我們一共做了上千個標花蛋糕，桌子上已經完全放不下，只好擺地上滿滿鋪了一層。」改革開放初期，當時成都市有兩個對外旅遊接待點，除了錦江賓館，就是耀華餐廳。「我們是對外接待的窗口，每天都有外國旅遊團來耀華吃飯，餐廳賺外匯賺得不少哦。」

1983年，耀華餐廳開創了「音樂餐會」的概念，在成都迅速風靡。「我們當時在四川音樂學院請老師來唱歌，客人可以一邊吃飯一邊聽歌。那時有上海客人來店裡消費，都豎起大拇指，說我們『音樂餐會』的做法很新鮮。」回憶起這段經歷，高勇很自豪，「我們音樂餐會出來沒多久，華西咖啡廳、錦江賓館才開始效仿，後來成都很多西餐廳吃飯的時候都有現場演奏演唱了。」

成都最先引進「聖誕晚會」概念的也是耀華餐廳率先推出。1984年，耀華西餐廳掀起聖誕晚會旋風，25元錢一張票，180個席位，出售當天就全部賣空。「我們當時想的是，耀華做西餐，就要跟上西方的文化，所以把西方的耶誕節帶進了成都。25元在當時不算一個小數目，相當於工薪階層半個月工資了，可還是一票難求。」高勇說。當年的聖誕晚會搞的是自助餐形式，還有魔術表演，真讓成都人開了眼界。1984年之後，成都各大酒店餐廳都開始舉辦聖誕晚會了。

除了創新形式，耀華還嘗試多種經營，擴大了耀華食品廠，生產糕點糖果、娃娃頭雪糕等。誰都知道耀華食品廠的奶油球糖、巧克力酥心糖和娃娃頭雪糕曾是孩子和學生們的最愛啊！那些年，每到夏天，娃娃頭雪糕就會風靡成都。大凡1970、80年代出生的人，夏天最愜意的便是有一支娃娃頭雪糕慢悠悠、懶散散地一小口一小口的品著味。淡咖啡色和白色奶油構成一個憨態可掬的娃娃臉，咬一口，涼絲絲，香甜甜。後來，有種外面包巧克力脆皮的霜淇淋大行其道，更香甜細膩的口感，也更得人心。娃娃頭雪糕便漸漸退出，直至銷聲匿跡。雖然現今有了更加高檔、價格昂貴的「千層雪」、「哈根達斯」、「雀巢雙色」等，但娃娃頭雪糕留給中青年人那美好甜蜜的記憶，卻是隨著歲月的流逝愈加情味深長了。

耀華食品廠也是川西主要的糖果糕點和冰糕、雪糕、冰淇淋等食品生產、批發廠家，完全是供不應求。2002年，春熙路改造拆除後，耀華餐廳就隨之撤掉得無蹤無影。現在，耀華餐廳原址一部分成了高樓大廈，一部分成了綠化用地。

耀華餐廳消失之後，成都西餐市場並未沒落，而是出現了星羅棋佈般的「耀華」。滿大街都可以看到泰國菜、越南菜、印度菜、墨西哥菜、義大利菜、法國菜，各式西式糕點更是舉目可見；麥當勞、肯德雞、披薩店、星巴克等西式速食和高檔咖啡館佔據著城市幾乎所有繁華熱鬧地段。然而無論如何，人們對「耀華」的懷念還是無法淡忘的。有太多美好愉悅的回憶，深深地鐫刻在成都人的心中，因為那是成都人自己的西餐廳、咖啡廳啊！

現今，在文殊坊路邊有個不足9平方公尺的小店，還打著耀華的牌子，售賣一些耀華過去的傳統糕點，兩個老年婦女，說是耀華的老員工，年輕的也有50多了，年紀大估計快70了，她們穿著老式的白制服，和來購物顧客閒聊以前的耀華往事，執著地堅守著這塊巴掌大的「耀華領地」，展櫃裡的雪白、嫩黃的鳳尾酥、海參酥靜靜地躺在那兒，無聲地述說著往昔的風華勝景。

最近有消息傳出，成都飲食公司有望在塩市口重新打造耀華餐廳，對此消息，高勇希望能夠成真，「耀華是個金字招牌，我當然希望能重新開業，但重開談何容易，我們都不想它就這樣永遠的消失。」這恐怕不只是這位耀華原經理的肺腑之言，大凡成都人也都會默默祝願，這夢想能夠在不遠的將來成真吧！

欲知後事，且看下回道來。

清真寺餐厅
羊肉
羊杂

第二十五回 俏不爭春粵香村，清真絕味迷皇城

話說西元１３１７年時，朱元璋封其子朱椿為「蜀王」後，他便將漢唐、前後蜀遺留下的成都市中心的「子城」夷為平地，在原址上重新建起一座宏大的「蜀王府」。雖然名義上叫「王府」，卻儼然是皇宮的巍峨氣派，故而老百姓稱之為「皇城」，皇城前的一大片空地就被叫為「皇城壩」。至明末清初，在歷次戰亂中，皇城屢遭損壞。清初移民入川的回民、滿人因聚集在皇城周邊，於是便在皇城壩這塊空地上搭棚擺攤，宰牛殺羊，經營起牛、羊肉生意來。此後隨著大批移民的到來，皇城壩也自然就成了回族、蒙古族、滿族的彙集之地，牛羊飲食店鋪亦隨之散佈在皇城一帶。什麼蒸牛肉、燒牛雜、燉牛肉、炒牛肉、盆盆肺片等也就熱鬧在皇城壩。但卻始終沒有一家像模像樣的牛羊肉餐館。

１９４０年代初，有一叫趙子華的，和孟中雲、哈有福以及一位姓陳的國民黨師長，合夥在東御街臨近塩市口的一條小巷裡創辦了「粵香村清真餐館」。俗話說天下之事皆有因緣，粵香村的創辦亦是如此，雖說不上「天作之合」，但也是「無巧不成書」。

話說這位陳姓師長，十分喜愛清真飲食，尤對清真燒燉蒸菜癡迷。為吃到滿意可口的清真菜餚，他甚至叫他家的廚娘到皇城壩的清真飯鋪去當廚學藝。然而清真燉燒蒸菜，特別是燉燒菜餚，一般家戶人家小鍋小灶是難以達到其至善至美風味的。陳先生每天一早習慣到東御街這條小巷內喝茶、遛鳥。這裡當時是成都有名的「百老匯」所在地，內設有「鴿市」，後又擴展為「鳥市」，還有供「玩家」休息的茶館。每天早上很多滿城、少城的遺老闊少、官宦人家都愛到茶館來喝早茶、逗鳥語、擺龍門陣。陳先生常來常往，加之又有一定身份，與茶館老闆孟中雲很熟。一次談及自己對清真飲食的偏愛和家廚始終不能讓其滿意的遺憾，於是經孟老闆介紹，結識了曾事廚榮樂園的趙子華。三人在交談中，趙介紹說，牛羊肉餐食尤數清真館子技藝獨到，品味獨特，一般餐館是遠達不到其水準的，更不用說風味特色了。於是三人相約了清真西寺阿訇哈有福，到皇城

一家清真飯館品鑒。在哈阿訇的推介下，餐館老闆拿出最好的燉湯，三人共品了清湯牛肉，陳先生吃得讚不絕口，當下就萌生了自己開家清真館子的念頭。他把想法一說，趙、孟、哈都一拍即合。四人立馬商議，決定由陳姓師長出資、孟中雲出房、趙子華出技術、哈有福座堂為清真餐食風味把關。陳祖籍廣東，故取名「粵香村清真餐館」。很快就在「百老匯」茶館左側的廂房內，把「粵香村」開了起來。也因此，一度有人稱其為「百老匯清真餐館」。

1940年代初，「粵香村清真餐館」尚未開辦前，塩市口便遭到突如其來的厄運。1941年7月27日，日軍108架飛機狂轟爛炸塩市口，投下燃燒彈，整個塩市口及其周邊被炸得燒得一片狼藉。這就是抗戰史上有名的「火燒塩市口」慘案。百老匯一帶也被燒得面目全非，殘壁斷垣，只剩下茶館旁那幾間廂房還沒焚毀。慘案結束後不久便開始了恢復重建。1942年粵香村在茶館旁開業後，總共才有五間廂房，一間做廚房，其餘做店堂，堂內僅擺設了兩張大圓桌，其餘便是小圓桌，以供零餐散客。原有的傳統推式窗戶，也全開造成玻璃推拉窗，在當時看來還有點洋氣。

粵香村就這樣經營起來，一個是資方、一個是房主、一個是技術、一個搞管理，四個人股份合作。陳有軍務在身，故不直接參與店內事務，孟則有自己的商務，只是監理，故而餐館的日常生意便由掌廚的趙子華師傅和堂上搞管理的哈有福阿訇主理。後來，因兩個人實在是忙得不可開交，便又請來陳師長的侄兒做大堂經理，幾個人性情相投，各負其責，生意倒也熱熱鬧鬧的。

這位陳經理，三十來歲，身體壯實，幹練吃苦，十分忠於職守。每天早上9點到店，晚上打烊回家，負責站櫃收錢、購貨付款。粵香村對顧客和供貨商都很講信譽，無論肉油菜還是米麵調料，都是隨來隨付，從不拖欠。由於當時內戰吃緊，國統區貨幣多變，從法幣改銀圓卷，又改成金圓券，不斷貶值，物價飛漲，甚至一天好幾個價，但粵香村兼顧貨主利益，一直以硬通貨銀元付賬，因此讓貨主十分感動，都樂意與粵香村打交道，寧願價格低一些也情願。如此，在那種混亂局勢下，粵香村的原材料一直得以穩定的供應，生意也越做越好。

粵香村當時還自立店規，凡是店裡的股東和員工除工作餐外，股東或員工私人請親朋好友就餐，一律都要付帳，開始還可打七八折，後來連折都不打了。但若是股東和員工的喜慶生日宴請，便以店堂名義送一兩道菜，當時叫做「櫃上敬菜」。若是貨主或員工家屬遠道來送貨或探親，則在後堂免費招待一餐。

粵香村實行員工月薪制，年終分紅，當時叫「老闆派送年包」。像中秋、春節，員工和供貨商也會得到一個「小紅包」，以示酬謝和慰問。那時，按飲食行業的慣例，大一點餐館都要收食客小費，這是營業外的額外收入，由廚房和前堂員工分配，但粵香村未任職或未擔任具體工作的股東，從不參與分錢或提留點子，任由員工們當天晚上按規矩自由分配。這樣的規矩老闆員工共同遵守，形成了良好的經營風氣，上下都團結一心。

趙子華、哈有福及陳經理三人嚴守伊斯蘭教規，菜品完全按照回族飲食習俗，所烹製的牛羊肉菜品和家禽必須是鮮活，一律由伊斯蘭阿訇宰殺，故而深受穆斯林群眾的信賴。趙還聘請了多位當時成都著名、擅烹牛羊肉的大師傅，很快粵香村就成為成都最大、最地道的一家清真餐館，得到清真寺的首肯，也在南北菜館林立的成都獨樹一幟，自領風騷。１９５０年後，粵香村遷移到西御街口，更接近「皇城」和「少城」，南來北往的人流量大，生意愈加興旺。

這樣粵香村紅紅火火地經營到１９５６年公私合營，歸屬到成都市飲食公司。據說，因其中一個股東是國民黨軍隊的師長，公私合營時，陳先生既未露面也未追回投資，粵香村便由主廚趙子華負責經營。哈有福因是阿訇，雖擔任粵香村經營主任，但更多時候是專事清真事務。１９７０年代，哈有福年老多病辭職退養，由成都市飲食公司委派馬萬忠任主任，吳成林任經理，吳志成任主廚一直到１９８４年。進入國營企業後，粵香村作為唯一一家清真大餐館受到相應的重視，規模不斷擴大、經營品類也逐漸增多，從原來只經營燉燒拌菜品，增加了炒蒸煎炸等菜餚。主廚吳志成身懷烹製牛羊肉的絕活，他製作的「海味三鮮」、「紅燒四件」、「大蒜肚梁」、「回鍋牛肉」、「紅燒牛蹄」、「燒牛頭方」、「清燉牛尾」、「紅燒獅子頭」等都一舉成為粵香村的獨門當家名菜。

在這２０～３０年間，粵香村雖說體制歸屬和領導都發生了根本性的變化，但其經營一直在穩定發展。同時還培養出一批廚政人才和管理經營骨幹。但１９８４年後，成都市飲食公司將粵香村承包給一位叫羅伯龍的人，粵香村自開店以來第一次遭受厄運。此人不善經營，胡亂管理，成天瞎折騰，只顧往自己腰包裡揣錢，完全不顧員工的利益所得。於是，不少技術骨幹、廚師及管理人員陸續流走他方。他甚而亂收費，連食客要碗白湯都要收錢，如此而得罪了不少買主，生意急劇下滑，粵香村瀕臨關門歇業的境地。到１９９１年初，成都市飲食公司聽取了餐館員工的反映，方才果斷終止了羅伯龍的承包，任命剛從美國榮樂園餐館回來的鄧自成師傅，全面負責粵香村的經營管理。

鄧自成在美國多年，見多識廣、思想開放、經驗豐富，大刀闊斧地進行整頓改革和菜品創新，很快恢復了生氣，從而結束了差不多七年的慘澹經營，讓粵香村起死回生。尤為是他大力挖掘清真傳統名菜，並以在國外學習到的新工藝開發清真新菜，在繼承傳統清真川菜的同時，大膽創新時尚新菜。同時他還在服務上借鑒國外餐飲業的人性化、個性化服務，採取客來先敬茶，客走笑臉相送，恢復免費送湯，席宴贈送果盤，飯菜保質保量，如此受到廣大顧客歡迎和讚許，生意隨之蒸蒸日上，員工也充滿了信心和幹勁。不到兩年時間，粵香村不僅煥發出昔日的繁榮景象，且在１９９３年被授予「中華老字號」名店，走上了健康穩定發展的道路。

到２００４年，粵香村已成為成都市唯一一家保留下來，且聲望與生意依然紅火的川味清真餐館。此時，鄧自成亦是功成名就退休養老了。成都市飲食公司派來何藻建任經理，特級廚師陳朝宗任副經理及前堂主管，特級廚師鄧偉任廚師長，一級廚師王銘祥、張明英任主廚。何藻建上任後對粵香村殿堂的裝飾擺設有進行了調整，增加了更多的伊斯蘭文化元素，突出了清真色彩，從而得到省內外、甚至國內外廣大穆斯林的讚許。同時，粵香村還大膽地提升舉辦各式筵席和宴會的規模與檔次，在菜品，特別是席宴菜單上做了充分改良，調整了中高低檔菜譜，全力開發清真川菜新品，陸續推出具有時令性的川鄉風味、家常風味的清真川菜，以及中西融合的特色清真席宴菜式。粵香村的變化贏得廣大食客的認同，不僅穆斯林民間的紅白喜宴都首選粵香村，不少省市、國際性的伊斯蘭民族宗教會議的重要宴會也選在粵香村舉辦。粵香村一舉成為省市統戰部門、民族宗教管理局及穆斯林團體接待宴請伊斯蘭國家和宗教團體的定點餐廳。粵香村因此而享譽華夏、名噪伊斯蘭世界，成為成都獨一無二、特色鮮明、無可替代的清真川菜名店。

作為一家清真餐館，其獨具風味特色的清真菜餚無疑是其生存的關鍵，俗話說得好：民以食為天，食以味為先。粵香村從開店到現今的近７０年間，以一批批烹飪獨到、風味獨特的菜餚美醉了「皇城」和遠道慕名而來的食客。至今仍為新老食客津津樂道。從初期榮樂園大廚趙子華的三大名品：爆花蒸牛肉、生燒頭蹄、番茄牛尾湯，到特級廚師吳志成的：鮮溜毛肚、家常腦花、回鍋牛肉、回鍋牛雜、水煮牛肉、鍋貼胸子，以及牛肉米線；再到鄧自成師傅中西合璧的：罈子蹄掌、雙味牛排、香酥牛柳、四上毛肚、雪梨蹄掌等好幾十款美味佳品；到了何藻建主理期間，更是名師彙集，除鄧自成本人在美國榮樂園事廚五年多，特級廚師鄧偉亦在巴基斯坦一家大型餐廳事廚3年多，具有豐富嫻熟的製作伊斯蘭餐食的經驗，於是在他們手裡，粵香村更是新菜名菜不斷出新，僅是獲得省市名菜稱號的就有：陳皮牛塊、家常牛尾、皇城肺片、紅燒裙邊、鮮溜毛肚、家常牛頭方、青椒舌尖、枸杞牛尾湯、清燉牛肉湯、鴿蛋牛尾湯、清湯毛肚、紅燒八寶、雪梨蹄掌、香酥牛柳、雙味牛排、罈子蹄掌等。獲得「中國名菜」的有：家常裙邊、魚香茄餅。

這些當家名菜佳餚，充分顯現了清真餐食的烹飪特色。像「爆花蒸牛肉」，一改老式小碗蒸製，而用小籠蒸，除採用清真傳統調配料外，還採用粗細米粉混合使用，經蒸製熟後，籠中牛肉爆開呈現如朵朵盛開的小花，給人以視覺和味覺的的美感與誘惑，故而稱為「爆花蒸牛肉」。

「生燒頭蹄」，即是黃牛頭和牛蹄，經過仔細加工處理，再精心調味，文火慢燒使其成菜滋糯柔和、粘而不稠、鮮美滑爽，口感特佳。

再說番茄牛尾湯，牛尾連骨煮燉，燉時加牛胸骨增加湯的濃度，再加少量醋追出骨內的骨油、骨汁，不僅湯味更濃醇，還提鮮增香。而且，湯從不過夜，每天煮燉，故而保持鮮香味美。

再有「罈子蹄掌」，是以川菜罈子肉之烹調工藝煨燒牛蹄掌而成，吃來滋糯爽滑、鮮香味美；「雪梨蹄掌」，則是借用傳統川菜「紅棗煨肘」之工藝；「雙味牛排」，自然是中西合璧的一道佳品，烹製調味是以西菜烹製手法，輔以川味調味，一推出就受到中外食家的讚美，成為粵香村席宴必上的一款佳餚。

此外，２００６年，中日合辦的「中日盃烹飪大賽」中，粵香村的「牛羊宴」榮獲世界級「優秀獎」，轟動餐飲界而名聲飛揚。

其後，粵香村舉辦了一系列政府、商務及民間團體的高級牛羊席宴。馬來西亞吉隆玻與成都通航，在粵香村二樓舉行盛大慶祝宴會，精緻美味的牛羊筵席受到馬來西亞政府官員和企業界高階主管的稱讚。第十屆亞洲跳傘大賽暨國際跳傘表演在邛崍舉行，粵香村奉命為參賽人員多半為穆斯林的官員、教練和運動員配製餐食。精美可口的菜餚佳饌，吃得他們愛不釋口，主委會還特意贈送了粵香村一面錦旗，以示感謝。尤其到了２００６年以後，不少外國專家、學者、工商企業界高階管理人員來成都考察或工作，其中不少是穆斯林，粵香村便為他們提供價格公道、精美可口的餐食。一些大型商務團隊和旅遊團隊對粵香村的餐食和服務均讚不絕口，有些旅遊社團還和粵香村簽訂互助合作協議。

粵香村自開辦於今，數十名回族廚師執刀掌勺，還引進了寧夏、青海、新疆等地菜式，亦也受到全國各界名流、名人的讚譽，大陸民族委員會還專門授予「民族飲食之花」的匾額，有的文人名流還吟詩高頌「民族風味、美食之家」等。雖然現今皇城壩一帶已有眾多牛肉餐館，像皇城壩牛肉、皇城牛肉、滾鍋牛肉、蹺腳牛肉、牛王火鍋、皇城壩肺片等。但於粵香村而言，幾十年間，無論是繁榮興盛，還是門可羅雀；無論是讚譽不絕，還是沉寂衰敗，對粵香村而言，這就是歷史，這就是歲月的痕跡。粵香村始終如一，逆境求生，靠著一代代粵香村人的堅韌和信心，終於讓這家成都無可比擬的清真川味餐廳屹立至今。這不是一種幸運，而是一個奇蹟，一個讓人十分感動，而又倍感親切的傳奇。

欲知後事如何，請看下回道來。

第二十六回

少城食風邱佛子，多寶道人驚錦城

從前，在成都市內東城根街以西，通惠門以東，北起西大街，南至少城公園（今人民公園）那一大片區域，是大清王朝統治四川時滿族人居住之「少城」。少城及其周邊地區，歷來是成都商貿、文化和娛樂中心。川西壩子的民風民俗，在這裡體現並展演的五彩繽紛、淋漓盡致、美不勝收。

少城，古樸典雅、清麗秀美、人文薈萃；詩書畫石、花鳥蟲魚、古玩典當滿目皆是；書店學校，星星點點；衙署公館，幽深氣派；銀行錢莊，莊重典雅；三教九流，各占碼頭；匹頭百貨，玲琅滿目；肉架菜市，節次鱗比；茶館酒肆，比肩相呼；飯館小吃，隨處可見……如此這般一代又一代，經年累月的繁華，形成了一波緊接一波的香風美味、吃情盎然的「少城食風」。

少城亦是滿清「三朝」文化區。在清代，高官顯貴住皇城，其餘官紳皆建公館宅第於少城。按大清王朝的規定，那時八旗府第每添一人丁，即可在國庫支領一份皇糧——每月24塊大洋。於是少城裡的小街小巷裡，有著如今日寬窄巷子所顯示的千百家園林式的公館豪宅，宅居其間的老爺、太太、公子、小姐等好吃客、美食家們真個是飽食終日，無所用心，玩鳥籠、鬥蟋蟀之風盛行，繁文縟節的酒令、吃道，那更是玩則求新，食不厭精了。

隨著清王朝的倒台，民國時期住在少城眾多「公館」裡的人，已是改頭換面，除一部分不多的八旗遺老遺少外，大多是一些本地和來自全國各地的名人雅士、巨賈富紳，以及軍閥官僚、家眷親屬等。雖說是改朝換了代。然而八旗吃喝玩樂之遺風，並不因改朝換代而消減，反倒是這些個新貴們，祿位升遷，彈冠相慶；男婚女嫁，收義納妾；添丁祝壽，方城弈棋；梨園堂會等，皆是歌舞昇平、請吃顯擺、不亦樂乎。一年四季，福祿壽喜，春夏秋冬，你宴他請，筵席名饌，小吃細點，流水席般這家吃了那家開。不僅如此，還別出心裁、追新求奇、創造出不少新菜式、新吃法，這樣便形成了名噪一時的「少城吃派」、「少城食風」來。

及至抗戰時期，從淪陷區遷來許多機關、學校、報社、醫院、銀行、商企、演藝團體及餐館酒樓，其中亦不凡美食大家、老饕啖客；尤為文人雅士、商界名流，見多識廣，善吃好品，他們為成都引來了不少京蘇魯粵名廚名菜，南北西東，薈萃一堂，拓寬了成都好吃客的視野，開闊了本土美食家的識見，豐富了成都餐飲，加劇了行業競爭，也讓好吃善吃的成都人適逢良機，既長了見識，又有機會在家門口品味南北菜餚。特別是少城區域內的吃耍客、香香嘴，也因此而不斷壯大，愈吃愈精，少城吃風亦愈加擴散開來，影響到了整個川西壩子，乃至重慶地區的餐飲業。成都當更不用說了，五花八門的餐館應聲而起，各有各的當家絕活，真個是魔高一尺道高一丈，「邱佛子」豆花飯莊就是其中一不留神，便成為老饕啖客追捧的名店之一。

話說１９２０年代中期，有一邱姓木匠，在成都祠堂街開了家經營豆花小菜的便飯館。到１９３０年代，邱木匠過世，兒子邱伯繼承父業，增加了一些家常菜餚。還根據季節變化，隨時翻新菜品。像冬天就賣清燉牛肉、牛雜、紅燒牛肉、熱窩牛肉；夏天則賣蒜泥白肉、綠豆燉肘子、冬瓜連鍋等。這些家常美味做的十分精細，價廉味美，自然成為市民百姓喜吃樂吃的最佳選擇，甚而吸引了不少達官貴人，少城食派老啖客前來品享。

這位老闆邱伯鬍子較長，平常裡人們都稱他「邱鬍子」，他篤信佛教，於是乾脆就把飯館牌號寫成「邱佛子」豆花飯莊。經他調整後的菜品，按今日之說法，當屬鄉土風味菜，菜餚既風味樸實醇濃又不失清爽典雅，一如川西壩子的村姑，清新純真質樸，令人回味無盡。於是，除了少城那幫子老饕客，他隔壁天府大劇院川戲班的演職員及看戲的觀眾；還有「頤和園」茶樓那些「學派」茶客，周邊銀行、商鋪的白領，在少城公園遛完鳥，打完太極拳的市民等，都對「邱佛子」價廉物美，風味地道的豆花飯菜情有獨鍾，趨之若鶩。

「邱佛子」的飯菜有四大特色。第一個特色就是他的招牌主打菜「紅油辣子豆花」。因邱鬍子常去寺廟燒香拜佛吃齋飯，故對佛家製作豆花的選料、磨漿、點鹵、調味四大關鍵要素瞭若指掌。因此，邱佛子的豆花潔白細嫩、綿紮有型，風味地道。而且盛豆花的還是別具一格的蘭花高腳喇叭形碗，一眼看上去，既品味高雅，又顯得豆花形態豐滿、恰似一推白雪。尤其是那紅油蘸碟，色澤紅豔、油汁晶亮、香辣撲鼻，十分惹人食慾，誘得人是腸胃蠕動，口舌生津。

第二個特色則是「冒兒頭」白米飯。看官或許要發點雜音了，這大米乾飯有啥特色嘛，不都是大米，同樣的煮法，說得那麼糾起。對頭，話是這樣說的，但邱佛子的甑子乾飯確得另當別論。邱鬍子每次從雙流馬家寺燒香拜佛回成都，必帶幾麻袋馳名川西的馬家寺新稻米，然後煮成瀝米飯，在店堂內現蒸現賣。關鍵是那蒸飯的方法十分古樸原始，廚師把煮得快熟的夾生米飯瀝起來，倒進大蒸鍋的竹篾子上，蒸時，從飯中央插進一根青翠竹筒直至鍋底，讓鍋底水氣通過竹管冒出來，廚師便通過觀察竹筒冒出的熱氣，來判斷火力大小，以及鍋中水的多少。如此蒸法，不僅古樸且很科學，想必家戶人家，甚而別的飯館都不會這樣煮飯的吧。

再說那雪白鬆泡的米飯舀進碗中，那「冒兒頭」最能勾人眼球，誘人吃情。食客用筷子在「冒兒頭」頭上一按，那白米飯的尖尖兒就不見了，再舀幾勺鮮湯一泡，那「冒兒頭」一下便鬆垮下來，散臥在碗中，就像變魔術一般，很是有趣。也就是說，飯一端上桌，尖尖冒冒的一碗，筷子一按就成平平一碗，再用湯一泡，就成半碗飯了。但這飯卻是非同一般的香，真真是又好吃來又好耍。邱佛子的「冒兒頭」飯成了市民日常趣談。

第三個特點是「𤆵（音趴）豌豆肥腸血旺湯」，是邱佛子的招牌湯菜。湯一端上桌，只見湯寬濃稠，肥腸切得如指環，鴨血切薄片，炒香後的𤆵豌豆煮得粉滋滋的，豆香濃郁，再用白瓷湯盆盛上，湯面上撒上一層細蔥花，滴幾滴香油，油珠珠在湯面上迅速散開，真好似一幅清雅山水圖畫，誘得人兩頰打顫，舌頭發癢，直吞口水。

第四個特色是兩碟小菜，「椒油大頭菜絲」和「泡青筍」。大頭菜絲子麻辣乾香、鹹甜可口，泡青筍鹹辣酸香、脆爽多滋，食客扒一口豌豆肥腸血旺湯泡飯，拈點小菜入口，和著嚼著，真個是酒肉穿腸過，小菜心中留。

邱佛子火爆場景差不多持續了近３０年，到１９５０年代中，終因邱大鬍子年老病逝，無人繼承而悄然歇業。讓眾多老食客和市民懷念不已。難怪得成都名士周菊人曾寫《竹枝詞》抒懷：「邱家佛子老髯奴，四季食單一換不？飯軟菜香鹹菜脆，無人不愛小庖廚。」

１９５６年，成都市飲食公司接管了「邱佛子」及其廚師班子，在原有的基礎上重新擴建。於少城西御街重新開店，更名為「少城小餐」。為保持邱佛子的原有風味特色與經營風格，以及在廣大市民中享有的聲譽，先後調集了擅長做豆花、白肉、小菜的大師名廚，這其中就有位號稱「多寶道人」的川菜名廚——張淮俊。

這個張淮俊師傅，真是個看似不動聲色，卻是個了不起的身懷絕技的江湖能人。除擅長鄉風鄉味、家常菜餚，更精通紅白兩案技藝，且蒸炒燒燉、滷烤煎炸、溜煸鑲燻等十八般烹技，無所不精，是個全能行家裡手，經過多年走南闖北的修煉，識廣智多、滿腹才華，其廚藝已是「全武行」，達到了爐火純青的境界，故而被行業中人譽為「多寶道人」。

少城小餐一開業，依然以邱佛子三絕：豆花、白肉、各式小菜為招牌，一推出，果然是食客盈門，老吃客都湧到這裡，品味「邱佛子」的風味。隨著生意的興盛，少城小餐陸續增添了各式炒菜、風味小吃和包席。豆花、白肉、小菜這三大件，在食客們吃來是風味純正、物美價廉。其「少城豆腐」系列，香嫩細膩、毫無豆腥味，甚而廚師不言，時刻還不知其為何物。廚藝之精巧令人感歎不已。小吃部每天供應的「少城大包」，以皮潔白、麵鬆泡、餡飽滿、味鮮香而吸引了眾多市民，每日一大早便排成長龍爭相購買，一時間成為少城一大景觀。

少城小餐的宴席一開，「多寶道人」張淮俊便是大展身手，絕活頻出。他推出的「金錢葫蘆鴨」，精巧別致，在去骨麻鴨肚腹內填裝雞脯肉做成「葫蘆」，上籠蒸至極軟，整只鴨子便成了只鴨葫蘆，鴨腰還繫上金絲麵，盛在大圓盤中，十分大氣、形態優雅、精巧生動、美觀脫俗，食者品嘗軟爛細嫩，鮮香味美的鴨子後，雞肉「葫蘆」便脫穎而出，給人一股驚喜，吃情食趣盎然。張師傅還陸續推出了他的拿手絕招：清湯白酥雞、苡仁鴨方、少城豆腐、蔥末肝片、七星蓮花湯、龍眼甜燒白、什錦羅漢菜等名菜佳餚。

此後，張淮俊便在少城小餐主廚多年，不僅擅長做全羊席、叉燒乳豬等大菜，他平時裡還博采民間風味，豐富小煎小炒技法。他的「魚香肉絲」油而不膩、濃香撲鼻，讓人百吃不厭。其後，在張師傅的主持下，少城「小餐」逐漸演繹成了「大餐」，海參、魚肚、鮑魚類，豬牛羊、雞鴨魚類、時蔬豆品類、小吃甜點類等百餘品種；還應時特添夏季冷飲、冬季火鍋，葷素皆備、高中低檔齊全。被食客譽為「少城風味」。尤為是張淮俊之廚藝，更是驚煞少城老饕。前四川省文史館長劉孟伉特意題詩一首讚譽少城小餐：「百老同春問醉鄉，少城名饌最當行。今朝更覺烹調美，三絕登盤色味香。」詩中所說之「三絕」，即是豆花、白肉和小菜。

而張淮俊大師更是被「少城食派」尊譽為成都餐飲「少城派」的宗師，川菜行道中的大師爺。張淮俊其後亦任「少城小餐」的經理兼主廚。１９５８年被評為首批川菜特一級名廚。其後又擔當「成都餐廳」、「耀華餐廳」、「芙蓉餐廳」和北京「四川飯店」主廚。

１９６２年鄧小平在成都逗留時，看川戲、品川菜、吃小吃。在商業場原龍抄手店第一次品嘗了張淮俊師傅為他主理的一桌席桌，其中之開水白菜，小平吃後連聲贊到：好菜！好菜！此菜只應天上有。席桌中的成都小吃由成都市飲食公司一級白案大師傅松成師傅進奉的傳統名小吃：馬蹄糕、馬紅苕、翡翠發糕、珍珠圓子。席間共四菜一湯四小吃：宮爆肉丁、熬鍋肉、豆渣豬頭、滑肉片；雞肘心（粉絲湯）；兩素菜為開水白菜和野雞紅等。

１９７2年後，能說會做、能文能武的張淮俊師傅在「榮樂園」教授廚藝，培養川菜骨幹廚師。連遼寧、湖北、湖南、貴州、廣西等省市餐飲業都派人到「少城小餐」向「多寶道人」學藝。張淮俊不僅手把手的教弟子們實地操作，經常還生動詼諧地「說菜」、「講菜」，一張嘴就是兩三個鐘頭。他所示範的「拿手菜」、「創新菜」，都充滿了他在坎坷艱難的從廚生涯中所付出的心血，都有一段鮮為人知的經歷與故事。徒弟們從張師傅的說菜中，亦漸漸明白張大師的「多寶」，是他在長期實踐中勤於鑽研、勤學苦練中獲取的。

鄧小平複出後，１９８０年張淮俊上調北京，在「四川飯店」擔任廚師長。每次鄧小平一家和其他川籍國家領導人招待外賓或貴客就會到四川飯店，由張淮俊師傅親自主廚，主客嘉賓都吃得歡樂開懷。

欲知後事，且看下文。

POLICE

第二十七回

神秘面紗罩真容，紫氣祥雲托金牛

記得還是青澀少年的時候，就聽說成都西郊有座神秘的大型園林賓館。偶爾路過，大門前的兩個荷槍實彈的軍人，讓人望而生畏。眺望裡面是庭院深深、草木濃郁，仿佛籠罩著一層難見真容的神秘面紗。直到1997年，這時的我早已經知道，這是一座專門接待中央領導和外國元首與貴賓，沒有星級標示的特殊賓館。懷著敬仰和好奇的心情，當我真正走進金牛賓館，才感受到它的神秘、秀美、大氣、端莊和厚重，那種獨一無二的魅力深深地印在我的腦海。

一進大門，金牛賓館寬敞的院壩中央，一泓池水上，是一頭閃亮的金牛托著一個清純女子的雕塑，歷經數載，默默地見證了這裡發生的點滴故事。那金牛的雄健英姿與女子的窈窕沉靜，似乎顯示著這裡所有的秘密，都隱藏在那大大的眼睛裡。中國最早改革開放的經濟特區深圳市的標誌性雕塑，也是一座《孺子牛》。然而，此金牛非彼孺牛，但兩者之間似乎也有了某種默契的聯繫，讓我們在這裡觸摸到了歷史與偉人，以及過往歲月的跌拓起伏、悲喜滄桑。

金牛賓館建於1957年，占地面積630多畝，賓館內綠化面積很大，樹林、草坪，總是那樣充滿綠色的生機；廊橋亭台、湖泊流水，蓮荷水鳥、相映成趣；珍稀古木，枝繁葉茂，一株株棕櫚樹張開扇形的笑臉，成群的鴿子時而在林間飛翔鳴叫；園林中一棟棟略帶洋氣的獨立別墅，樸實優雅，青灰瓦面與乳黃色的屋壁掩映在樹木和花草之中，縷縷陽光散落在房屋和周圍的草坪上。南方獨有的園林景致，讓人置身其間忘了這裡是高級國賓館。

晚上住在芙蓉樓，顯得特別的安靜，沒有人聲的嘈雜，也沒有汽車來往的噪音，躺在床上只聽見外面悅耳的潺潺流水，催眠著人緩緩進入夢鄉。早晨一早起來，推開窗戶，一股清新的氣息徐徐拂面，外面翠綠的風景猶如一塊大幕，襯托著鳥兒此起彼伏歡快的歌唱，呼吸著清新、帶有絲絲芬芳的空氣，真有一種在世外桃源修身養性的感覺。

流連忘返於園林中，那些偉人們曾住過的一至十號的幾棟門閂緊閉的別墅，看著周邊警衛的士兵，一下又讓人有些許緊張的意識。這裡的園林藝術堪稱四川乃至西南一絕，還特別保留著著名畫家張大千早年曾在這裡客居的畫室，那些講不盡道不完的軼聞趣事散落其間，倘若你去觸摸它，就像不經意地打開了一本厚重的線裝書……。

金牛賓館建立時，最初定名為四川金牛壩招待所，１９５８年因「備戰」而改為成都市２６號信箱，隨後又改成省委第五招待所。１９７５年6月，尼泊爾國王來川訪問時，又覺「招待所」之名太過俗套，遂又改成芙蓉賓館。１９７８年1月，鄧小平出訪緬甸歸來下榻這裡入住銀杏樓。省委有關領導囑咐賓館工作人員，找個機會請小平為賓館題寫一個館名。1月３１日，鄧小平午睡起來和家人一塊兒到賓館園子裡去散步，陪同散步的服務員潘中林向他提到了寫館名的事。晚飯後小平回到辦公室，進門一眼就看見辦公桌上擺放著紙筆墨硯。他笑著說：「硬是要寫嗦，我那字太差了，寫出來見不得人。」鄧琳在一旁熱心地說：「人家賓館給你服務那麼多次，每次來就像回家一樣，要寫，你那字見得人的。」鄧小平又笑著說：「如果我取名題字，要是鬧第二次文化大革命，又會遭打倒的。」為鄧小平服務多次的潘中林，已和小平比較熟悉了，也開玩笑地說：「我們保證您不遭打倒！」鄧小平終於答應了，他拿起筆、蘸蘸墨、略一思索，便寫下「芙蓉賓館」四個大字，接著他退後兩步仔細看了看，又提筆寫下「金牛賓館」，沉吟一下說：「嗯，我看還是『金牛賓館』好，老地方！讓省委領導定吧。」當晚，省委就定下了「金牛賓館」的名字。如今，賓館門口的館名就是小平當時親筆題寫的。

「大樓要修，就修高點，修好點」另外一件事情也讓人記憶猶新。１９８０年7月，鄧小平回川視察亦下榻金牛賓館。一天下午，他午睡起來，按慣例喝了一杯服務員早就準備好的溫茶，前往賓館園子裡散步。走到西樓時，望著對面的施工工地，小平問隨行人員：「這裡在修什麼？」負責陪同他的省領導解釋說，現在這裡正在修宴會廳，以接待外國元首來訪，下一步還準備修一幢5層高不裝電梯的大樓。聽完彙報小平果斷地說：「5層樓，沒有電梯哪個爬？大樓要修就修高點、修好點，１０年不落後、２０年用得上。」他還接著強調：「這裡（指金牛賓館）長時間不住人，要改變，開放或半開放嘛。」當時修建的那座大樓就是目前的東樓，按照小平的指示，一共修建了7層樓並安裝了電梯。「當我們在東樓乘電梯仿佛一瞬間就到了7樓時，升騰在心中的除了感激，就是敬佩。」金牛賓館員工的這番話情深意長。１９８６年2月，鄧小平一家在金牛賓館度過了一個祥和愉快的春節。返京前鄧小平又囑咐：「金牛賓館要逐步開放，不能老樣子，搞封閉服務。」

金牛賓館自1957年建館以來，鄧小平曾9次下榻這裡。他樸素的作風、慈祥的笑容、風趣的話語以及那濃濃的鄉音，成為了金牛賓館員工永恆的回憶。在金牛賓館擔任服務員工作近30年的潘中林深情地講述到：「我接觸了多位國家領導人，小平同志給我留下的印象最深。我先後見過小平同志6次，接待了他5次。第一次和小平見面是1960年代初，那時我剛工作，聽說去會議室給小平送水，既激動又緊張。進了會議室，小平看見端水的我，笑著問：『好多歲啦？』『二十二來歲了。』我拘謹地回答說。他笑著說：『你還早，我們是要見馬克思的人了，你連列寧都還見不到哩！』在場的領導都笑了，我大著膽子對他說：『您也還早呢！』鄧小平聽了一下樂了。潘中林還十分動情地說：『那年，電影《鄧小平》在四川上演，領導讓我和其他兩位當年招待過小平同志的服務員去觀看。當看見銀幕上小平同志不顧年老多病，天天工作到深夜，最後靠吃安眠藥入睡的情景時，我感傷地哭了』。

鄧小平每次來金牛賓館，都點名要吃回鍋肉。這個從少年時代就離開四川的偉人，對鄉風鄉味依然十分眷戀。有時，他還到廚房跟廚師探討回鍋肉怎麼做才好吃，比如怎樣使它肥而不膩，如何香美可口又滋味悠長。廚師聽了他的意見，經過反覆琢磨和實踐，終於想出了讓回鍋肉肥而不膩的新招：先把肉切成三段放在大碗裡，加薑蔥，再放到蒸鍋裡蒸至七分熟，取出晾冷，把肉切成片放到鍋裡先煎，把肥肉中煎出的餘油倒掉，再進行爆炒，這樣就肥而不膩了，起鍋時稍燜一會兒，使肉的香味更濃更悠長。這道菜叫「旱蒸回鍋肉」，亦是川東包括鄧小平故鄉廣安的做法。這種方式製作的回鍋肉，比川西壩子用水煮，再回鍋炒出的回鍋肉更加色澤紅亮，香味濃厚，回味綿長，多吃不膩。朱德、賀龍、陳毅元帥來金牛賓館也最愛吃回鍋肉，有時趁夫人還沒上桌，就急不可耐地先嘗幾片，還偷偷地對服務人員說：千萬不要告訴夫人哦！

1986年的冬天，鄧小平攜家眷住進金牛賓館，人還在北京，就特別告知想吃涼拌折耳根。寒冷的冬季，田地裡一片荒蕪，根本見不到折耳根的影子。於是賓館餐飲部派出十幾個服務員到賓館外的田地裡用鐵鍬仔細的挖掘，差不多整一天，終於挖到一大把埋在土裡的折耳根莖。廚房的師傅仔細挑選最嫩氣的部分備用。第二天中午，大師傅精心按鄉村風味涼拌成酸辣味，小平吃得格外高興地，他說：「好多年都沒有吃過這種家鄉風味的折耳根了」。還順便特別叮囑大師傅，晚上就不要再搞其他菜了，把中午這些菜全部燴成一鍋就行了。大師傅一聽就傻了眼，不知如何是好。小平又說：

「這種燴菜葷素都有、味道齊全，很好吃」。廚房的師傅們只好照辦。

1964年初，國務院副總理兼外交部長陳毅出訪東南亞五國歸來，在成都休息時，除了觀賞金牛賓館的園林外，還特意來到盆景園參觀。在聽了吳元圃介紹盆景發源、盆景三大流派的特點後，陳毅副總理非常感興趣，他鼓勵盆景園的工作人員說：盆景栽培是高等藝術，無聲的詩，立體的畫。又說：整個中國的盆景，蘇派（又稱海派）盆景為第一，川派為第二，給予了川派盆景高度的評價。

陳毅副總理參觀盆景園時，對在盆景園務作花木，陪同參觀的吳元圃印象較深。吳元圃並不善言，但樸實內向的花農說起盆景卻如數家珍，陳毅對他印象很好。也就在這年的五、六月間，吳元圃不斷地受邀到各地考察，讓他丈二和尚摸不著頭腦，後來才得知是外交部需要一批花工到中國駐外使館工作。通過陳老總的推介，要他到北京外交部報到。在外交部，吳元圃經禮賓司培訓半個月後，便被派往大陸駐阿爾及利亞大使館任花工。

有一年，鄧小平、李先念、陳毅、康克清、帥孟奇等中央領導在省委第一書記李井泉陪同下也來到盆景園，一進入小木門，便被開闊的園林吸引住。園內海棠紅燭高燒，茶花如彤，杜鵑似火，珍貴樁頭盆景多姿多彩。聽了吳元圃等人的介紹，鄧小平等領導指出，這些花木珍稀品種在城市建設和園林名勝的保護發展中都需要。後來，市、區有關部門便指定金牛賓館盆景園，為全市對外接待開放的唯一園林。1962年，朱德委員長來四川視察，聽說盆景園有蘭花名種後，帶著三名隨行人員便徑直來到盆景園。朱老總坐在盆景園內石桌旁與吳元圃、李忠玉等人侃起蘭草經來，在他倆介紹園中的春蘭、夏蕙珍品時，深愛蘭花的朱老總還不時作了記錄，邊聽邊品評蘭草。後來朱老總還贈送了數苗墨蘭珍品給盆景園，向杜甫草堂贈送了兩盆墨蘭。

時過境遷，不知道這些幽蘭還在不在。但我一旦見到幽蘭時，自然就會想起幽蘭與偉人們來。如今，金牛賓館園林內的幽蘭品種更多，更為豐盛了，雖身居鬧市，這些多姿多彩，素雅高潔的幽蘭卻不屑塵囂，依然婉約清麗，恬靜閒適，似乎若有所思地在緬懷那些曾留足院中，與他們會心相語的偉人們。

1958年的春天，川西平原上麥苗兒青、菜花兒黃，中央工作會議（後稱「成都會議」）就在風景如畫的金牛賓館裡舉行。這是大陸在1950年以後一次十分重要的會議，毛澤東住在賓館的一號別墅，在此度過了愉快的23天，主持召開了中共中央工作會議，提出了社會主義建設總路線：「鼓足幹勁，力爭上游，多、快、好、省地建設社會主義。」會議期間，毛主席曾詢問成都的由來，為什麼叫成都？當時，在場的人都回答不出來。李井泉當即指示成都有關同志趕緊查閱，著手編印這方面的資料。於是經一些「老成都」分頭到各圖書館和有關文化部門查找，最後彙集起來，臨時趕編了《成都的由來》呈送毛主席，並由會務組作為參考資料印發給全體與會同志。

毛主席在成都金牛賓館的日子，川西壩子怒放的油菜花、清幽的麥苗，讓毛澤東十分愜意。他還專門去到郫縣紅光公社視察農業生產情況。因有「揚子江中水，蒙頂山上茶」這著名詩句，他還特別要求品嘗蒙頂山茶。於是，毛澤東在成都的這些別樣的２３天，若是撇開歷史不談，單是川西壩子醇厚可人的民風和同樣淳樸的人間美味與甘飲，一代偉人必也印象深刻有所感觸吧。特別是為照顧好主席的飲食，賓館廚師班子得知主席尤愛吃紅燒肉，便精心挑選上品五花豬肉，洗淨後用沸水煮至半熟，改刀切成２公分見方的小塊，再入熱油鍋中爆炒，以去除部分油脂，另備鍋加油燒熱，下少許川鹽、加糖色、蠔油、醬油，下肉塊炒和均勻，摻湯燒沸打盡浮沫，改為小火慢煨，保持滋汁微沸，最後裝盤，收芡淋汁。主席品嘗後，大加讚賞。其後，毛澤東還到城裡的耀華中餐廳，以及前身為榮樂園的群力食堂，專門品嘗了川菜，還逐一點評，親切接見廚師。

說起金牛賓館，還有一位世界級的藝術大師跟它有著藕斷絲連的關係，他就是享譽世界的國畫大師張大千。只不過大千先生不是下榻賓館的貴客，而是像杜甫當年在浣花溪畔修建草堂寓所那樣，是在金牛賓館裡，建有一所私人寓居的主人。

張大千和杜甫，兩個相距一千多年的世界級藝術家和文學家，先後都把家建在成都這座城市的西部，恐怕這不全是一個偶然的巧合。從他們所處的時代來看，都正逢動盪和戰爭的年月，來到成都以後，都從內心深處感到川西壩子的平和安閒，是最宜人居的地方，加之秀麗田園、淳樸民風、溫暖的氣候，都讓他們心靜神怡，從心靈深處激發了創作慾望，為人類留下了珍貴的文化遺產。

大千先生跟杜甫的長相剛好相反，杜甫長得清瘦挺拔像一根蒼勁的竹子，而大千先生長得虎背熊腰，虬髯飄飄，像是一棵臨風的松樹。兩人都喜歡川西平原的自然風光，杜甫當年也曾沿著浣花溪走到鄉間的農田裡，跟田叟野老們一起談笑風聲、種菜插秧，觀賞著「兩個黃鸝鳴翠柳，一行白鷺上青天；窗含西嶺千秋雪，門泊東吳萬里船。」之天然景致。

大千先生是集畫家、美食家、社會名流並寓居成都的大藝術家，每每春暖花開，豔陽高照的時候，城裡的政要、社會名流們便忍不住要跑到金牛壩來看望他。在他的鄉間別墅前面，不時停滿了小汽車、私家黃包車。

從竹林掩映的寓所裡傳來談笑聲、宴飲聲和人們對他畫作的讚美聲。這一點，張大千明顯要比杜甫強。杜甫當年隱居在浣花溪的時候，也時常有官員文人來看望他，大家只能在簡陋的茅屋裡促膝而談，或者讓人臨時去街上沽點酒，佐幾樣小菜，真是「盤飧市遠無兼味，樽酒家貧只舊醅。」若是穿越時空來一比較，自然張大千在成都的生活要比杜甫瀟灑和舒適多了。

舊時的大千寓所在張大千離開成都以後，也跟杜甫草堂一樣得到了妥善的保護。1957年籌建金牛賓館時，人們並沒有因為藝術家的離去而拆建，而是很好地保留下了它的遺址。其後金牛賓館隨著社會發展逐漸擴大，最終又把張大千故居包容進去，形成一個獨特的文化景觀。2001年，更是將這個珍貴的名人故居進行了精心的維護，讓它見證一個偉大藝術家跟金牛壩的濃厚情誼。據說，流寓海外的張大千在其晚年寫過一首真情流露的詩，表達他對成都的懷念，在這首詩中，畫家奇怪地把「蜀山」稱為自己夢中的「鄉關」。由此可見，在成都金牛壩的寓居生活留給了畫家多麼深的印象與記憶了。

現今的成都金牛賓館依舊是西南最大的園林別墅式賓館，是四川省委、省政府政務接待基地和會議服務中心，被譽為四川國賓館。作為成都最大的會議場所，會議廳功能完善，有40個15至100座的各類中、高檔會議室，還有1126座位的大禮堂及200座位、400座位的廳。現今的金牛賓館設有會員俱樂部、廣告中心、歌舞廳、茶園、放映廳、撞球室、保齡球館、網球館、室內恒溫游泳池、商場、商務中心、桑拿、浴腳等服務專案。

金牛賓館有風格各異的中西餐廳、多功能宴會廳、會議餐廳共32個，最大的餐廳可容納近500人。為賓客、會議及各種慶典（婚慶、生日等）提供精品宴、風味餐、冷餐、自助餐、西餐及特色川菜、風味小吃、小火鍋等服務。這裡自然彙集了巴蜀各地的名師大廚，各類餐廳均由特級名廚主廚。從正興園關正興弟子周映南、藍光鑒弟子朱維新、李世均，謝海泉弟子廖治仁等大腕名廚，先後主理廚政，擔任總經理，到藍其金、吳世洪等川菜大師、名師，故而享有「食在金牛壩」之盛譽。其中之代表性人物則是朱維新大師。

朱維新，十四歲入主榮樂園，師從藍光鑒，曾先後在榮樂園、竟成園事廚。1950年後已先後在成都文化宮、省委招待所、外國專家招待所、西南局首長食堂掌勺。1971年調入金牛賓館主廚並擔任顧問至1984年去世。朱師傳功底雄厚、技藝精到，精通紅白兩案，又擅長燒烤烹技。著名菜點就有：清湯燕窩、乾燒魚翅、紅燒熊掌、紅燒鹿筋、烤奶豬、烤酥方、鳳尾雞腿、玫瑰發糕、水晶涼糕、八寶釀藕、椒鹽油花等佳饌名餚。

藍其金，1959年參加工作，1974年調入金牛賓館，1978年由金牛賓館派往北京莫斯科餐廳學習西餐烹調技術，1984至1987年由省政府機關事務管理局派往德國杜塞耳多夫市四川飯店任廚師長。在餐飲業經歷了40多個春夏秋冬，始終將傳統與創新並舉，既遵循川人的飲食習慣，又注重膳食的科學營養，將營養學、美學、養身學有機地融於烹飪之中。在賓館多次參加國宴和大型筵席的烹調製作及管理調度，並數次隨黨和國家領導人以及外國貴賓到參觀訪問地為其烹製菜餚，其高超的技藝和認真負責的敬業精神得到好評，時任金牛賓館副總經理。代表作品：叉燒酥方、家常海參、葵花魚糕、雞豆花湯等。

金牛賓館自改革開放後，便逐步按鄧小平的指示，褪去了那層神秘罩紗，成為完全對外開放的賓館。儘管大門口仍然還有軍人站崗，但尋常百姓亦可大搖大擺、隨進隨出。從某種功能上講，金牛賓館已經轉變為各種會議、商貿活動、婚喜壽慶、餐飲聚會、遊園玩耍的公共場所。儘管後院的獨立別墅區依然有軍人警戒，尚還保留著那最後一絲神秘，但於大眾百姓而言能在其間自由自在的吃喝玩樂、照相攝影，已經是今非昔比了。

真是：雨後天青萬古新，豪華落盡見真淳。

第二十八回　成都芙蓉雙雄會，八仙過海抖雄風

看到今日寬闊漂亮的人民南路，或許1950後的成都人都要感歎且感謝李劼人吧！如果不是他，人民南路也許只是成都一條7米寬的普通街道。1958年，前文講到的成都本土著名作家、翻譯家、自開「小雅軒」餐館的李劼人，出任成都市副市長後所做的第一件大事，就是修建人民南路。

李劼人有篇軼文《成都的一條街》，詳細講述了人民南路的歷史變遷。人民南路按當時市政府公佈的名稱叫「人民路南段」，它與人民路中段、北段（即今人民中路、人民北路）是一條路，兩端連接著南北兩個火車站。這是成都最早、最寬闊的「洋馬路」，全長10公里，又當數人民南路的6公里路段最為寬闊。起初，按李劼人的設想，人民南路確定的路寬就是64公尺，設計有街心花園和行道樹。之所以要建設這麼寬闊的大路，除了學習巴黎的市政建設，李劼人還想通過這條路表達新中國蓬勃向上的精神和成都人民對美好未來的嚮往。他說：「人民南路的興建，它向成都人民說明新社會的可愛；它增強了成都人民對美好遠景的憧憬，也增強了成都人民對社會主義建設的信念。不要看輕了這條街的興建，它確實具有很濃厚的政治意義的！」

正是帶著這份理想、熱情和信念，李劼人參照了巴黎凱旋門前香榭里榭大道的標準和規模來建設人民南路。然而，1958年修建時，省市政府的官員們在人民南路修建問題上的論爭，更突出表現了雙方在建設思路、文化素養乃至審美上的分歧。成長於大城市，留學過歐洲的李劼人主張要修得「壯闊」，才「足以表現新社會人民的雄偉胸襟」，打算建64公尺寬的街道，並拆除周邊破舊的民居，以開闢一個大的中心廣場。而當時文化淺薄、小農意識濃厚的主要省領導認為這是「好大喜功」，不必「搞那麼大的動作」，只准開一條7米寬的路。最後，李劼人在時任四川省建委主任的革命作家馬識途的支持下，未經省委領導同意，以「先斬後奏」的方式將人民南路修到了14公尺寬。但李劼人也因此受到省領導的嚴肅批評。

李劼人當年曾預言：「在今天的人民南路之南，將來會出現不少崇麗宏偉的大建築的」。果然，當年人民南路一建成，在人民南路中段及其鄰近塩市口的上東大街，兩座富貴堂皇的成都高檔酒樓便應運而生，它就是——芙蓉餐廳和成都餐廳。

這兩家成都高檔川菜餐廳，雖不說是同月同日，卻也是同年所生。一個是洋樓大廈、富貴堂皇；一個是古樸典雅、華麗大氣。兩座頂級川菜酒樓的共同之處是：幾乎集中了成都所有頂尖川菜大師名廚。故而一時間不僅轟動飲食界，且連尋常百姓家差不多都有知曉。當然作為成都市極少有的對外接待酒樓，普通百姓是難登大雅之堂，品味到這些大師名菜，但仍能感覺到其「八仙過海各顯神通」之雄風。我們先來說說這「成都餐廳」吧。

１９５８年開設在臨近塩市口上東大街的成都餐廳，是一所大型古典式建築，門頭古樸典雅，大氣凜然，裡面是樓台亭角、廊橋水榭，假山池水、花鳥蟲魚之園林；廳堂雅間、雕窗花木、古典桌椅、古董瓶飾、詩詞名畫、文房四寶、一應俱全；儼然一副高官厚爵、大戶人家的山水園林私宅。如此優雅精緻的就餐環境，配上頂級大師名廚，其川菜之品味與檔次，這吃喝自然也就非比尋常。

成都餐廳始一開業就是名師薈萃、大展雄風。其中有老牌餐飲名店「正興園」之開館名廚謝海泉，榮樂園之張守勳、孔道生、張松雲、曾國華、毛齊成，枕江樓之賴世華等七大金剛。而正興園、榮樂園和枕江樓幾十近百年來，便是代表川菜廚藝的三大流派，其廚藝廚風至今對川菜也都有深遠的影響。

先說這「正興園」的名廚謝海泉，其來頭與功夫何其了得。謝海泉為成都人，十二歲就進正興園學藝，與藍光鑒為同門師兄弟。１９５０年代前，先後在正興園、玉川園、亦樂天，重慶適中樓，成都春和園、桃花園、桃村、雅安饌芬、成都竟成園等名餐館主廚。謝海泉烹藝極精，尤為擅長燒烤、煨燉，其拿手絕活便是讓餐飲江湖嘆服之燒酥方、罈子肉、紅燒熊掌、翡翠蝦仁等名菜。

再說榮樂園名廚張守勳。他十五歲從中江縣農村到成都，有幸進入榮樂園拜正興園第一大廚戚樂齋為師。學成後曾留在榮樂園事廚，其後在成都朵頤食堂、重慶經濟飯館、適中樓、蜜香、世界飯店、小洞天、陶樂天、陪都飯店、國泰飯店和雅安饌芬主廚。張守勳擅長山珍海味和燒烤大菜，具有豐富的操辦筵席和大型宴會的經驗。

孔道生，行業人稱孔大爺。十八歲入榮樂園學習廚藝，師從藍光鑒。學成之後，深得藍光鑒喜愛，留在榮樂園事廚。孔道生頗得藍光鑒之真傳，精通紅白兩案，尤其擅長筵席大菜和席點、小吃的製作。孔道生不僅具有傳承和發揚川菜傳統的技能，且還善取各家之長，開發創新。其名震一方的當家名菜就有：烤奶豬、烤酥方、叉燒背柳、蟹黃銀杏、豆沙鴨方、波絲油糕、子麵油花、白蜂糕等。孔道生在入主成都餐廳前的幾十年中，除了榮樂園，其足跡遍及大江南北，先後在重慶、合川、宜賓、上海、南京等地著名餐廳事廚。１９５０年代初，奉調進京為中央領導事廚。拿舊時的話講即是「皇家御廚」了。１９５７年，孔道生回到四川，先落腳芙蓉餐廳主廚，不久即調到成都餐廳。

張松雲，十四歲入榮樂園，從名師藍光鑒學藝，掌握了一手精湛廚藝，且技術全面，獨具一格，除擅長山珍海味菜餚，其所烹製的家常風味菜也特色獨具，其中之罈子肉、南邊鴨子、酸辣海參、軟炸雞糕、家常魚麵、口蘑舌掌都是名噪江湖的絕菜佳餚。張師傅先後曾在榮樂園、大安食堂、重慶白玫瑰、成都耀華餐廳、玉龍餐廳主廚。其間，還經常被調到成都金牛賓館為來蓉的中央領導人事廚，操辦大型宴會。

再說曾國華大師，十二歲進榮樂園師事老闆兼名廚藍光鑒。出師後成為藍氏三兄弟最喜愛的廚師，在榮樂園事廚多年。其後又在藍光鑒操辦的成都群力食堂主廚，以及蜀風、耀華餐廳、朵頤食堂主廚。曾國華精通川菜烹技，尤擅長爐子，其山珍海味菜式，家常風味菜式尤顯其獨到功夫。他的一品海參、清湯燕窩、乾煸魷魚絲、紅燒熊掌、燒龍鳳配、鍋燒酥方、涼粉鯽魚等無不令行業與食界叫絕。１９５８年調入成都餐廳以後，亦曾多次受邀主持成都各大賓館為外國元首、貴賓操辦高檔宴會。

毛齊成，十一歲師從榮樂園藍光鑒學藝。滿師後先後在成都大安食堂、勝利餐廳、竟成園等大型餐廳主廚。毛師傅技術全面、精湛，尤長墩爐和冷菜，善取外菜之長，富於創新。其白玉海參、芝麻鴨子、雪花雞、炸牛肉卷、成都醬鴨、翡翠雞丁等都堪稱一絕。

再有枕江樓派的賴世華，十二歲進枕江樓，數年間盡得枕江樓廚藝流派之真傳，精紅案、長墩爐，先後在成都泰源餐館，重慶清福食堂，成都雅典麵飯店、桃花源等處主廚，尤以家常田雞、溜雞肝、乾煸鱔魚、脆皮魚為行業所叫好。

如此，這七位功夫非凡、身懷絕技的江湖高人彙聚成都餐廳，各掌一門，大展身手、盡抖雄風，一時間在成都掀起一陣頂級廚藝與美味之旋風。讓老饕客、美食家驚喜不已。各位大師分別獻出名菜佳餚，像烤酥方、罈子肉、乾燒魚翅、樟茶鴨子、陳皮雞、竹蓀肝膏湯、菠餃魚肚、八寶素燴、涼粉鯽魚等系列絕品。讓眾多中外貴客吃得腦滿腸肥、讚不絕口，更見識了川菜川味之無盡魅力。

1979年，新建成的成都餐廳，除保留以前的園林公館式風格外，其經營面積擴大了三倍有餘，底樓開設為成都小吃城，以經營名特小吃、小吃套餐及川菜零餐。這樣，嚮往已久的成都市民亦能隨時登上這大雅之堂享享口福了。二樓設置為筵席，一次能舉辦40桌的大型宴會廳；三樓便是西蜀風情格調的茶廳，同時附設中西點心小賣部。如此一來，成都餐廳的名氣更是如雷貫耳，響徹巴蜀，生意之火爆，那是隨時都人如潮湧，尤其是當街的小吃城，早中晚都是人擠人。成都餐廳一舉成為成都人的驕傲。

其後，成都餐廳更成為川菜培訓基地，培養出不少今日之川菜大師級人物。曾國華大師曾被調往武漢為毛澤東事廚，其後又被派往美國紐約主持美國榮樂園廚政，其精湛廚藝和川菜之美味尤讓世界政要讚歎有加。

回頭來說芙蓉餐廳。地處剛修建成的人民南路中段，南鄰錦江賓館，北接天府廣場。早在五代十國時期，成都就是我國西南地區的坤善之地，這裡沃野千里，氣候宜人，物產豐富，商賈雲集。五代後蜀主孟昶在位時，興之所致，命令手下在成都土城牆上遍種芙蓉。從此每到深秋，「蓉城初冬花千樹，姹紫迎霜賞芙蓉」，那真是四十里錦繡風華，無數「千嬌百媚風中笑」，足以「令錦官新城一片紅」。

不少詩人畫家紛紛圍著美麗的壯景所陶醉，留下諸多墨寶。「昨夜芙蓉初帶雨，枝枝蔓蔓煙波裡，朵朵含露傲霜寒，花容脂粉顏如玉」則是生動描述經過夜雨朦朧的芙蓉。「錦江芙蓉紅依樓，秋雲伴雨疏梧桐，琴台路上繽紛亂，一地紅軟冬漸濃。」便是描述古代的成都，從來就是商賈雲集，內外交融的繁華都會，天府之國的軟玉溫香，最易產生美的描述。也就是從那時起，成都又叫「芙蓉城」、「蓉城」。「芙蓉餐廳」，就是依此歷史典故及其美妙詩句而得名。

在那個年代，芙蓉餐廳之兩樓一廳，仿西式建築，在成都絕對是最顯擺的。大樓宏偉堂皇，真可是洋氣十足，僅是登上大廳那十幾級台階就讓人頗感得意。餐廳當時的一應設備也是成都最好的現代餐廳。廳堂之宏大華美，擁有200多個餐位，在當時之成都可謂鳳毛麟角，因此能接待大型宴會；典雅舒適的會議廳、風格各異的貴賓休息室、小賣部等，無一不優雅堂皇。芙蓉餐廳同樣調集了成都頂級名師大廚，還彙集了成都著名的招待師、服務師，成為成都飲食行業中「燕蒸幫」、「包席館」及「官廚」三大流派的聚集地，當然也就成了他們技藝表演，「鬥法論道」的烹飪擂台。先後有陳志興、白松雲、張淮俊、張志祥、龔世烈、蔣伯春、華興昌、劉建成以及粵菜大師劉康等，還有集60餘年豐富烹飪經驗的師爺級人物陳海清。

先說說這顧問兼主廚陳海清，可算得上是川菜行道中的舵爺了。1920年代便師從名餐館福華園之老闆及主廚王金廷學藝，先後在姑姑筵、醉漚、中國食堂、頤之時等名餐館主廚。陳海清擅長高級清湯菜餚和時令鮮蔬菜餚的烹製，尤以海鮮見其所長，經常受邀操辦接待外賓之高級筵席。其紅燒魚唇、清湯魚翅、炒雞脯、蔥燒海參、酸菜鯽魚、香花雞絲、開水白菜等都足見其烹調之精道。

再說張淮俊，前文亦有所介紹，人稱「多寶道人」，足見其功力非同小可。另一位華興昌，十七歲師從藍光鑒，出道後在上海經濟川社、重慶成都味食堂、一心飯店、向陽春酒家、合川七七餐廳主廚。1958年回到成都，先在玉龍餐廳事廚，後入駐芙蓉餐廳。華興昌精通川菜烹技，長於墩子和冷菜，對大型宴會、高級筵席的設計、安排頗有經驗。且旁通京菜、淮揚菜的製作技術。其代表菜品有：酸菜魚卷、海棠口蘑、家常牛筋、葫蘆鴨子、軟炸蝦包、蓮蓬鴿蛋、子母會、四寶湯等。

蔣伯春，則是枕江樓派之代表人物傅吉廷的弟子，先後隨師父在黃敬臨的「晉臨飯店」事廚，其後到廣寒宮主廚。1950年代後即在玉龍餐廳任廚師長，後加盟芙蓉餐廳事廚。蔣伯春廚藝全面，擅長爐子，其豆腐鯽魚、軟炸扳指、三燴鮑魚、堂片填鴨、溜鴨肝、麒麟魚、酥皮雞糕、菠茸豆腐等均為川菜一絕。

如此，芙蓉餐廳以南北大菜、川菜名品為特色，一時間在成都風生水起。成為省市政府對外接待的主要餐廳。名曰「芙蓉餐廳」，自然以芙蓉菜式為特色。其當家名品便有：芙蓉雞片、芙蓉魚片、芙蓉鯽魚、芙蓉雜燴、芙蓉魚翅、芙蓉鴨子、芙蓉鴨片、芙蓉肉片、芙蓉肉糕、出水芙蓉、芙蓉蒸蛋、芙蓉花仁……等，尤以芙蓉雞片最為有名。其他還有多位大師的拿手名菜，像豆腐鯽魚、軟炸扳指、空心雞元、瓤豆尖苞、豆渣鴨脯、八寶瓤梨等。

芙蓉餐廳的零餐和散席也別具一格，大廳以屏風隔出「雅座」，席桌亦是現代格調，開單點菜，按單收錢，不鳴堂；零餐設有蒸燒燉炒炸及涼拌各式菜餚，但不配小菜，席桌設「八大碗加冷碟」。幾十年間，它先後接待宴請過不少黨和國家領導人周恩來、朱德、彭真等，以及外國政要，及國內外知名人士。均以其色香味形及寓意生動形像，富有詩情畫意的芙蓉菜式和其他川味佳餚獲得客人交口讚譽。

芙蓉餐廳老一輩大師名廚，不僅個個身懷絕技，善烹山珍海味、江河湖鮮、四時鮮蔬，他們還言傳身教培養出了上百個來自政府機關、軍隊及省內外的名特級廚師和特級服務師，並先後出訪美國、德國、泰國、日本等國家表演川菜廚藝和事廚。現今川菜第一人之史正良大師，便是這兩家高級餐廳培養出來的精英代表。遺憾的是，這兩家名噪巴蜀的高級餐廳在後來的城市建設中如同人民南路的「皇城」一樣，永遠消失在人們扶額惋惜的記憶之中。

有道是：又見芙蓉開，難覓芙蓉餚。與之後來事，且看下回擺。

第二十九回　錦江賓館錦城生輝，西風洋氣風生水起

１９５８年，當身為成都市副市長的李劼人領軍修建人民南路之時，他曾預言：「在今天的人民南路之南，將來會出現不少崇麗宏偉的大建築的」。果不其然，還沒等到將來，路一開始修間，一座成都人祖祖輩輩都不曾夢想過的高樓大廈，就在人民南路錦江之濱悄然破土動工。僅用兩年時間，即１９６０年，作為國慶十周年之獻禮，一座當時成都最高端、最宏大、最華麗、最洋氣、蔚為壯觀的大廈屹立在錦江河畔。這座曾號稱為蓉城未來「十大建築」之一的大廈，就是——錦江賓館。其後，歷盡５０年的風華與風雨，錦江賓館巍然屹立，鑄就著它永不衰落的輝煌。

１９６０年建成之際，錦江賓館占地７８畝，綠化覆蓋超過五成，館內名木參天、綠蔭婆娑、碧水蕩漾、芳草茵茵、繁花似錦，可謂華麗優雅、鬧市淨土，被譽為「花園式賓館」。朱德和陳毅兩位四川老帥親自選定了「錦江」這個館名，其寓意有三：一是賓館毗鄰錦江河畔；二指成都自古即有「錦城」、「錦官城」之稱謂；三則新中國前程錦繡。１９６４年，周恩來總理視察錦江賓館時說：「錦江賓館這個名字很貼切，很有意味」。

錦江賓館從一開始興建，就定位為四川乃至西南地區最高級的政府招待所。這一時期，錦江賓館與作為大型會議使用的配套建築，氣勢恢宏的錦江大禮堂在其後的２０多年間，一直是四川省重要政務接待和外事接待的首選。而在成都市民的心中，錦江賓館則是一個神秘而尊貴的地方，更是身份和地位的象徵。從當年初建成時，我曾和小夥伴們光著腳丫，穿著補巴衣褲去看稀奇，到２０年後洋洋自得地跨進賓館和大禮堂參加會議，心中仍有一股自豪感。這座具有歐州建築風格，典雅莊重，恢弘大氣的大廈，與同時建成的錦江大橋連為一景，成為頻頻出現在那時畫報畫冊上的成都標誌性建築。以致１９５０年後的今天，錦江賓館象牙色的外觀，依然風采奪目，即便面對周邊林立的造型各異的高樓，仍是雍容華貴，獨具一種不可替代的特殊歷史身份與唯我尊貴的地位。

錦江賓館１９６１年３月開始試營業，一下就轟動了這座近三千年處變不驚、悠然自得、過著小日子的古老都城。四面八方的男女老少蜂擁到河岸邊仰望這座簡直就勝過皇宮大殿的宏偉建築。更有不少人趴在鐵柵欄外睜大眼睛望著裡面大型吊燈閃射出的晶瑩華麗燈光，豪華光亮的設施，巨大的玻璃牆，透著光彩的大理石地面，以及衣冠楚楚、油光水滑的男男女女……那富麗、那堂皇、那高雅、那氣派真讓人緊張得有些張口結舌、面紅耳赤、幾乎喘不過氣來。特別是過了不久，又見到不少金髮藍眼高鼻樑的外國人，更是讓整個成都沸騰興奮起來。以致好多年當中，從我讀小學到初中，到錦江賓館看老外，就成了我們這些背著布口袋書包的學生娃兒最時髦的耍法。

整個１９６０到７０年代，尤其是家住錦江邊和賓館周圍的人們都有超出大多市民的非同尋常的樂趣。尤為是夏天的傍晚，遠遠地就能聆聽到賓館裡的歌聲和音樂，看到那些個穿著整潔中山裝來開會的縣長市長們，或是觀賞門口站崗的軍人也是種趣事。但最讓人們興奮的，還是晚飯後拖著兩片布拖鞋，光著上身扇著大蒲扇，到賓館門口看各種顏色的「洋人」進出，不過癮的還可以追著看。這種感覺和樂趣不亞於現在的人們去參加時尚派對或追星。

然而不久人們便驚訝而不解的發現，這座高檔賓館裡面的綠化帶和空地裡竟然盛開的是棉花和紅苕花。「當年的錦江賓館比魯迅筆下的百草園還好耍！」１９６１年就進錦江賓館當電話維修工人的呂世斌說。當時，正值三年自然災害時期，到處聽到的傳聞都是餓死了多少人。於是，為了生存和改善伙食，省裡的許多廳局紛紛到錦江賓館周圍預留的綠化用地裡種糧食、棉花、紅苕、各種蔬菜等。

然而，我們這些因窮困而單純得猶如一張白紙的娃娃，依然時常餓著肚子來這裡嬉戲玩耍。棉花收穫的季節，鵝黃色的幾棟大樓四周，盛開得下垂的雪白棉花，環繞著現代的９層鋼筋混泥土結構的錦江賓館。很多小孩子就在緊挨著的沿錦江蜿蜒的老城牆附近，聽雜草和小樹間夏蟲和秋蟬的鳴叫，或蹲在牆頭看賓館裡的藍眼睛和金色頭髮的外國人，尤其是女人。遠處一片片低矮的茅草房，破舊瓦屋，映襯著錦江賓館的現代和富貴。打從這以後，這裡就成為成都人瞭解外部世界，認識社會和時代變遷的一個稀罕的窗口。

１９６０年，作為四川最高領導的李井泉，仿照首都北京規劃了成都「十大建築」，首先要求舉全川之力、成都之力，建造設計標準達到２０年不落後的省政府第一招待所，及其賓館一旁的大禮堂，其外觀與氣魄與北京人民大會堂幾近相似。為了以最快速度建成為國慶十周年賀禮，當時的成都無縫鋼管廠工程和省展覽館專案都全部停建，把財力和物力讓給了這座高４３米的四川第一高樓。

省政府招待所和錦江賓館的兩種稱謂，也示意著它的兩種非同一般的功能：內部接待和外賓下榻。於是在很長一段時間，這裡也自然成了中西文化的交融彙聚地。同樣是客人，由於生活習慣、環境條件的不同，對文化和文明的理解在當時有著極大的反差。來開會的地方幹部們習慣大嗓門說話，有時還敞開著房門。服務員不得不在接到外國客人的投訴後，去制止那些毫無顧忌的笑聲和喧鬧。即便如此，入住這裡的客人也比當時成都的其他招待所要「高檔」。當錦江賓館裡的外國客人動作輕緩地從口袋裡拿出一張紙，然後捂在嘴上，再把包好口痰的紙扔進垃圾桶時，那些個農村或地方幹部們卻在一旁指指點點地看稀奇；當男女老外們表情難堪的捂住口鼻，忍受著地方幹部們的葉子煙味，和隨時噴射而出的口痰，匆匆快步躲避時，那空間飄忽的煙葉味中，又夾雜著絲絲令人身心莫名騷動的香水味。這就是當時錦江賓館的獨特氣氛。

這座賓館就這樣毫無顧忌地一邊接待著洋氣十足地老外們，一邊容納著土哩巴嘰的地方幹部，其間的諸多笑話，在今天的人看來，是很難理喻的。「那是一個冬天的傍晚，賓館買了一批沖水馬桶回來，我們都去看稀奇。去的路上，我們還以為是餵馬的桶。」現在已是賓館生活福利部主管的徐汝鳳說。其中還有傳誦甚廣的「馬桶的故事」——有天早上，一服務員準備清理房間，等了半天才見一臉通紅的男子出來。等進了房間清洗馬桶，卻發現馬桶水箱蓋子異樣。一檢查才發現，客人竟是高高蹲在馬桶上，把水箱當成了「茅坑」。類似這樣的土笑話不時也傳到了社會上，成為平民百姓消暑的「開胃小菜」、龍門陣擺了一遍又一遍的絕佳話題。

錦江河畔明亮的賓館樓層裡，那些偶爾沒事的女服務員們也很閒散地安排自己上班的時光，無論是最尊貴的省軍級客人住的西樓，還是地師級規格的南樓或縣團級幹部下榻的東樓，健談的男男女女服務員們，按性別分開各自吹牛聊天。因為是四川賓館業的「楷模」，很多會針線活的姑娘或媳婦們，也只能眼巴巴地想像其他賓館女同行們，邊上班邊縫補衣服或打毛衣來打發一天時光的閑趣。

錦江賓館自１９６２年接待班禪額爾德尼大師；１９６３年接待朱德委員長；１９６４年接待周恩來總理和陳毅副總理；１９６５年陳毅招待柬埔寨的西哈努克親王及夫人、賓努親王及夫人；１９６６年彭真在此會見農業勞動模範；１９７６年，華國鋒、喬冠華在這裡宴請尼泊爾國王比蘭德拉；１９７８年金日成在此下榻並發表重要講話。錦江賓館一下名揚中華，成為國家一個重要的對外接待管所之一。這無疑就對賓館的對外服務提出了新的更高要求，學習掌握外語（英語）就成了必需的技能。

經常舉行的外語學習課是服務員們既是高興的事又是工作的重任，自然也生發諸多的笑話。大家用自己獨創的「漢語音標」法來強記那一串串足以讓嘴巴抽筋、舌頭打結都講不好的「洋話」。「舍提黨，普利斯。」（Sitdown, Please.）即是被大家廣為使用的「洋話」。曾經，服務員和外賓的交流僅限於「bodylanguage（肢體語言）」，老外們經常是搓了半天手外加不斷地喝水，臉漲得通紅了，大家才醒悟過來他是想上「洗手間」。為徹底改變這種現狀，1980年起，錦江賓館對新招員工開始要求有相應的外語基礎，並陸續把員工送到更加專業的外語培訓班學習，不少優秀的管理人員還被送到國外深造，這也開了四川賓館業「與國際接軌」的先河。

改革開放依始，錦江賓館從省政府的機關事務管理局劃歸到省旅遊局，正式成為四川唯一的涉外賓館。當在錦江住店的中國客人也慢慢習慣了「老外」的生活方式，開始假裝老練地品咖啡和喝洋酒時，錦江賓館也「站起來了」，成為四川最早改「坐著接待」為「站立服務，微笑迎賓」的賓館。而這時，成都的大多數賓館招待所才從葉子煙味中解脫出來。在與國際化的銜接過程中，錦江賓館得風氣之先，創造了四川飯店業多個第一：第一家花園式粵菜廳，第一家西餐廳，第一家咖啡廳，第一家歌舞廳等。

到1999年，錦江賓館被美國優質服務業協會頒授全球服務業至高榮譽「五星鑽石獎」。2007年，錦江賓館出版發行《感動宣言——四川錦江賓館企業文化手冊》，將「創造感動」作為企業核心價值觀，在全國首推「感動文化」。2010年，錦江賓館榮獲被稱為大陸飯店業的最高榮譽獎——金星獎。2012年，蟬聯此項殊榮。

幾十年來，錦江賓館在成都市民眼裡一直是「很港」的，因為這裡最先住著很多「老外」，這裡有四川最早的舞廳、歌廳，這裡可以感受到離世界最近的時尚和潮流。時任電話維修員兼「公關先生」的呂世斌說，當時九樓的歌舞廳堪稱成都乃至四川的第一歌舞廳，最早和最高檔。會跳舞的是當之無愧的風頭人物，人們一般用「很港」來刮目相看。他們脫掉布扣的藍布對襟衣衫或四個兜的中山服，換上了喇叭褲或是還掛著商標的皺巴巴的西裝、領帶，頭髮燙成連蒼蠅都站不穩當，油光水滑的「大拿波」、或「原子彈」。嘴裡不時哼哼呀呀冒出五音不全的流行歌曲，從鄧麗君的《美酒加咖啡》，到了費翔的《冬天裡的一把火》和蘇芮的《跟著感覺走》……。

1979年，賓館實行「事業單位，企業管理，自負盈虧」的新政策。1984年，國家旅遊總局發出了學習北京「建國飯店」的號召。接下來的體制改革可謂當年賓館「地震級」的大事，廳長科長級別領導的機關管理模式，改成了現代的總經理負責制，員工的「鐵飯碗」也被「泥巴碗」代替。在短暫的不適應後，隨之而來的是賓館跨越式的黃金發展時期。從１９８９年的三星級酒店到１９９２年的四星級，如果錦江賓館的發展還只算行業領先的話，１９９５年被評為西南地區首家五星級商務旅遊酒店和１９９９年成為國內第一家包攬「五星鑽石」四大獎項的酒店，則開創了由中國人自己管理酒店達到國際一流水準的先河。酒店斥鉅資完善的１０個不同規模格局的會議廳，於原有同步口譯系統、無線麥克風、幻燈機、投影儀之基礎上，又增添了開放式會議講座系統、多媒體投影機等專業會議設備，並對大型多功能廳鴻賓廳進行重新潮流化裝修，可為各種國際會議、商務活動的舉行提供更完美、完善的商務服務。風味餐廳則有：韓國燒烤、日本料理、川菜、粵菜、西餐、自助餐、咖啡廳；娛樂設施有：酒吧、卡拉OK、歌舞廳、夜總會、游泳池、桑拿房等。

１９７９年，英國首相希思下榻錦江賓館；１９８６年美國副總統布希在錦江賓館設宴招待客人；１９９５年，新加坡總理吳作棟下榻錦江賓館；同年德國總理科爾蒞臨錦江賓館；２００２年接待了印尼總統梅加瓦蒂；２００３年德國總理施羅德光臨；２００４，法國總統席哈克光臨；２００６，巴基斯坦總統穆沙拉夫下榻；２００７，菲律賓總統艾奎諾光臨；西班牙國王胡安．卡洛斯下榻。此後，接待世界各國領導人和政要，世界５００強企業CEO以及名人明星，已成為錦江賓館的日常接待事務。錦江賓館亦因此贏得了很高的國際聲譽，成為我國外事接待的著名品牌酒店之一。

當年讓成都人追「老外」看洋盤的省政府第一招待所已經是享譽世界的五星級大酒店。外表典雅而安靜的她於今五十周歲。當年的服務員徐汝鳳大姐已經是酒店的生活福利部主管，月工資從１９７８年的１８．５元變成了２５８０元。修電話的工人呂世斌成了單位的工會主席並已退休在家享受天倫之樂。曹蘭劍則從進單位的布衣一族（土布帶補巴的衣服）變成了今日每天都是西裝革履的金領，一個當年賓館鐵門外的赤腳少年看客，華麗轉身為賓館總經理，繼續著錦江賓館的燦爛與輝煌。

同時，作為一家具有獨特意義的高檔酒樓，錦江賓館也是展示川菜風味風情魅力的絕佳平台。初建依始至今，三代川菜大師在此奉獻了自己一生的年華和精湛技藝，讓中外來賓一享川菜美味口福。其中有德高望重的川菜大師張德善和特級名廚蘇雲、陳志興、代自金、林光榮、王澤林等老一輩名廚；有年富力強、技藝高超的川菜大師盧朝華、陳家全；中青代大師名廚黨科、李國和、張興榮等主理廚政。

先說說頂級名廚張德善，十九歲拜成都四宜君名師高鶴廷為師，１９５０年以前，先後在近花樓、朵頤、春風一醉等餐廳事廚，１９５０年代後受國家派遣，到波蘭、朝鮮傳授川菜技藝。回國後即擔任進京賓館廚師長、副經理、顧問等職務。張德善大師從廚６０餘年，烹技全面、經驗豐富、長於切配、爐子、燒烤及工藝大菜。其拿手名菜佳餚有：仙鶴玉脊翅、乾燒岩鯉、金魚戲蓮、鍋貼鴿蛋、鳳巢花菇蝦、蘋果烤爐雞、香酥芋泥鴨、湘蓮夾心苕糕等。在錦江賓館期間還創製了梅花魚肚、金鳳還巢、菊花鮑魚、金球獅子魚、鴛鴦戲水、丹鳳朝陽、彩色花籃等名菜。這些堪稱藝術作品的大菜，設計新穎獨特，形象惟妙惟肖，製作精細，生動逼真，端上宴席，讓不少中外嘉賓大為驚喜而不忍下箸，情不自禁拍照留念，然後慢品細嘗，讚不絕口。張德善大師還親自動手整理出版了一本２２萬字的《錦江賓館菜譜》。為後人留下了寶貴的資料。

第二代大師盧朝華，二十二來歲進入錦江賓館，師從張德善學習廚藝，１９８３年後，出任餐飲部總廚、副經理、經理、顧問至今。盧大師參加、主理歷年來在錦江賓館舉辦的高級筵席、大型宴會、國宴菜式製作，曾多次被派往墨西哥、美國、法國及東南亞諸國參加烹飪大賽、表演川菜烹調技藝，均獲得金獎和高度讚譽。盧朝華技藝全面，尤擅長川菜紅案技術，善取眾家之長創新菜品。其代表菜有：叉燒酥方、一品蝶蓀官燕、黃燒大排翅、百鳥回寶巢、魚香茄舟酥鮑、糖醋菊花魚等傳統和創新菜式。

第三代大師黨科，１９８４年從四川烹飪高等專科學校畢業，進入錦江賓館事廚。「鍋邊舞」跳了２０多年，現在的他是中國烹飪大師、先後任錦江賓館餐飲部經理、行政總廚。這位科班出生的總廚，依據錦江賓館的接待需求，大膽並富於創造性的對川菜進行了富有詩情畫意般的創新。他將粵菜的原材料、烹飪方式引入川菜，先後推出水煮肉蟹、魚香花菇蝦、酥皮海鮮盅等深受大眾歡迎的川式海鮮。將鐵板燒這一烹飪方式引入經典川菜回鍋肉的製作中，「讓回鍋肉一上桌立即香味四溢」。他和他的團隊開始采眾菜系之長，賦予川菜更深的風味內涵。粵菜清麗，湘菜豪放，蘇菜婉約……，不僅保持了川菜的傳統風味，還使川菜更顯開放與包容，川菜檔次開始全面提升。一道「魚香扒牛排」，將西餐特有的牛排配以極具四川代表性的魚香口味，使外賓在不改變飲食習慣的同時品嘗到川菜的特色。「西菜川作、粗糧細作」，黨科做出了自己獨有的烹飪風格。

黨科還和烹專的教授合作，用了一年半時間，別出心裁地將家喻戶曉的三國故事入菜，「三顧茅廬」、「草船借箭」等１０多道菜組成一席「孔明宴」，既獲「一票房」又得好譽，榮膺第十二屆全國廚師節「金廚獎」。就此，錦江賓館的川菜出現了川式粵菜、川式淮揚菜、川式湘菜、川式西菜的新穎風格。中外來賓和國內外食客對川菜海納百川、富於創新的風韻讚歎不已。錦江賓館的川菜，在百年川菜傳奇中，演繹了與時俱進的全新概念。

然而，在錦江賓館50周年之際，它已不是一家單純的高級酒店，早已成為成都乃至四川經典文化標誌之一，成為成都人民永恆的驕傲。如今，已身為錦江賓館副總經理的黨科，不僅站得更高看得更遠，他更為自己和團隊設定了更大的挑戰與課題，決心突破已形成模式的「融合川菜」、「包容性川菜」，重新定位錦江賓館所要向賓客展示之純粹的川菜文化與地道品味。將其他菜系風味從川菜中剝離出去，將正宗、地道、傳統、新派川菜的特色與風味弘揚擴展，讓那些千萬里迢迢飛渡拜吃地道川菜，問味芙蓉錦城的中外川菜美食達人為之感懷，為之鍾情。同時，以川菜為靚點，亦為客人提供純正粵菜、日式料理、韓國燒烤及法國西餐。為此，黨科不懈地致力於川菜菜品的研發和創新，著力於川菜飲食文化的挖掘和梳理。他帶領具有強勁實力和開拓精神的團隊，將川菜作為文化品牌立足錦江賓館，以文化塑造品味，以文化感動中外賓客，當烹調技藝、美食美味、真情文化三者融為一體，相信這種美食的感動，也必將讓世界為之動情。

人們常言：地上之山水，妙在丘壑之深邃；畫上之山水，妙在景象之萬千；夢中之山水，妙在幻像之瞬變；胸中之山水，妙在形態定位之自如。相信黨科胸中之山水，必將展現錦江錦水千年川菜風情、百年川菜傳奇之無盡魅力。

有道是：錦江之濱一奇觀，獨領風騷五十年。

第〇三十回　民間大師迷蹤拳，少坤鄉風漫西川

當世事進入１９６０年代，突如其來的三年「天災」，以及接踵而至的「十年人禍」，川菜及餐飲市場受到前所未有的衝擊，大多數飲食企業不是關門歇業，便是改弦易轍。直到１９８０年代後，隨著改革開放的展開，餐飲行業才得以逐漸恢復生機。殊不知這時，在川西壩子，一股美食颶風正在悄然醞釀，誰也不曾料到，這股颶風後來竟然會橫掃川西壩子，引發了一場意想不到的川菜市場變革。

川西壩子，即指成都平原。古蜀文明的發祥地，尤以農耕文明積澱深厚。這裡氣候溫和潮濕、土肥水美、四季物產豐饒、魚鮮家禽肥腴，素有「小江南」的美稱。因其獨特的自然地理條件孕育了獨特的人文景觀和飲食風習俗。「琴棋書畫詩酒花，油鹽柴米醬醋茶」，在這裡演繹得十分淋漓。尤其是「吃」，在這裡更是一種細膩的文化，讓人感懷的千滋百味、萬種風情。一種小富即安、安於享樂、悠然自得、輕鬆休閒的四季生活與一日三餐，千百年來盡使南來北往之人羨慕不已，懂得了什麼是生活的真諦。在川西壩子腹地雙流縣土生土長的劉少坤，便是深諳其真諦的一個經典人物。劉少坤之「迷蹤」之道，也成為弘揚、引領川西壩上飲食風情的風雲人物。

１９８９年初，以賣挑擔豆花和開卡拉OK起家的劉少坤，無聲無息地創建了一個家庭式鄉村風味餐館，以其獨創的「土豆燒甲魚」（土豆即馬鈴薯，下同）和農家泡菜系列佳餚一炮打響，迅速走紅川西壩子，成為了今天遠近聞名的鄉村風味餐飲名店。就是這股人們意想不到的美味鄉風，十多年來，其純樸的川西鄉土風味菜品，地道的農家家常風味菜式自成一體，形成「鄉村風味甲魚系列」、「鄉村風味野味系列」、「農家風味泡菜系列」、「農家風味家常系列」及自製醃臘系列和鄉村小吃系列等數百個品種。且以「非常道」之獨特手法，將燕鮑翅參融入其間，創製出非同尋常的山珍海味佳餚。劉少坤因而被餐飲江湖譽稱為「迷蹤拳大師」。

劉少坤的鄉村風味農家菜，純係劉少坤對童年鄉村

生活的回憶總結，挖掘而出的道地川西壩子農家菜。劉少坤自少年時代即跟隨母親料理一大家人的一日三餐，在他心目中的名師大廚便是勤勞賢淑的母親。故而，一沒學過廚、二未拜過師、三未進過堂館事廚的劉少坤，完全憑藉其悟性和對川西農家美味的眷戀，走鄉串戶學習、挖掘農家風味家常菜，將之改良、提升，而創製出獨具風味特色，且不可模仿複製的川西壩子風味情餚，風行成都平原、美醉萬千饕客。

所謂鄉土風味，是集鄉風、鄉情、鄉味於一體，原汁原味、純濃質樸的農家風味家常菜。劉少坤最負盛名的甲魚系列、醃臘系列、泡菜系列，豆豉豆瓣系列中，如藿香泡菜鯽魚、泡菜雞、醃臘野味等，以及紅苕豆豉回鍋肉、椿芽拌白肉、腐乳燒肚條、豆瓣鵝腸、燒椒茄子等，甚至蘿蔔絲燴飯、臘肉豌豆燜飯等，無一不是鄉風濃郁、鄉味十足、耐人細嚼、令人回味。少坤鄉村菜因此而享有「川西醇美，川味一絕」的美譽。

土豆（即馬鈴薯，下同）燒牛肉，原本是前蘇聯的一款平平常常的家常菜，但由於赫魯雪夫的「特別」讚美，雖並未成為前蘇聯的「國菜」，卻因貼上了政治標籤而知名於全世界。在中國，因毛澤東在他的一首詩詞中提到了「土豆燒熟了，再加牛肉」一句，而使這道蘇式菜餚幾乎是家喻戶曉。但就菜本身而言，其風味如何，至今無以感受。筆者由此倒想起了風靡川西十餘年的土豆燒甲魚。

土豆燒甲魚，是劉少坤自開業以來，讓他名噪川西的金牌菜品。十餘年間，不僅讓味道江湖老少食客，餐飲老闆和業界大廚為之瘋狂，亦是迄今為止一款百吃不厭的家常風味菜式。甲魚本是高檔食料，以農村家製豆瓣與土豆同燒，便成了一款土而不洋，帶有鄉土氣息的大菜。出於對這款名不見經傳的風味佳餚的好奇，筆者查閱了不少川菜菜譜，均不見其蹤影，稍後得知，此菜僅為雙流劉少坤甲魚館所獨創，確切地講，出自劉少坤之家。

劉少坤兒時，家境貧寒，人口眾多，大小十幾口，多是靠天吃飯。然而劉少坤之母勤勞賢淑，極善家廚，不論什麼東西，只要可吃，一經她手便準是美味。劉少坤兒時，因其小而不能隨父兄下地務農，便跟隨母親操持灶房。一次劉少坤父親捉得一只一斤多重的甲魚，全家人興奮不已，但少坤卻犯愁，十幾口人，這麼一只甲魚怎麼夠筷子拈，恐怕只有嘗點腥了。然而少坤母親卻微笑著叫少坤削了一大筲箕土豆，舀了一碗自家做的香辣豆瓣，不一會兒，一大盆土豆燒甲魚就端上桌了，一家人吃得興高采烈，直誇媽媽手藝好，土豆比甲魚還入味，還好吃。從此這道菜便深深地留在劉少坤的心田。

１９８９年，少坤甲魚館在雙流城區開張了，或許是為了紀念母親，了卻心中的宿願，劉少坤隆重首推的第一道菜便是這土豆燒甲魚。第二天，劉少坤鄭重其事的請來雙流的幾位特級大廚品嘗、鑒定，專業廚師們嘗後大加讚美，但卻表示難以推廣，原因是此菜不正統，是鄉土風味，非川菜傳統菜式所有。但少坤卻暗自歡喜，菜譜上有沒有，這無多大意義，只要是鄉土風味濃醇，好吃就是好菜，何況為他所獨創。不久，少坤的土豆燒甲魚及其系列鄉土菜餚便走紅雙流，走紅川西壩子。自１９９６年開始，幾乎全成都所有大餐館的老總和總廚都紛紛暗訪雙流，嘗菜取經。這款土豆燒甲魚即刻遍地開花，幾乎在各大中餐館登堂出彩，成為特色風味佳餚。但有趣的是這一大規模大面積地複製與模仿，卻絲毫沒有影響到少坤甲魚館的生意。以它本身所具有的不可複製的特殊性，少坤甲魚依然是新老食客品嘗的唯一選擇。一些知名度頗高的酒樓老總或總廚坦言，土豆燒甲魚雖是幾年前從少坤處品嘗後學來的，但至今卻無法達到其風味特色之境界。自己想吃了亦都驅車前往劉少坤家。

正當「土豆燒甲魚」系列在成都各大餐館酒樓爭相亮堂之時，劉少坤卻埋頭研發新菜品。他深知菜品是餐館經營的命脈，不僅要保持風味品質不變，更要因時應季推陳出新。他甚至研發新菜到了如癡如醉的瘋狂境地。時常在睡夢中突發靈感、就好像受到神仙高人夢中點撥迷津一般，立即翻身起床，叫醒廚師，開灶點火，立馬試製，將夢中所悟變為事實。一款新菜往往要試驗好幾次，直到完全實現其半睡半醒中的感悟。

於是不久，當餐飲界還在熱炒「土豆燒甲魚」的時候，少坤再次出手迷蹤拳，接二連三地推出：芋兒燒甲魚、黃瓜燒甲魚、蘿蔔燒甲魚、四季豆燒甲魚、泡菜燒甲魚、青菜頭燒甲魚、苦瓜燒甲魚等匪夷所思，讓人們大跌眼鏡的甲魚系列，讓品食者應吃不暇，歡樂開懷。與此同時，少坤甲魚館的另一批鄉村風味絕品也陸續登堂，藿香泡菜鯽魚、豆瓣拌鵝腸、鹽菜回鍋肉、紅苕豆豉回鍋肉、鮮青椒煸仔雞、泡菜蹄花、肥腸燒鴨血、沖菜拌白肉、乾筍燒牛肉、泡菜燒兔丁、鄉村紅油雞塊、藿麻燉排骨、肺癆草燉肘子、米湯煮苕菜、米湯煮時蔬、油渣炒蓮白、腐乳燒肚條、水豆豉燒蹄筋等聞所未聞、見所未見，令人大感稀奇古怪的鄉土風味菜餚。一時間，這些土的掉渣，但又美味異常的川西鄉村菜，誘惑得四面八方的食客聞風而至，爭相一品為快，劉少坤那個生意啊好到是讓人怨聲載道，但又心甘情願，一經品吃絕對讚不絕口、心滿意足。那各式大小車輛，擠滿前後院子，門外的大半條街也停得滿滿當當，當地交警不得已而專門設崗維持交通。時至今日，劉少坤的鄉土風味菜依然是人們追尋鄉情、品嘗鄉味、感受鄉風、體驗天然飲食的美味樂園。

俗話說「十年磨一劍」，２０００年後，少坤甲魚館已與成都巴國布衣、飄香川菜酒樓等成都一流名餐館比肩而立，成為川西壩子知名度最高、生意最好的酒樓之一。為了求得更好的發展，他與時俱進，將「少坤甲魚館」更名為「少坤鄉村風味酒樓」。此時的劉少坤，可以說在川西壩子是家喻戶曉，他那「迷蹤拳法」也已打得技法嫻熟、讓人眼花繚亂，防不勝防，依然難尋其間之套路，劉少坤仍是我行我素、天馬行空、獨領風騷。

那幾年，劉少坤的鄉村風味菜成了人們閒暇之時的美味話題，無不議論其集鄉味、鄉風、鄉情於一體的各式樸實、親切的美味佳饌。甚而還自然而然地掀起一股返璞歸真、親近田園、思鄉懷舊的餐飲時尚潮流。中老年人一吃，就會憶起自己的童年，憶起婆婆奶奶、母親父親在鍋台灶邊的身影；中青年人則會想起鄉村老家的竹林院壩、茅屋小溪，回味那鄉間家常飯菜的真味與親情。真如俗話所說：好菜鄉間，好味農家。

十年生意、十年紅火，並沒有讓劉少坤志得意滿，除了緊抓菜品風味品質，不斷四處采風，開發新菜，也在就餐環境、裝修裝飾上不斷更新調整，讓中外食客更感樸實純美、優雅舒適、溫馨大方，充分展現川西百姓真誠淳樸的為人之道。同時，他在接客待友的服務和禮儀上，亦不搞賓館飯店那套所謂的「標準化」、「規範化」服務，而是因地制宜、突出鄉村特色，講求實效、言談舉止隨和自然、親切溫馨，以家的概念和情感服務男女老少，讓他們切實感受到賓至如歸、回家探親的熱忱和溫暖。最讓食客感懷的是少坤大氣凜然的三項承諾：菜品味道不好可以換；菜品質量不好可以換；菜品數量不夠可以加。這三項「可以」，足以讓食客心安理得地品吃品享。

為確保菜品的品質和風味，追求鄉土本色，劉少坤始終堅持所需的食材和調輔料，盡可能自己生產加工，因此，他不惜開辦種植、飼養、加工作坊。其主要原輔料，像豆瓣、豆豉、甜醬、泡菜、泡椒、鹽菜等均是少坤嚴格按鄉村傳統手法親手加工改良。同時其各式菜品又在選料、用料、清洗、加工、調配、烹製等方面去掉了傳統鄉間做法粗糙的一面，代之以精工細做。使其菜品風味土，但烹製精，鄉風鄉情濃郁，令人感歎，令人回味。像豬肉、雞鴨等肉食原料，他租地自養或請農家代養，由他出資，發動鄉里鄉親以純糧食，每年要飼養２～３００頭川西壩子良種豬，還在田間山坡上敞放餵養好幾百隻雞鴨和兔子；菜籽油，他讓周邊農家代種包收、自榨，一年要加工儲存幾萬公斤黃菜籽油；每年七月間，他還要率領全家和員工，去到東山坡上摘收二荊條紅辣椒，差不多每年都要收購1萬公斤以上的鮮紅辣椒。其後那一個多月，便請來農家婦女做豆瓣，這一做就是兩人方能合抱的瓦罈數十罈。劉少坤常年泡的紅辣椒、各種泡菜，以每大罈２００公斤概約計算，５０多罈就是1萬公斤以上，儼然就是一個專業泡菜加工企業。

他每年還按季節和川西壩子的風俗，自製甜麵醬、豆豉、鮓（音同炸）辣椒、鹽菜、乾豇豆、乾苕菜、蘿蔔乾等輔料。每到端午和春節前，少坤更是忙得不可開交，院裡院外熱鬧非常，包粽子、包皮蛋、泡鹽蛋，以及春節前的醃臘肉、醬肉、排骨、豬頭、灌香腸等，這些製法傳統、風味地道的美食，十餘年來一直是省內外老食家和饕客朋友們極為期待的美味。成為名揚華夏的川西壩子土特產。這就是劉少坤川西鄉村菜餚風味醇厚、風情感人的魅力所在，也是他的菜品不可複製與模仿的秘密所在。

劉少坤的菜品沒有藝術加工，沒有包裝造形，而是真實地原風原貌、原汁原味地展現了鄉村風味的永恆魅力，把鄉土風味菜品提高到了一個嶄新的層次，受到行業專家、烹飪大師、美食家及廣大食客的高度評價。尤其是１９９６年後，「少坤鄉菜，川西一絕」、「鄉風美味何處尋，村童遙指少坤家」，已成為城鄉廣大食客的口頭禪。一年四季，門庭若市，車水馬龍，賓朋滿堂，鄉味四溢，成為鄉土風味第一品牌。

近年來，少坤又大力挖掘，創製風味川菜菜品，極大地豐富了菜品的種類，使其更顯純美、質樸。無論是從主食白蘿蔔絲燴飯、紅蘿蔔燜飯、紅苕燜飯、臘肉豌豆燜飯，到石磨豆漿、米湯煮茄子豇豆到藿香泡菜系列，甲魚、野味系列，從失傳２０年的川西名小吃雙流劉胖子玻璃燒麥到農家青豆煎餅，玉米煎餅無不鄉味四溢，鄉風醇濃。並且一舉成為四川榮獲「川菜名菜」、「中國名菜」最多的酒樓之一。

劉少坤鄉村風味不追求奇珍華麗，而以清爽溫馨的就餐環境，以自然純樸的服務和濃厚的鄉土風味，以適口為珍，真情再現農家風味菜餚及民間美食無窮而永恆的魅力。新千年伊始，經十年策劃，劉少坤方才在成都菊樂路開了分店，其目的是使成都的父老鄉親和廣大食客更能方便的品嘗川西鄉村風味佳餚，找回失去已久的美好感受和回憶。

２００２年１０月，已享有「四川餐飲名店」和「中華餐飲名店」金牌的少坤鄉村風味酒樓，在雙流接待了參加全國廚師節的來自各地的中華頂級大師名廚近百人，川西鄉村風味美食讓這些個餐飲江湖的高手們吃得心悅誠服，讚歎有加，紛紛邀請少坤到當地合作開店。與此同時，少坤的名聲也已名揚大洋彼岸的歐美餐飲及食品界。

廚師節後，劉少坤隨即接受了美國著名生活雜誌《美食家》的專訪。少坤風味酒樓亦是他家的農家大院，紅瓦白壁的歐式別墅掩映在翠竹綠樹之間，格調獨具農家特色；紅牆綠簷的四合小院，樹木叢生、花草掩映、空氣清新、質樸幽靜。古樸典雅的四合院酒樓，青翠的園林、大紅大紫的色彩、小橋流水、質樸秀美的「村姑」，樸實無華鄉風濃郁；美味可口的菜餚，土豆燒甲魚、紅苕豆豉回鍋肉、泡蘿蔔纓燒肚花、酸菜兔柳等，真讓美國「美食家」大開眼界，一享口福，他們連說：「從未見過這樣的菜，從沒吃過這樣美的味道。」甚至連劉少坤本人質樸、坦誠的形象也讓他們著了迷，拍他操作、閒聊、喝茶，抽煙、東忙西忙的「生活照」就是好幾卷。

然而最讓這些個洋人們興奮感歎的是鮮美脆嫩的泡紅辣椒，觀賞、聞香，連吃兩根，直呼「美妙極了！」吃了另一塊泡菜後被告知是白菜幫，他們露出驚訝而不可思議的神情，因為在歐美，人們大都只吃葉子，把白菜幫當做廢料扔了，故而品味了好一會兒方說了句：「太神奇了，四川人太聰明能幹了！」少坤的紅苕豆豉也讓他們迷惑不解。他們還對少坤的家發生了由衷的感歎，對川人的聰明、勤勞，對改革開放給經濟發展和生活水準帶來的提高佩服有加。兩天緊張興奮的拍攝工作，近一百卷底片，真實地記錄了位於中國大西南的獨具特色的風味美餚和令人癡迷的飲食文化風情。隨著二位攝影師的返美和《美食家》雜誌的全面報導，川菜及其飲食文化、烹飪技藝必將令更多的西方有食之士神往。

其後，英國食品工業聯合會組團專門拜訪「少坤風味酒樓」。英國專家懷著極大的好奇和濃厚的興趣到雙流尋根探秘。幾十大罈紅亮香美的豆瓣，風味奇特的泡菜，令之困惑的倒伏罐鹽菜，牧馬山大片大片的火紅辣椒，集市上堆積成山的二荊條，川流不息挑著滿筐鮮紅辣椒的農夫，真叫客人們目瞪口呆，驚喜萬分。在仔細觀察，詢問了豆瓣、泡菜的傳統做法後，再一一品嘗少坤的鄉村風味佳餚，洋男洋女真正是飽享美味口福。尤其是瞭解到劉少坤一沒學過廚，二沒拜過師，以家傳菜，民間菜為基礎，自創風味佳餚，及其從事餐飲的經歷所帶來的人生和家庭的變化，十分感動。他們不僅初略瞭解到了川菜的美味神韻所在，更瞭解到川人的熱誠、質樸、勤奮、聰慧。為了永久保存這一美妙的體驗，一向拘謹有禮的英國人不僅同少坤一家合影留念，還主動索要少坤的豆瓣帶回英國。

２００５年後，劉少坤先後與十餘年來對其獨特菜式和鄉風美味情有獨鍾的食客好友，在華西醫大附近的簧門街和西航港大道分別合作開辦了新的酒樓，命名為「少坤食府」。食府的裝修按西式骨架、歐式風格、中式點綴結合而成，既高檔、前衛，又不失傳統文化底蘊。食府內從大廳到包間裝飾都十分精緻，中央空調系統、電漿電視、皇室燈具、氣派傢俱、書畫字幅等，無不精美典雅。食府內所有的包間都以坤字開頭命名，分別掛著不同的字畫，別有一番詩情畫意。在這樣一個安靜、隨意的氛圍裡，吃著極具川西風味的菜品的確是讓人心曠神怡的。

少坤食府出菜依然以其傳統鄉村風味和菜式為主，但也引入了粵菜精華。更為令人稱奇的是，少坤竟然將引入的粵式、閩式高端名菜，像燕鮑翅參、佛跳牆等類菜式，大膽改良，成功做成他自己的風格和風味。他去到銀杏川菜酒樓、譚氏官府菜、飄香酒樓等高檔餐館「偷經竊藝」，甚至買回好幾份魚翅、鮑魚、燕窩、海參，仔細琢磨，硬是憑藉其高度悟性與靈性，烹製出技藝、風味、口感非比一般的海鮮極品菜餚來。像他的黃燜魚翅、紅燒鮑魚、木瓜燕窩、米涼粉燒鮑魚、泡菜佛跳牆、鮑魚、魚翅撈飯等，讓那些高檔餐館的老闆和大廚們吃了也都拍案叫絕、佩服不已。「少坤食府」亦如一個靈氣、秀美、淳樸、可愛的鄉村美姑，經過城市的一番洗禮和薰陶，變成了一個楚楚動人的時尚淑女。二十餘年來，生意與聲名持續不減，興隆盛旺，這在川西壩子餐飲江湖上完全可以說是一大奇蹟。它強大的生命力與長盛不衰的美味誘惑，正是源於鄉風鄉味鄉情的那份純真與樸實，源於劉少坤孜孜不倦地勤奮挖掘與精心呵護，源於取材自然、烹調自然、飲食自然的乾坤之道。

常言道：淡中知味，常裡識英；濃處味短，淡中趣長；俗不及雅，淡反勝濃；布茅蔬果，頤養天和。山珍海味、美酒佳饌不是真正的美味，真味只在那看似簡樸的粗茶淡飯之中，好菜鄉間，美味家常。做人亦是如此，能在茅屋粗布被窩裡睡得很香甜，在粗茶淡飯中吃得美滋美味，就能感受到大自然的和順之氣，感悟到恬淡生活中天地之樂。

同樣，才智卓絕聲名顯赫的人，不算是偉人完人，只有在平凡之中顯露出真性情、真本性，處事不動聲色者，方顯英雄本色。劉少坤出道以來，不張揚、不奢侈，不浮誇、不虛談。菜品亦如人品，和它的川西鄉村風味佳餚一樣，始終保持著樸實本色，醇濃真味，溫馨可人。讓川菜市場在沉悶二十多年後，亦如呼吸到了陣陣新鮮、清新的空氣一樣舒醒過來，振奮了人們的心情與思緒。而尤讓劉少坤自己也想像不到的是，他的川西鄉土美味竟會悄然激發和引領一場「振興川菜」的蓬勃革命。幾年後爆發的「鄉老坎」、「巴國布衣」、「卞氏菜根香」等鄉村風味酒樓和泡菜泡椒風味酒樓，一下讓川菜風靡巴蜀、席捲華夏。川菜就此踏上繁榮昌盛、走向世界的康莊大道。這，方才應當是劉少坤今生今世最為值得驕傲和榮耀的成就

欲知少坤旋風之後事，請君細看下回分解。

第三十一回
一枝紅杏出牆來，獨佔枝頭滿城豔

1990年代初，正值成都川菜行業被粵菜海鮮擠壓得躲在街邊巷裡長噓短歎之時，在中心城區邊緣的洞子口，一家規模不大的川菜館卻已蓄勢待發，準備向港粵菜發起衝擊。他的秘密武器，就是「小米加步槍」，即傳統川菜和家常川菜，以其「味美、菜豐、價廉」衝出一片川菜新天地來。這個領軍人物就是後來名震江湖、威風八面的黃信陵。時值年富力強的黃信陵，個頭、體型、形象，以及言談舉止，儼然就像是個江湖大俠、英雄豪傑。他外剛內柔，有勇有謀的性情，使他從一開始就對成都餐飲市場瞭若指掌、心中有數，且應對自如。其後十餘年間，他的「紅杏酒家」之崛起，以及那不可阻擋和模仿之強勁勢頭，更證實了他無疑是川菜振興和發展的先鋒，現代川菜大軍之將帥人物。

1996年11月，兩個血氣方剛青年欲下海衝浪、闖出一番事業來，因餐飲業門檻低，投資少見效快，便於操作，於是就在火車北站背後三公里城鄉結合地，選擇了一個餐飲尚不發達、競爭沒有那麼激烈的地方——洞子口馬路邊，開建了一個與市區餐飲相比簡陋許多的小餐館，取名紅杏酒家。殊不知，「菜好吃、價不貴」而使生意意想不到的火爆。發展到1997～98年時，已經在成都好吃嘴圈子裡有了不小的名氣。15個員工加上2個年輕老闆——紅杏酒家的現任法人代表李紅和董事長黃信陵實現了餐館從開業第二個月起就出現排隊候餐、車水馬龍的盛景。

「當時交通畢竟不便，一桌消費大概180塊錢，而客人來回的出租車費用都要超過100塊！顧客能這麼認可紅杏確實令人非常感動。」黃信陵回憶說。當時洞子口店35張桌最多一天也開始能翻台成150多張桌的時候，紅杏投資1000多萬元，於2000年元月進入羊西線，擁有了大小60張桌子和7個包間的紅杏酒家。開業僅一個月，就在這條餐飲一條街上，迅速成為了眾多酒樓中，上客時間最早，人流量最大的餐館之一。「一到晚上9點過，店裡的保安就開始站在店外歉意地擋回那些晚來的食客，因為當天的菜品已經賣光……」黃信陵說。

１９９９年６月黃信陵和他的團隊組建成立成都紅杏酒家有限責任公司。到目前為止，擁有羊西店、紫荊店、二環路萬達廣場錦華店、建設北路明珠店四家店，總營業面積近１６０００平方公尺，固定資產近億元，職工近千人，年營業額上億元。

「紅杏酒家」尤在錦華店進行了大膽嘗試，從整體規模、餐飲環境、包間格調、菜品菜式，都注入了現代「Mall」的元素：近一萬平方公尺的營業面積，５０個大小各異的特色餐飲包間，都躍居成都餐飲酒樓之最，獨顯紅杏酒家的創造精神和進取勇氣。集餐飲、會議、商務宴請、娛樂休閒為一體的錦華店，是紅杏酒家向餐飲Mall挺進的第一步。

近年來，餐飲Mall席捲中國，並迅速在北京、上海、深圳、廣州等城市風行。紅杏酒家錦華店可以說是一艘經統一規劃和管理的一站式、多功能的複合型餐飲航母，既提高了「紅杏酒家」的品牌價值和吸引力，又為消費者提供了充分的選擇空間和完善的服務功能，滿足了人們一站式消費和休閒的需要。特別是廳堂內設計了一個２４０平方公尺獨特的空中花園，園內竹枝盈翠，竹葉婆娑。將如此大型的園林景觀建築於酒樓中，這便是酒樓Mall理念最直觀的表現。所有包間依園林中庭而建，在享用佳餚同時還可以舉目觀景，充分享受「Mall」的感覺，五彩而精貴的漆畫把酒樓裝扮得金碧輝煌。紅杏酒家憑藉實力率先打造出成都最大的航母式川菜酒樓，無疑將成都現代化餐飲推向了與「中國第四城」相匹配的境界。

紅杏酒家是食眾公認的現今成都品質最高的川菜酒樓之一。十餘年來它始終保持著排隊就餐的旺盛人氣。「好吃，不貴，有面子。」這是食客共同的評價。有人說，如果到了成都，第一個推薦的川菜館子就是「紅杏酒家」，這絲毫不覺奇怪。為什麼它有如此的魅力，能叫人「逃工」去那裡等位，一等就要等上一兩個小時也毫無怨言，甚至有些人更把那裡當作食堂，周周去、月月去，還說那裡的菜吃不夠。看來，這裡紅杏的經營之道，確實有他獨霸江湖長盛不衰的秘訣。

進餐館就是說吃，說吃自然就要講菜。「沒有做不好的菜，只有沒做好的菜」，這便是黃信陵的「菜經」。他就靠這一理念，造就了滋味品質享譽四方的紅杏獨特菜品體系。紅杏酒家以傳統川菜和新派川菜為主，其菜品源於巴蜀故土、根繫川西壩子。雖然身處四季豐饒，根基深厚，菜式多彩，風味紛呈的美食之都，但紅杏依然博眾家之長，融南北之妙，精研細作、傳承出新、不斷探索，形成獨具紅杏特色的菜品。自１９９０年代中期以來，新派川菜的概念就已出現，基於紅杏對於中華美食文化的獨到理解，以及他們在菜式、風味、口感上的不斷探索，將眾口難調，成功轉變為眾口稱道。

紅杏酒家的菜餚確也讓人歎為觀止，款式新奇、品種豐富、風味百出、吃口豐頤，一桌菜品，演繹了從地道傳統川菜的麻辣多滋，到清鮮淡雅的淮揚菜、粵菜，呈現出一種菜式多彩、風味繽紛的獨家風格。紅杏酒家的經典菜餚，從鮮香爽口的紅杏雞、嫩滑細膩的紅杏鱔段粉絲、麻辣脆鮮的雙筍鮮辣兔、紅杏霸王蟹、紅杏風味鴨血、紅杏風味牛肉等，無不讓你味覺靈敏豐富的舌頭隨之歡跳，在多姿多味的菜餚中享盡美味之福。如蟹粉獅子頭、清蒸鰣魚、皇朝蝦仁等，一聽名字就知是江浙、粵閩菜餚。讓人頗感有趣的是，成都幾萬家餐館，大凡生意不好或菜式老套，就情不自禁地要走進紅杏接受「再教育」，或多或少都要偷點經、取點藝。而每當紅杏有新菜推出，受到食眾推崇，不出半個月就會被克隆得遍地開花。儘管如此，紅杏出牆，依然一枝獨秀。

為什麼紅杏酒家的菜品會如此受歡迎呢？黃信陵認為，「特色並不是菜品的新、奇、怪，回鍋肉炒香了就是特色。」在紅杏，作為董事長每天最重要的工作就是進廚房把關品質。據說，在紅杏籌備新店的時候，也提前一年半開始廚師培訓，做到「定人定菜、跟人跟灶」，使得任何一家分店都完全保持了紅杏的特色。

韓劇《大長今》中有句台詞說：「帶著誠意，想著吃食物人的心情，做出來的自會是人間美味……」這如同紅杏酒家董事長黃信陵內心深處的樸素願望一樣：「讓普通員工過上好日子，讓管理層進入小康，讓精英過上富裕的日子。」因為，只有心情愉悅的廚師和服務員，才能為顧客提供高品質、高品味的菜品和服務。

在長達１０餘年的時間裡，紅杏酒家堅持大眾餐飲的定位，將「好吃不貴」作為開門迎客的宗旨。在紅杏的菜譜裡，紅杏雞、豆瓣黔魚、美味蕨根粉、粉蒸肉……常常有客人僅為某一道菜而來；還有一桌客人創下過８人吃了５份鱔段粉絲、１０人吃了６份豆瓣鵝腸的最高記錄。隨著餐飲市場的多元化，人們對口味的要求也越來越挑剔，傳統菜式已不能滿足人們的吃喝食尚，於是新派川菜應運而生。紅杏的新派川菜從原料、製法、器具都隨之發生了較大變化。在味型上，廣泛採用粵閩湘及港台的複合調味料與川菜烹調方法相結合。取粵菜配料、原材料來源廣泛的特點，擴大川菜調輔料來源。像蠔油味的白灼芥藍、芥末味型的香香嘴螺肉、玉子豆腐等就源自粵式菜點。

如香香嘴螺肉：即以鮑魚醬、花雕酒、豉油、芥末油等佐料，經過燙、浸、泡、拌等工藝製作而成的特色海鮮菜餚。螺肉脆爽，鹹鮮味美。

紅杏借鑒湘菜剁椒菜式而創製的當家名菜——鴻運當頭，便是剁椒香味濃郁、色澤紅亮、魚頭鮮美，輔料芋頭更是軟糯鮮嫩、口感舒爽。

紅杏還研發了不少富於營養、有益健康的食尚菜品，如板栗娃娃菜，韭香核桃仁，蘸醬黃瓜這些鮮美爽口的蔬菜，受到食客，尤其是中老年食客的稱道。

韭香核桃仁：用橄欖油拌勻韭菜、桃仁，看似簡單的涼拌菜，難在韭菜鮮爽、桃仁脆嫩，用橄欖油做輔料，很合當下的健康風潮。

粽香珍珠翅：裹著香粘的糯米，裡面是十分細嫩入味的雞翅，蒸得恰到好處、柔軟化渣。

深井烤鴨：有別於北京烤鴨，它皮酥肉嫩、色澤明亮、配上酸甜可口的冰花酸梅沾醬，吃起來是香味四溢，口感別樣。

２０００年後，紅杏的菜品研發體系已日趨成熟。特色菜「酸辣蕨根粉」、「紅杏雞」、「紅杏鱔段粉絲」、「紅杏霸王蟹」、「紅杏全家福」、「紅杏風味牛肉」、「紅杏風味鴨血」分別獲得了「中國名菜」和「川菜名菜」的稱號。

有美食達人如此評論紅杏說：「菜品真是令人驚豔啊。絕對是成都最好吃的餐館之一。川菜品種雖豐富，但每次去吃卻總也離不了『老三篇』：紅杏雞、鱔段粉絲、豆湯飯。前兩個都屬當家菜，紅辣辣的，肉質香滑；豆湯飯乍看不起眼，一吃才知妙不可言，粘稠綿軟的米粒加鹹香鮮美的豌豆湯汁，簡直就是絕配。可以不誇張地說，在這裡你隨便點一道菜，都很可口，這裡就是沒有讓你感覺難吃的菜。」

紅杏向來堅信，企業的發展是通過高品質的菜品、周到的貼心服務、合理的市場價位，持續的旺盛人氣來實現的。因此，在消費定價上，紅杏堅持了三個原則：一是特色菜品基本維持原價；二是新增菜品的毛利率嚴格控制在老菜品同一水準；三是價格低於３０元每份的菜品比例占總數６０%。不像大多餐飲商家，以追新求奇的菜式「宰客」來牟取暴利，而是以量取勝獲得穩定、持續的回報。通過嚴格把關品質和狠抓管理，對成本進行有效控制，始終維持住紅杏酒家「菜豐、味美、價廉」、「好吃不貴」的特點，充分滿足食客消費心態，從而穩占市場龍頭之地位。

紅杏酒家深得巴蜀文化精髓，在環境上亦也十分精心。其佈局裝修古色古香，馬頭牆、青磚灰瓦、大紅燈籠的古韻和翡翠玻璃、大理石、不銹鋼等現代化飾材交融，展現出立體的時尚效果。讓人頗能感受到「紅杏花獨豔，青蓮詩猶存，座中客常滿，樽中酒常盈」的熱鬧景致。紅杏強調，在環境佈局和裝修裝飾上，要盡可能照顧到客人的舒適與自尊，而不是一味的去盲目展現酒家的「唯我獨尊」、「奢華氣派」。因此，無論在展示企業文化，美食文化的接待廳，或就餐大廳，還是各式雅間，都盡顯客人感受與尊貴。亦有超級吃貨評價道：「裝修挺好，如果不計食客的嘈雜聲可以打高分，服務也鑾熱情。請客戶、辦婚宴之類絕對撐得起、不丟面子。確實氣派溫馨，加上菜品品味不凡，可堪稱上流」。

我有幾位美食朋友經我推薦去感受了「紅杏現象」。其中一位吃貨後來在博客中這樣有趣地描述：「穿過高高的大堂直上二樓，幾百人正在同時享受著美味。人一落座，茶就倒好，熱毛巾遞到了手中。沒有了『喝什麼茶？』的詢問，省了『有免費茶嗎？』的尷尬問答，直接就拿起服務小妹遞給的精美菜譜，一邊欣賞一邊點菜。僅就這一開場的幾個小動作，就足以讓人心情愉悅，吃情高漲」。

他又繼續描述道：「菜品精緻、漂亮，菜式也很豐富。應朋友推薦，我們點了桂魚湯，湯白肉嫩，很是人間美味，盛上一小碗湯，撒進香菜葉、白胡椒粉，滴上紅醋，再放一點隨湯送來的調味汁，頓時清香四溢。再嘗嘗湯裡的桂魚、豆腐和香菇，滿口留香，但又都不搶湯的新鮮。我喝了一碗又一碗。同一餐還點了香芋肥腸煲和腐竹溜三鮮、手撕筍，都是同樣的美味可口。同樣令人印象深刻；穿腸難忘的經典特色菜還有：紅杏雞、紅杏鱔段粉絲、紅杏霸王蟹、紅杏全家福、紅杏風味牛肉、紅杏風味鴨血等。整個一餐就仿佛是在天宮瑤宴海吃海喝一樣」。

雖然紅杏以連續十餘年排隊候餐，無一例外而著稱。不過紅杏每家的店面都非常大，如果不是很多人去吃，只是兩三人的話，隨時去還是可以免掉排座候等的煩惱。前不久，隨著川菜電視劇《林師傅在首爾》的熱播，以及《舌尖上的中國》所掀起的吃貨熱浪，不少美食達人來到成都拜吃川菜、尋味芙蓉錦城。紅杏必是他們品味的第一家。

有美食達人團這樣描述對紅杏的感受；「隨著紅杏萬達廣場店的火爆開業，東城外面的景色，漸入佳境。湖面上波光粼粼，承載著遊客的歡樂。綠楊翠柳，茂密如煙，春深了，只有早上，尚餘輕寒。紅杏枝頭，蜂飛蝶舞，春意盎然。成都市萬達廣場的「紅杏酒家」，枝頭橫斜春意鬧，吸引了無數食客前往一飽口福。一大撥ＰＯＣＯ網友們一起來到紅杏酒家參加「新川食尚」美食鑒賞活動。因為要求在ＰＯＣＯ網發帖談論此次評鑒的感受，網友們一邊吃一邊忙著拍照。該店裝修富麗堂皇，擁有５０個風格迥異、華麗典雅、設施齊備的包間。裝飾採用舊式的木格花窗和五彩漆畫，時尚高雅，令人十分意外驚喜。」

他們不勝感概地說道：「川菜歷史悠久、源遠流長，和魯蘇粵菜一起被稱為中國四大菜系。川菜以味道厚重，麻辣濃香而著稱。我們桌上的第一道菜就是紅杏酒家品牌菜——「紅杏雞」，精選上乘土雞、肉質細嫩、川味濃郁、佐以清香的鮮筍絲，吃起來真是麻辣爽口。新派川菜在營養、造型、器具等方面頗為講究，迎合了現代人的飲食追求。但不論怎樣萬變不離其宗，川菜的味型始終是最重要的，傳統的粉蒸肉，回鍋肉仍是大家的最愛。我最喜歡粉蒸肉肥瘦相間的部分，夾在蒸製的薄餅中，吃起來肥而不膩、瘦而化渣。

紅杏酒家借鑒了現代裝飾的理念，在環境上、餐具上的選取，將文化與美食融合得精緻完美。「青梅煮酒天下英雄何人，紅杏開筵海內賓朋如雲……」紅杏酒家的創始人黃信陵先生親賦《紅杏賦》，高懸於店堂，再加上馬頭牆、雕樑畫棟、大紅燈籠、名人字畫、木格花窗和五彩漆畫……處處是濃郁的文化韻味和無可爭議的霸氣。

紅杏酒家十幾年來，生意、聲譽可以說是芝麻開花節節高，沒有起伏、也沒有動盪。從老闆到員工，每天開門營業，從來就沒擔心過生意好不好，總是爆滿、候等。然而沒有怨聲載道，眾多食客也總是心情愉快，充滿期待的等候品吃香風美味的時刻到來。這種情形反倒是讓紅杏更加兢兢業業，不能有任何閃失或失誤，讓食客乘興而來、失意而去。從這一狀態講，紅杏無可爭議的是成都品質最高的川菜酒樓之一。

十多年間，紅杏酒家從偏僻的洞子口小餐館起步，逐漸在成都的東西南北建立起自己的餐飲分店地標，從早期的羊西店到紫荊店；從明珠店到錦華店再到文杏，現年銷售總額近3個億。從2007年起，包括南京店在內，全公司每年納稅超過2000萬。其中，文杏、羊西、紫荊三個單店分別連續多年納稅都超過了500萬，去年文杏更是達到了700萬。

企業文化是以人為本。在成都，紅杏是最早實現全員社保的餐飲企業；且早在2000年紅杏就為中、高層員工一次性買下10套房子。「紅杏酒家是一個企業，更是一所學校。」黃信陵說，「選擇餐飲行業意味著吃苦、耐勞、操心、秩序、學習與進步，歸納起來就是讓人上進。如果一個企業只能給員工提供薪水，那不算一個優秀的企業。優秀的企業不但要在工作中培養員工的禮儀與服務技能，還應培養他們的精神氣質、人生觀」。

有餐飲專業人士如此評價這十年來成都本土餐飲的「紅杏現象」：「紅杏酒家是本土川菜的一面旗幟，有面子又讓大眾消費得起，但大眾並不等於低檔，紅杏的餐飲經營理念一直在把大眾化的消費向更高端的享受方向發展。此次雙店齊開都很火爆，更說明了這一點。也正因為如此，紅杏才有了令同行羡慕十餘年的排隊候餐的『紅杏現象』」。

然而，縱觀成都餐飲近十餘年之崛起與繁榮，雖說是前赴後繼，波翻浪湧，卻也是死多生少。十年興盛之名店亦是屈指可數，更何以妄談百年老店？究其個中因由，其病症多在於經營者之「浮躁」與「虛榮」。於是乎，急功近利、投機取巧、貪大求全、圖謀暴利、宋代著名詩人宋祁在《玉樓春》中曾寫道：「東城漸覺風光好，縠皺波紋迎客棹。綠楊煙外曉雲輕，紅杏枝頭春意鬧。」這首詞用來表意現今紅杏酒樓之佳境，也算是恰如其分了。

說大話使小錢……，如此等等。能有幾許人物可像黃信陵、劉長明般悟得經營之「道」來。道家所言極是：人法地，地法天，天法道，道法自然。順其自然，則自然而然。行業內外早有一言：魯菜為官菜、淮揚菜為文人菜、粵菜為商菜、川菜為大眾菜。紅杏則成功順應了川菜為大眾菜之自然。

川菜之自然，便是其根與源，根植民間、源於家常。而「民間、家常」，便是「好吃不貴，味美價廉」的代名詞。觀如今之「川菜天下、天下川味」皆是以此贏得人心所向。然而，不少川菜經營者羞於承認自己經營的川菜就是一個大眾菜，平民菜，這便是「虛榮」作怪；故而不願「薄利多銷」、「經營人氣」，反倒是投機取巧或盲目追求「洋盤」、「暴利」，這即是「浮躁」，從而導致急功近利、跟風攆潮、半路夭折。殊不知，「民以食為天，食以味為先」，這大眾菜、平民菜，雖立足於底層，卻是生根於大地而有著旺盛之生命力；高高在上者，勢必曲高和寡，且還高處不勝寒。平民、家常不僅有著令幾代人魂牽夢縈、常吃常戀的風味魅力，還有著廣泛而又生生不息的消費群體，長時間地支撐著他們心儀的大眾和平民化的餐館酒樓。亦如黃信陵所言：回鍋肉炒香了，就是暢銷不衰的名菜。這便是他悟出的真經，亦正是「紅杏奇蹟」之秘笈。有道是：「山不在高，有仙則名；水不在深，有龍則靈」。

欲知後事如何演繹，請君細看下回分解。

第三十二回

濃墨點染巴國民風，重彩書畫布衣豪情

１９９６年，當雙流「少坤甲魚館」橫空出世，名震雙流，洞子口「紅杏酒家」蓄勢待發之時，在成都人民南路四段２０號，又一座酒樓悄然拔地而起，隨即在死氣沉沉的成都川菜市場掀起軒然波濤，被行業和媒體譽為「打響川菜革命第一槍」，「一座酒樓救活一個行業」。而這個揮旗呼嘯，「扣動扳機的人」，卻令人意想不到的是巴國區區一布衣——姓何名農。

他，一介書生，曾經的川劇研究新銳學者，而今卻是享譽華夏的川菜飲食文化和中國餐飲的先鋒人物。他用文化人獨特的眼光來詮釋川菜，解讀中華菜系。然而沒想到卻拯救了一個行業。他為了提升品牌影響力、帶動川菜產業的進步，從不隱匿自己的商業機密，著書立說傳播川菜文化和經營之術；成功轉型商人後，仍不忘弘揚傳統文化，與巴蜀文化情深緣長，結下了千千情結……。

１９９６年，何農帶領一群滿腹經綸、志同道合的布衣學士，懷揣一紙策劃，以「紙上談兵」之姿闖入川菜行業，開辦了一家當時聞所未聞的餐館——巴國布衣風味酒樓。如今，巴國布衣已從開初的一片譁然中穩穩走過１６年。那場「革命」所引發的川菜雄風，時至今日，已是「川菜天下，天下川味」。而回想當初何以有那般「書生意氣揮斥方遒」，何農和他的布衣們仍覺往事如新，歷歷在目。

話說１９９２年，鄧小平南巡講話激蕩神洲，讓終年執筆案頭，苦研窮究的何農再也坐不住了。做策劃、任顧問、小本經營……一步步接近商海中心。何農回憶說：「那時改革開放的風刮得正勁，我深刻感覺到了經濟大潮的誘惑，並意識到應該踩到這個節拍。於是我帶領一班書生集體跳海了。我想，我們能有現在這樣的成就，完全得益於改革開放，讓我有機會選擇經濟，棄文從商。」實際上，從１９９０年始，何農就開始了投筆從商的轉變，他曾先後擔任過十幾家大型企業的策劃顧問。

１９９５年，他和布衣朋友們在成都辦起了以印地安文化為背景的「紅番部落啤酒館」一炮打響，呼啦啦的掀起一股辦文化酒吧的熱潮。這時，有家大型企業的老總請何農策劃一個較具規模的餐飲投資方案，他歷時半載，七易其稿，鄭重地捧出熔鑄著心血與睿智的《巴國布衣風味酒樓策劃方案》。此方案依託的是巴蜀民間文化背景，並整合了現代餐飲業的經營管理理念。然而，原想投資的那位老總，卻在何農立意全新的策劃方案面前猶豫了。或許是因為太特異，或許是因為太新銳而難以把握，最終，那位老總放棄了。眼看這麼出彩的專案卻無人投資，豈不是功虧一簣？何農實在心有不甘，做出一個或許是他今生今世最為大膽和重要的決定：自己幹！他使出渾身解數，四處找朋友籌資、貸款，並賣出自己企業的部分股份，終於湊齊了４００萬元的啟動資金。

１９９６年９月２６日，巴國布衣風味酒樓粉墨登場。從１９９０年代初開始，川菜市場持續低靡，洋速食大行其道，粵菜海鮮生猛火爆，成都各大媒體也競相以「如何振興川菜？」為題展開討論，表示了對川菜前景的極大憂慮。巴國布衣風味酒樓的亮相，起初並未引起人們的關注。但不久人們就發現，這在川菜發展史上是一個重要的分水嶺。巴國布衣風味酒樓的的誕生，開創了川菜繁榮昌盛新時代的來臨。

巴國布衣很早就對川菜做了重新的梳理和定位，當時大多數川菜館檔次都很低，衛生條件比較差，服務既呆板又單調。而市面上高檔餐館和規範化、標準化服務幾乎全都是粵式海鮮酒樓。由於川菜原材料普通，過於大眾化，如果要和粵菜比高檔，那會更沒有出路。而當時川菜高不成、低不就的主要原因就是，川菜羞於承認自己就是個大眾菜系而不願花大力氣去挖掘開發，開拓創新。

巴國布衣因此而提出，「川菜不要追隨粵菜的高檔風格而邯鄲學步，我們要做的只是給它增強文化品味」。巴國布衣研究分析市場後得出：現代食客開始追尋「返璞歸真」的價值取向是不可逆轉的。於是，巴國布衣嘗試把純民間的、難登大雅之堂的鄉土菜經過改造提升，在有風情特色的裝飾大廳裡，賣出高檔品味來。

到鄉下去，走州吃州、走縣吃縣，探尋收羅民間菜，真還是個享受薰陶的采風過程。成都屬於川西文化，菜餚口感做工細膩，與蜀文化的「柔」相貼近；而重慶一帶的巴文化則剛烈有勁，川東菜餚味型濃烈，具有江湖霸氣、粗狂豪放，比大家閨秀般的川西菜餚，更具有濃烈的視覺與味覺衝擊力。所以當巴國布衣推出川東民間菜，一下子就與粵菜拉開距離，形成強烈的視覺與味覺反差，鮮明的個性化文化色彩與獨一無二的風味特色，出其不意地在市場上引起轟動，讓人眼目一亮、口色嘗新，迅速打開了一片川菜新天地。

正所謂：天地因緣一線牽。這個被父親按「工農商學兵」排序而取名何農的一介布衣，或許天生其才便從骨子裡浸潤著難舍難棄的鄉土情緣。正是這一因果之緣，鬼使神差地讓他的靈氣回歸到了生他養他的鄉土原野，一舉成為自己終身為之奮鬥的目標。巴國布衣定位川東鄉土風味和民間菜餚後，1996年和1997年，何農親率巴國布衣的一撥創辦人，花了大量精力去川東、川西、川南民間走鄉串戶、尋找鄉野農家美味和獨具風味特色的淳樸食材。同時也對傳統川菜進行精心梳理和改良，緊扣民間化、家常味、親民性。把民間的乾豇豆、醃菜、醬菜等鄉土原料，用現代烹飪手法烹飪出了獨特風味。以民間和自然取代了矯揉造作、故弄玄虛的館廚之氣，逐漸形成既樸實豪放又情致高雅的川菜鄉土風味菜系來。展現出何農提倡的川菜特點：家常親切，少油、少芡、少煎炸、多蒸燒的新派川菜家常風格。巴國布衣明確規定：除了主菜外，輔料不超過兩樣，一個菜的色彩不超過三種，這樣無論一個菜還是一桌菜都顯得清爽而舒服。

如此，秉承「取民間百姓家山野鮮美之味，圓現代都市人回歸自然之夢」。在那種「源於自然，高於自然，平中見奇，平中有變」的菜餚烹製理念，在巴國布衣酒樓，已不再是一味強調痲辣刺激。人們可以無所忌諱、輕鬆隨意地細品慢嘗民間家常菜，雖非山珍海味，卻是鮮美清新，滋味悠長。甚至像粗糧細作的風味小點：紅苕餅、玉米粑、土豆餅、野菜粑、南瓜飯、蓮米稀飯、荷葉粥，以及野山菌、乾鹽菜、蘿蔔乾、乾豇豆等；還有民間滋補菜餚：芋兒燒甲魚、清燉烏龜、油淋乳鴿、野菜炒雞蛋、鮮溜牛肝菌、薑汁馬齒莧、青椒玉米、乾豇豆燒肉、泡菜燒仔兔、酸蘿蔔魚頭湯、蕨菜燒野味、豆乾蒸臘肉、南瓜蹄花湯、砂鍋毛血旺等，這些平日裡只有在鄉下才能品味到的鄉野佳餚、農家美味，在巴國布衣酒樓舉手可得，美不勝收，品不勝品。於是，孜孜不倦於尋找新的味覺刺激的成都人一下就癡情於這家「風味」酒樓。成都人追求返璞歸真，回歸自然與味覺享樂的心態，便尋到了一個令人振奮，既充滿吃情快意，又和腸娛胃的理想之地。

此後，巴國布衣還每年春節前隆重推出包裝精美、鄉情鄉味濃郁的年貨：布衣臘品、巴國八絕，更是早早就成了搶手貨。巴國布衣的醃臘八絕：臘肉、香腸、醬肉、豬尾、豬舌、豬肝及羊肉臘腸，用純糧食餵養，無公害土豬，採川東鄉間傳統工藝之精髓，集現代配方技術，精心製作而成，以品質優良，風味獨特，從而享得「綠色醃臘」、「巴國八絕」的美譽。

正所謂：雲映日而成霞，泉掛岩而成瀑。巴國布衣依託川東民間菜餚與民俗風情而成就了大業。從此，文化與風味，美餚與風情，始終是巴國布衣的靈與魂。在巴國布衣每家酒店的廳堂，都會看見的巴蜀鬼才魏明倫先生為之題寫的《飯店銘》，開篇就是「巴國出詩酒，布衣傲王侯」。這似乎對巴國布衣的成功有著某種預示，整篇幽默多智，耐人尋味。而從巴國布衣門店四代不同的裝修風格，人們即可感受到那具有強烈視覺衝擊力，甚而是令人震撼的文化風情魅力。

走進巴國布衣，宛如進入了一個獨特的民間美學境界。一股濃郁淳樸的川東民風撲面而來。從巴東老照片、紅燈籠、紅辣椒、黃玉米，到川東民居、朝天門碼頭的石階、風穀機、雞公車、蓑衣、斗笠、古井、石磨等，大廳那巨大的好似山野間老藤纏繞的黃桷樹，彎曲盤旋的木樓梯，吊腳樓、方格窗、剪紙窗花、花布窗簾、木吊燈等；連女服務生也是村姑著裝，素樸蘭花花的布料，青花布頭巾、青布扣眼鞋。所有這些鄉村符號都被揮發得淋漓盡致，美到妙處，淳樸雅致的鄉風、鄉情、鄉味，構成了一種特殊而質樸的情調。讓人好像突然間來到一片夢裡水鄉、原野仙境，不由自主貪婪地大口深吸著這股股撲面而來的清風柔雨，與巴國布衣的宣傳語「你記憶中的老家」和「都市裡的村莊」一道浸透、深入人們的心田。

在第二代裝修版本中，具有鮮明巴蜀風格的明清門窗、斗拱、垂花、角撐等巴蜀民居的建築美學和藝術成了亮點。北京地安門店是巴國布衣第二代裝修版本的代表。除了明清建築風格外，更吸引人的是川劇臉譜、皮影、蜀地陶製藝人、說唱俑、三星堆青銅文物複製品等，這些代表著幾千年巴蜀文化精髓的陳設，更突出了這家酒樓的文化淵源和風情魅力。

2004年巴國布衣推出了新的標識：「鄉土巴國，現代布衣」，門店的裝修主題也進入了第三代，它一改以前以木質結構為主題的再現風格，演變成了鋼材和玻璃的近現代建築格調。這種風格推出後眾說紛紜，褒貶之聲不絕於耳。真也是醉翁之意不在酒，巴國布衣的聲望和品牌就在爭議聲中隨之膨脹。無意之間，巴國布衣成為展現四川民間文化風情，川菜風味美食的經典，亦成為省市政府對外宣傳、接待的必選，各國文化、藝術、旅遊等團體，世界小姐大賽、環球小姐大賽等，來成都之鐵定行程就是觀賞大熊貓，品味巴國布衣。

一張白紙，可以畫最新最美的圖畫。巴國布衣從酒樓設計到內部裝修，從每道菜餚的色香味到裝盤造型，從廚師及服務員的嚴格招聘到輪流培訓，尤其是經營管理制度的變革——企業經營權由廚師長包廚制，轉變為經理人中心制；一部《巴國布衣憲章》，將企業內上至董事長下至普通服務員，每個人的責任、權利交代得明白清晰。在菜品的標準化方面，巴國布衣經過創新和評選，梳理出具有巴國布衣民間烹調風格的名菜點；在6

2道基本菜品中，包括了6道國內貿易部評選的「中國名菜」。並在原有菜餚風味特色的基礎上，引進南北各地風味菜之所長，加以改良變異，形成風味別樣、口感新鮮的「新派川菜」，以「自然、家常」，突出民間風味和綠色美味的個性色彩。

此後，餐飲市場似乎從巴國布衣那裡探求到了經營真諦與制勝秘笈一般，各式「風味」酒樓，如雨後之春筍破土而出。一個個風格各異、規模驚人的川菜企業應運而生，並借助文化色彩與風味特色，使川菜產業雄風抖擻，一掃粵菜海鮮，迅速收復失地。何農不無驕傲地說：「充斥著淳樸文化底蘊和風味特色魅力的川菜，是一種具有侵略性的菜系。」巴國布衣「新派川菜」風便在全國迅速蔓延開來，成功腐蝕了東西南北中國人的味覺，一舉打破「南甜北鹹，西辣東酸」的傳統風味格局。於是有人感歎：一個企業拯救了一個行業，一幫文人改寫了川菜歷史，一夥布衣顛覆了華人的口味嗜好。如果沒有巴國布衣，我們無法想像川菜會沉淪多久，路在何方……。

巴國布衣從開業到顧客盈門，只用了三天時間；從顧客盈門到酒樓盈利，僅用了三個月時間。此後12年，何農及其團隊始終站在川菜發展最前沿，以現代企業管理整合傳統中餐操作，摒棄以廚師為主導的遺傳模式，建立經理中心制和廚師長責任制，建立原材料供應基地、首倡中餐連鎖經營……發展至今，形成以成都為總部，北京、上海、深圳等地為區域中心，旗下擁有成都巴國布衣餐飲連鎖管理公司、巴國布衣烹飪技術學院、巴國布衣食品開發公司，成為擁有近20家連鎖店、品牌價值過億元的全國大型著名中餐連鎖企業。

為了提升自身品牌影響力與可持續發展，進而帶動川菜行業的進步，何農從不隱匿自己的商業機密，著書立作、創辦學校，傳播川菜文化成了他經營之外的又一主要工作。1999年初，巴國布衣創辦烹飪技術學院，至今已培養出成千上萬川菜廚師，被譽為新派川菜廚師的搖籃。同一年，巴國布衣開辦每年一期的酒樓高級管理人員培訓班，初步形成從高級餐飲管理到高層烹飪技術的系列化人才培養體系。

2000年9月，《巴國布衣烹飪經典》一套6冊集結出版；一年後，《巴國布衣中餐操作手冊》一套10冊整理出版，填補了中餐商務管理的空白。於今巴國布衣已出版各類餐飲書籍60多冊，銷售上百萬冊，《巴國布衣烹飪經典》、《巴國布衣中餐操作手冊》甚至一度登上暢銷書排行榜。當筆者問及，把自己的商業機密都公開後，巴國布衣怕不怕被超越時，何農笑著說：「書的出版，對巴國布衣品牌的貢獻無疑是巨大的。巴國布衣真正的核心競爭力，來源於它因知識底蘊而形成的審時度勢的創新眼光與動力，巴國布衣從不怕被別人抄襲和超越。」何農的這一底氣與氣魄源自他對餐飲文化和川菜文化的獨特見識。這一點從何農的言談舉止，到他的工作環境，都能感受到其間的睿智。

走進何農的辦公室，除了寬大的辦公桌和超長的書櫃，給人印象最深的就是各種古色古香的傢俱，以及一些體積龐大的古董，加上牆上的壁畫，文化氣息十分濃郁；牆邊隨意擺放的高爾夫球具，則顯示了主人悠閒健康的生活狀態；牆邊一角擺放的各種榮譽、獎盃更顯示出何農的低調。似乎永遠都是一身休閒質樸裝束的何農，在溫文爾雅中看上去很有活力、很精神，讓人實在無法將他與五十多歲這個年齡掛上鉤。何農散發出的親和力與重慶人慣有的爽朗與直率，營造了一個毫不拘束的經營氛圍，也建設起一個同心同德，充滿心智、勇於挑戰的企業團隊。

從一個夢想到一段歷程，巴國布衣已經寫下了屬於自己的一段精彩歷史。在最初提出要做一個百年老店的時候，大概所有的巴國布衣人並沒有意識到這個稱號的真正分量。對巴國的所有創建人和參與者而言，那真真是一個「激情燃燒的歲月」。然而，當創業已五年的時候，何農卻意味深長地給他的弟兄們寫下了一句簡單的話語：「五年不足喜，十年方成型。」事實上歷經五年磨練的巴國布衣已經是一個比較成型的體系。應該說，最初所設想的大部分都已經變成了現實，而這個時候大家卻已不再為當初的「神話」而衝動。在二十一世紀初的公司年會上，回憶起「智慧的神話」時，大家更認同的是「企業的個性化與人性化」。

這正是這些年巴國布衣發展的主調，看似平淡無奇，如大江大河進入中游，已沒有了上游的那些波翻浪滾，而水量已經大為豐沛，在寬闊的河床上徐徐流淌。巴國布衣已集各種榮譽為一身：成都十佳餐飲企業、四川餐飲店、四川省著名商標、中國商業服務名牌企業、中華餐飲名店、中國餐飲百強、中國馳名商標等。而面對這一切，對於巴國布衣人來說，似乎也成為常態，不再有當初的那種欣喜和激動，也許這就叫成熟吧。

巴國布衣的第二個五年，兌現了何農「十年方成型」的話語，但是卻結束於一個有些令人唏噓的時間點。因為城市建設的原因，幾近成為川菜復興標誌性酒樓的巴國布衣人民南路店被迫搬遷。十周年慶的當天，也就是這個店最後的營業終結日。這個頗有些象徵意味的情節為巴國布衣劃上了一個段落的句點。同時也為巴國提供了一次轉型的機遇。

位於成都機場路的巴國布衣旗艦店和布衣客棧，對於很多人來說不僅僅是一個餐廳和旅店，他已是一家充滿情調和別樣風情的新時代飯店，也更是一個景觀。這是許多外國人、外地人到成都的優選，也是這個區域的一個地標。從規模上講，這個店比以前任何一個巴國布衣都宏大；從環境上講，文化氛圍也更為時尚；菜品方面，除川菜之外，還有湘菜、淮揚菜、東北菜、燕鮑翅參等；宣傳口號，則已變成「新川菜，中國風」。任何一個人稍作觀察，就不難發現，巴國布衣已以「中國菜」為旗號。從最初的川東民間風情，到現在的中華文化主題，其跨距不可謂不大，但人們依然能夠親切地感知到，這還是巴國布衣。

２０１０年上海世博會上，巴國布衣作為川菜的唯一代表，受上海主辦方邀請進入世博園，展現川菜文化與風情美味的獨特魅力。在世博展區的川菜廳和小吃廳，以川西民俗元素為基調，展現川菜文化和風土人情；菜品則由三個部分組成，傳統川菜如回鍋肉、魚香肉絲、宮保雞丁、麻婆豆腐、豆瓣魚等；巴國布衣經典川菜辣子脆腸、豆腐鯽魚、乾豇豆燒牛肉等；以及時尚新川菜，如黑椒牛仔骨、乾鍋茶樹菇等。小吃廳則以五個中華老字號四川小吃為特色，龍抄手、鐘水餃、賴湯圓、夫妻肺片等。世博會期間，參展人員、外國客人、各地遊客把巴國布衣每天都擠得水泄不通，甚而掀起一股「巴國布衣川菜、四川小吃旋風」。也就是就在巴國布衣世博店裡，舉行了成都榮獲聯合國教科文組織「美食之都」稱號的授牌儀式。這堪稱是一個喜劇性的、完美的象徵性事件，從「打響川菜革命第一槍」，到今日之一「亞洲美食之都」，現今川菜之輝煌，無疑濃縮了巴國布衣「新川菜，中國風」的所有內涵與活力。

巴國布衣檯面上的領軍人物胡志強，是巴國布衣的開國元勳之一，也是何農在川劇研究所時的同學和同事。作為巴國布衣的總經理，談到巴國布衣初創時的成功，他這樣告訴《當代經理人》：「在實踐中，巴國布衣算是一炮打響，證明我們的思維方式和做事方式是抓住了要害。因為我們做了別人沒做到的東西，而且很好很快地適應了市場的需求，所以迅速建立了自身的特色，確立了自身的準確定位，贏得了市場很好的反響與回報」。

而何農在最近一次團隊高層管理人員會上說道：「隨著國際經濟相互依存度的提高，中國元素越來越受到各國社會的高度重視。中國影響力倍增的國際環境，為新川菜和中餐的國際拓展，提供了最好機遇。此時川菜出國正當其時，也是川菜發展未來走向的前所未有的大好時機。」何農還把自己的年會發言命名為「從十五到二十：夢想貴在堅持」。巴國布衣的三個五年，即是邁向國際大都會的新起點。

有道是：楷書須如文人，草書須如名將，行書介乎二者之間，如行雲流水、以德才服眾，不必金戈鐵馬、披掛上陣，亦能運籌帷幄、指揮方圓，這亦是為帥之最高境界。泰山極頂觀日出，何農躊躇滿志，其閃爍著睿智和川東男人堅韌性情的目光，已是那樣沉靜而堅定地瞄向了世界，第一個目標——美國。

真個是：巴國出詩酒，布衣傲王侯！

欲知巴國布衣之後，成都餐飲如何風起雲湧，且看下回道來。

第三十三回

江湖混沌御廚歸，俠膽豪情新掌門

１９９８年，當巴國布衣意氣風發，風華正茂的時候，坊間，江湖上又盛傳著一件稀奇古怪的新鮮事。人們常聽說有某畫家、某書法家、某雕塑家或攝影家等舉辦個人作品展，然而卻從未聽說過有廚師舉辦個人菜品展之事。這個川菜精品展，便出自成都飄香川菜酒樓總廚肖見明。他不但開了廚界之先河，且獲得了很大成功。天天爆滿的餐館，說明活動引起了食界的轟動。烹飪專家、美食家、文化名人、市民百姓品嘗後，給予了很高的評價。肖見明首創川菜精品展的成功，啟示川菜要想上檔次，必須讓廚技進入到廚藝的境界；讓平時只具個性的廚師，成為極富創造性的大師。

在成都東西南北餐館林立的餐飲市場上，一個名不見經傳，又毫無口岸可言的川菜館竟然名聲大噪，成為當時還處於粵菜海鮮擠壓下，川菜崛起的弄潮兒之一。這使不少業內人士大惑不解，一些名家也不以為然。對此，剛建立一年多的飄香老牌川菜館總經理肖明說：「正是面對這樣的形勢，我們才搞了這次『受顧客喜愛菜品回顧展暨特級廚師肖見明川菜精品展』。一方面主動展示自己的實力和風采，讓菜品來說話；另一方面也梳理一下自己的成果，總結一下我們走過的路程，以利再發展」。此次菜品展推出了８０多個頗具生命力的傳統名菜和創新菜品。它們有一個共同的特點，就是既植根於傳統飲食文化的土壤，又能通過借鑒改良推動川菜的創新和發展。

此時，正當成都餐飲粵菜海鮮興盛之際，在不少人哀歎「川菜路在何方」的時候，有人卻提出要「振興川菜」。其中尤以飄香老牌川菜館，滿懷一腔巨大熱情豪言壯呼：「愛我川菜，振興川菜」。原北京四川飯店總廚、特一級名廚肖見明毅然高舉「傳承傳統風韻，弘揚川菜精華」的大旗；總經理肖明則以「不到飄香，怎知川菜如許！」的宏大氣魄，二肖連袂共同牢牢把握傳統川菜「以味見長」、「一菜一格，百菜百味」的精髓，以肖見明之精湛廚藝、豐富經驗、見多識廣、活躍思維，精心創製出一系列風格新穎、風味獨具，色香味形質器俱佳的精品川菜，把川菜品質提高到了一個全新的境界，從而開創了精品川菜之先河，受到廣大食客的喜愛和行業內外專家、美食家的廣泛關注與高度讚賞，成為川菜經營的典範和知名度很高的川菜館之一。

１９９８年初，「飄香」成為首家成功舉辦「受顧客喜愛菜品及肖見明精品川菜展」後，在行業內外引起較大回響。這年底，飄香老牌川菜館看好川菜崛起及其發展勢頭，乘風破浪，毅然斥鉅資，在玉雙路口創建「飄香空中花園酒樓」，針對有人發出「川菜上不了檔次」的論調，「飄香」二肖在進一步創新川菜名品的同時，還首創成都一流豪華包房及最大餐桌，大大地提高了川菜的檔次。其華麗的大廳及風格別致的包房，形態各異、優雅舒適、令人賞心悅目，心曠神怡的花園式就餐環境，和現代設施，創造了成都一流餐飲環境，更將川菜推向了一個嶄新的高度。飄香川菜酒樓就此從傳統中崛起，在時尚中閃耀，一舉成為正宗川菜、精品川菜的典範。肖見明也一下從廚房，登上了川菜市場的前沿，引起業界和食界的廣泛關注。

肖見明，現年五十五歲，１９７５年事廚於成都榮樂園，曾師從川菜大師曾國華、孫道先、張松雲；１９７８～１９９１年在北京四川飯店期間師從國寶級川菜名廚、享有國際川菜大師美譽的陳松如。陳松如，四川資陽人，十二歲到成都陶樂天餐館學徒，十五歲滿師，在西御街成都飯店事廚。１９５０年代初主理朵頤食堂，１９５９年調往北京四川飯店任首任廚師長，至１９９３年元月去世。

陳松如大師，在北京四川飯店工作的３０多年間，經常主理人民大會堂國宴，多次受邀至毛澤東、鄧小平、陳毅、郭沫若等中央領導人家中事廚。１９８７年赴新加坡進行烹飪技藝表演，引起轟動，被當地各大媒體譽為當今中國「國寶級」川菜烹飪大師。

陳松如大師烹飪技藝高超，對川菜造詣頗深，且德高望重，為川菜的發揚光大奉獻了終生。其膝下除跟隨其八年的得意高徒肖見明外，便是其長子陳庭龍。如今，令陳松如大師九泉之下十分欣慰的是，肖見明不負師望，憑其藝德雙優，不僅繼承師志，對川菜的創新與發展頗有建樹，更榮登川菜烹飪大師之列。

肖見明出生在那個對自己的人生沒有任何選擇的年代，但八卦算命先生曾說，他出生在「豬日豬時」，生來就有吃的，註定一生會和吃打交道。而真正讓肖見明決定做這一行的還是在北京的那十幾年，既師從名門陳松如，又有好的平台為國家領導人和外國政要主理國宴，這些都成為他日後立志傳承川菜的動力和信心。

１９７９年西班牙國王胡安．卡洛斯和夫人索菲亞公主在北京四川飯店就餐後非常愉快，索菲亞公主握著肖見明的手說：「這麼年輕就可以做國宴，真是了不起！」

１９８２年，鄧小平為前柬埔寨國王西哈努克過生日也選在四川飯店。在鄧小平眼中，到了四川飯店就跟到了家一樣，宴請完畢，他來到四合院中間，很和藹地跟肖見明他們打招呼：「大家都是老鄉嘛，今天吃了家鄉的豆花兒，很安逸。我就不一一跟大家握手了，我們一起照張相。」

這些，都成了肖見明記憶中永不褪色的場景，跟國家領導人及外國元首零距離的接觸，激發了那個時代年輕人心中的巨大熱情，肖見明對川菜的濃厚興趣和渴望，從此成為心中永不熄滅的火焰。回憶起二十幾年前那一幕幕，他依然神采飛揚，包含激情。

然而，當１９９０年代初期，已是身為北京四川飯店廚師長的肖見明，帶著滿腔熱情回到成都時，卻發現川菜卻正遭重創，受到各大菜系的衝擊，尤其是粵菜海鮮不可一世、趾高氣昂，川菜千瘡百孔，奄奄一息，一大批老字號的川菜名店瀕臨倒閉，川廚隊伍也是潰不成軍，整個行業都在殘喘呻吟，這讓他感到萬分震驚和痛心。日常生活中以隨和自然、心胸豁達而為人稱道的肖見明，只要一說起川菜，便就是激情蕩漾，高談闊論。作為在京城獻藝十多年之「御廚」，眼見得本土川菜如此淒涼，一股怒火中燒，俠膽豪情油然而生，他暗下決心，一定要堅持把川菜做下去，極盡全力為川菜正名。

一次偶然的相遇，他認識了成都玉林賓館老總肖明，談其川菜現狀和發展前景，這姓與名僅一字之差，年齡相當的血性男人，似乎有著某種生來的緣分，二人一拍結合，當即決定在玉林賓館內，以賓館內部食堂為基礎，開辦一家老牌精品川菜館，取名「飄香」。

經營一家地道的川菜館成了「二肖」的必由之路，可這個出路也顯得四處梗阻。在經商都需講究口岸的時候，這家川菜館卻毫無口岸可言，既不當街也不臨道，客人想要就餐還得先穿過一個賓館大廳，沒人帶路是很不容易找到入口的。

而這卻讓倔強的「二肖」橫了一條心。肖見明認為口岸好，也不過是增加了流動的客源，而口味好，才會吸引穩定的客人。他要做的是振興處於低迷的川菜，他經營餐館是想要把它做成百年老店。於是肖見明堅持走傳統精品川菜的路子，拒絕靠光怪奇異、嘩眾取寵的方式，而是通過菜餚品質、風味魅力來提升傳統川菜。餐館開業不到半年，四方食客聞風慕名而來。１９９８年元月，肖見明首開廚界先河，首推出「受顧客喜愛菜品及特級名廚肖見明菜品展」而一鳴驚人，轟動食界。８０多個菜品受到了行業內外一致好評。肖見明的川菜終於香氣四溢，飄香的品牌就此屹立。一個藏於城市深處的飄香老牌川菜館成為美食老饕們品享經典川菜的聖地。

有道是：陽光普照大地，和風吹遍原野。飄香川菜酒樓與肖見明之名氣迅速飛揚。2000年，應香港君悅大酒店的邀請，由飄香川菜酒樓主辦於5月2日至5月22日在香港君悅大酒店舉行的首屆「四川美食節」。香港君悅大酒店是亞太地區凱悅集團美國管理的特級五星大酒店，在香港乃至世界的知名度都很高。實際在西元2000年伊始，君悅大酒店管理集團就決定以川菜為主題舉辦首屆美食節。同時派出三人考察小組蒞蓉實地考察，一致看好飄香川菜酒樓。

此次是飄香川菜酒樓首次在香港舉辦美食節。總經理肖明，廚政總監肖見明對美食節菜品的設計、原料的配置及廚師班子的組成等，進行了認真的研究和精心的準備，他們決心要讓川菜在香江大放異彩，讓飄香酒樓名揚海內外。

飄香川菜酒樓在香港主辦四川美食節的消息，以及君悅大酒店披露的肖見明之「御廚」履歷，在香港引起了很大轟動。他剛一抵達君悅大酒店，香港頗具影響力的《明報》，高層商界之「資本」雜誌，知名度遍及東南亞的《味道》雜誌等記者就趕來採訪。肖見明詳細地介紹了川菜的形成和風味特色，展示了帶去的辣椒系列、花椒、豆瓣、豆豉等川菜特有的調味品，並當場烹製了幾樣川菜。眾媒體記者不僅對四川獨特的調味品頗感稀奇，並為肖先生的名廚風範，精湛的烹技，美妙的菜品風味所傾服。

飄香此次精心推出了近50種各式風味菜餚和10餘種川味經典小吃。美食節剛舉辦幾天便轟動全香港。港島各地食客蜂擁而至，趕來品嘗飄香川菜。君悅大酒店最大、最具規模的港灣1號餐廳，每天客人翻番，日日爆堂，零點客人突破了歷史最高紀錄。營業額由每日10萬港幣飆升到近20萬。僅回鍋肉、麻婆豆腐、水煮牛肉、粉蒸肉、魚香肉絲、夫妻肺片、飄香清遠雞、怪味雞絲、宮保雞丁、開水白菜、東坡斑片、霸王蟹鉗、怪味開邊蝦等每日就賣出百多份。肖見明親自炒的回鍋肉居然賣到1000港幣一份的天價；精美的四川小吃麻辣牛肉麵、擔擔麵、葉兒粑、青豆鍋貼餅更是供不應求，許多賓客都愛不釋手、欲食不忍，帶回給家人親友欣賞品嘗。不少香港名流爭相訂餐，以至客滿為患，只得提前三日預約。著名調味品企業李錦記總裁為了品嘗川味調味品的魅力，更是訂了兩次方才如願以償。飄香川菜不僅使香港人心悅誠服，更讓眾多歐美客人陶醉，尤其是傳統川菜和家常川菜更讓他們如癡情迷戀。

君悅集團亞太總監鄭家繩先生，君悅酒店總經理美國人于德厲、德國總廚布拉德先生更是喜不勝喜。「真沒有想到四川美食節會這樣好，這樣引起轟動。從任何一個方面都大大超過了前兩次的上海及廣東美食節，川菜的魅力真是太大了」。一位香港知名人士品嘗了飄香川菜和川味小吃後說：「素聞川菜大名，今親口品嘗到正宗地道的川菜風味，果不愧吃在中國，味在四川的美譽。飄香川菜，色香味形稱堪上乘，使我們真正領略到了名店名廚名餚的風采」。東南亞著名暢銷雜誌《味道》、香港《南華早報》、《太陽報》、《明報》、《資本》、《吃喝》等雜誌和電視媒體共同推崇肖見明為：「一個讓你口舌生香的調味大師」。

２００２年2月，來自法國巴黎的美食家伯內克斯連續3天在成都遍嘗川菜。當伯內克斯坐在飄香川菜酒樓的空中花園貴賓包間裡，興致盎然地揮箸品嘗遍了每一道菜餚。當面對送上桌的最後一道熱菜水煮牛肉，已經酒足飯飽的伯內克斯又忍不住用筷子夾起一片放進嘴裡，嘗後連聲說：「妙！妙！」當他聽說成都川菜館的生存週期較短，飄香酒樓6年歷史已經算較長時，他說，在法國很多餐飲酒店都要開幾十年不倒，這是因為法國餐館都很注重食品製作中的衛生。但國外有些川菜館就不太講究這些細節，尤其是廚房就不那麼衛生。他話鋒一轉，通過翻譯告訴飄香總廚肖見明，他想看一看酒樓的廚房。在肖見明的引導下，他驚奇地看到川菜廚房乾淨整潔，井然有序，所有的廚師都身著潔白的工作服，頭戴廚師帽。伯內克斯對川菜廚房的好奇超過了他品嘗川菜時的高興勁兒。他拿起捶花椒的小石舂連聲詢問：「這是什麼？」當他得知是用來捶花椒時，口中嘟囔道：「花椒，麻味，麻的川菜。」他又指著裝「郫縣豆瓣」的罐子說：「這又是什麼秘密武器？」肖見明告訴他是川菜佐料中必不可少的豆瓣，他大聲說道：「豆瓣，我知道，川菜的秘密所在！」問清「郫縣豆瓣」的發音後，他還讓隨同人員在他的筆記本上仔細寫下了這幾個漢字，並仔細詢問了「郫縣豆瓣」的製作原料和工序，有多長時間的保質期。在烹飪間裡，他目不轉睛地看著廚師在灶頭炒菜，在案頭切絲、削片。突然間他轉過頭來拍拍一位廚師的肩頭問：「法國也有辣椒、蠶豆，你能在巴黎作出『郫縣豆瓣』嗎？」當廚師告訴他製作地道正宗的豆瓣非得用四川的辣椒、蠶豆，並在當地的環境下，用原料發酵工藝製作而成時，他若有所思地點了點頭。「做川菜不簡單！不簡單！要連鎖巴黎，這些原料和工具得搬過去才成。」「還有他們！」他指著正忙碌的廚師們，「非得他們過去」。

同年，美國著名時尚生活雜誌《美食家》，在看了由英國人扶霞女士撰寫的有關川菜的文章後，對中國四川這片神秘大地的神奇菜餚及動人飲食風情產生了濃厚的興趣。兩名攝影師梅瑞蒂絲和托馬斯，於１１月５日飛抵蓉城，7至8日兩天，在《四川烹飪》雜誌總編王旭東的陪同下，對飄香川菜酒樓、喻家廚房、少坤風味酒樓進行了專題拍攝採訪。

自然之中見功夫，踏進飄香門廳，明快的色調，溫暖的燈光，優雅的環境，悠然的氛圍，可愛的服務小姐，立即讓兩位攝影師激動不已。空氣中飄逸的芳香，流溢出的時尚色彩，讓他們靈感大發。飄香寬大潔淨、忙而不亂、熱騰有序的廚房更讓其驚訝。然而更讓他倆賞心悅目的還是肖見明的各式經典川菜。飄香生炒骨、黃瓜香菇牛柳、宮保雞丁、開水白菜、麻婆豆腐等色香味形質器美輪美奐的菜餚，讓二位見多「食」廣的「美食家」完全傾服。他們給肖見明這位川菜烹飪大師、中國烹飪大師一句簡單而厚重的評價：「自然之中見功力。」

肖見明以平常的原料、以自然之風，做出了高雅的美味。不僅如此，他們還問：「你作為一位烹飪大師，你自己最喜歡吃的是什麼？」肖爽快回答：「百吃不厭回鍋肉。」質樸純真的回答讓「美食家」感動誠服，因為他們知道回鍋肉是川人心中的第一家常美味。飄香的魅力，讓「美食家」豪爽地耗費了２０～３０卷的底片，ＭＡＭＩＹＡ相機也被拍得發燒。其後，《時尚生活・美食家》在２００３・４月號，以大量篇幅，圖文並茂地對川菜做了深入報導。文章結尾這樣寫道：「唯有他，肖見明，這位中國四川的烹飪大師，創立了被廣泛認可的明星地位。」

其後，英國食品工業聯合會一行七人，專程來成都考察川菜及原輔料加工，這撥金髮碧眼的洋男洋女，一走進體現出時尚與現代，中西情調相融的飄香空中花園酒樓，便讓這群思慕「飄香」已久的英倫川菜迷興趣盎然。從裝修、色調、燈光到書畫、桌椅、餐具；從廳堂、包間到棋牌室、雪茄吧，飄香的現代理念與經典之作無一不讓其驚訝，「So beautiful !」（太美了！）之讚歎此起彼伏。而肖大師的十餘道色香味形質器養精美誘人，香味四溢的傳統和新派川菜，更讓客人們歡呼雀躍，口忙手亂。要吃要問、要揀菜、要記錄、還要拍照，忙得不可開交，吃得不亦樂乎。他們還特地點了魚香肉絲、宮保雞丁和麻婆豆腐，這幾款他們記得爛熟、神往已久的四川名菜。席間，「Wonderful! So beautiful! So nice!」（美妙極了！太漂亮了！太棒了！）的讚美聲，從他們心醉神迷的神態中不斷脫口而出。

２００４年１０月２７日，成都國際旅遊美食節重頭大戲之一的「二十一世紀美食經濟論壇」在成都熊貓城隆重舉行。中華各大菜系名師大廚、中外專家學者彙聚一堂。飄香川菜酒樓行政總廚、中國烹飪大師、川菜大師肖見明，精神氣爽、從容不迫，以《川菜榮登八大菜系頭把交椅》為題，洋洋灑灑２０００多字、八大方面、充分的論據，精確的數字，闡述了川菜的發展態勢。年輕時尚、身著紅豔Ｔ恤的肖見明，舌戰群英、雄辯八方，贏得了中外佳賓滿堂喝彩，熱烈掌聲。被現場專家學者和社會人士公認為「新一代川菜掌門人」。而殊不知論壇一結束，這位掌門人便立馬飛向了大洋彼岸。

２００４年１１月，肖見明應邀參加了美國三藩市「世界之味——國際美食節」，作「中國傳統川菜及烹飪技藝表演」。身為展演小組領隊之肖見明展演的「魚香銀鱈魚」、「鍋巴蝦片」，以及品嘗菜品「關公紅袍雞」、「宮保雞丁」。魚香味型不僅是川味獨創之複合味型，以「五味齊揚」、「吃魚不見魚」而享譽食界，亦為歐美人所喜愛。而「鍋巴蝦片」則屬荔枝味，鹹鮮酸甜、鍋巴酥脆、蝦仁細嫩，這一從「鍋巴肉片」演繹的菜更以其「有聲有勢」，被譽為「響堂菜」、「音響菜」、「會唱歌的菜」。「宮保雞丁」不僅為川菜傳統名品，也早為西方人所喜愛，其辣香酸甜之味，細嫩爽滑之質，曾令無數美食大家為之傾倒。「關公紅袍雞」則為新派川菜菜品，其濃郁的民風鄉情，紅豔奪目的色彩，鮮香酥嫩的雞塊，香辣酥麻的風味，強烈的口感，都會令食者印象深刻，穿腸難忘。尤其是前三款傳統名餚，集中展現了川菜的調味神功及「以味見長」的風味魅力。

第一天，１１月１１日，面對全場六百多位世界各地頂級大廚和烹飪專家學者、美食評論家、各大媒體的專欄作者、評論員、記者，肖見明不緊不慢、瀟瀟灑灑地率先展演熱菜「魚香排骨」和「麻醬鳳尾」。其６０斤豬肋骨，分裝於比一個壯漢腰圍還大的六個大盤中。魚香排骨的色香味形，讓全場近６００位烹飪群英深感驚訝，其「吃魚不見魚」的風味更讓他們大感神奇。而用長葉生菜製作的「麻醬鳳尾」之鮮香脆爽，也讓嫺熟「生菜沙拉」的高手們大為驚歎，中國川菜的展台前排起了爭先品吃的最長隊列。第二天，肖大師展演「鍋巴蝦仁」，數十台攝像機現場直播，現場烹製解說，川菜專家、英國人扶霞女士的翻譯也成為亮點，精彩不斷、掌聲不絕，數百人感歎之餘同聲抱怨不能品嘗。第三天，肖掌門則展演「魚香銀鱈魚」、「宮保雞丁」及品嘗菜品「關公紅袍雞」也就是「辣子雞」。此菜紅亮耀眼、香辣微麻、豪放大氣，其所用２０餘只雞，六大盤成菜，被一隊長龍品吃而光。一人僅嘗一小塊便臉紅氣噓，但仍翹起大拇指，上氣不接下氣地讚美：「太漂亮！太美，真捧」。「香美！」「很刺激！」「反差感太大了！」以至美國烹飪學院的教授們把肖大師剩下的從家鄉帶去的乾辣椒、花椒珍藏起來，頗感稀奇。

展演結束後，有不少美國同行和朋友勸肖見明留下來，在美國發展。但他淡然一笑依然堅持要回四川，還開玩笑地說：「再待下去我就要變回猿人了，你們這兒都是些做得半生不熟的菜。」

２００５年５月，已是集萬千榮耀為一身的飄香川菜酒樓和中國烹飪大師、新一代川菜掌門人的肖見明，又振臂一揮，手出奇招，隆重推出「飄香川菜酒樓歷史名菜、傳統名菜展」。眾所周知，在數千款川菜菜品中，不乏技驚四座的大菜名品及味醉八方的家常美饌。而此次飄香酒樓首推的十二款佳餚，有的就是川菜中的經典菜品，有的是１９３０年代至７０年代的傳統名菜，還有的是成都昔日一些名酒樓的招牌菜和地方名餚。此類菜因技術含量高，或烹製講究而絕世已久，但它卻是海內外不少老食客、美食家、川菜迷魂牽夢縈，長思久戀的美味，也是眾多新食客、好吃客尚未品享過的川菜經典。從傳統川菜：罈子肉、豆渣鴨脯、開水白菜、水煮裙邊、飄香粉蒸肉，到精品川菜：醬爆鴨舌、碧綠椒麻鱖魚、麻醬鳳尾、川味霸王蟹鉗、怪味開邊蝦、東坡銀雪魚、熗鍋腰花等，「飄香酒樓」及肖見明向世人展現了積澱了數千年文化底蘊和地域風俗風情的川菜菜系「一菜一格、百菜百味」的風味魅力，而這一風味之魅力不僅征服了天府蜀客，更讓華夏大地為川菜而狂，更令外國朋友美在口頭，愛在心頭。巴蜀鬼才，著名戲劇文化人魏明倫不吝豪詞，盛讚飄香川菜為：川菜極品。中華烹飪界著名學者熊四智教授則獎譽為：飄香之品，和腸娛胃。

川菜對於肖見明來說已從職業變成了終生愛好，當作了生活中不可或缺的一部分，即便是休息日在家，他也會親自為家人做點兒地道的家常菜。肖見明說：「廚師是離不開廚房的，特別是現在科技越來越先進，新的調料，新的餐具層出不窮，這些都需要融合在新的菜式中。不然連兒子都會取笑我了，他會說『你就只曉得熬鍋肉（回鍋肉）』！」

除了做菜，肖見明也做文章，先後在各種報刊雜誌發表過十數篇川菜論文及肖見明個人作品集等書。然而說到美食他卻只有五個字的定義——對人體有益。他還說：「美食是成都的名片，作為製作這張名片的人，我希望把它做得秀外慧中，更好一點。」肖見明大多數時候喜愛聊天、看報、聽音樂、打保齡球、旅遊，瞭解時尚界和美食界的新動態。「其實做菜也要放鬆心態，如果人一天都是死板板的，做出的菜怎麼會好吃？」肖見明說自己的做菜秘訣就是「兼收並蓄」，在他看來，做菜既要保留優良傳統，更要時尚，「年輕人都不愛來的餐廳，那肯定不是與時代接得上的餐廳」。在開創新菜方面，肖見明一直很相信靈感，他說：「做菜也是一門藝術，對於藝術來說，它就沒有什麼死框框，很多時候靠的就是靈感！」他最得意的兩道創新菜——怪味開邊蝦和碧綠椒麻鱖魚都是靈感一現的產物，現在都是深受歡迎的菜品。

肖見明，一個川菜傳奇中名師造就名店的典範，如今，甚至他的名字就是傳統川菜、精品川菜的代名詞。生活中的肖見明喜歡自駕遊，常獨自一人駕車去山水林澗，感悟大自然，悟得真性情；他也愛好看書讀報、流行音樂、體育，尤癡迷足球。從廚一生最引以為豪的是為川菜正名；最崇拜的是恩師陳松如。最感到驕傲的是寫出了《論名廚》、《川菜出川帶來的思考》和《川菜創新》。為業界與後人提出了一些值得思考與探索的問題。

肖見明的人生，既是五味雜陳，亦是五味調和百味鮮。俗話說得好，人生百味，百味人生，要體驗箇中真味，是需要經過歷練的。喜怒哀樂、酸甜苦辣，油鹽柴米醬醋茶、琴棋書畫詩酒花，都得細嚼慢咽，靜心感悟。如果要將所有的體驗都濃縮在一天或日常的人間煙火裡，那麼，在飄香——或品小酒，讀《世說新語》、《圍爐夜話》，以「碧綠椒麻鱖魚」添助酒興，可謂風雅方物；或飲五糧、茅台，放歌東坡豪詞：「大江東去，浪淘盡，千古風流人物……。」佐以「東坡銀鱈魚」或「霸王蟹鉗」，體味那豪情與霸氣；亦可葡萄美酒夜光杯，吟柳詠之：「楊柳岸，曉風殘月」，嘗「青椒醬爆鴨舌」，感懷英雄氣短，兒女情長；或以米酒待客，天為幕地為席，沐浴綠意，享受野趣，啖「麻醬鳳尾」、「關公紅袍雞」，權且當回陶淵明，管它河東獅吼，兒女愚鈍。無論何種意境，似乎皆有不可名狀之清歡，或許真的能把浮名換做淺酌低唱，榮辱皆空，前程往事無關風月了。

有道是：古樸君子力挽江河，名節志士光爭日月。這就是飄香，為川菜正名，傳承傳統風韻，弘揚川菜精華，引領川菜雄風，盡顯一朝風流。飄香，作為精品川菜的典範，是一種融意境、韻味、真味、情味、品味為一堂的飲食吃喝之境界。十餘年來，飄香留給世人的不只是經典美味、絕世佳餚，而是一種心結，一種戀情。飄香川菜酒樓成就的也不只是傳統正宗、自然雅致，更多的是真味、真情與真愛，是一代大師廚藝生涯中不間斷的執著與創新。

欲知後事如何，請看下回道來。

第三十四回　老成都一枝獨秀，公館菜食苑奇葩

１９９５春之三月，一場春雨夾著隱隱的春雷，玉壘浮雲的錦江，給川西壩子的人們捎來第一次春汛。在成都少城桂花街１６號大院內，四川智力工程研究所那古樸典雅的四合院裡，終生以美食為伴的車幅老先生，一世與美酒相戀的著名文藝批評家唐正序教授，懷揣羊肉泡饃入川的移民小說理論家李保均教授，川廚碩果僅存的泰斗劉健成大師，以及這家研究所之主人，四川智力工程研究所教授、四川大學客座教授黎華白先生。這幾位賢人會聚在庭院內，品茗聊天，說吃談菜，侃侃而道，逐一點評川粵魯蘇各大菜系。眼見得粵菜海鮮挾改革風潮之先導而風靡全國，談到動情之處，諸公無不感歎川菜在本土的地位已是岌岌可危。

望著溢灑在院子裡金紗薄綢般的陽光，相邀籌建川菜研究發展中心的黎華白教授，似乎從這燦爛溫和的豔陽中有所感悟。他認為，植根於巴蜀文化沃土的川菜，無可替代，不會衰落。應以挖掘博大精深的川菜文化，發掘老成都私家宅院裡的珍品菜餚，冠名以「公館菜」，必是前途無量。諸先生擊拍贊同，不謀而合。

１９９７年春，正當海鮮瘋狂，然而卻是暗流湧動之際，在少城長發街１５號，原川軍名將潘文華的私宅花園的舊址上，「老成都公館菜」破土而出，雖俏不爭春，只把春來報，亦如公館院內的花草迎著縷縷陽光，吐露出生機盎然的青枝綠葉和朵朵含苞待放的花蕾。

從小生活在老成都魁星樓一帶的公館中，黎華白不僅受到濃郁公館文化的薰陶，更品嘗了不少有滋有味的傳統公館菜餚。時光荏苒，童年時的美味記憶，卻讓他癡迷上了傳統川菜文化。１９９６年，當川菜受到粵菜大舉入川威脅時，他和一班文人朋友發起了「川菜本土之戰」，以公館菜為平台，將川菜美食文化弘揚到了一個新的高度，中外名人頻頻光顧，老成都公館菜名聲不脛而走，驚動食苑。

成都為歷史名城，西蜀首府，是舊時代達官顯貴、文化名流會聚之地，這些人的所住的深宅大院，成都人稱之為「公館」。公館主人們對衣食居處都極為講究，尤

其對烹調技藝的追求，更是「食不厭精、膾不厭細」，而形成了許多口碑四傳的美味佳餚。它不僅豐富了川菜菜品，而且大飽了老成都人的口福，食客便把這些公館內的川菜珍餚，譽之為「公館菜」。

１９４０年代抗日戰爭時期，是四川第三次移民高潮，促使老成都少城一帶的公館，發展到了歷史上的鼎盛時期，四大菜系的名廚均受聘於內遷的公館主人，促進了川菜的大吸收、大包融，形成了公館菜多由文化名人及公館主人創意，由名廚按照特殊工藝製作的成品。一些公館主人常對一菜一餚反覆研究，務求製作出他人不能烹調的獨家風味。有些經典之作，常須經數日之籌措及秘不告人的製作程序才能成菜，且文化含量高，刻意追求色香味形器養，講求口感、滋補，技藝複雜的「公館菜」，它不僅包容著濃重的西蜀歷史風土人情，亦集粹了川粵京蘇四大菜系官府菜之精華。

自１９９５年春，教授老饕，清茶香茗，縱侃菜經，博論食肆，到１９９７年老成都公館菜破土而出。老成都公館菜兩個店在成都杜甫草堂（公館菜）和科華北路的（明月樓）傲然屹立。館門黑漆厚重的大門，門中錚亮的鑄銅獅子頭分別口銜大銅環，館內飛簷紅柱、雕窗屏風、樓台亭閣、小橋流水、天井戲台、回廊庭院、曲畫通幽，川西園林、花鳥山水，均生動展現了近代建築藝術和地域風情文化，充分再現了四十年代川西「公館」的風貌風情。如公館菜「明月樓」，它的裝修就不是一般餐廳的常規性裝修，而是文學巨匠巴金在「家」「春」「秋」中所描寫的「慧園」的藝術再現。酒樓廳堂分為三部分：以梅為主的暢園、以桃為主的芷園、以櫻桃為主的留園。水牆瀑布、亭榭曲廊，點染其間，信步徜徉，便有一種恍若夢回時光流轉的感覺。

再看草堂公館菜，金碧輝煌的大門裡，是擺著錦繡靠枕的臥榻，以及一列雕花描金的隔扇，仿佛公館主人會在這裡與客人茶敘一番，再搖著摺扇，跨過第二道門，在雕樑畫棟的大廳裡、珍饈雲集的圓桌旁入席。當然，公館戲沒有演到這個份上，廳堂一個古典舞台，不時表演兩三曲絲竹歌舞。有「侍女」端來漂浮著康乃馨花瓣的溫水讓客人淨手，號稱「金盆洗手」，有財源滾滾的寓意。而那一杯隱約著香甜的花蜜酒，也開啟了食客對神秘公館菜的無限期待。

從傳統文化禮儀中吸取精髓，孕育出一套特殊的待客禮儀和獨具風情的服務程序。員工服飾式樣，反映出其職責與崗位，也不泛時代氣息；如前堂服務員、行銷員統一採用１９３０、４０年代，有一定地位層次的女性的服裝——旗袍。顯透出窈窕淑女、優雅多姿、溫文爾雅、恬靜溫馨的儀態。

而各店堂均掛有的鐫刻著「公館菜銘」、「公館菜記」的匾牌，充分反映出公館菜的歷史沿革。大小楹聯從不同側面呈現出古今的餐飲色彩。一系列介紹193０、40年代成都的著名公館、園林、歷史名人、愛國將領等，精心撰寫、設計的牌匾，組成一個具有濃厚獨特文化內涵的長廊供客人鑒賞，也為客人提供了了解川西歷史、文化、建築、民風、民俗、飲食起居等人文景觀。

然而，真正讓人眼界大開、精彩紛呈的還是滿桌色香味形器質養，靚麗奪目、誘人朵頤的公館菜餚。公館菜不僅完美體現了川菜一菜一格，百菜百味，更顯示出它特有的公館品味。公館菜固然也是川菜，但他卻與市面上流行的川菜大相徑庭。其一是菜品淵源及文化底蘊深厚；其二是公館飲食之用料精良；其三是烹製格外講究精細；其四是嚴格追求味道適口；其五是崇尚滋補養身、美口益體，藥食同烹、食養兼備；其六是美食美器，和諧統一。再有，公館菜的菜品極富川西壩子的特色與風味風情，使人品來既似曾相識又倍感親切溫馨。

公館菜古樸典雅的菜單上，每道名菜都標有出處與特點，出自哪家公館、是哪個富人與家廚之獨創等。像「金瓜雞豆花」是川軍將領劉崇雲的私家菜。劉崇雲除了善戰，還深諳醫食相通之理，創製了不少養生菜，金瓜雞豆花則是葷料素做的經典菜餚，潔白細膩的雞豆花隱約於金燦燦的金色南瓜羹之間，意境韻味無盡。

老成都最為著名的劉湘公館、劉文輝公館、吳敬誠公館、劉師亮公館、鄧錫侯公館等的經典菜品，均由「老成都公館菜」獨家挖掘開發出來。在古色古香的環境中，在古箏、琵琶等絲竹音樂中，在酒令、菜品故事的氛圍裡，讓人有如身臨皇家貴族、豪門顯貴之華宴，令人心曠神怡、雲霧飄渺。尤為是那妙齡女子娓娓道來的公館菜的傳奇故事，讓人品來更是味中有味、味外有味、味味有情，靜聽細品，真個是發思古之幽情，享雅韻之口福，情趣無盡，風味悠長。

像劉湘的甫園公館私家菜秘聞，雖是幾十年前的舊聞，但仍讓人聽來就如前幾日之事那般鮮活精彩。成都都市少城有條多子巷，原名刀子巷。1935年，劉湘在此修建公館，作為居家私宅，認為「刀子」二字不吉利，加之劉湘少子，故以刀子諧音，改為多子巷，含義是「多子、多福、多壽」。因是高官顯貴，多子巷劉公館終日筵宴不輟。劉府的內廚，都是來自成都、宜賓、重慶等處的名廚，有許多膾炙人口的拿手精美菜餚。其中單說一道最著名的座菜：「劉府醪糟紅燒肉」。此菜的特點是鹹中帶甜，鹹甜中突出鮮香，肥而不膩，滋潤柔滑的口感，人參汁的營養成份與香味，滲透在紅燒肉中，蒸製四小時，使其脂肪完全糖化，不焦不糊、不清不稠、呈流淌狀，入口時，如吮珠玉、潤滑無比，瞬間浸入胃腸，頓覺鮮香濃醇、韻味無窮。公館菜創始之初，黎華白教授聽原省委統戰部李部長說，劉湘公館的一位廚師依然健在，他立即前往老廚師家拜望，由此而得到了烹製此菜的真傳。

劉湘公館裡的另一道佳餚是「叫化子魚」。顧名思義是舊時蓉城丐幫的一款美食。１９３０～４０年代，劉湘的「神軍」師長劉從雲，早年當過道士，浪跡江湖，曾多次與丐幫舵主品吃過「叫化子魚」的美味。這道菜後來被他帶到了上流場所，想不到又被公館裡軍政大員們的夫人太太所喜好，從此便流傳開來。

再說當年劉文輝乾廬公館招待蔣介石的菜吧。劉文輝為川軍著名愛國將領，四川大邑安仁鎮人，大地主劉文彩之弟。１９１６年畢業於保定陸軍軍官學校，曾任國民革命軍第二十四軍軍長、川康邊防軍總指揮、西康省主席及川康綏靖公署副主任等職。１９４９年１２月９日，與鄧錫侯、潘文華在四川彭縣通電起義。中華人民共和國建立後，歷任西南軍政委員會副主席，四川省政協副主席，林業部部長等職。曾任全國人大常委會委員、全國政協常委。劉文輝在老成都主要居住地是位於新玉沙路的公館，即乾廬公館。

劉文輝為人慷慨大方，凡有重要訪者，無不設宴款待，並留下不少名菜。「劉公雅魚」即為其一。再有「劉公館缽缽雞」，此菜味道獨特，為劉公在新津渡發現並攬入家宴，成為名菜。「魚盞萬壽湯」，１９３５年蔣介石到四川，劉文輝即以此菜招待，老蔣連連稱奇說：「走遍中國，未曾食此美味也」。１９４９年１２月５日劉文輝在玉紗街公館大擺宴席，招待國民黨重臣顧祝同、胡宗南、肖毅肅等以示其誠，此菜被視為最為名貴菜品之一。

蓉城文壇怪傑劉師亮之「諧廬公館」，因其主人放蕩不羈，故而其菜品亦也奇異非凡，亦被成都老饕譽為：「諧廬美食，人響往之！」劉家公館的家宴，取自各家，如駱狀元家的清燉粉蒸肉，俞鳳崗家的蟹黃芋絲、火爆墨魚斗，徐子休家的醋椒魚，劉咸榮家的芙蓉雞片、貴妃雞等等。諧廬的飲食特色，是以清雅見長，家常味居多，並無豪奢的山珍海味卻具有豐儉結合，四時變換，自然和美的文化品味，並帶有明顯的川南地區風味特色。如醬爆雞丁、大蒜鯰魚、家常海參、雞皮慈筍、冬瓜盅、團魚燉雞、銀耳鴿蛋等。夫妻肺片本是一品涼拌小吃，深受成都市民喜愛。一次，劉師亮突發奇想，涼拌夫妻肺片如此好吃，如果加熱以後味道如何？於是他把涼拌好的肺片蒸透，然後小籠上桌，麻辣味經加熱複合以後顯得更香更柔和，使它成了一品味道特別的公館居家菜。

鄧錫侯也是一位喜歡美食的人，身居高位，家中賓客如雲，家宴不斷，常把所餘之菜一鍋燴之，美其名曰「全家福」，其味佳美，以至家人及來賓最後都要吃了全家福才心滿意足。老成都公館菜發掘此菜，在作法加以提高和昇華，使各種味型互相滲透，不僅其複合味鮮美無比，而且營養平衡豐富，深受食家讚賞。

公館菜另有一道以貴妃鮑魚和五花肉為主料的著名公館宴席菜，是從１９５０年之前，四川著名愛國將領，１９５０年後任民革副主席的熊克武大公館流傳出來的。１９３０、４０年代，盤踞老成都的各路軍界要人為攏絡感情，常在逢年過節吃轉轉會，各家都拿出各自拿手的公館私家菜，以逞其能。熊家也知道川人皆喜食回鍋肉，但他們又嫌其油膩和食材低劣，於是突發奇想，把經特殊工藝精製好的鮑魚和精五花肉一起回鍋炒製，名曰：鮑魚回鍋肉，使其既具有鮑魚的名貴營養和海鮮香味，又有傳統回鍋肉的本味，顯示出熊公館的回鍋肉的與眾不同，成了一品有名的公館宴席菜。

「香橙蟲草鴨」，是１９４０年代後期，原四川教育廳廳長郭有守力排眾議，提拔了一位叫楊慎修的北大中文系畢業才貌出眾的青年，其父是新繁縣的大糧紳。楊在求學期間，因學習刻苦，辛勞過度而患上肺結核。最後一個學年，休學在家調養。其母博學，且善料理，每隔三天，便按祖傳秘方用橙汁、蟲草、老公鴨為兒子精心烹製「香橙蟲草鴨」。大半年後，楊的肺結核痊癒，體質有明顯的改善。於是，楊出任教育廳秘書長後，便把此一秘方告訴了郭有守以示感謝。郭後來則是獻給了好友張大千。據悉，大千先生晚年在台灣寓所曾時常品吃此餚，他還深有感觸的說：「每服一鴨，可抵人參一兩。」

「鴨包鴿」，相傳是四川督都趙爾豐鎮守川邊時待客所用。即是由鴨、鴿、天麻清燉而成，滋補健腦。此菜原是淮陽名菜「三套鴨」，由老成都姑姑筵創始人，頂尖美食家黃敬臨先生引進，改良而成。作法是鴨中包鴿，鴿中填天麻等，味鮮美而補腦強身，是公館菜的名牌菜之一。另一款叫「一卵孵雙鳳」，是一道孔府菜。由雛雞、西瓜、冬菇等，結合燒、燉、蒸而成，是川菜鹹鮮味型的代表品種。１９４０年代，由孔子第７３代孫孔慶堯傳入成都羊市街公館，並由川廚增加燒製工序，口感更佳！

「清燉粉蒸肉」，則是清末狀元羅成驤的傑作之一，系按《調鼎集》所記的粉蒸肉製法改進而成。曾有人質疑：「既云粉蒸，何來清燉？」豈知這款複合型菜餚，也只有擅長烹飪之道的知味高手，方能有此絕妙的構思，創製出如此引人入勝的上品佳餚來。

「荷塘秋色」，是著名抗戰英雄，川軍將領王銘章的創意菜。王是新都人，早年每逢金秋時節，湖上荷葉翠綠、荷花綻放，湖邊桂花溢香，醉人心脾。他常在園中餐館用餐，心儀此絕佳美景，遂以取自湖中的蓮藕蝦蟹烹製。風味清新淡雅、美口益身。

醋燒肉，是公館菜國家級名菜醪糟紅燒肉的姊妹菜。用正五花肉和精醋煨㸆而成，前後成菜時間6小時左右，其色澤紅亮，鹹甜適口，入口化渣，因脂肪已糖化故肥而不膩，有養顏之功效。此菜原系溫江名菜，後由劉文輝家廚傳入成都，烹製技術要求極高，如醋多則傷人，火過則餿，妙的是幽幽的醋香，竟能使人忘掉送進口中的肥膩厚味。１９５０年後，劉姓廚師在溫江縣委招待所做大廚，退休後在溫江自己開了家飯館，１９９８年，黎華白先生三下溫江采風得此菜，加以改製，至今點此菜者不絕如縷，甚得好評。

綜上所述，想必你對老成都公館菜已是印象深刻，吃情騷動。經過多年的悉心挖掘和開發，精烹細調，老成都公館菜形成一套獨有的招牌菜：蛇王湯中湯、五糧神鱉、劉公雅魚、一卵孵雙鳳、雞包翅、燈籠雞、叫花子魚；以及特色菜餚：清燉粉蒸肉、醪糟紅燒肉、魚肉香腸、香橙蟲草鴨。如此等等，觀其名、聽其菜，真就讓人腦滿腹張，然卻是口水長淌。這般公館菜餚，怎不誘得四海老饕，五州食家爭相品味。

１９９７年四川省委招待日本老一輩著名政治家二階堂進時，他就不斷稱讚公館菜具有國際型的口感。２０００年成都市政府招待世界著名建築大師貝聿銘之子的宴席也設在公館菜總店，貝氏兄弟倆對公館菜讚不絕口。國內外許多名人、港台著名影視名星、歌星等也專程多次到公館菜一飽口福。台灣「太平洋文化基金會」專門出版了「公館菜」一書；美國友人還專門組團到成都品嘗公館菜。２００３年「第八屆中國餐飲文化學術研討會」的閉幕晚宴在「公館菜」舉行。台灣「中華餐飲文化基金會」翁肇喜董事長盛讚公館菜說：「世界最好的菜在中國，中國最好的菜在四川，四川最好的菜在成都，成都最好的菜在公館菜」。

武俠小說大家金庸先生於２００４年中秋節光臨「公館菜」大快朵頤。出席宴會的有：金庸夫人、四川大學校長謝和平、香港作家協會主席潘耀明、北大著名教授嚴家炎、中國著名作家鄧友梅及公館菜公司董事長黎華白等，席間，金大俠眉開眼笑，妙語如珠，酒酣飯飽之後，離席著墨，題辭道：「四川富庶千餘年，官宦家家競豪奢；醪糟肉，三髓蛋，組成天下第一菜；挾泰山，超北海，孟子有言誠難哉；我今來嘗公館菜，深佩川人多靈秀，乃有好文好戲兼好菜」。老夫子金庸所言，「我今來嘗公館菜，深佩川人多靈秀」可視為對公館菜的優雅評價。

２００８年，法國專家伯內克斯遍嘗川菜，以求選出最好的品牌川菜連鎖巴黎的消息見報後，引起了蓉城餐飲界的極大興趣。各家餐廳酒樓爭相邀請這位專家前去品嘗。隨行人員在邀請企業中左挑右選，終於敲定了在蓉城酒樓中極富川西壩子文化特色的老成都公館菜。中午時分，伯內克斯一行出現在杜甫草堂北大門側的老成都公館菜門口。老成都公館菜董事長黎華白教授聞訊後立馬親自出面接待。在一間庭台樓閣佈局風格極富川西壩子民居情調的貴賓廳內，賓主坐定，服務生手持長柄銅壺，鮮開水從壺口射出一道弧線，傾入伯內克斯面前的四川蓋碗茶中。伯內克斯見狀連聲稱奇。品罷蓋碗茶，按摩師上前為伯內克斯按摩肩部，他頓時一臉愜意。當一盤盤各具特色的川菜擺放在餐桌上，他用手頂著腮，仔細聽餐館服務小姐用英語解說。特色菜「一卵孵雙鳳」，一個西瓜中冒出兩只雞頭。伯內克斯很感興趣，伸長脖子仔細看小姐的操作。對用五糧液酒浸泡出的「五糧神鱉」，伯內克斯嘗後大呼很合胃口。一道道按「公館工藝」製作的佳餚，一遍遍按「公館程序」進行的進餐過程，讓伯內克斯胃口大開的同時，也感受到了川菜深厚的文化底蘊。他十分高興，欣然提筆用法文寫道：「我在四川餐館找到了真正的中國菜。川菜有豐富的文化，四川人具有十分高超美妙的廚藝技術，我渴望把川菜帶回法國。」

不少省市領導、國外友人和官員也經常慕名前往品味；省委省府舉辦的外事宴請活動多數都在公館菜舉行。公館菜憑著對中國傳統飲食文化的精深研究，逐步形成了追求口感、講究滋補、烹藝精湛，集「川粵京蘇」四大菜系於一爐的系列「公館菜」菜品，使「公館菜」成為蜚聲海內外的著名川菜餐飲企業，「四川餐飲名店」、「中華餐飲名店」以及「中國餐飲百強企業」等稱號，且入選中央電視台「中國一絕」，被評為「中國名菜」和「四川名菜」。

為了總結這以獨特的飲食文化和公館菜的治味特色，老成都公館菜特意編撰了《公館菜調味秘笈及應用》、《公館菜金牌菜》和《公館菜分餐宴》等著作，向全社會乃至海內外公佈自己的「公館秘笈」。

２００５年後，黎華白教授做出又一個讓人匪夷所思的大膽決定，在成都少城的寬窄巷子重修「可園」。談及這件事，他不無動情地說：「我為什麼要重修可園，可園是老成都四大園林中的第一園林，它是老成都第一家戲園，有老成都第一支西洋管弦樂隊，有老成都第一本由私家印製面世的《可園食譜》，是老成都第一家擁有蘇州評彈，東洋魔術等曲藝的『可園樂部』，是老成都第一家擁有中西餐兼有的『一樂天』餐館，是第一家打破老成都建築風格，別具江南風韻的新公館，是老成都第一座公園。」他還說道：「老成都公館菜為感念可園之絕秀佳美，使今人憶舊有所依，享公館美食有所本，遂薈萃可園之精神，於吳愚原址重修可園，以其微縮景觀，差紀其勝」。現今，可園已成為寬窄巷子的一個靚麗景觀。有道是：前有黃敬臨，今有黎華白；文人肆廚，菜餚文風漾溢，雅韻別致；君子舞勺，風味清鮮醇濃，善用麻辣；吃喝之間談笑風生，詩畫舒卷。

真可說是：「舊時豪門堂前宴，進入尋常百姓家」。幾十年前行將消失的老成都公館菜，在今天，又英姿勃發，以非凡的風味魅力受到食眾的青睞和讚歎。

欲知後事如何演繹，請君細看下回分解。

第三十五回

川西壩子鄉老坎，異術奇招一指禪

話說１９９６年，巴國一夥布衣，以川東鄉土風味菜餚，民風民俗之風格與情調，創建了「巴國布衣風味酒樓」，一舉轟動成都餐飲市場。這聲巨響，將昏迷沉睡的川菜驚醒，從而開始了川菜復興的浪潮。受其影響，１９９８年4月，針對巴國布衣的川東風味，又一家以「山珍海味固然好，民間鄉土味更真」為主旨，以農家四合大院為格調的川西鄉土風味餐館在西延線開業，這便是「鄉老坎酒家」。川西鄉土風味的崛起，令人意想不到的掀起川菜振興的洶湧浪潮。領軍者不再是布衣書生，而是餐飲江湖名震四方的廚道高手，著名川菜大師、人稱川中第一儒廚張中尤的得意高徒——蘭桂均與舒國重。

「鄉老坎」雖地處城郊偏遠地帶，但很快便以其土得掉渣、俗得可愛，極具親和力和感染力的川西鄉土風味菜餚，濃郁鄉土氣息的情調與氛圍，吸引了四面八方，南來北往的食客。那股熱潮真真是讓人望而生畏。那尚還處於有待開發的城郊荒野之地，一時間車水馬龍，大車小車擠成一團，連交警也都破天荒地設置人馬，指揮交通，疏導車輛。一個原本為「成都南方汽車修理廠」的廠房，被改造成了川西壩子農家大院，仿佛一夜間就成了萬眾朝拜瞻仰的「革命聖地」。

鄉老坎酒家，單單就是「鄉老坎」三個字，便已是土到了家。這是不知從何時起，城裡人對過去鄉壩頭那樸實憨厚農民的戲稱。而「鄉老坎酒家」亦以此為特色，推出同樣是樸實憨厚、味醇情真的川西壩子農家風味菜與溫馨可人的川西民居風情，使得食客心暖情熱，身心舒展，那如初戀般暗自湧動的「返璞歸真，回歸鄉野」心態，一下就心景相融，熱血澎拜，人們怎能不欣喜潮湧！「鄉老坎」融合「鄉風，鄉味，鄉情；土俗，土器，味真，情濃」等特色作為經營理念，在川菜走入低谷，餐飲經營處於困境之際，巧辟蹊徑，獨樹一幟，為川菜及餐飲經營帶來了新的希望及諸多有益的啟示，也為川菜的振興展示了大好前景。鄉老坎酒家從定位到經營，從菜品到環境，都充分展現了鄉土風味家常川菜的魅力，也體現了川菜多元化、民間化、風味化和精品化的發展趨勢。「鄉老坎」的成功，預示著新世紀風味川菜的魅力勢不可擋。

「『鄉老坎』是扛大旗的！」著名社會活動家、四川美食家協會會長李樹人先生如是說。在「鄉老坎」的大門前，你能看見那巨大的黑白照片，烙有鮮明的時代印記；頭紮土白布、身著青布衣、滿臉歲月浸蝕的皺紋，以及同樣記錄著歲月滄桑的葉子煙杆的老農，似乎在誠摯地對來往的路人們說：「鄉老坎等你哦！」讓你瞬間心中頓時產生一種莫名的震撼與感動。「鄉老坎」沒有城裡多數酒樓的宏大門面和豪華裝修，只有臨街的一排平房和裡面的三層小樓。走進「鄉老坎」，一如進了一座川西已富裕起來的農家大院，青瓦灰磚、赭紅樑柱、花格雕窗、朱紅大門，一排大紅燈籠，映襯著一副對聯：「山珍海味固然好，民間鄉土味更真」。典型四合院式的佈局，裝飾樸素、簡潔平常，大廳內一間農家小屋模樣的櫃檯，青瓦木簷下懸掛著四盞宮燈，算是很奢華的裝飾了。燈下四個大玻璃缸泡著家製的老酒，小屋和大廳素雅的環境，很容易使人彷佛置身在川西田園竹林間，而這農家院落則是路邊的「么店子」。

聽店家介紹，每天中午和晚上，四面八方聞風而動、慕名而來的食客把這座大院那擠得是水泄不通，來了一批又一批，酒席撤了一桌又上一桌，院子裡走廊上推滿了等待安座的客人。當然誘得食客為之瘋狂的倒不是這特色濃郁的農家院落，而是其心癢口饞的川西鄉土風味菜餚。只聽其名就會讓你口水流淌，濕透半截衣衫。像：爽口老鐔子、泡菜煸鯽魚、老坎潑辣魚、香酥鹹燒白、白果燉老母雞、鄉老坎全家福、麻醬蓧麥菜、乾豇豆燉土鴨、石磨豆花、香辣土龍蝦、金銀豬肝、老坎麻辣土雞、鄉老坎飄香骨、紅湯筍尖鵝腸等，以及川壩子長吃不厭的薑汁豇豆、激胡豆、水豆豉、涼拌則耳根、馬齒莧等，還有系列鄉村蒸菜、鄉土燒菜等不同品種，上百款鄉風鄉味濃郁的原始美味。

一時間，鄉間土菜引領餐桌風流，成為餐飲食尚。青筍、紅白蘿蔔燒的豬舌心肚及酥肉、響皮等，裝在土陶罐子裡，用一匹菜葉封住罐口，拴上穀草，再以大紅土紙寫上「老坎全家福」；而香酥鹹燒白則是將蒸熟後的鹹燒白，夾上芋兒片，裹上蛋清太白粉，入油鍋炸至酥黃，放在高麗菜葉子上，四周鋪墊上紅苕藤，再用竹子鳥籠裝好提上桌。如此匪所思，令人拍案叫絕的裝盤造型，既土到了家又風情萬種。如此等等，還有泡菜煸鯽魚、水豆豉回鍋肉、厚皮菜燒豬蹄、涼拌狗地芽、馬齒莧，以及手撕餅、農夫魚、雪花牛柳等俱是膾炙人口、享譽蓉城的名菜佳饌。而令人頗感新奇的是，這些菜皆用瓦塊、石缽、小筲箕、竹魚簍、竹耙等你想像不到但又熟悉而倍顯親切的農家用具，堂而皇之地擺上席桌。更有那艾蒿饃饃、紅苕餅、南瓜餅、土豆香芋卷、玉米湯圓、五色擔擔麵、鍋貼煎餃、豆瓣抄手、紅糖湯圓、……仿佛是讓人「憶苦思甜」！不僅雞鴨魚肉做得土色土香，而且甲魚、肉蟹、鴕鳥、牛蛙等高檔菜品也都帶有濃厚的川西風味。甚而有客人題打油詩讚鄉老坎的菜餚曰：「聽起來土得掉渣，吃起來味道真佳，說起來逢人便誇，想起來口水滴答！」

特別值得一提的是「爽口老罈子」，也就是川西人家每家必備的泡菜。而鄉老坎的老罈子確實非同尋常，竟然在川菜歷史上，在川人泡了千百年的傳統習俗上，引發了一場驚天地，饞鬼神般的「泡菜革命」。四川泡菜自古以來就是泡素忌葷。而「鄉老坎」那如柚子般大的土陶罈子裡除常見的各種時蔬、野山椒、燈籠椒、子薑、毛豆角、大蒜、萵筍、蘿蔔皮、藠頭等，居然泡有葷料，有豬耳、豬尾巴、雞爪、鴨鵝肫肝、兔耳朵、鴨腸腸等，簡直是讓人大吃好幾驚。這無疑從根本上，也從歷史上對四川泡菜進行了顛覆性的革命。其開創性的領軍人物竟還是川菜著名廚派張中尤大師之高徒蘭桂均及舒國重。爽口老罈子徹底征服了以口味向來挑剔而著稱的巴蜀食客。此後，鄉老坎的一系列風味菜餚、農家風味小吃迅速風靡川西，成為各大酒樓甚至火鍋店的主推菜品與小吃，至今仍然是川菜酒樓必備的家常菜。

一位餐飲業知名策劃專家說：「『鄉老坎』成功的因素之一，是在餐飲界獨樹一幟，打出了鄉情牌和懷舊牌。」「如果說鄉老坎每一道菜都是一個音符的話，那麼將這一串音符連接起來就是一曲優美動聽的川西民歌。它取材於鄉土，傳唱於民間，能喚起對故鄉、對童年最純美的回憶，能找到人生常令人留戀的情趣」。是啊，那「曲子」是那樣的和諧動聽，真是繞梁三日餘音裊裊，很是讓人癡心妄想一番。

鄉老坎宣導個性鮮明的川西鄉土文化，側重特色獨具的鄉土菜餚，以「土」為亮點，從菜品到器皿都極力展現出了川西壩子的鄉土文化和人文風情，從而引領了川菜發展的新食尚。「鄉老坎」回歸自然、回歸傳統、回歸鄉土、回歸親情的主導理念，成為成都餐飲謀求發展的時代潮流。也可以說，「鄉老坎」現象的出現，推動了川菜的大變革，成為川菜產業發展進程中的一個階段性標誌，被業界讚譽為「鄉老坎現象」。

２０００年後，鄉老坎迅速成長為中國知名川菜餐飲品牌。先後獲得「成都市十佳餐飲企業」、「成都市餐飲業名店」、「２０００中國知名消費品牌」等稱號。多次在全國烹飪大賽中奪得大獎，榮獲「全國金獎」、「全國金廚獎」、「中國名宴」、「中國名菜」等多項榮譽。當然這一成功的嘗試和大膽地變革所贏得的諸多榮譽，自然讓人們更加欽佩和青睞向有開創精神，出自川菜著名廚派張中尤門下的名廚蘭桂均與舒國重這兩位同門師兄弟。

張中尤，１９４８年出生於蓉城書香門第之家，故而溫文爾雅、博學多識、為人謙和而彬彬有禮；身為國家特一級烹調師，川菜大師，中國烹飪大師，在餐飲界廣受敬重。張中尤大師在餐飲行業中享有：「蜀中第一儒廚」的的美譽。其數十年的從廚生涯，使其足跡遍佈包括聯合國在內的四十幾個國家和地區；從為中央高級領導和外國元首烹製川菜佳餚、操辦國宴，到在國外表演川菜廚藝，以其紅白兩案精湛廚技、德藝雙馨，而榮獲難以枚舉的金牌、金獎等榮譽。

再說張老師之得意高徒「鄉老坎」總廚蘭桂均。說起蘭桂均，也是精通紅白兩案廚藝，名聲不凡的川菜大師。早前拿過很多大獎，風靡國內的泡椒鳳爪也是他所創製的。蘭桂均更是潛心感悟，一手復原了幾近失傳的坐杠大刀金絲麵。他從成都頂級餐館蜀風園出來，擔任鄉老坎酒家的總廚。１９９８年的一天，鄉老坎的老闆向蘭桂均拋去了橄欖枝，力邀他重出江湖，擔任「鄉老坎」總廚。他對蘭桂均說：「你是一顆鑽石，但需要有人來發現你，打造你，你才會變得閃閃發光。」果不其然，在鄉老坎的五年裡，蘭桂均的名氣越打越響，成為「鄉老坎」背後的靈魂人物。出任「鄉老坎」總廚後，蘭桂均邀請來擅長菜品研發創新的師兄舒國重做顧問，師兄弟二人文武皆備、才智漾溢、靈魂出竅，成功開發出令人歎為觀止，引領川菜革命的川西系列鄉土佳餚來。

與川菜打交道近４０年的舒國重，是張中尤大師最為器重的愛徒。幾十年間他完全繼承了「張派」的廚藝和廚風，亦被讚譽為德藝雙馨的一代儒廚。曾任成都多家著名酒樓顧問，身影顯現在十餘個國家和地區，集諸多榮耀於一身的舒國重，雖身為川菜烹飪大師和中國烹飪大師稱號，在四川餐飲界聲譽卓著，但他仍忙碌在一線廚房和烹飪學校的課堂上。正如他自己所說：選擇了廚師這一行，你就得無怨無悔的耕耘下去並有所奉獻。「鄉老坎」的巨大成功，就是他默默奉獻的一個經典事例。

中華上下五千年的悠久歷史始終貫穿著豐富的飲食文化情結，「鄉老坎」深諳文化是飲食之魂的道理，牢牢把握這一川菜之魂，注重飲食與傳統文化的有機結合，注重飲食與民情、民俗、民風的相互融合，並且在經營中逐漸形成了菜品色香味形器的獨特風味與風格，並同時在環境裝飾格調及餐飲器皿上，努力體現和諧共融的飲食文化特色。鄉老坎的菜品崇尚創新，通過選擇新原料、改革烹調工藝等方式，大膽求新求變，因此，鄉老坎的菜品選料大眾化又不乏考究，還輔之以色澤上的巧妙搭配、工藝上的改良創新、器皿上的古拙獨特，帶來了視覺、嗅覺、味覺等多方面的享受，領導了新派川菜的潮流！

當「鄉老坎旋風」刮起之後，隨之而來的羊西線奇蹟出其不意地風風火火鬧川西。卞氏菜根香比鄰崛起，大蓉和、陶然居、夕陽紅老菜館等知名餐飲企業相繼火爆。整條羊西線及西延線，迅速形成成都最有規模、最為熱鬧的餐飲一條街。可以說，沒有鄉老坎也許就沒有二環路外羊西線面貌的迅速改觀，以及名聞華夏的成都餐飲一條街之壯美景觀。

２０００年後，「鄉老坎」抖擻精神，滿懷豪情走出盆地，直奔京城，將成都「鄉老坎」一絲不差地移植到了北京。讓皇城達官貴人，庶民百姓一睹川西風的風采，盡享川西鄉土風味之風韻。其所引起之風潮與成都有過之而無不及。此後，鄉老坎更是一發不可止步，先後受邀在國內外開設了十餘家分店，把川西風情與風味瀟灑在更為廣闊的天地間。

欲知鄉老坎崛起之後事，請看下回分解。

香根菜氏卞

第三十六回

心正神明悟真經，百事可為菜根香

前回說到１９９８年４月，當時的成都羊市街西延線仍屬於城郊的那片荒涼之地，「鄉老坎酒家」以川西民居風情和鄉土菜餚爆紅，引發了狂熱的餐飲食熱潮。而就在這年的８月１８日這一天，在「鄉老坎」下段幾百公尺處，一座往日孤零零坐落在路邊荒草中的空蕩大樓，卻又令人意外的披紅掛綠，繽紛登場，巨大的條幅與招牌十分耀眼奪目地向世人宣示著：「卞氏菜根香泡菜風味酒樓」隆重開業。這座川菜歷史上首家以「泡菜」為主題的大型酒樓亮麗登場，自然引得男男女女好奇不已。被巴蜀百姓視為「美食奇葩」的泡菜，從來都是配角，是餐桌上跑「龍套」的解酒除膩、開胃下飯的邊角餘料，何以能登大雅之堂，扮演起主角來。行業中有人困惑不解，亦有人不屑一顧。然而殊不知，這泡菜竟然圓了「卞氏菜根香泡菜風味酒樓」之創建者卞克先生的餐飲夢，成就了卞氏家族之宏圖大業。而讓世人廣為傳頌的那句頗富哲理和號召力的標語：「吃得菜根、百事可為」，更讓世人眼睛一亮，仿佛窺視到了人間的至美真味；那特色獨具，風味特異的泡菜，泡椒系列菜品經過妙手喬妝打扮，而成風姿綽約的窈窕淑女，誘得世人聞香下馬，君子好逑；知味停車，萬眾爭品。不到一月光景，泡菜泡椒風味之熱浪便風馳電擊般席捲巴山蜀水，香風漫捲大江南北。

華夏各地，大凡說到川菜，都會把火鍋、小吃、泡菜稱為巴蜀美食「三絕」。但在川人心中，回鍋肉方是巴蜀第一菜，泡菜則是天府一枝花。《辭海》中，其泡菜條目記述：「蔬菜經淡鹽水浸漬而成的製品……不必複製就能食用。質脆，味香而微酸，稍帶辣味。四川泡菜最為著名。」

「鄉老坎」開業之時，其首推之佳餚，便是泡菜「爽口老罈子」而轟動市場。那如柚子般大的罈裡居然泡有葷料，也就是除常見鮮蔬，還泡有豬耳、豬尾巴、鴨鵝肫肝、兔耳朵、鴨腸腸等。這從根本上，也從歷史上對四川泡菜進行了前所未有的革命。

而在「卞氏菜根香泡菜風味酒樓」，其主推之招牌菜品竟也是泡菜，叫「菜根老罈子」。與鄉老坎不同的是，菜根香把這「泡菜革命」竟然鬧到大海裡去了，居然泡出了海鮮。那雪白鮮嫩、香脆多滋、鹹辣酸甜的泡墨魚仔、泡魷魚、泡海螺、泡基圍蝦、泡蟹鉗等真是人見人愛。果然，「菜根老罈子」不僅迅速風行巴山蜀水，不少南來北往的外省客，將其視作珍稀禮品，臨行前必到該店買幾罈或十幾罈帶走。此後，巴蜀餐館酒樓無一不追隨此風，老罈子泡菜一下成為川菜之精典傑作。「菜根老罈子」更將千百年泡菜帶入了一個嶄新的境界，葷（肉類）素（蔬菜）同泡，「海陸空」一併入罈，泡出一番奇異風味、絕世美餚來。該菜由此獲得「四川名菜」、「中國名菜」及國家專利。隨之，菜根香泡菜泡椒風味不但成為長江南北之餐飲食尚潮流，素來羞羞答答，藏於屋角地窖的泡菜，走出了一片新天地，泡蔬菜、泡水果、泡果仁、泡雞爪、鴨腳、鵝腸、鴨腸、豬耳朵、肫肝、泡海鮮等，幾乎是天下食料無有不可泡之物。卞氏菜根香泡菜系列除色香味型之外，在器皿的選擇、風味口感的搭配上，也闖出了一條新路子。成為川味一絕，真可謂「泡菜成席、世間絕味、引領食府風流；菜根悟道、人生真諦、養生亦養心。」卞克先生亦被尊崇為「菜根香之父」。此後，泡菜泡椒菜式成為川菜家常菜中一個獨立的菜式，泡菜泡椒風味亦成為川菜複合味中的一個獨立風味味型，這是卞克先生對川菜的一大突出貢獻。

然而，卞克並不是土生土長的四川人。這個出生在浙江湖州商業世家，是湖州最大醬油商的兒子，原來對川菜烹飪也是一竅不通，只是1970年代在成都市飲食公司基建科工作時，接觸了不少知名的川菜烹飪高手，品吃了不少川菜佳餚，漸漸地他就愛上了川菜，並盤算著有朝一日開辦一個屬於自己的川菜餐館。

機會終於來了，1980年代初，卞克先生懷揣全部家當3000元資本，隨大流「下海」經商了。小本資金也就小本經營，卞克先生先開了個小雜貨鋪子做起了菜葉、小食品等零碎生意以摸索經驗，積累資金。其後，又開辦了五金店、汽修廠等，但均以虧損而告終。每當回憶起當時的情景，卞先生總會感慨地說：「沒有失敗就沒有成功，任何生意都有風險，那時整天忙碌不說，時不時還有虧本的時候，所以我不斷提醒自己要重視每一個環節與細節」。然而生意雖小，但也五味雜成，讓他學會了精明和細緻。1987年，卞克已積累了一筆可觀的資金，終於開始圓他夢想已久的「餐飲規劃」了。不久，成都雙林路上出現了一家獨具傣家風格的酒樓，主要經營的傣家風味菜，同時伴有傣家歌舞表演及傣家風俗禮儀服務。這就是完全屬於卞克自己的第一家酒樓。第一次與餐飲親密接觸，年富力強的卞克就找到了感覺，心裡更加樂觀自信。

其後，順應餐飲市場不斷變換的食潮，卞克敏銳地抓住時機，先後經營過火鍋雞、自助火鍋、魚頭火鍋、澳洲肥牛燒烤、淮楊菜……每經營一個潮流美食品種，他的生意都能異常火爆（興旺的意思），但畢竟只是撵風跟潮，好景不長，流行之風一吹過，生意就慢慢蕭條起來，酒樓又被迫轉向，如此反覆，一晃就到了１９９０年代末。１９９８年，卞先生陷入了從未有過的苦惱中，錢雖然賺了一些，但細細想來卻沒有一個屬於自己的特色美食品種及叫得響的餐飲品牌。因此下定決心，不再重複過去輪番開店，追風撵潮的經營路子，要做餐飲企業，就要有屬於酒樓的特色菜品，要創立一塊卞氏的知名餐飲品牌。

身材高大魁梧的卞克，看似江湖一豪傑，自帶天人福像，但卻也有著江浙人的細膩、精明和執著。每天帶著滿身的油煙回家，卞先生也不忘翻幾頁書來看看，當卞先生讀到《菜根譚》這本書時，被這本書迷住了，書中那「吃得菜根，百事可為」的喻世名句深深地感染了他，做人是這個道理，做事業是這個道理，從小做起，從平凡中尋找真諦。

正是在《菜根譚》的影響下，卞先生終於在其中悟到了人生的真諦。１９９８年3月，卞克與其子卞軍在溫江一鄉鎮上採購原料，午飯就在鎮上的一個小飯館解決。或是老天暗中指引，亦或是世間之因緣，沒想到這頓午餐讓卞克靈性大發、茅舍頓開，一下找到了酒樓經營的全新思路。這是一個並不起眼的路邊雞毛小店，經營的菜品主要是農家泡菜風味，如泡菜燒鯽魚、熗炒泡菜、泡菜燒血旺、泡菜肉絲、洗澡泡菜等，味道特別清淡爽口。吃罷午飯卞先生突然靈機一閃，泡菜是巴蜀大地最地道的家常小菜，幾乎家家都有，人人喜愛，而正是泡菜的純樸多滋的獨特風味口感，才勾起了人們對親情、鄉情及民間風味美食的激情。想到這一點，他立即向這家當家的老大娘討教泡菜的製作方法，但是老大娘起初並不肯說。後來，卞克父子又三顧茅廬，這位不知名的鄉間老大娘終於說出了自家泡菜的製作秘方，並送了卞氏父子一罈老鹽水。

回到成都，卞克先生邀來廚界朋友，他對大家說想要開個泡菜酒樓，專門經營泡菜及泡椒系列菜品，大夥一討論認為這個主意好，在泡菜上做文章，即可體現大眾消費的特點，又能反映本土特色，獨特的味型更能吊起東西南北各方人士的胃口，創建一塊獨具特色的餐飲品牌。

此時，卞克心想，泡菜不就是將蔬菜根塊莖葉泡進一罈，化腐朽為神奇，而「菜根香」不正好就是絕妙的店名店招嗎！於是，「吃得菜根，百事可為」就此成為卞氏家業的金玉良言。接下來的酒樓選址，頗讓卞克費盡心思。先是看好羊西線蜀漢路，那當兒，只有老房子酒樓及鄉老坎等兩三家較為知名、生意紅火。但業主堅持要一次性售樓，卞先生掐指一算，扣除買樓的錢，就沒開店的錢了。俗話說：世上無難事只怕有心人。當時羊西線二環路外的「鄉老坎酒家」下段幾百公尺處，有一幢臨街的空樓房，但這裡幾乎是羊西線的盡頭了，四周是一遍雜亂的荒草，門前一條一米多寬的水溝，幾塊水泥板權做便橋。不少朋友都勸他說：「這地方凶多吉少，誰願意跑到這麼遠的空壩子來吃你的泡菜飯呢？」但卞克考慮到的是房租十分便宜，省了買房的錢，就有充足的資金來打造酒樓。常言道：酒好不怕巷子深！只要酒樓就餐環境舒服，菜品風味獨具特色，就不愁食客不來。

1998年8月18日，「卞氏菜根香泡菜風味酒樓」正式開業。古色古香、純樸典雅，青瓦紅柱的門樓，大紅燈籠高高掛，氣派靚麗；就餐大廳藤樹盤繞，小橋流水，朱門紅窗，花格桌台……從那天起，高呼「吃得菜根，百事可為」的泡菜風味酒樓，在那追新求奇，喜新厭舊的瘋狂吃潮中，卞氏的濃妝重彩，粉墨亮相，使得這裡一下成為南來北往的吃貨們關注的焦點。每日中午、傍晚都呈現出人潮湧動、高朋滿座、排隊等位的火爆場面，好似吃免費大餐一般。誰也沒有料想到泡菜泡椒風味竟然登上大雅之堂，居然讓吃口一向刁鑽的成都人為之癲狂。這使行業內外的人士又驚又喜。蜂擁而來的人們，吃得油光水滑、喜笑顏開、口碑四傳，無疑說明菜根香的泡菜風味的確非同尋常。只是那「菜根老罈子」，除了時令蔬菜，還有耳片、豬尾、豬耳朵、雞爪等葷菜，更令食者稱奇的是，還泡有墨魚仔、魷魚仔、貝蛤、蝦蟹等海貨；且老罈子的包裝十分古樸典雅，每個小泡菜罈子端上桌，揭開瓦蓋，倒入盤中，不僅五顏六色、潔淨靚麗、繽紛多彩，且是鹹辣酸甜香風四溢，一聞到那香啊，真就是個饞得人手舞足蹈。夾一塊入口，鮮美脆嫩、吃口舒爽、風味悠長，讓人立馬食慾翻滾、饞液湧流。

再有那主打菜品「泡椒墨魚仔」，以泡紅辣椒烹製海鮮，可謂是打破傳統的一大創新。此菜一紅一白、反差鮮明、極具特色，裝盤大氣、樸素自然，個個子彈頭般的泡紅辣椒，紅亮飽滿，精神十足；只只潔白的墨魚仔，心安理得地躺在大紅泡椒中，柔美溫順，細嫩脆爽，滋味濃醇。其他如則耳根回鍋肉、菜根香排骨、泡菜半湯鱖魚、泡椒牛蛙、泡菜拌土雞、泡菜燒豬手、菜根燒鵝腸等一系列風味各異，吃口爽美的風味菜餚，且輔以高中低檔南北各式名菜和川鄉風味小吃。這就把成都人吃的是腦滿腸肥、失魂落魄。泡菜泡椒風味一下就成為卞氏餐飲文化的靈與魂，在餐飲市場上掀起一股勢不可擋的新派川菜浪潮。

2000年後，卞氏之菜根老罈子、泡椒墨魚仔被評定為了「中國名菜」，酒樓也被評為「四川名店」，2001年被評為「中國餐飲百強企業」、「中華餐飲名店」。卞氏菜根香泡菜酒樓成功了。卞克按理說耗盡心血終於打造成了自己的餐飲企業，功成名就，該鬆口氣了。然而，他依然雄心勃勃，眼光投放得更高更遠。他將企業更名為「四川卞氏菜根香泡菜餐飲有限公司」，酒樓名稱簡化為「卞氏菜根香」。準備抖擻精神開足馬力，向不同的經濟領域擴展。首先，為充分保證酒樓廚師隊伍和風味品質的穩定，卞氏創辦了自家的烹飪技術學校，建設了卞氏原輔材料生產加工基地和調輔料作坊。經過幾年的發展，卞氏菜根香泡菜酒樓在成都已經開設了5家分店，還在北京、上海、廣州、深圳、南寧等全國各地開設了30多家連鎖加盟店或者自營店。特別是成都人南立交橋下的「錦繡店」，處於通往機場的要道，東南西北的客人大多要在菜根香請吃請喝，且幾乎每天都有一撥撥客人，去機場前都要到菜根香捎帶幾罐或十幾罐老罈子，這幾乎成了慣例。錦繡店無疑也為卞氏創造了不菲的財富。

也就是在此時，卞氏菜根香火爆非常的熱潮，惹得不少人嫉妒眼饞，亦有菜根香早期的管理經營人員另立山頭，以菜根香之名獨自開店。更有不少投機取巧者到菜根香偷經取義、悄悄挖走些小廚師，一心想追風趕浪，乘機賺筆錢。於是轉眼間，成都四門各式菜根香爭先恐後面世。新山城菜根香、重慶菜根香、府河菜根香、莊園菜根香、大自然菜根香、劉氏菜根香等便在川西壩子遍地開花。其後甚至還打了「菜根香」商標歸屬權的官司。面對這些紛爭，卞克以博大的胸懷，相當的自信一笑了之。沒過兩三年，其他雜牌類菜根香先後關門，最終形成卞氏菜根香、新山城菜根香、重慶菜根香三足鼎立的局面。然而，卞氏菜根香在食客眼中的地位依然不可撼動，仍被視為原創之唯一品牌。

曾任卞氏菜根香酒樓技術顧問、著名川菜大師、錦江賓館餐飲總監的盧朝華說道：「卞氏不斷吸取省外菜系的優點和特色，開發研製出很多個創新川菜品種，這些新型川菜被業界稱為新派川菜」。

2005年，傾其一生執著追求，奮鬥不息、為成都餐飲業的發展，川菜的繁榮興盛嘔心瀝血的四川著名餐飲民營企業家、成都餐飲史上的一顆巨星、被業內譽為「菜根香之父」、「新派川菜開拓者」、「江湖菜宗師」、「餐飲辯證大師」的四川卞氏菜根香之創始人、董事長，身兼成都市烹協副會長、四川省烹飪協會副會長、省政協委員的卞克先生因積勞成疾，胃癌晚期不幸於12月4日在成都病逝，年僅六十二歲。成都市烹協、四川省烹協、四川餐飲娛樂行業協會、四川省美食家協會，以及成都餐飲界知名人士紛紛趕到卞克先生的靈堂，哀悼這位「餐飲傳奇人物」。成都市飲食公司副總經理、成都市烹飪協會會長李萬民不無惋惜地說：「作為四川餐飲行業的一個優秀餐飲企業家，他這一生為川菜、特別是新派川菜的研發、推廣和發展作出了舉足輕重的貢獻」。

在卞克先生乘鶴西去之時，卞氏菜根香在全國已有40多家分店，僅成都5家店，年銷售額超過3億元（人民幣，下同），創造了成都餐飲界的奇蹟。且為世人留下了一部「吃得菜根，百事可為」的傳奇演義。其後，在自小就跟隨父親闖蕩江湖，搏戰商場，同樣是精明能幹的姐姐卞蓉的輔佐下，與追隨父親多年，深得其教誨的兒子卞軍接下了這份輝煌而厚重的家業。

2009年的夏天，當成都大多餐飲酒樓都卯足勁兒追攆創新各種融合新川菜、苦心拼湊西式裝盤來提升人氣時，卞氏菜根香酒樓卻反其道而行之，回歸川菜傳統經典。在知名餐飲文化人向東先生的策劃和指導下，於5月初推出了「回鍋肉大全」25款，6月底又推出了「麻婆系列」20款，9月份籌備推出的是「水煮系列」、「魚香系列」等，還配套推出香辣連鍋、酥皮甜燒白、油渣炒蓮白、螞蟻上樹、肝腰合炒、砂鍋雅魚、新派豆瓣魚等經典家常菜。僅是那回鍋肉和麻婆系列的反響就相當火爆，不但維持了菜根香的超高人氣，天天爆棚。不少客人很是感歎地說：終於又吃到以前的老味道了。總廚溫賢明說，近幾年川菜引進了各種複合調料，而一般家庭是不用這些東西的，所以「餐館味」和「家庭原生態味道」差距越來越大，而許多食客迷戀的就是那個「老味道」。卞氏菜根香再次成為引領餐飲食尚的衝浪高手。

此時，卞氏菜根香為了集中品牌優勢，謀求多元化發展，將餐飲集團所屬企業收縮為成都航空路旗艦店、玉雙路店和江南館老店。卞氏菜根香將有何新的發展，人們拭目以待。然而，亦如著名文化人何開四先生為菜根香所撰寫的《菜根銘》所言：

樓不在高，有道則名，食不在奢，有味則靈，斯是酒樓，泡菜獨尊。……豪傑起義於江湖，美食源自民間。古今風流多少事，人生況味知幾許？莫道水陸八珍，何言滿漢全席，先賢有云：吃得菜根，百事可為！……卞公起於隴田，雖歷經坎坷，不墜青雲之志；身處江湖，猶存濟物之心，於烹調文化，尤造詣精深，獨享餐飲辯證大師之美稱。

欲知後事，且看下回解。

第三十七回

老漁翁三江逍遙，美河鮮歡鬧川西

距今三千多年前，在蠶從氏的帶領下，蜀地成為一方農桑繁榮，魚米豐盛之地，不但開啟了古蜀國的百代鴻業，鑄造了如今在三星堆及金沙遺址所發掘出來的那驚世駭俗、輝煌燦爛的古蜀文明，也為後來的「天府之國」奠定了厚重的根基。蠶叢氏之後，從名字便象徵著黑色魚鷹，川人稱為「魚老鴰」的第三代蜀王魚鳧始，可以說蜀地子民便有意識地捕了三千多年的魚，也烹食了三千多年的魚，川菜河鮮文化就此而發端。

大約一千多年後，西漢楊雄在驚世名篇《蜀都賦》中首次詳細記述了四川之河鮮水產及烹飪原料、烹飪技法、川式筵宴及飲食習俗無獨有偶，在西晉文學家左思之絕世之作《蜀都賦》中更是生動描繪了蜀地的筵席魚餚：「嘉魚出於丙穴，良木攢於褒谷」；「金罍中坐，餚隔四陳，觴以清醥，鮮以紫鱗」，紫鱗即川江河鮮，可以說，就在這一時期，蜀地之河鮮及魚餚已是風聞華夏。

有道是蜀水美、河鮮肥。四川自古江河似網、溪流如織，河鮮無處不有，尤以鯰魚、鯉魚、鯽魚、草魚、花鰱、白鰱、黃臘丁等最為尋常。自古河鮮就是川人喜愛的美饌。在傳統川菜中河鮮菜餚佔有相當的數量，且有不少名品佳餚，像清蒸江團、砂鍋雅魚、豆瓣全魚、乾燒岩鯉、脆皮魚、水煮魚、酸菜魚、冷鍋魚等不勝枚舉。四川大江大河沿岸城鎮亦不乏優質河鮮。如新津黃臘丁、資陽球溪河鯰魚、樂山江團、雅安雅魚。而宜賓、樂山三江匯流，河鮮品種更為豐富。

１９９０年代末，四川的餐飲業在經受了一陣陣海浪的衝擊後，開始眷戀起家鄉江河湖泊的那種平和柔順。而成都、樂山、宜賓、瀘州、雅安等臨江而居的大都市，尤是江河歡鬧，大量的河鮮酒樓、河鮮美食節，形成了一股強勁的河鮮食潮。１９９９年１０月，來自宜賓三江口的「老船舫酒家」逆風逐浪駛到成都，船舫之「老漁翁」攜三江河鮮，五糧美酒，在一環路大石西路口建起了「老漁翁河鮮風味酒樓」，把金沙江、岷江、長江的野生魚餚呈獻在成都市民的眼前，更以三江船家和川南民間傳統魚餚風味，美樂男女老少的胃腸。讓廣大食客品嘗到了珍貴的岩鯉、江團、石爬子、水蜂子、水密子、青波等珍稀河鮮美味。「老漁翁」起始於三江，成名於船舫，以其三江河鮮品種盛、名品多、鮮活資格而著稱。更以其川南風味濃，民間味道純而享譽食界，一時間在成都掀起一陣爭相品嘗三江河鮮的風潮，「老漁翁」亦也成為「美味河鮮第一家，風味魚餚之首選」。

在宜賓，金沙江、岷江於此匯流融入長江，而後一瀉千里，奔向東海。宜賓因此而有「萬里長江第一城」之美譽。金沙江，江水略黃，江面寬闊，波急浪湧，猶如充滿激情的川江漢子；岷江則寬窄相間，平緩柔美，猶如秀麗溫情的川江女子。兩江之側，青山蒼翠，民居古樸，令人生發思古之幽情。無論是沿金沙江逆流而上，經柏溪、豆壩至大峽谷；還是依岷江順流而下至三江口。最令人心動的莫過於江上的艘艘打漁船和江邊站在齊腰深的江水中的打漁人。三江之水不僅生養了不少珍貴肥美的河鮮，也養育了世世代代的三江人。至今他（她）們仍保留著傳統的捕魚方式，大多父子成雙，夫妻成對，從日出到月明，遊弋在三江上，攔網、撒網、搬捻、撈子、放簍、垂釣，有的夜垂下網，晨曦收穫；有的日出入江，日落上岸。當你看到那一條條鮮活生猛的岩鯉、江團、青波、水密子、花鰱、玄魚子乃至黃臘丁等河魚而驚喜之時，守候在江邊的收漁人，卻爭先恐後將魚盡數收來，分裝入袋，灌上江水，疾馳而去。老漁翁的河鮮也是這樣每日專車鮮活運到成都，提供給喜吃河鮮的蓉城食客。

三江之水，水面寬、深度大、流速快，水中藻類浮游生物豐富，因而使得其河鮮不愁吃喝、不愁營養，故而生長得生猛豐腴、鮮美細嫩，個大刺少、無泥腥味，營養豐富、低脂高蛋白，吃口非同一般的鮮美。雖然近年來江水被污染，仍不乏豐盛的河鮮。如此美事，無論如何烹飪，皆是餐桌上之佳餚。像船上的打漁人，大多以船為家，享樂於淳樸簡單，其樂無窮的生活。每到傍晚，平靜的江面上薄霧輕飄，只只小船炊煙渺渺，一股股泡椒泡菜融合著魚鮮原味的香風飄蕩在江岸，漁夫一家就船圍鍋而坐，斟美酒、品魚鮮，盡享其樂。此情、此景、此味，大凡活人，誰能有那般定力不心動、不口饞。千多年前大詩人杜甫、陸遊等就深羨不已，因此而書寫了大量詩篇，盡抒其懷，連向來鬱鬱寡歡、神態嚴肅的杜甫也不禁動情地揮毫寫下了「蜀酒濃無敵，江魚美可求」等絕句名篇而傳誦至今

而沿三江之公路邊和碼頭小鎮上的河鮮餐館，更是把三江魚鮮烹燒得香風四溢，讓人心慌意亂。川南風味河鮮原本就名聞巴蜀，尤以善用泡椒、泡菜、鮮椒、乾辣椒，以鮮燒、乾燒、水煮、熗鍋等方式為擅長，不僅

講究河鮮風味醇厚，更注重突出魚鮮原味。他們大多沿用江上船家烹魚之法，加以完善豐富，使得所烹之魚鮮家常風味濃醇，魚肉鮮美嫩爽，故而美味天下，誘得食者情有獨鐘，癡戀不已。

多年來，「老漁翁」在三江邊建立了自己的固定基地，定點收魚、裝袋、灌水、充氧，每日破曉專車運送到成都，放入魚池，嚴控水溫。食者即可一邊觀賞，一邊現撈、現秤、現殺、現烹，如此鮮活，怎不味美！「老漁翁」正是從江邊船舫，自民間重金請得烹魚高手，收得名品佳餚，以資格魚鮮，地道調輔料，傳統手法，既有川南各式民間風味魚餚，又有漁家風味火鍋，醇美風味征服了天南海北的美食饕客。「吃三江河鮮，品五糧美酒」一時間成為人們最為常掛在嘴邊的食尚話語。

老漁翁河鮮風味酒樓，遠處望去，真就像江面上一只古色古香的遊船。清新優雅又不凡大氣溫馨；從外觀到內堂凸顯三江風韻，川南情調；裝修佈局，燈光色澤錯落有致，廳房包間，柔美雅致、寬敞明亮、簡潔大方、舒適宜人。再次盡情品味鮮美魚餚，彷彿之間真有置身江上船舫的感覺，讓人心曠神怡。

到２００２年，「老漁翁」在成都已是獨霸一方，盡領風騷，也引得一批跟風攆潮的河鮮酒樓瘋狂開業，尤其是來自城郊的新津河鮮以及球溪河鯰魚更是毫不謙讓，誓與老漁翁一爭高下。然而這年五月，老漁翁非但譽滿芙蓉城，經省政府相關部門批准，有省烹飪協會授予「四川餐飲名店」、「四川名優火鍋」殊榮，其「原味河鮮火鍋」、「龍井江團」、「乾燒岩鯉」，「尖椒水密子」四款魚餚被評定為「川菜名菜」。其後又被中國烹飪協會評定為「中華餐飲名店」，及「中國名菜」之龜蛇魚頭湯、老翁魚肚、船舫江團、鮮椒水密子、酸香玄魚子等，皆以傳統漁家烹魚之法，地道川南風味，配以川南農家豆瓣、酸菜、泡薑、泡椒、香蔥、鮮椒等調輔料調製的河鮮火鍋，以及乾燒、紅燒、鮮燒、清蒸、酥炸、醃製的各類魚餚，集辣麻鮮香、滑嫩酥爽於一堂，令人口舌生津，食慾衝動，風味多滋，舒口爽心。讓一應川菜大師和美食大家癡情讚美，也使其他河鮮望其項背，自歎不如。

「老漁翁」之「原味河鮮火鍋」用料嚴謹，吊湯講究，烹製精細，鮮香撲鼻，保持了河魚的原汁原味。中國名菜之「龜蛇魚頭湯」白如奶，鮮香味美、口感舒適，富含人體所需的多種維生素和微量元素，特別適合老人和兒童食用。「老翁魚肚」色彩豔麗、柔和粑糯、鮮、辣、香、泡椒味濃厚。「船舫江團」鮮香味美，口味清醇，肉質細嫩。「乾燒岩鯉」色澤紅亮、外酥內嫩，鮮香醇美，滋味豐厚。「酸香玄魚子」湯色乳白、鹹鮮微辣、酸香濃郁、口感舒爽。「鮮椒水密子」湯色紅亮、鮮辣味美、肉質細嫩，地方風味濃厚。而這一絕色風味之佳餚的幕後推手，便是先期主理廚政的年輕高手吳登懷，這個來自三江河鮮魚館的大廚，深得宜賓老一輩河鮮大師和民間烹技的真傳。其後主理「老漁翁」的總廚，更是享有「川味河鮮王」之美譽的——朱建忠。

朱建忠，著名中國烹飪大師、川菜大師張中尤之徒孫，師承張中尤之高徒，中國烹飪大師、川菜大師舒國重。朱建忠現為特二級烹調師、中國烹飪名師、川菜烹飪大師。在「老漁翁」幾年間，他盡得川南河鮮烹調之道的真經，在其師爺與師傅的點撥下，結合川菜傳統烹魚之精妙烹術，加以昇華，使其更為風味濃醇、味美多滋、吃口豐富，將各式魚餚之色香味形從民間品味昇華到川菜精品魚餚的層次。深為行業、美食界、大眾食客讚賞，從而贏得「河鮮王」之美稱。

朱建忠秉承張派儒廚之風，將自己多年苦心專研、悉心感悟之川味河鮮烹飪心得與技法，與師傅舒國重和向東老師共同編撰成一步宏大佳作——集川菜河鮮烹飪技藝、歷史文化、三江風情風俗、經典河鮮菜餚及精美圖片為一體的《川味河鮮料理事典》，經由台灣賽尚圖文出版，向國內及海外發行，且榮獲２０１０德國法蘭克福國際書展台灣館推介書及世界美食家食譜雙項大獎。亦獲得世界烹飪專家及美食界的充分肯定。

台灣美食藝術交流協會理事長／春野川菜餐廳行政主廚郭主義先生評價該書時說到：朱建忠和他的師父川菜大師舒國重，除完整呈現一百四十多道的河鮮菜品外，更將川菜歷史與河鮮史做了最詳實的介紹，加上賽尚不惜成本、攝製近萬張的四川飲食文化、風情照片，讓廚界和美食家除了透過文字外，也能透過豐富的照片更全面而清楚的瞭解川菜料理技巧、河鮮風情及四川文化。

四川烹飪雜誌執行總編輯王旭東則言：此書以一種新穎獨特的編排架構方式，在對中華料理的風味特色、巴蜀地區的河鮮美食文化、四川豐富的水產資源等做一次全景式的掃描和解讀，當然，還包括以圖文結合的形式向讀者介紹原汁原味的川味河鮮烹製方法。這是一本值得閱讀、值得擁有的川味河鮮「小百科」，很有可能成為我們中華飲食文化書林當中的一部經典著作。

中國烹飪大師、川菜大師、一代儒廚張中尤是這樣評價他徒孫之作品：《川味河鮮料理事典》，是一本以河鮮原料為基礎烹製各種菜餚且較為全面的書籍。該書不僅有烹飪歷史、烹飪文化、物產分佈的介紹，並且著重介紹了川菜發展史、風土人情、四川地區河鮮文化，河鮮的種類和產地，烹製河鮮的獨特方法等都有詳細的介紹。還有大量的照片以使讀者更容易對四川河鮮文化與河鮮菜品有更多的瞭解與認識。是一部難得的烹飪佳作，也填補了川菜烹飪事典的空白」。

的確，這是中國菜，亦是川菜有史以來第一次在菜譜中單獨以河鮮為主題，全面且大量運用照片與文字呈現了烹飪、歷史與文化，更包含屬於四川地方風情，民風食俗，難怪一經問世便廣受讚美。朱建忠現今已是成都河鮮烹飪無可置疑的頂級專家。他不僅將川南風味河鮮烹飪提升到更高的層次，亦也將川味河鮮烹飪、風味特色及川江風情推向了世界。

正所謂：師高弟子強，後生亦可畏。欲知精彩事，且看下回解。

第三十八回

海納百川大蓉和，比翼齊飛十年春

有人的地方就是江湖。天要下雨，人要吃飯，吃喝之間，自然也有個餐飲江湖。這個江湖沒有刀光劍影、血雨腥風，卻有夜黑風高的明爭暗鬥，光天化日下的巧取豪奪。要在餐飲江湖裡站穩腳跟，謀求生存，持續擴展，光靠資金、人力還遠遠不夠，需得鬥智鬥勇鬥耐力。十年磨一劍，「磨」出餐飲江湖的一大傳奇來。「大蓉和」就為世人精彩生動地演譯了這個神話。而這一神話的撰寫者便是——劉長明。

劉長明，1954年生於成都，1970年在瀋陽軍區「雷鋒團」服役，1976年退役後在成都市政府部門任職，1995年下海經商。這一經歷，可說是十分簡單而又四平八穩，對那個年代的復員轉業軍人來說，應該是很榮光了。然而也就是這個年代，改革開放的勁風刮得呼啦啦響，那商海裡亦是波翻浪滾、風雲難測。有被海水淹沒的、有被嗆水的、有回頭是岸的、亦有迎風衝浪的，如此等等。個頭中等且偏瘦的劉長明亦是「人不可貌相，海水不可斗量」。1997年他下得海來，在沉浮中學會游泳，開辦了成都「西部牛仔燒烤城」，遊進險象環生的餐飲業。1999年又與李自康等人在成都創辦「大蓉和」酒樓，任成都大蓉和餐飲管理有限公司董事長。於今，已是東方美食學院客座教授、中國餐飲文化大師、成都「十大風雲人物」。

雖說是亂世出英雄，可還是得有那麼兩三把刷子，虛懷若谷，世亂心不亂，方才英氣勃勃雄得起來。近十年間，味道江湖聽說過太多關於大蓉和與劉長明的傳奇。像一款菜一年就能賣出10萬多份，銷售額達到400多萬元（人民幣，下同），自推出以來就長銷不衰。僅此一點，就足以讓大蓉和與劉長明笑傲江湖。無疑，劉長明擁有著萬人矚目的驕人成績。可是面對媒體，他卻大言不慚地說出「我不愛餐飲，但愛錢」這樣不合時宜的話來，這著實有些讓人詫異。在這個虛華浮躁、財欲橫流的社會，在媒體五味雜陳的報導中，我們見到的商場精英們，無一不在標榜自己多麼熱愛所在的行業，多麼鍾情於回報社會、多麼慷慨於慈善救災等冠冕堂皇的說詞。2009年元旦，中央電視台到成都大蓉和拍攝《探秘：一道菜年賣400萬元》的專題片，有記者問劉長明為什麼幹上餐飲這一行。劉長明似乎有些答非所問地說：「我不喜歡餐飲，但我喜歡錢」。記者追問，如果讓你再創業一次，還會選擇餐飲業嗎？劉長明回答：「如果餐飲業能讓我賺錢，那麼看在錢的份上，我還會做這一行」。

有道是：官本臭腐，財本糞土。劉長明真是一語道破天機，既喜當官，又愛錢財。有人為其坦誠鼓掌，更多的人由此對大蓉和充滿了好奇，一個不愛餐飲的人開了餐館，憑什麼還做得這麼有聲有色？從內心講，劉長明確實不喜歡搞餐飲。但天底下工農兵學商和官，沒有人不喜歡錢，劉長明亦不可能裝清高、操神仙。他說：「有了錢，才可以給員工發工資，給員工買社保，才能改變他們的生活」。正是這樸實誠摯的理念，推動著著劉長明把大蓉和做得風生水起不可一世。這也應證了自古一句老話：君子愛財，取之有道。

大蓉和，顧名思義，即是海納百川、兼收並蓄、有容乃大、容中有道、容中求變。常言道：南北飲食，眾口難調，適口者珍。開餐館的卯竅就在要調理好眾口。劉長明說：「我們是滋味製造者，是味道創新者，賣的就是千滋百味。然而製味之人卻要品嘗人生百味，酸甜苦辣，在五味雜陳中調理出百味人生和人間至味來。在大蓉和十周年之際，劉長明出了一本書，就叫《開餐館的滋味》（台灣版名：《我不愛餐飲，我愛賺錢》），裡面講述了他的四十八條實戰理念。餐飲界掀起一場至上而下的學習熱潮。劉長明塑造了很多行業新指標，給予人們鼓勵。在某種程度上，這是一種心態，一種精神。你可以毫無聲息地從這個世界上穿過。但光過留影、鳥過留聲，人生一世，總會留下你的光和熱，不管他們是多麼的微弱，是美名亦或是罵名。作為大蓉和的「船長」，劉長明就是這樣，在低調中高調行事，在高調中低調為人。大蓉和雖創造了業界的很多巔峰之舉，但劉長明並不以此自傲。他說，這都是員工創造的，我在這個辦公室裡一分錢都掙不到。說這話時，他的表情很真誠，看上去比這句話本身更打動人。

在大蓉和，貫穿著這樣一種理念：顧客的滿意靠員工去實現，員工的滿意靠老闆去實現。由此，劉長明個人只占了10%的股份，其他都分給員工。曾經香港一位記者採訪他時問：大蓉和發展得這麼好，你的經營一定有什麼過人之處。劉長明回答：沒有什麼過人之處，就是把人管好，把錢分好，錢發出去，人就留下來了。然而，說起簡單做則難。一個龐大的企業，要老闆將利益分出去，分給管理骨幹，分給一線員工，要分得客觀公正，這幾乎比登天還難。

自古道：人不為己天誅地滅，進財歡喜掏錢難。

在商界中說大話使小錢的老闆滿地皆是。生意場上最流行的所謂「在商言商」，亦是盡可能變著法把別人包裡的錢算進自己口袋裡的一句冠冕堂皇的藉口。俗話常言「無商不奸」就是此理，且是越有錢那是越摳，這也才有了「窮大方」一說。要做大企業，得先做大氣人。所謂大氣人，並不是揮金如土、廣濟天下。而是心胸開闊、胸懷坦蕩、思想前瞻、善於推波逐浪；善捨善得，處世為人設想，做事身先士卒；耐得煩，吃得虧；愁煩中見瀟灑襟懷，暗昧處見光明世界；責己不責人，信己亦信人；這方才是經商立足之本，當今商場能有幾人如許？可是劉長明卻是真切地做到了，他生意上的生死之交紅杏黃信陵做到了。這才創造了大蓉和與紅杏之大企業。

劉長明說：「錢是大家掙的，員工包包頭錢多了，企業就穩定安全，員工囊中羞澀，我反倒坐不住，心裡沒有底」。劉長明的思想與話語與其形象一模一樣，樸實無華，真誠耿直，卻蘊含著博大的胸懷和熾熱的正能量。

２００５年，大蓉和一個服務生被醫生認定死亡，劉長明堅持不放棄，讓醫生繼續搶救。在繳了若干次醫療費後，他召開全體股東會議，決定再拿出一百萬進行搶救。所有員工聽到這個消息後，感動得淚流滿面，掌聲經久不息。最終奇蹟出現，小夥子奇蹟般康復。這就是劉長明博大胸襟，熾熱正能量的效應。在大蓉和的員工們看來，正是這一胸懷與熱能，感動著他們留在這裡奉獻青春與智慧。劉長明，並不僅是一個董事之長，孤家寡人地安坐辦公室，他是一個站在台前，背向觀眾，面朝樂手的指揮，在巧妙優雅、抑揚頓挫、流暢柔美的揮舞之間，在與樂手們心心相印的默契之間，成功演繹著一場悅耳動聽的宏大融和的交響樂。

大蓉和的聲譽源於成都，起於湘鄂。在餐飲江湖，「興三年、秋三年、再過三年就玩完」的慣性中，大蓉和從１９９７年第一家店開業至今歷經１０餘載，依然日日爆滿。儘管每家店的營業面積幾乎都在３０００平方公尺以上，但是到了用餐時間，仍然生意興隆，人如潮湧。尤其是與紅杏酒樓亦如天生一對、地造一雙般並蒂而連，相映成輝，創造了巴蜀餐飲史上的奇蹟和神話——十餘年連袂興盛，攜手繁榮。

原本就出生於廚師之家的劉長明，從未想過要搞餐飲。他的志向就是「當幹部，遠庖廚」。到三十歲時，他也成功地實現了自己的理想，當上了物資系統的處級幹部。但經濟改革的浪潮卻將他從官場推向了商場，和一幫兄弟嘗試了各種行業，最終還是在餐飲行當找到了感覺。１９９７年，劉長明認識了美國西部牛仔燒烤城董事長李自康，迅速與其合作在成都開設了西部牛仔燒烤城。燒烤城讓劉長明第一次感受到了餐飲行業現金流動的魅力，真正是早上買貨，晚上數錢。但儘管燒烤城生意很好，劉長明卻有自己的隱憂，「燒烤可以流行一時，卻無法流行一世」。劉長明意識到中國人還是喜歡吃中餐，但什麼樣的中餐呢？於是劉長明和李自康推心置腹地深入交流後，兩人在湖南、江西、杭州、上海、北京等地考察了一圈，最終決定創建一個能融合「四大菜系」之長的品牌，取融合之諧音，定名「大蓉和」。

1999年12月，「大蓉和瓦缸酒樓」在成都羊西線蜀漢路開業了。而與之比鄰的便是早已紅得發紫的黃信陵之「紅杏酒家」。此時的羊西線尚屬二環以外的城鄉結合部，開始幾個月的生意之冷清，讓每天站在酒樓門口的劉長明滿懷希望地看著大車小車，牽群打浪的食客接踵而來，卻又眼巴巴看著他們徑直朝「紅杏」走去，甚而眼珠兒都懶得朝大蓉和瞟一眼。一堆堆客人寧可坐在「紅杏」門前的街面上嗑瓜子、喝清茶、玩撲克、擺龍門陣，也沒見到有人轉向「大蓉和」。當時劉長明心裡那個難受啊，猶如貓抓一般。好不容易熬到春節餐飲消費高峰，劉長明心想借此機會起死回生，卻殊不知大年三十，全店奮力推銷的年夜飯只訂了三桌，且有一桌還是內夥子股東訂的。劉長明痛苦得直想嚎啕大哭，甚至產生了不幹的念頭。

而處在大蓉和旁邊的紅杏生意紅火得嚇死個人，老闆黃信陵很有成就感。可時間一長，黃信陵感到了高處不勝寒。沒有了對手，沒有了競爭、也就失去了追求，紅杏的發展就會產生惰性。而隔壁鄰居大蓉和的淒涼景象他都看在眼裡，思考在心中。「一個巴掌拍不響」，於是，黃信陵想培養一個競爭對手，逼著紅杏往前發展。

就這樣，黃信陵和行銷人員向堆在門前候座的客人全力推薦「大蓉和」，把生意介紹給同行對手。他還親自來到大蓉和，告訴行銷管理人員：「我向客人宣傳了你們，介紹了一些客人過來，請一定接待好。」管理人員高興極了，連連表示：「黃總您放心，我們肯定接待好。」

黃信陵江湖豪俠般的義舉，不僅挽救了一個瀕臨倒閉的企業，也為自己培養了一個共生共榮，在競爭中合作雙贏的對手。十餘年間，兩家酒樓的老闆不僅成為「難兄難弟」，還共同選口岸，聯手開新店，雖是「對著幹」，卻是心連心。同時還攜手打造了四川最大的中餐館。這就是被餐飲業廣為傳頌的著名的「紅杏現象」，也有人戲稱為「紅杏出牆」、「你容我和」的現代商業經營奇蹟。

去了大蓉和消費的人都有一個感觸，儘管這裡環境和氛圍都給人感覺很有面子，但消費下來卻不貴，大部分的菜品都在20元到30元之間。大蓉和800平方公尺的一品天下店裝修得相當高檔，但劉長明仍然堅持走群眾路線。劉長明的理論是，人越多越好，單子越小越好。開餐館的都願意做大單子，一桌賣500元和一桌賣5000元區別很大。但做5000元的簡單，前廳和後廚都是一次性勞動，而做500元的卻要做10次，也就是要付出10倍的勞動。但小單子有一個最大的優勢，就是穩定、可持續。劉長明說，人都是同樣的消費心理，都怕貴，有錢人沒錢人都怕。而成都人喜歡湊熱鬧，哪裡人多就往那裡去，所以人氣旺的餐廳就能不斷地吸引食客，形成良性迴圈。大蓉和的每個店長有一項人氣指標，例如一個店一年的消費額目標3000萬，那麼要求一年消費人次要達到32萬人次，人均消費80元。做了多少營業額，創造了多少利潤，都沒有「人氣指標」重要，完不成，管理層的全年收入就要受影響。

而大蓉和的點單小妹，也主要推薦家常菜品，高檔菜單子上有，但點單員一般不會主動推薦。劉長明經常和員工算賬，一個5人的家庭來用餐，一桌吃了500元，平均每人100元，他還會再來嗎？但是如果一桌子只吃了兩三百元，這5個人不僅會再來，還可能帶親戚朋友來。因此大蓉和看重的不是一次消費額有多大，而是客人的數量是不是多。不像大多只做表面文章的餐館，劉長明的大眾餐廳路線在成都貫徹得十分徹底，這甚至已經成為大蓉和的經營特色。而特色正是劉長明在開出第一家店時，做廚師的父親給他的忠告。

在創新中突圍，又在創新中崛起，融合之道即是菜品創新，大蓉和的絕招就是菜品不斷融合出新。今天大蓉和的菜單上，你看不到通常川菜酒樓必有的：麻婆豆腐、水煮牛肉、回鍋肉、鹽煎肉、魚香肉絲、宮保雞丁、蒜泥白肉等傳統川菜經典菜餚，而全是創新融合式的新派川菜，多是成都食客聞所未聞、嘗所未嘗的菜品。如其招牌菜「開門紅」融合湘菜剁椒菜品的做法，用鮮青椒、小米辣、青花椒來代替剁椒，經過不斷鑽研嘗試，創出了『鮮椒味』。此菜恢弘大氣、鮮辣香濃、滋味豐厚，在視覺與味覺上都有極強的衝擊力，故而一經推出就成為大蓉和經典暢銷菜。「鮮椒風味」、「鮮辣風味」也成為現代川菜之新風。

繼「鮮椒」後，大蓉和又開發出「鮮花椒系列」。尤以其「蔥椒雞」風味別樣。此菜以青花椒、大蔥與日本燒汁相調配，那種青花椒的清香幽麻與大蔥的辛香、燒汁的鮮香浸潤在一起，入口是風味異樣、柔情萬種，隨即又成為大蓉合一道經典佳餚，更引發了川菜青花椒風味橫行江湖的風潮。

其後，大融合之創新更是一發不可收拾，有採用融合之道，將青辣椒和青花椒倆相嫁接，以黃臘丁中的三角峰為主料，研發出有一道轟動市場和食界的「石鍋三角峰」。它依靠高溫石鍋的溫度將現殺的三角峰，在特色湯料中燜熟，口感鮮美、魚肉細嫩如豆花，口感十分美妙。這道鮮辣幽麻、清香濃醇、細嫩鮮美、大氣凜然的魚餚成了就餐食客必點，且吃得呼兒嗨喲、興高采烈。

每年只是這一道菜就賣出了10多萬份，銷售額達到400多萬元。

其他還有「蓉和第一骨」是用吸管吸經過精心滷製的豬棒骨中的骨髓，吃起來很濃醇香美，一下風靡餐飲江湖；以及蔬菜豆腐、全家福、醬豬手、一把骨及小點薄荷卷、雪媚娘等。幾乎大蓉和每推出一道新菜，立馬就會成為成都餐飲的流行菜。這樣極致地追求菜品的創新和融合之道，正是大蓉和十餘載如一日吸引「好吃嘴」的秘笈。

2000年10月成都國際美食節上，大蓉和推出了上百道新菜，開門紅、青菜缽、香煎抱鹽魚等引發了轟動，這也是大蓉和的品牌第一次被廣大消費者所關注。此時的大蓉和已經完全區別開傳統油大、味厚的川菜概念。大蓉和開業至今，推出的新菜品超過1000個，而試做的菜品更是難以計數。劉長明常對員工說，菜品就要混血兒，誰都知道「混血兒」漂亮聰明。而後來的市場調研證實，大部分70後、80後、90後的年輕白領都喜歡嘗新吃鮮的融合菜。大蓉和從融合湘菜開始，結合粵菜、贛菜，鄂菜、淮揚菜，甚至西餐的做法，開創了完全不同的新品川菜。菜品創新也成為大蓉和廚師評定等級的考核專案之一。

創新菜品的來源一個是去各地知名餐廳試菜，另一個是從民間的特色小館子裡挖掘。大蓉和也是成都最早讓廚師長坐飛機到處試菜的餐飲企業。他們在推出一道新菜的過程中，會經過無數次的調整，從原料色澤的美感、食材的選擇、調輔料的運用、反覆用各種烹製方法嘗試，多個大廚共同完成。在創新一道菜上，大蓉和的投入甚至高達30萬元，而這依賴的是大蓉和的巨大消費基數，是普通規模餐廳無法做到的。儘管菜品創新上看起來投入很大，但是一旦新品打響，回報率也十分生動。

不久，大蓉和生意的火爆勢頭居然蓋過了紅杏。有人說，這劉長明真是沒良心，竟跟紅杏搶生意。有人則怪黃老闆是東郭先生，教會了徒弟，餓死了師父，當初就不該那樣幫大蓉和。可黃信陵卻不這麼想，他覺得有意思，終於把對手的能耐激發出來了，那我們正好開始大展拳腳搏擊一番了。於是黃信陵統帥一幫將士，先殺上幾招回馬槍。你搞外地菜，我就請外菜系廚師；你搞「開門紅」魚頭，我就搞個小芋兒燒魚頭；你把店堂整寬敞，我就把燈光搞明亮；你把員工餵得好，我就給員工配幫傭。於是，就這樣你一拳我一腿的過起招來，把個餐飲江湖鬧騰得熱鬧非常。

黃信陵說：「對於所有員工我們都配幫傭，就是讓員工在紅杏工作真正有家的感覺。通過配幫傭，通過對寢室搞標準化管理，進而提高了整個酒樓的衛生及服務水準。」給員工配幫傭，這可不是按規矩出牌，劉長明對此是一頭霧水。不過這招確真靈，紅杏員工上下一條心，效率大大提高，管理意識增強，招呼客人更周到悉心，這一來客人又稀哩嘩啦地流到紅杏那兒去了。

常言道：兵來將擋水來土掩，紅杏的招數迫使大蓉和想法應招。由於生意紅火，等位的人非常多，最多的時候可以等到90多桌。秋冬天時節，客人在外面等位又冷又餓，直搓手跳腳。此情此景，讓劉長明心有所動。「我覺得顧客這麼相信我們，讓這麼多熱誠的食客在寒風中久等，你能心安嗎？我想到馬上買火盆給客人烤起，然後再提供熱茶和瓜子。大家身熱心暖、有吃的喝的，心頭也就不慌不急躁，會感覺很溫暖，這就是人性化服務。」

不僅如此，劉長明還送給耐心候座的客人一份回報：給所有等位的全部打折。這麼一來大蓉和把等位的顧客都穩穩地留住了，人們是心甘情願地在外面排隊候等。紅杏看到隔壁的這招挺靈也立馬用上了。黃信陵說：「我覺得這個辦法好，紅杏也馬上給顧客上火盆、做屏風、送瓜子。後來，大蓉和看我們為顧客做的提啤酒的木籃子挺好，他們馬上又學去了。」就這樣，這兩家「兄弟」酒樓在生意中相互爭搶，你一招我一式，你吹我捧，兄唱弟和，攜手並進，比翼齊飛，也在競爭中使成都餐飲業的服務層次提高到相當的水準，其他酒樓餐館相形見拙，創造出了成都餐飲史上前所未有的動人傳說。

劉長明在一次採訪中說到：「經營企業這麼久，我感受最深的就是兩個字：「變」和「精」。變，就是要往好處變，要主動出擊，不斷否定自己、完善自己，通過不斷否定自己來提高企業的經營和管理，從而讓企業快速、健康發展，而不是等著別人來推倒你、踩扁你。精，就是要精益求精，精中求新、新中求精。裝修要精益求精，菜品要精益求精，器皿也要精益求精，服務要精益求精，要讓管理到位，讓經營到位，只有這樣企業才能得到可持續性地長足發展。」

他還說：「畫壇巨匠齊白石老人曾經說過：『學我者生，似我者死』。實際上這句話用在我們做菜、做事、做人，乃至辦企業上一樣管用。『大蓉和』菜品的體系，就是在學習湘菜、贛菜、粵菜、杭幫菜、東北菜等眾家之長的基礎上，走自己的路創造出來的。它並非簡單的模仿，而是融入了自己的理念，讓借鑒的東西得以再生，使之變成了具有自己靈氣和風格的東西了。所以現在有不少酒樓傾力模仿『大蓉和』的菜品和管理，甚至有些企業還不惜重金挖走『大蓉和』的廚師，將菜品完全克隆照搬，但仍然達不到大蓉和的經營效果，其實這正應驗了白石老人上面那句話了」。

十多年過去了，大蓉和從一家每天只賣幾千元、靠借貸發工資的酒樓，逐步成為在全國擁有近三十家連鎖店、年營業額近五億元人民幣的著名餐飲企業，囊括了「中華餐飲名店」、「中國餐飲名店」、「中國川菜暢銷品牌」、「四川餐飲名店」等一系列榮譽。其經營策略被國內一些高校作為成功商業案例納入教材。中央電視台也以「一道菜年賣４００萬」為題做了專題報導。在武林高手爭相稱霸的餐飲江湖，這位引導大蓉和創造奇蹟的大俠，引起了業內人士的密切關注。在成都不知道「大蓉和」，那是真正ＯＵＴ到非洲原始部落去了。在廣大消費者心目中，大蓉和不僅是一個餐館名字，而且是川菜的一個響亮品牌；不僅是一個服務型企業，而且是一張靚麗的文化名片；不僅是一種歷史傳承，而且是一個與時俱進、日新月異的食尚經典。

大蓉和十年磨一劍，終於修成正果。讀劉長明的書《開餐館的滋味》，如飲甘泉美酒，似坐行雲春風。這個典型的成都人，亦是個語言大師，沒有套話、空話、假話、大話，只說真話、實話、自己的話、管用的話，把四川的「龍門陣」發揮到了精彩的層面，把高深的理論蘊藏在平凡的世事之中，在平實中見神奇，在率直中識真情、在幽默中見真性，原汁原味的表述，生動形象的直白，讓人不知不覺被融入進了大蓉和的神話世界中。善用其財無愧其祿，勢利者言行虛假，浮躁者敗事有餘。有了真涵養，且寫大文章。這當是劉長明書中之原滋真味。

四川是道教重鎮，川人生活浸潤著道家風範，注重「有無相生」，善於在紛繁事務中感悟超然物外的樂趣，餐飲業亦多有文人墨客參與，形成虛實並重的獨特飲食文化傳統。文君當壚沽酒，相如贈筷賦詩，東坡食譜及燒肉十三字訣，已傳為千古美談；書生黃敬臨創「姑姑筵」，文豪李劼人開「小雅軒」，引來食客蜂擁；巴蜀鬼才魏明倫直言「人類不滅，餐飲不休，川菜萬歲，飯店千秋」，痛快淋漓，震古鑠今。劉長明受此薰陶，喜讀書、善棋弈，從中參禪悟道、修身養性，多有心得。他提出的這些理念不乏真知灼見，堪稱餐飲業的實戰兵書，故能引起餐飲業同仁的閱讀興趣，並成為商業管理學、行銷學的生動教案。

當餐飲從單純的菜品上升到飲食文化境界，再從傳統的餐飲文化到大蓉和宣導的都市餐飲食尚，是一種蛻變，一次進化，一次超凡脫俗，其影響力超越了單純的菜品，成為一種境界、一種精神、一種氣場。正如大蓉和這個名字，從當年的民間珍味瓦缸煨湯，到潮流的經典品牌大蓉和，隨著歷史的變遷，社會的進步，她讓最懂得品味的人們一起見證了近代中國川菜的興衰榮辱。如今，她早已不單是一個餐廳，一座酒樓，也不僅僅是一種在商言商的典型象徵，而是將把吃喝演繹成一個極具文化與精神價值的品牌典範，這就是大蓉和之融合之道。

有道是：自古英雄無間道，出手不凡真英豪。

悟園
恭賀新禧
悟園

第三十九回

悟園悟道法自然，美味天成因果緣

轉眼間，時光流泄到了2005年，川西平原的餐飲業也悄然發生了新的演變，川菜亦被前所未有的速度與形態複製著、交錯著。直到某一天，當人們在不經意中暮然回首，卻突然發現，記憶中那種川菜特有的風韻和味道，在餐飲業日益浮躁和急功近利的心態中，已是漸行漸遠了。於是，一種另類美味的經營方式，在大都市中悄然萌發，這就是以私房菜、私家菜為特徵的「會館式」餐飲。

這一特別的名稱，帶著某種神秘性、某種私密性，似乎也帶有某種獨特的講究，某種大眾難以觸及到的層次和情調，也有某種人們似曾相識的親切感、優越感，悄悄地出現在綠蔭濃罩的別墅裡，園林式公館裡，演繹著紅男綠女、金樽銀盞、腦滿腸肥、杯盤狼藉。讓人們仿佛感覺到餐飲又「返璞歸真」，演繹到了百年前成都的「公館菜」歲月。

其實，這種公館菜正是出於百多年前的清末民國初年，源自成都的公館府邸，是一種無論菜餚用料、烹調製味、用餐環境、就餐禮儀以及私密性等都極其個性化，僅為少部分特殊客人服務的私家餐飲形式。這個與千百年間的宮廷菜、孔府菜、譚氏官府菜等有著密切關聯的私家菜式，尤其在清王朝時代發揮得淋漓盡致。從滿漢全席到紅樓盛宴，從歷代文人宴飲到隨園食坊，無不清晰地勾畫出它的個性與獨特。這一既有官府氣派，又有文化風韻的私家菜，自來就有選料精、用料足、加工細、火候精、口味醇的特點，換句話講就是：用料必求名貴稀缺，加工烹製不厭其煩，色香味器盡其至美，粗料凡品精工細作。且按規矩，不設菜單，由主人或大廚酌情排菜，每日只接二、三桌。那麼現今出現的私家菜又是如何的呢？

在成都金牛區新一品天下大街的一個拐角處，有處古色古香的中式庭院，古樸的大門經常都關著，似乎意味著主人要麼是達官富商、要不就是書香名宅，完全就是幾十、百把年前的一戶私家府邸。倘若稍作停留，就會發現不時會有幾輛小車魚貫而至，一些衣冠楚楚的男女徐徐下車，這時的大門也便吱嘎一聲打開了，兩個有些像舊時公館裡的丫鬟小姐，和顏悅色，恭恭敬敬地把客人迎進裡面去。大門又吱嘎一聲悄然關上，一切都顯得很平常，但卻又有些許神秘，這裡實際上就是家餐飲私人會館——悟園。

悟園餐飲會館是成都餐飲會所的典型之一。雖然門戶很低調，裡面卻是別有洞天，儼然就是一處鬧市淨土、世外桃源。亭台樓閣、曲徑迂回、長廊通幽、小橋流水、花草果木、假山瀑布、蟲魚鳥蟬，無不鮮活生動；池塘裡到映著垂柳，一池綠水，影影綽綽，姹紫嫣紅；陽光從園林大樹的綠葉中，灑下斑駁的倩影，也把夏初的花草芳香，揮散在屋內；嫻淑的妙齡女生送來「三味時鮮水果」，還有「七色乾碟」，好不讓人心曠神怡，恍若天上人間。午後，置身於這座古典園林的院子裡，無論是呷一口溫潤的普洱、鐵觀音，細細品茗，抑或與三五友人一起棋牌、聊天，都能感受到「偷得浮生半日閑」的愜意輕鬆。信步再觀賞那間間典雅別致的包房，園林式建築、幽靜環境。廂房內，聚光燈投映在主台，一縷青煙自燻爐內輕搖飄逸，雅香襲人。黑色半月漆盤托著淨白磁為就餐器皿，根雕山水做背景，精緻菜品點映其間，一道菜，觀其形也可賞玩半晌！每個包房還有個碳爐，圍了一圈紅薯，客人在開席前可以隨意吃，還配有5、6種餐前零食和水果。空調、暖氣、炭爐，溫暖的很，頗有紅樓大觀園之風範。

園主是位叫蔣宜軒的女士，人雖長得小巧精緻，卻是魄力驚人，你很難把這樣一座偌大優雅、精美甚而有些奢華的園林與她嬌小的身姿聯繫在一起。一次偶然的機會，名廚張元富與老相識尹健，原成都會展中心香滿園川菜館和後來之唐宋食府的創建人之一，在悟園相會，雖談不上青梅煮酒論英雄，但三人談及成都川菜市場，卻是所見略同，不謀而合，隨即在經營上「桃園結義」，著手打造了「悟園」私家菜館，或者說悟園餐飲會所。

然而在悟園當家作主，於堂前廳後一展身手的卻是川西壩子大名鼎鼎的川菜大師級、中國烹飪大師級人物張元富。在餐飲江湖上，大凡本事高強、頗具威望的人，不論年齡都尊稱為「大爺」，而在蓉城業內，只要一提起張大爺，那幾乎是無人不曉。張元富從廚30餘年，經歷豐富、廚績可觀、頗具傳奇色彩，眼下50多點，可謂正值年富力強。無論你何時見到他，似乎永遠都是那「嬉皮笑臉」的摸樣，話語雖不多，但從他總是笑眯眯注視你的眼神中，不時會閃爍一絲「狡黠詭秘」的神采，而這正是張元富道行深沉、精明靈性的顯示。儘管他口口聲聲稱自家是喜歡見菜做菜的「匠人」，但那一樣樣精緻美味與美輪美奐之造型，以及那一個個金牌，可就不是沖殼子、吹牛皮就能在假古董市場或淘寶商店廉價收得到的。

張元富早年師從具有榮樂園廚藝廚風的著名川菜大師王開發，以悟性高、能刻苦、勤專研、善出新而深為師傅喜愛，盡得其廚藝真傳。張元富之名氣崛起，起源於２０００年初成都會展中心的「故鄉緣」老川菜館，盛名於「故鄉味」川菜館。曾經走南闖北的他似乎總是「故鄉」情緣難了。從北京闖蕩歸蜀，便暫別江湖，在雙流黃甲鎮隱居多年、潛心悟道，終又重出江湖，現身「悟園」。張元富堪稱一代「菜癡」，整日沉迷於菜品的研發與雕琢。將傳統川菜演繹的十分精緻而別樣，尤為是「悟道」之後，他以全新概念打造的悟園本家菜，讓食客無不驚喜，那幾乎是已經淡忘了的老川菜之風華真味。

悟園走的是老式川菜的路線，連上菜的套路，也是標準的川菜模式。竟然還有些幾乎都失傳了的老川菜。在悟園見不到那些燕鮑翅參無聊亦無味的堆積，反倒是日常生活裡不起眼的，甚而往往會被完全忽略的吃貨。什麼涼拌家婆雞、韭菜拌豆乾、蒜泥豇豆、白果蘆筍、老媽烤兔、酸辣響皮等鄉里土氣的家常菜等。還有一些匪夷所思的菜，也會讓人不得不佩服這大廚的奇思妙想。像大頭菜燒豬肉、藿香燒甲魚、油滷串串、椒鹽小酥炸、滷味鮑魚、油滷拼盤、手撕彩椒、陳皮肉丁、椒麻腰片、櫻桃蘿蔔、菠餃魚肚、黃燜野雞、軟炸竹蓀、藿香苦筍、風味雅魚湯等，甚而還有一入口就會浮想聯翩、穿腸難忘的饊子豆花、油油飯、茶泡飯。

張元富閉門悟道幾年，只為潛心研究菜品結構和器皿，以及成菜的裝盤造型，在技藝和文化上使尋常小菜得以昇華至不凡品味。他不僅將傳統的瓷器、陶器、木器、竹器、漆器、石器賦予新的創作靈感，且在裝盤造型是極盡苛刻般精雕細琢。為了能在餐桌上達到最佳採光和視覺效果，他會精準測算器皿和菜品的高度。不過，張元富最為得心應手的是對竹製器皿的運用。在悟園你隨處可見竹子禮盒、鳥籠、竹簍、竹扒、小竹簸箕、竹籃、竹盤、竹盒等精巧樸素又玲瓏可愛的各式竹器。遍佈巴蜀之鄉的竹子在悟園，經張元富這個「匠人」之手，華麗轉身竟然會顯現出如此美妙精彩的雅韻。竹器與菜餚渾然一體，堪稱天巧奪天工。悟園的各種菜式，無論大菜小菜，乃至開味碟，多以立體三維造型，給人一種錯落有致、生動活潑的印象。每款菜都配置有一個精心製作的襯托物，且不顯生硬造作，一切都顯得那麼自然和諧，令人賞心悅目。

作為一個傳統川菜大廚，張元富從來都不拘泥於傳統，而是基於傳統力求出新。作為一家具有楷模性的私家菜館，他尤為注重食材、火候、製味，他不允許手下的廚師偏離川菜的根而「隨意而為」。比如，大頭菜燒豬肉，傳統中聞所未聞亦無先例。張元富則選用醃製至少兩年多的大頭菜，他認為，食材不管是輔料還是配料，也應該像葡萄酒一樣講年份，方才能得出與眾不同的風味口感。其他像鹽須得是自貢井鹽，貝母一定是產自青川縣等。甚至連雞鴨魚兔及豬肉，都是源自悟園在雙流永安鎮的400畝生態種養殖基地。基地裡自然敞放飼養的千隻來自西雙版納的良種雞，以及一群群鴨子，路邊上不時能撿到雞蛋、鴨蛋；而另一片山上還養著1萬隻清遠麻雞、廣西三黃雞，叫聲可謂漫山遍野；18畝的蓮荷魚塘，真個是水闊任魚躍；在基地農家院子裡，吊在屋簷下的一串串乾辣椒、屋樑上一串串臘肉、醃肉、風肉；數十個大罈泡著辣椒、子薑、泡菜，一部份醃製著豆瓣醬。看著這些鮮活生動的場景，你方才茅舍頓開，了解為何悟園菜品的姿色與美味是如此天生麗質，風味萬千、風情萬種。

在悟園，偌大的園林空間裡卻只有8個包間，還是只配菜不點菜，僅接受提前預訂。但你不必猶豫，四人以內150元起訂，在如此優雅之環境，品享大師之口福，也算是夠意思的了。你可以從手寫在素宣紙上的菜單中隨意挑選幾樣：

像菠餃魚肚：呈現在你眼前的是，綠色的菠菜汁餃子，浮在金黃的濃湯裡，黃綠相間煞是好看；曬乾的魚肚在濃湯裡煮到滑嫩，吸飽了濃湯的醇厚精華；小小一碗高湯魚翅，鮮美無比；再有發財捆撚：即是腐皮裡包著火腿、豆腐、香菇丁，浸在湯汁內，有紅樓夢裡豆腐皮包子之妙；風味雅魚湯：那粉嫩片狀雅魚肉安然優雅地躺在晶瑩剔透的冰塊上，用醇厚的高湯即時燙熟，魚肉細膩，魚湯鮮美醇厚，非用多日與各樣食材日夜吊熬，不可得此美味；燒肉卷：是鹹燒白的精細版，將芽菜先行炒製，然後裹在五花肉內上籠蒸熟，最後分位上菜，再淋調製好的汁水，鹹中帶點回甜，五花肉肥而不膩；雞牛湯，即用牛蹄先烹製，再同雞一同燉上5、6個鐘頭，所有的膠質、鮮香都在這端來的一小碗內，牛蹄細嫩色澤如玉般溫潤，厚厚的一層油封在湯頭上，湯由於粘稠居然有些微的凝固，如雞蛋羹般地打著顫；甚而連最簡單普通的一碗雞蛋蔬菜湯，湯也是濃稠鮮美，蛋是豬油煎過，湯是濃濃的高湯，湯色濃厚，有極誘人的豬油香，入口厚重綿密，看著簡單，實則韻味悠長。

最值得留戀的是那經典小吃金絲牛肉焦餅，是曾經兒時愛吃的街頭牛肉焦餅的貴族版，傳統川菜中稱為纏絲焦餅，即外皮成絲，過油炸到焦脆，內裡的肉餡鮮香撲鼻，咬一口外焦內嫩，會順著筷子滴油，真是香死人。還有肺片鍋魁配酸辣豆花、葉兒粑配發糕、泡菜土豆泥、牛肉蕎麵和紅糖小湯圓。不說吃得你醉生夢死，也是昏昏然不知是天上人間。

2011年10月初，悟園．花開南塘館，在城南錦城公園內正式開館迎客。走進悟園．花開南塘，就像是走進了一片冰雪天地。純白無暇的環境，優雅精緻的擺設，讓人難以置信這是一家火鍋店，只有那桌上汩汩冒著的熱氣，還有著一絲人間灶頭的煙火氣息。悟園•花開南塘，無疑是極其漂亮的。整個空間都是純白色的，有種近乎潔癖的乾淨。隨著服務員的輕輕一按，服務台左邊的白牆會徐徐打開，純白色的雅致環境裡，有一池清水蕩漾，更有美人在水一方，撫出動人琴聲。整間餐廳只有３８個座位，用餐必須提前一天預訂，可想而知此處的寬敞幽靜與私密性。白色空間隔離塵世紛擾，搭配青花瓷胭脂盒盛調料，乳色細麻點綴的中國結掩藏著電磁爐，竹漆食盒內裝載新鮮菜餚，熱辣的火鍋在此間是如此清雅。

在火鍋未上之前，就有精彩前戲，開胃菜涼拌眼鏡螺、傳統川味汲胡豆、拌蘿蔔乾、香油白菜一一端上桌，酸、辣、香、甜一應俱全，配合特色的茉莉花茶的淡淡澀味，最大限度地打開胃口。火鍋首先由蟲草肉丸開始，與潮式肉丸的緊實質感完全不同，蟲草肉丸的肉質細嫩，不太費力即可一口咬下，內裡依舊香濃多汁。野生河鮮中，以黃辣丁為首進入鍋中，柔軟細滑的魚肉在夾雜著熱辣及泡菜魚酸辣口味的獨特鍋底裡翻滾，稍作燙炙便散去河鮮的腥，品嘗到河鮮的細軟鮮美。拼盤也極具特色，海鮮拼盤的海蝦、鮑魚、聖子搭配溫柔的魚片，涮入辣湯之中，清淡鮮美的海鮮惹上辣味，更添一份獨特成都滋味。蔬菜、滑水、新鮮雞血組合令人驚豔，尤其是滑水，魚鰭接近腹部和背部的那一小塊肉，滑軟到經不起觸碰，套一句台詞：「真是美味得讓人為難啊」。

有道是：兢兢業業心思，瀟瀟灑灑趣味。張元富以「烹」為樂，視「調」為趣。十多年前悉心研製開發的這時尚小火鍋，如果說她的精緻典雅會讓你眼珠一亮，仿佛有種進入時尚之顛的魔幻感覺，那當你觀賞完整個環境，你無疑會覺得這是置身在清宮皇家園林，承德避暑山莊一般。這就是——悟園，回歸私家園林公館菜之典範。

正所謂：褪盡浮華顯真淳，風流雅韻繞悟園。

第〇四十回　深巷老宅紅杏鬧，中外驚豔喻家菜

成都少城內的寬巷子、窄巷子，原是清朝八旗子弟、達官貴人的公館豪宅之彙聚地，如今是八方遊客的遊吃景點。破敗陳舊的老屋，一脫胎換骨竟比數百年前初為新屋時還要亮麗光鮮，不再有大家閨秀的矜持，無端多了豆蔻年華的活性。原先只隱約於閨房繡榻內的紅綢、綠繡、橙緞……如今都曖昧地鋪展到院落和門廳，延伸到巷子被雨打濕的石板路上。巷子裡所有的老宅都刻意營造成，或禪意深沉，或奢華如夢，或優雅閒適、或書香厚重……在這樣的地方吃川菜、吃燒烤，總怕濺汙了什麼。然而，有食客喜歡這樣的「褻玩」，此時，美食更多成為一種陪襯，襯托著彌漫在世俗塵埃裡亦真亦假、虛無縹緲的淺浮生活。

在這如北方胡同般的巷子裡，品香茗、吮咖啡、吃巷頭巷尾、公館門前的各式小吃，嘗鐵板燒、串串香，院裡外院一千風雅的招牌看得人眼花繚亂。走進這些刻意仿造，多少顯得有些彆扭與媚俗的茶坊酒肆，院落裡的池塘、綠樹、燈籠、紅木圈椅、藤藝沙發、枝狀蠟燭，都不遺餘力地努力烘托出美好的舊時光。緩緩展開以精美小楷謄寫的菜單，猶如捧讀顏真卿的手跡。唯一讓人覺得更為異樣的是，在這樣適宜吟詩作畫、坐禪悟道的雅境裡，賣的竟是土的掉渣的五香田螺，燒烤串串、麻辣兔腦殼之類的「俗食」。

好在還有一間古香古色的「可居」，斟著普洱、鐵觀音。嫋嫋茶香中飄來蕩去的妙齡少女服務生，一身深藍色絲絨旗袍，領口和袖口鑲著一圈絨白，一縷淺笑從紅唇邊、秀眸畔蕩漾開來。走過幾間佈置古典的茶室，聽有人在廳堂的古琴上彈奏出高山流水，讓人懷想：寬窄巷子的某個深宅大院裡，必定還有人在追求著精緻而不浮華、古典而不變異的藝術生活。

寬窄巷子表面上還殘存著一點點古意，而實質上是新潮的，甚至是怪誕的。沒人在乎老宅天井裡還有幾多八旗子弟的遺存，亦舊亦新的門樓，就像在牛仔褲外面又套了短裙的摩登少女，並不在乎遊人回頭不斷張望的眼神裡是欣賞還是厭惡。

２０１１年某月，隨著言傳美國副總統拜登要來品嘗川菜，最終卻是新上任不久的美國駐華大使駱家輝，在寬窄巷子的喻家廚房享了口福。於是乎，私家菜頓時成為時下餐飲世界的關鍵字。這些私家菜館，平日裡大門緊閉，門戶也不顯眼，唯有熟客才能輕車熟路地找到。由於不同於呼之即來、招手可得的路邊貨，私家菜的精緻風味準備起來自然要麻煩得多。如果你不經預訂就貿然登門造訪，估計隨時能吃到的只有免費閉門羹。老闆們會不卑不亢微笑著告訴你：「不好意思，我們是私家菜，只接受預訂，不接待零餐散客。」

通常都市裡的餐館，大抵有稱「樓」、「堂」、「館」、「所」、「店」、「鋪」、「社」、「莊」、「家」、「村」的，少見稱「廚房」者。「喻家廚房」卻就是這樣一家別開生面的私家菜館。整棟建築物由一老舊住宅重修成家庭園林式餐館。小巧玲瓏、幽靜素雅、窗明几淨，所有的陳設都頗為講究。而最為值得欣賞的還是他家的花園，雖說不大，卻也還精緻。有亭台樓榭，小橋流水；花草果木，幽香暗浮；當微風拂過，在庭院中的木製露台上品茗，聆聽籠中金絲雀的啁啾，觀賞池塘中的金魚，不時吸口徐徐拂面，帶有絲絲清新的川味，會讓人饞蟲甦醒。大廳設為接待處，有六個包間，裝修倒也古樸典雅。「喻家廚房」的就餐環境，可以用小巧、雅潔、清爽、溫馨、可人來概言。喻波把他歷年購置收藏的奇石、古董、字畫和仿古傢俱、異國他鄉帶回的經典裝飾物點綴其間，配以盆景、文房四寶，營造出一個雅致、親和、書香濃郁的家庭就餐的氛圍。沒有一點賓館、飯店那種浮華、虛構的感覺。

在「喻家廚房」宴飲，完全不需繁瑣的就餐禮儀，也不需要正襟危坐，進餐的賓客自在隨意、無拘無束、輕鬆愉快地享受著藝術品味很高的喻家菜。喻家廚房裡甚至也沒有那些奇異的電動小機器，沒有離心機、脫水器和液態氮。只有兩個微波爐被用來為菜重新加熱，香料研磨機和榨汁機大多放在儲藏室的箱子裡。這裡，幾乎所有的工作都使用最簡單的工具：菜刀、案板、蒸鍋和炒鍋。然而，喻家廚房菜品之中所蘊藏的智慧與藝術，以及它們的美妙香味和特別介紹，在許多方面都讓人想起西方一些最受歡迎的私家特色餐廳。

在喻家廚房，每餐只接待最多六、七十位客人。這裡沒有那些餐館酒樓裡俗氣的菜譜，預約時只需講明來客的吃口要求和價位，其他的一切就交給大師傅了，這師傅就是老闆喻波。喻波是川中聲名顯耀的川菜名師，享有「菜癡」讚譽的他，對美食的要求達到幾近瘋狂的地步。凡是到喻家廚房品吃過的客人，無不驚歎於喻波菜品的新雅精緻和藝術品味，對於不甚瞭解川菜的人，看過吃過後，常常會迷惑不解地說：這是川菜嗎？原來川菜還有這個樣子。

喻波1993年參加第三屆全國烹飪大賽的團體賽和個人賽中，獲得過團體金牌和個人的冷菜金牌。2000年10月，在「四川省首次川菜名店、名師、名菜認定推介會」上，喻波被授予了「川菜烹飪名師」桂冠。四川省烹飪高等專科學校教授，中華烹壇著名烹飪歷史和文化學者熊四智先生曾評價說：「資深餐飲週刊主編向東撰寫的『金牌名師，菜癡喻波，苦研數年，終得正果』四句讚譽詞，倒是非虛妄之言。喻波被譽為『菜癡』，這個詞用得既準確又形象」。

喻波自1980年入廚以來，已事廚30年。這期間，他既師從已在美國十餘年的著名川菜大師曾其昌學藝，又博采眾師的烹飪技藝，在名店蜀風園等餐館事廚，按莊子「庖丁解牛」所描述的「技精進乎道」的境界，刻苦鑽研烹飪技藝和菜餚裝飾技藝。大凡與他有過接觸的，也深感他對烹飪藝術的執著追求，真也是達到了「菜癡」的狀態。喻波「苦研數年，終得正果」，若是指喻波創製的可稱為「喻家菜」的那些特異菜品，也算是恰如其分。

像喻波的經典宴席菜單有：

涼菜十六方碟：

柴把鴨絲　剁椒黃喉　香辣蠶蛹

蔥油金鉤　風味胗肝　家常鰍魚

捲筒兔片　鹽水雞絲　檸檬蘆薈

魚香蠶豆　醬酥桃仁　芥末如意節

蒜熗莧菜　玉簪菜花　歸芪黃豆

外婆黃瓜乾

香花四小炒：

茉莉花炒蝦仁　晚香玉炒魷魚

黃桷蘭炒兔絲　梔子花溜魚片

熱菜：

六合添色羹　口蘑燴駝掌　李太白鳳翅

荷葉蒸豆腐　海鮮燜烤麩　橘盞燴遼參

藿香燒苦筍　芙蓉嫩牛蛙　開水白菜

小吃：

魚翅黃金餅　牛肉蕎麵　刺蝟豆沙包

御膳豆腐　毛筆酥　銀杏米糕

油炸荷花　泡菜壽司

僅這一席菜單，絕大部分堪稱烹飪藝術佳品。尤其是在美食美器的搭配上，喻波總喜歡自己設計或是在餐飲器皿市場上精心挑選，加之他悉心收藏的少量明清餐具，都有針對性地用來配襯其菜點與席面，使其達到了精美、和諧、雅麗之境地，讓客人得到了飲食上生理、心理兩方面的愉悅，其用心何其良苦！

喻家菜具有精、巧、雅、新、美的特色。以精的特色來說，最普通常見的燻豆腐乾，被他切成前寬後窄的條，在盤中裝了兩層後，即組合成非常精緻的摺扇面，這簡直就像古典戲劇中千金小姐手執的檀香扇，雖然菜名仍叫「五香豆乾」，顯得很樸實，但烹飪藝術卻昇華了。喻波把健脾、補肺、固腎、益精的山藥，用泡菜的製作方法製成山藥泡菜，其味色形質均堪稱精道。熱菜亦有不少精彩之作，如「六合添色羹」、「紅燒鱷魚掌」、「口蘑三寶」等。

喻家菜的巧，除了刀工巧、造型巧，還巧在他的各種巧碟，２４巧碟，１６方碟，樣樣都巧。他的巧碟全用的是方形碟子，１６碟或２４碟以四碟為一組，由訓練有素的服務女生，在大圓桌上變出若干種幾何造型，碟中是製作精美的、色香味形變化各異的冷菜，令人目不暇接，眼花繚亂，的確讓人賞心悅目，由衷讚歎喻波的這一川菜中的獨特創意。比傳統席宴冷菜慣用的「九色欑盒」更為時尚奪目，生動鮮活。

喻家菜的雅，是高雅、清雅、優雅，是陽春白雪。陽春白雪也許會有曲高和寡之虞，但餐館總不能都是下里巴人吧。在數萬家成都餐館飯店中，出幾個雅致的私家菜，總會有聞香下馬，知味停車者。像「香花四小炒：茉莉花炒蝦仁、晚香玉炒魷魚、黃桷蘭炒兔絲、梔子花溜魚片」，全用了花卉入菜。這就是喻家菜的食尚優異之處。我們每天都在吃飯，在家吃，在餐館吃，但大多也是酒肉穿腸過，真正能留下記憶的並不多。能讓食客一嘗鍾情，難以忘懷的菜，一定是有其獨到的審美價值的。喻家菜以其風雅征服了食客的味覺神經，這顯示出喻波的烹調思維已擺脫了匠人的技藝階段，向「道」昇華了，這樣的人是很有希望成為一名烹飪藝術家的。

喻波菜的美，料美、形美、色美、味美。突破了傳統菜餚講究色香味形器的局限，將菜品做為作品，體現烹調者的境界，肆無忌憚地挑逗著食者的視覺與味覺。喻波對烹飪文化、藝術、科學的執著追求，確實到了「技精近乎道」的境界。尤其是在現今被浮躁籠罩的餐飲界，喻波被稱作烹飪藝術家亦是恰如其分。

一次，喻家廚房接待一撥歐美美食家考察團，當喻波展演的１６方碟一一上桌，那１６種料，１６種形、１６種味、１６種色，個個刀工技法精湛，精美裝盤造形，精緻色澤搭配，香美風味特色，魔術般的變幻佈局，如同一道道顏色和香味的彩虹，或是團團雲卷雲舒的彩霞。真讓歐美大師們看傻了眼，個個面呈驚訝之色，照相機、攝像機閃成一片，全場湧立、歡呼聲、掌聲不絕。「真美妙！」「簡直難以置信！」「很難相信中國川菜竟有如此美妙的工藝，如此高雅的品味。」再觀其熱菜，用料精細、烹製精道、調味精細、造形獨特、盛器絕妙。可以說色香味形質器美輪美奐，充分展現出川菜烹飪技藝和藝術美感。歐美洋人們是每出一道菜就驚呼一片，甚至不忍下箸，如醉如癡的久久觀賞。更有趣的是小點「刺蝟豆沙包」，其形象逼真，體態動人，客人玩賞於手掌之間，久久不願入口，而一當進嘴卻是驚叫一聲：「Sharp！」好刺人；「毛筆酥」，青花瓷器裡裝著型似毛筆的東西。事實上，這些「毛筆」是用做工精緻的酥餅做成，上有毛狀的折皺，中間夾著牛肉松。拿起一支，在碟中蘸上類似中國紅墨汁的番茄醬，輕輕咬掉筆頭，徐徐咀嚼，而筆桿部分依然留在盤子裡，其感覺已是言語難以表述。

喻家廚房的川菜，可以用八個字來評價：「別開生面，特異標新」。不少傳統的菜式一經過喻波的心手，便顯得鮮活生動、情趣盎然、滋味蕩漾。紅湯鮑魚，本是高檔菜中的常品，喻波卻別出心裁，製出一道「米涼粉燒鮑魚」。涼粉在食材中極鄉土，鮑魚卻富貴珍奇，兩者合燒，以川菜特有的家常味出之，在鮮美醇厚的滋味中，又有濃醇的鄉間風味。這齣飲食中的「灰姑娘與王子」，是飲食之中的大雅，還是一日三餐的草根情懷？

「白汁魚肚」，這菜清鮮淡雅，如果不是身在成都，絕不會感覺到吃在嘴裡的是川菜。不過，「雞汁魚塊」就是一種很地道的川式做法，除了可以品嘗到菜餚的滋味，從它的滋汁裡，不難發現廚師是下了一番功夫的。還有「神仙肉」、「蔥油海參」與「水晶三文魚」（三文魚即鮭魚）等菜式。都是喻波新創的菜。菜式型格分明、主題清晰，將私家菜濃郁的氣氛烘托得雅致溫馨。喻家廚房的上百道菜品，慧心巧手，味正形美。這裡的特色筵席，琳琅錦繡，滋味繽紛，姿色豐富，叫人頓生江山如畫的天地之情。

大凡在喻家廚房品吃過的食客，無論是普通吃客還是美食大家，無不對喻波佩服得五體投地。一次，我請幾位朋友見識見識川菜的風采，他給我們配的菜非常不錯，消費有點出乎我的意料。當晚我們吃過的食材就包括鮑魚、河豚、蟲草、海參、鵝肝、魚翅、魚肚、江團、鱷魚、雪蛤、乳豬、香雞等，食材太豐富，以至於吃到後來，同桌的幾位女士都數次問服務員還有多少沒上，意思是能不能不要上菜了？呵呵，其中還有兩位女士本來正在減肥中，結果當晚也被撐得不行，面對如此美味，也就熊掌和魚不可兼得了。這樣的食材，根據我所知，在譚氏官府菜之類的消費少說也得上萬元吧（人民幣，下同），但是在喻家廚房居然也就三千來元！而且那原漿啤酒也是讓人回味無窮，堪稱極致！

在喻波的解釋下，朋友們方才知道當晚所吃的很多菜都很有淵源，其中很多原料都是國外進口的。談到當下的餿水油問題，喻波嗤之以鼻，同時也無奈表示這正是他被迫要親自到外面去尋求食材的原因。比如鮑魚，國內的很多鮑魚都品質不達標，原因在水質被污染；再如豬排和一些以豬肉為主的菜餚，喻波則親自到大小涼山，和當地彝族接觸，買的跑山豬，沒有餵任何飼料，成天敞放在山林中的豬……在喻波的解釋中，仿佛又有滋有味、情趣盎然地進食了一頓精神上的美食大餐！

出來後有朋友感歎，像喻波這樣的廚師和老闆，真就有那種悟出道行的世外高人的感覺。喻家廚房名聲在外，完全可以開一個更大的場子，弄更多的包間，但是他並沒有如此，相反，每天就守著這6張桌子，精精心心地做自己的美味！享受著烹製與食客讚譽的開心。這恐怕真的需要一種境界才行！我一直認為自己算是對美食有番研究和心得的人了，但聽喻波的心得表述，頗覺自歎不如。喻波想瞭解味精的來龍去脈，聽說是日本人發明的，便專門跑到日本去瞭解味精的源頭，最終將製作味精的源頭找到後，帶著相關原料自己回來調製出自家調味的替用品，能有如此用心，在烹飪界也該算屈指可數了吧。

2011年8月，成都美領館的老外接連3天來喻家廚房吃飯，第一次來了三四個人，第二次來了五六人，最後一次有十多個人，還有美國白宮的工作人員，顯得十分神秘，弄得喻波和夫人大惑不解。他們用餐時，凡是喻波開的菜都要點。喻波當時很納悶，但也沒有多想。一星期後，喻波突然接到政府有關方面的通知，說美國副總統拜登要來喻家廚房品嘗川菜，但純粹是個人消費的私人宴會，用餐標準按每人300元人民幣準備，共有13人。喻家廚房平時接待客人的最低標準就是人均300元，說明拜登的這頓私宴規格不高。這時，喻波才知道美領館和白宮工作人員為何三番兩次來他這裡吃飯了。美領館負責聯繫安排拜登晚宴的工作人員還問喻波有什麼要求需要幫助，喻波說希望拜登副總統為餐館題字，並與喻家廚房全體工作人員合影，對方回答「完全沒有問題」。

那天，正在大家緊張忙碌地做最後的準備工作時，院內的中國特警和便衣一下子有點騷動，他們接到內部通知：拜登可能來不了，直接在香格里拉酒店休息和用餐，但二樓的美方特工仍然在崗位上。又過了幾分鐘，美方特工接到電話，隨即下樓走出餐廳，他們收到了取消拜登在喻家廚房用餐的通知。隨即中方特警、便衣、派出所工作人員都大大地鬆了一口氣，開始撤離……那位之前給所有喻家廚房員工發放特別徽章的便衣，又一一從大家手裡收回了17枚精美的徽章。大家無不感到深深惋惜。但對喻波而言，雖說有些遺憾，但他也頗感欣慰，畢竟美國大使館通過極盡嚴密苛刻的考察，最終選定了喻家廚房，這也是一種榮光。

其實，早在2004年11月5日，喻波、蘭桂均、肖見明三人就前往美國加利福尼亞參加了「第七屆世界之味國際年會」及「世界之味美食節」。其主題是：亞洲風味美食。除了來自亞洲各地的特色美食，「中國傳統川菜」是主辦方美國烹飪學院及組委會特別指定參演專案，並為此於那年8月向肖見明、喻波、蘭桂均發出特別邀請，展演傳統川菜的烹飪技藝和風味魅力。輪到喻波上場，在十餘台攝影機，幾十家世界各地媒體，６００百多位來自世界各國頂級烹飪高手們的注視下，喻波氣定神閑、得心應手，以玩耍魔術般的優雅嫻熟，展現了他的冷菜１６方碟。其１６冷碟、１６種料、１６款味、１６道形，刀工精湛，造形精美，裝配精緻，小巧玲瓏，變化多樣，美侖美奐，充分展現了川菜的烹調工藝和美感質感。讓全場專家學者，大師名廚目瞪口呆、歎為觀止。在可聞落地針響的寂靜中，嘩啦啦突然爆發疾風驟雨般的熱烈掌聲和歡呼聲。其實，殊不知喻波還保留了一手，他原本準備的是表演２４碟，不想讓那些全球頂尖大師們看傻了眼，故而只用了１６碟。但喻波和蘭桂均、肖見明三人精采的表演，讓川菜的獨特魅力，展現在美國所有的電視畫面上。其後，入川赴蓉考察川菜，採訪三人的各類人馬接踵而來。

話說回來，沒想到，到了8月２０日傍晚，事先沒任何通知的情況下，美國新任駐華大使駱家輝一行，輕車便裝來到喻家廚房。據星島環球網引述媒體報導，２０日下午5時許，美國副總統拜登在駱家輝大使的陪同下從北京抵達成都，進行在中國訪問的第二站，也是最後一站。傍晚7時許，成都寬窄巷子華燈初上，遊人不絕。窄巷子盡頭有一戶大門緊閉，門上貼著有些褪色的對聯，右聯上端小字寫著「喻家廚房」字樣。駱家輝一行１０人直接上了二樓雅間。

人一坐定，不一會兒，毛筆酥、刺蝟豆沙包、蠶豆鱷魚、涼粉鮑魚、吊片樟茶鴨……３０多道以仿古瓷器盛裝的精緻川菜陸續端上二樓包間。這頓晚餐直吃了２個多小時，菜品標準亦是每人３００元。駱家輝結賬後來到庭院，與大廚喻波一家及員工合影留念。他對中新社記者說：「我愛四川菜，很美味，我喜歡。」駱家輝說，此前他來過四川很多次，「我喜歡四川」。在談到最喜歡四川什麼時，他說，我喜歡這裡的人、這裡的食物。就這樣，在成都寬窄巷子裡，這家不起眼的喻家廚房，一下就隨電波與網路傳遍五洲四海，川菜的美滋美味和獨特的文化藝術品味，也在大洋彼岸忽悠飄蕩……，讓深陷在疲憊不振的經濟中，生活變了味的歐美人嗅到了一絲來自天府之國生機盎然的清新美味。

真所謂：快樂廚房天地新，絕世美味驚世人。

第四十一回

棍棒大刀獨行俠，練就真經玉芝蘭

成都少城附近的長發街，歷來便是一條僻靜的小街，而在這條街的２４號附1號，有戶人家的古樸木門隨時都關著，似乎沒人居住，或許是隱藏著什麼不可為人所知的秘密。然而，殊不知這扇木門裡面卻是一家名聲在外，風情別樣的私家菜館——玉芝蘭。

玉芝蘭原本是中國一種名貴珍稀的蘭花，用在這裡看似降低了身份，委身做一家菜館的店名，但卻是暗藏玄妙。一來它寓示這家菜館同樣是珍稀少見、獨一無二；二來玉芝蘭竟也是這家夫妻店夫婦二人名字的芬芳組合。這家有著傳奇故事的私家菜館，不僅是因為它的主人蘭桂均是出自川菜大師張中尤門下，及名門老牌餐館蜀風園，其主人兼大廚亦是蓉城餐飲業界的一位風雲人物，還因為這家店所有的菜點都是按傳統手工方式製作而出，可堪稱川菜極品的人間佳饌。

玉芝蘭的整體特色，可以概括為菜品的藝術化，餐具的個性化，環境的家庭化。而在其設計裝修及筵席的組合方面，不難看出店主在精心營造一種和諧、溫柔的美。這從它的店門及外牆裝飾就能感受到一種簡潔明快的中式風格。一當走進去，呈現在眼前的又是別有洞天，因為主人在裡邊營造的是一種富有情調的書香家庭式氛圍。進到包間坐下，即可隨意享用茶水、手碟、果盤和時令小品。

一組上佳的筵席，首先是要給客人帶來一種視覺上的享受，這不單是對菜品本身的要求，還應當包括對菜品盛器、道具、盤飾等物品的藝術性要求，故而自古便有「美食美器」之言。在玉芝蘭的餐用具當中，就有不少是造型獨特的手工產品，而讓人感到吃驚的是，這些居然都是由店主蘭桂均自己在景德鎮的一間陶瓷作坊設計製作出來的。

蘭桂均夫婦說：「我們不僅要在內外裝修方面跳出某些私房菜館或會所的通用模式，還在菜餚的盛器和筵席服務方面，打破老套式、僵硬程式。比如我們用到的餐具器皿等，全是手工製作的釉彩藝術餐具；筵席服務，不僅實行全程分餐，而且還注重細節、體貼身心。

另外，所推出的一應菜點，不僅有相當一部分屬於原創或家傳，而且還有一些屬於前輩廚師傳承下來的絕技，比如我們繼承恢復的坐杠大刀金絲麵，我們夫婦1996年原創的波絲煎餃，新創的川貝雪燕、石頭茶烹魚、芝蘭全家福、涼菜組合——步步高升等。」

蘭桂均還說：「將不同的菜品和小吃組合成一桌筵席，就好比是在指揮一個交響樂團演奏華美的樂章。這當中的旋律自然會表現出有高有低、有起有落、有張有弛，因為只有讓音樂跌宕起伏，抑揚頓挫，才能給觀眾帶來最佳的藝術享受。我現在對菜餚烹製過程中的調味有一個形象的說法，那就是廚師要做到一味增一味、一味和一味、一味改一味，味中有味、味外有味、情味相融……。」

除了注重探索味道的內在規律，蘭桂均還特別重視從視覺、聽覺、嗅覺、觸覺等方面去營造菜品的一種融合的美感。除了精心做好每一道菜點外，與客人交流品味和享受美食，也是主客雙方都感到十分開心和愉悅的事，也將美食的品味提升到了一個超凡的境界。

如春季吃筍正當時，蘭桂均就特別選用了雲南的春筍，以自製的蘑菇油和海鮮醬調味，不僅製作格外講究悉心，吃亦也同樣要得法。他說：「先吃春筍，細細品味那微苦回甘的山野天然之味，再吃蘑菇，感受其柔韌的口感和特有的鮮美，最後吃干貝絲，享其乾香濃鮮之味」。這一娓娓道來，簡直就比千百年前李白、東坡、杜甫、陸遊、揚州八怪，以及紅樓大觀園，隨園食府類的食風吃趣有過之而無不及。

在玉芝蘭，也只接受提前預訂席桌，且每天只接待兩桌。如此，對筵席製作中所需要的肉、禽、魚、蝦蟹、蔬果等，全都是當天上午去市場選購，而這一做法自然能夠有效保證食材的新鮮品質。每天晚上，在玉芝蘭廚房的冰箱裡是找不到剩貨的。在該店為每位客人準備的一份筵席菜單的最後，還特地註明：「本店不使用任何香精、色素、飄香劑等，也不賣隔夜的冰箱貨。」這一莊嚴的承諾，事實上是在胸懷坦蕩地表明：做餐飲即是做人品。

玉芝蘭於今開業還不到一年，去過的客人都說讓自己有些意想不到。上海美食評論雜誌《綠橄欖餐廳評論》的記者在上門採訪後說，他這次在玉芝蘭算是找到感覺了。四川省美食家協會主席李樹人老先生在去過該店後，也是好評不斷，而其中有句話最為中肯：「人家蘭桂均是在用心開店、用心做事呀！」

進到玉芝蘭，是一種濃厚的傳統中式家庭溫馨氛圍。一股鮮明的「中國風」，鏤空雕花的木門、簡潔的實木條桌、精美的雕刻釉彩花瓶、靈動的梅蘭竹菊蜀繡、寫意的青花瓷版畫、閒適的蓮荷雅圖……都極盡巴蜀私宅的美感與書香氣息。三個包間古樸典雅，悠然落座，可隨意地享用茶水、手碟、果盤和時令小點。宴席擺定後，便可按筵席程式，享用涼菜、中點、熱菜、小吃和餐後茶等。率先登場的餐前小點年年有魚，香糯的糍粑裹著新鮮飽滿的枇杷，這一吃法還挺新鮮，一口咬下，五臟六腑頓覺盪氣迴腸。

開胃菜擺出七道，他說：「先從顏色最淺的動筷，先吃百合，然後再含一玫瑰花瓣，這玫瑰花是我自己種的。有沒有一點點蜜的味道？」一道一道，他都站在旁邊細心解說，來龍去脈，前因後果，這哪裡是在吃飯？這吃進去的分明是藝術，是五彩斑斕的大師傑作啊！

用餐時，目光會不自覺地被那些奇異精巧的餐具所吸引，無論是栩栩如生的孔雀杯、還是青花瓷的傳統湯盅、亦或金魚模型的筷套，造型都堪稱獨特別致，令人嘖嘖稱奇。一打聽才知，竟全是蘭桂均自己設計，再送到景德鎮的一間陶瓷作坊製作而成。這些手工製作的釉彩餐具藝術性濃厚，與美食交相輝映，為用餐者之五官帶來了一種極致的愜意感受。

在玉芝蘭最令人叫絕的，就是江湖上近乎失傳的「坐杠大刀金絲麵」，不少客人都是奔著這個去的。通過坐杠反覆壓出來的麵，擀出的麵皮薄得甚至能看清下面墊著的字，這種快被遺忘的金絲麵不僅細滑無比，還可以點燃，真是妙極了。玉芝蘭同時擁有「坐杠」和「大刀」兩項製作工藝的專利，蘭先生的那把「大刀」還曾到國外展出過。而這道坐杠大刀金絲麵，就是蘭桂均在畢業實習時學來的。當時，他被分配到名響全川的新都王大刀金絲麵實習，深入瞭解和體驗了這一傳統烹飪手藝。１９８０年代，這一手藝幾乎失傳了，直到玉芝蘭的出現，才讓老食客們又有了眼福與口福。

蘭桂均夫婦於１９９６年原創的波絲煎餃、新創的石頭茶烹魚、芝蘭全家福、涼菜組合步步高升等特色菜餚都讓人耳目一新。其中一道五彩北極貝，在蘭桂均的巧手下，不用色素也能把麵條做得五彩豔麗。它採用天然蔬果汁，藍色紫甘藍、紅色為火龍果、金黃是南瓜、綠色是綠色蔬菜，而白麵條裡也加了雞蛋清。如此等等，怎讓人不擊掌叫絕，對蘭桂均產生了由衷的敬意。

而那盛放北極貝的蕁麻葉也不只是裝飾，入口細嚼會覺芳香獨特。其中的蕁麻葉、藿香葉等佐菜香料大多來自蘭桂均自家的花園。每上一道菜品，蘭桂均都會從廚房走到前廳，為客人詳細介紹每道菜的特色和背景故事。用餐也變成了與大師的互動交流，對熱愛美食的人而言無疑是種舒適愉悅的極致體驗。

蘭桂均何以這般了得，竟然一根棍棒，一把大刀就特立獨行，闖蕩江湖。雖歷經風雨，飽嘗艱辛，但也是天道酬勤，悟得真經，練就一身怪招絕術而名噪四方。

話說１９６０年代，蘭桂均出生在新津一個家境還算不錯的家庭。媽媽是當地一家餐館的經理，蘭桂均打小就在館子裡幫忙，對於烹飪也耳濡目染多時。看著一道道美食在廚師的手裡加工、烹調、裝盤、出堂，感覺非常神奇。於是漸漸對烹飪也產生了興趣。高中畢業後，家族傳承、老人指點、饑荒餓不死手藝人的思想，讓他最終走上了從廚之路。在四川省飲食學校溫江分校學習的兩年，他努力汲取各方面的知識，為日後的發展奠定了堅實的基礎。

1985年，蘭桂均畢業後的第一份工作是被分派到了成都老牌名店蜀風園，師從麵點及小吃大師張中尤，負責麵點小吃的製作。成立於1942年的蜀風園，是成都非常有名氣的川菜館，1985年後重新開業，作為出國川廚培訓基地而馳名海外。蜀風園為今日川菜培養了一大批優秀的川菜廚師，蘭桂均就是其中一個。同年，蜀風園又把蘭桂均派到廣東的點心狀元——廣東泮溪酒家學習。在那兒的三個月，蘭桂均的點心水準得到了一次飛躍的提升。譬如做紅苕餅，四川一般加麵粉，廣東則加糯米，他巧妙地把兩者融合，做到多糯米少麵粉，口感便出奇的香糯細膩。

1995年，直脾氣、強性子的蘭桂均，因個人原因離開了蜀風園，回老家開起了「狀元餃子館」，在當地頗有名氣。1998年的一天，成都鄉老坎酒家的老闆，向蘭桂均抛去了橄欖枝，力邀他重出江湖，擔任鄉老坎的總廚。他對蘭桂均說：「你是一顆鑽石，但需要有人來發現你，打造你，你才會變得閃閃發光。」果不其然，在鄉老坎的開業後，其清新、獨特的川西鄉土菜餚和鄉味小吃，以及土俗到家的裝盤造型，一下讓那些年處於低迷不振的川菜迅速紅火。五年裡，蘭桂均因此而隨川菜之崛起名聲大噪。成為鄉老坎背後的靈魂人物。鄉老坎主要以川西壩子土產的土菜、野菜為原料，粗菜精做，每樣菜都不凡。幾年下來，開發的菜品有上千個，而這些菜品都與廚師長蘭桂均分不開。鄉老坎最火的時候，一天要接200多桌。蘭桂均完全不能離開廚房，否則就會影響到菜品出品、上菜等一系列環節。

1998年，鄉老坎的客人認為，這種川西壩子的川菜館，咋沒點本地風味的小吃呢。於是蘭桂均不久便推出一系列新的川鄉風味小吃。蘭桂均冥思苦想，後來把廣東的虎皮鳳爪、山東的大蒜泡醋、日本的白醋與四川的老罈泡椒融合在一起，多番嘗試後，終於推出了原創的泡椒鳳爪，一時風靡全國。

2002年，蘭桂均離開了鄉老坎，夫妻二人是夫唱妻和，再次開辦了屬於自己的家傳菜館——鄉廚子酒樓，這一開就是五年。但在蘭桂均內心深處，一直有一個關於「兩桌」的私家菜館的夢想。早在1993年他在日本工作時，就經常去一些日本人開的家庭式餐館品嘗日本料理。「在京都奈良，我有幸見識到了真正的『家庭作坊』，這家店用陶瓷做的餐具器皿，由店主親自操刀設計，並且會根據每個季節進行更換。這些精緻的家庭式料理稱得上是真正自然的料理，給了我深深的震撼。後來，趁著去美國加州、新加坡等地表演的機會，我又參觀了在世界上排名前幾位的特色餐廳，更加堅定了我要在國內開家個性化私家菜館的決心。」為了「兩桌」的夢想，他毅然辭去了私人會所裡年薪40萬人民幣的優越工作。像熱血青年一般去追逐自己的夢想。接著，蘭桂均進入到長達四年的準備階段，主要是學習、修煉，設計構思和研發製作等方面，為他的「兩桌」私家菜館做準備。

2004年11月，蘭桂均受邀與川菜大師肖見明和喻波一同前往美國加利福尼亞州，參加「第七屆世界之味國際年會」及「世界之味美食節」。蘭桂均以「坐杠大刀金絲麵」展示川菜麵點絕技及川味小吃的風味魅力。當蘭桂均一手棍棒、一手大刀，昂首闊步一亮相，就令全場七、八百人一片譁然，不知道這位川菜大廚是要表演宰牛，還是要殺駱駝，眾人是目瞪口呆。當蘭桂均開始「坐杠大刀金絲麵」的表演時，先是那五種不同顏色的蔬菜汁和成五種麵團，然後分別擂麵，連續三次雙腿跨坐在木棒上壓麵，而後再換根短棒擀麵、疊麵，最後手握大刀，定神運氣，悄聲無息拉切成五堆紅黃綠紫白之五彩繽紛、細如髮絲、點火即燃的麵條，展示在600多個世界頂級大師的眼前。期間，全場鴉雀無聲，靜心閉氣、目不轉睛地觀賞來自中國四川的廚藝高人魔術般的精彩展演。當蘭桂均挑起一根根麵條時，那些韭菜葉子麵、麻花麵、爐橋麵一一展現動人身姿，全場歡聲雷動。然而當他點燃爐灶，煮麵、調味、挑麵，裝盤後，五種顏色、五種風味，分別盛裝在精巧雅致的青瓷花碗中，麵條上分堆擺放蘿蔔纓綠苗、花生、芽菜、蔥花、肉臊的展示品出來時，人們更是激動雀躍，「從未見過這樣美麗的麵條」，「從未見過這樣製作麵條」，人們再次給與了山呼海嘯般的掌聲。而當蘭桂均從容地舀上一瓢紅油淋在麵條上時，更引起一陣躁動，有人當場就發問：「中國菜太油膩，對身體不好」。蘭桂均笑著回答：「中國菜油多，但胖子少，西方菜油少，但胖子多。」如此風趣幽默之巧妙回答引得全場一陣笑聲和掌聲。

蘭桂均展演之小吃「鐘水餃」，剛一攝完像，一老美一個箭步衝上台端起就開跑，一人獨吞，引起現場眾多人不滿，以至主辦方宣佈任何人不准搶拿展演菜品。其後展演之「鄉村煎餃」，不僅香美四溢酥脆鮮嫩，且形成蜘蛛網狀個個相連，觀賞者無不讚美：「非常漂亮！」「太美麗了！」現場烹製的品嘗小吃「蛋烘糕」，分為鮮肉餡和醬酥桃仁餡，100個被爭搶一光，不少人為沒分到一塊而十分難過，更有拿到手者只是不停地聞而捨不得吃，小心包裹起來。有人則輕嘗一小塊，將其餘輕輕包藏起來帶回家，要給家人一個意外的驚喜。

蘭桂均的小吃展演及對麵條20餘種味道的介紹，讓外國人對四川風味小吃的傳統工藝感到神秘不解，對四川美食的多元化和文化性及高深工藝讚賞不已。蘭師一句「品川味小吃，有如品法國美酒」的話語給與會者留下了韻味深長的感受。

2007年，為了實現心中蓄謀已久的夢想，蘭桂均關掉了與妻子苦心經營，且名氣和生意都卓有成效的「鄉廚子酒樓」，突然從江湖上蒸發了。5月中旬的一天，蘭桂均像年輕人一樣，獨自懷揣著已思想成熟的計畫，坐上前往江西的火車，踏上了去景德鎮的學藝之路。

剛到景德鎮那幾天，根據所見所聞，他打消了原本去景德鎮陶瓷學院學習的想法，認為自己更適合找一家傳統的小作坊，系統地學習陶瓷最原始的做法。四處尋找了多日，他終於碰到了一家正合心意的老舊的陶瓷小作坊。老闆開始時並不願意，後來在當地朋友李善的引薦下，蘭桂均終於如願以償地進到了這家作坊學習。在景德鎮的五個月，蘭桂均白天在作坊裡拼命地幹活，晚上下班後，又把從地攤裡買來的專業書籍反覆研讀，還要擠出時間堅持練習，幾乎每晚都要熬到淩晨兩點以後才休息。學成歸來的蘭桂均，還沒來得及大展拳腳，就遇上了震驚世界的汶川大地震。蘭桂均於是宅在家裡繼續他的菜點與裝盤研發，構思他私家菜館的整體設計和風格。

到了2011年，悟道修煉多年的蘭桂均悄然地出了山，在長發街24號附1號，這個深宅大院的家中，開起了玉芝蘭私家菜館，夫妻倆終於圓了夢。開業後，儘管一向低調、少有交往的他，依然不顯山露水，靜心做菜，但仍是紅杏出牆，名聲外傳。不少高官政要，名人顯貴慕名而來。但蘭桂均從不過問客人姓啥名誰、是何官職等私事，他只關心今天的客人有何忌口，幾點鐘到達。「我理解的私家菜的『私』就是這個意思，私家服務，體現私密性。」如今，玉芝蘭已是蓉城數一數二的頂級私家菜館，多家專業媒體競相報導，就連新加坡美食家蔡瀾也誇蘭桂均是「認真做事」。不少外地客人慕名而來，都說不虛此行。玉芝蘭已然成為成都當之無愧的美食地標。

在玉芝蘭，你一眼就可瞄見那轟動歐美，曾獲世界吉尼斯紀錄的川食一絕。這就是擺在台面上的那把碩大的刀和幾根長短粗細各異的木棍。你立馬就會毫不懷疑地感知到，蘭桂均不只是一位廚師，亦是一位藝術家。

他對於菜點與器皿的藝術表現執著到了癡迷的地步。一個做菜做了三十多年的廚師，從中國到日本到新加坡，再到法國、義大利、英國、美國，最後隱居景德鎮偏僻一隅，自己租窯，自己燒瓷，燒盤子燒碗。這裡的餐具，每一款都不同，那裡有什麼瑕疵，他一清二楚：「這碗的邊緣有條黑線，因為燒製前不小心沾了一點鐵銹，只有針尖那麼大，可是高溫之後膨脹就變得這樣清晰了。」

談到開玉芝蘭的初衷，蘭桂均說：「當今餐飲市場流行模仿、複製，但模仿別人容易，超越別人難，而更難的是超越自己，但世間最不可被複製的是人。我要開玉芝蘭，既是為了超越自己，就是開一家具有民族性和世界性的私家菜館，就像西班牙亞分子料理大師德裡亞開設的 El Bulli」。

20多年的夢想，20多年的圓夢歷程，一路走來，正也如蘭桂均所說：「是的，從我最早設想開一個家庭式小餐館——『兩桌』，再到如今已經變成了現實的『玉芝蘭』，都是在圓我的一個夢。我也知道，經營這種每次只賣兩桌的私家菜館，存在著很大風險，但我認為自己一生能有這樣一次新嘗試，還是很值得的。至少，我讓來過『玉芝蘭』的客人都從中感受到了我對事業及人生的一種態度」。

是的，自古有道：能脫俗便是奇，不合汙便是清。追求心靈的超凡脫俗，並不一定要做出驚天動地之事，只要能保持心靈的純淨與情致，就能無為而有為，使其心中之緣結為佳果。亦如古人所言之：丹青乃無言之詩，詩詞乃有言之畫。盡情地抒發和傾訴深藏於作者胸懷中的意境，展現出神妙的境界。

從玉芝蘭出來，腦子裡仍然顯現著蘭桂均敦厚、親和、聰慧、謙恭的身影。看著街上車水馬龍，古怪閃爍的霓虹燈，不禁會想到，面對當今社會的瞬息變化和多元化發展，儘管隨著歲月的不安，諸多名館、名師、名菜會悄然地暗淡或消失，眾多的食材也被人為地污染與褻瀆，但面對像蘭桂均這樣從川菜名師演繹到烹藝大師，只要人們對美食的追求得以昇華，只要人們對美食文化的理解愈加深入，這些如藝術般的精緻廚藝和美食，才會一代一代的傳承下去，就像千百年前我們的先人代有承傳一樣。

有道是：百年回歸私家菜，風華百年飧人間。

第四十二回　川菜怪傑舒國重，文武雙雄智多星

進入１９９０年代後，粵菜海鮮乘率先改革開放之風，漫卷華夏大地，說粵語、唱粵歌、吃粵菜成為顯擺的時尚象徵。成都本土的餐飲業，在突如其來的南粵菜餚的強勢入侵下，顯得無力招架，川菜陷入低谷，偏居小街深巷有氣無力地喘息著，餐飲的競爭顯得尤為殘酷而慘烈。１９９４年，成都一家以三國文化為主題的酒樓，不甘於被粵菜海鮮擠壓到邊沿一角，公開張榜重金招聘江湖上能製作「三國席宴」的高手。換句話說，即是能以三國故事為題材，創製出色香味形器可與三國故事融合的席宴菜點。以此作為一個亮點，藉以突破粵菜的圍攻。此榜一貼出，頓時轟動錦城，江湖上議論紛紜，都說這是誰出的餿主意，簡直就是癡人做夢，天方夜譚。

當然話又說回來，在餐飲江湖上也不凡一道菜便能使一家餐館火爆起來，讓餐館絕處逢生，柳暗花明的事例。因為，成都人向來在吃喝上偏好喜新厭舊，追新求奇，沒有特色、沒有新意菜品的餐館，很難在成都餐飲市場長治久安。這家酒樓之所以張榜招賢，也就是看到了這一點。然而能否招得賢人奇才，亦也是七上八下、心中無數。

此時，有位川菜大廚正巧率隊從杭州華王宮作川菜烹飪技藝表演回來。聽行道中議論此事，頗覺有意思，再看粵菜海鮮不可一世，川菜行業垂頭喪氣，年近不惑的他一下血氣方剛，心想川菜決不能就這樣忍氣吞聲地受粵菜欺壓。於是毅然決然，雄糾糾氣昂昂地去揭了榜。

此人，姓舒名國重，雖說已是特一級廚師，但那時在江湖上還只算小有名氣。舒國重從小好看書，尤其是傳統古典小說和武俠小說，三國演義那更是早就讀得爛熟，書中的每個故事與人物都瞭若指掌。然而儘管如此，雖說是氣宇軒揚地揭了人家的榜，但三國裡那麼多故事，個個鮮活生動，且大都是刀刀槍槍，打打殺殺的場景，要做成色香味形器，乃至氣氛情節都能與故事和人物有機聯繫起來的各式菜品，這的確非一般化的挑

戰，舒國重心裡也確實沒多少底。

然而江湖中人向來誠信為重，堂堂廚林好漢，豈又能拉稀擺帶？舒國重在其三十多年的從廚生涯中，歷來堅信，只要用心，就沒有做不成的事。於是，他白天黑夜再讀三國，邊讀邊琢磨，邊琢磨又邊思考，就像是走火入魔般，精選出具有代表性、操作性、觀賞性的經典故事，經過摸索、構思、設計、畫圖、反覆試驗，最終形成了一套完整的「三國宴」方案。此時的舒國重就像完成了人生的一件大事般，豪氣沖天，登堂亮相了。

當第一桌「三國席宴」在酒樓華麗明亮的大廳擺開，端上桌的第一道大菜就是「火燒赤壁」。沒有主持，也沒有解說，在一片鴉雀無聲中，突然燈光熄滅，當眾人還沒回過神來，以為停電了，黑暗中只見呼啦啦桌子中央突地燃起一遍紅藍火光，映照出一只用大南瓜精心雕刻的戰船，船上的「蝦兵蟹將」，在火焰中顯得尤為鮮活靈動。這時全場上百的客人爆發出熱烈的掌聲，紛紛圍上前來，一睹「火燒赤壁」的精彩表演。大家紛紛讚歎：「簡直太神奇了！」「這個大廚真是了不起！」讚揚之聲不絕於耳。舒國重站在桌邊開心地笑著說：「這僅僅才是開始哈。」

緊接著就像是諸葛亮一般，就差手上拿把鵝毛扇的舒國重，信心十足、氣定神閑地的指揮和調度著，男女服務生魚貫而入，端上了三顧茅廬、三氣周瑜、蔣幹盜書、草船借箭、舌戰群儒、三英戰呂布、單騎救主、苦肉計、張飛穿針、孔明燈，子龍下山、身在曹營心在漢、白帝城托孤，最後是壓軸大菜：三國歸晉。就連席點小吃，亦也是：周瑜米糕、孔明包子、貂蟬玉餃、關公鬣餅。這時，每上一道菜，舒國重就生動解說其故事背景和寓意，以及原料含義與烹飪特點。像「三氣周瑜」便借三七燉肘子鯽魚，諧音「三氣周瑜」；「舌戰群儒」，則是鴨舌堆於盤中高高在上，周邊配青黃瓜和青花椰菜；「蔣幹盜書」，便以螃蟹寓意蔣幹，伸出夾鉗夾住旁邊用冬瓜雕刻的書；「苦肉計」，自然是苦瓜瓤肉；「三國歸晉」，以乳鴿燉烏龜，如此等等，既讓人忍俊不禁，又不得不嘆服其構思立意巧妙，設計造型精巧，食材寓意生動。讓一大桌客人看得、聽得如癡如醉，不忍下箸。經一品一嘗，吃到嘴裡，方才完全感悟到這一席三國菜之豐富多滋、生動有趣的歷史文化內涵。當即大廳中不少客人就爭相搶定「三國宴」。三國宴一下成了當時的市場熱點，其後，被中華烹飪界讚譽為，與山東李志剛的金瓶梅宴齊名的南北文化之盛宴。

三國宴在餐飲市場上掀起了一股軒然大波，不僅食客聞風而動，行業中的老闆、大廚也紛紛前來看個究竟，連一向在川菜廚師面前趾高氣揚、氣焰囂張的粵菜廚師也不得不佩服有加。舒國重就此在行業中名聲鵲起。其實，人們有所不知，到1990年代中期，已經事廚三十餘年的舒國重，早在1988年就率團赴馬來西亞吉隆坡作川菜技藝展演，第一次參加國際表演賽的舒國重，便在馬來西亞舉辦的「四川菜品名譽展演會」上一鳴驚人，憑藉超群的烹飪技藝榮獲了馬來西亞官方榮譽證書。

1991年，他又被派往巴布亞新幾內亞四川飯店任廚師長，以及斐濟四川酒樓、日本本田公司樓蘭餐廳等國外的餐飲企業任主廚、廚師長。1999年出任北京喜來登長城飯店任川菜廳總廚，期間還曾擔任中川國際公司出國廚師培訓餐廳教員和廚師長。只是他素來為人低調，不事張揚而已。

舒國重，1956年出生在一個烹飪世家，父親是成都著名餐館「三六九」的大廚。孩童時代，他常跑到父親餐館玩耍，在廚房裡看著父親把一些生肉、青菜蘿蔔類的東西，經過洗切、配料、烹製、調味，不一會兒，就像耍魔術一樣，變成了一道道可口的美食。於是長大也要當個廚師，就漸漸成為他心中最早的願望。然而父親並不喜歡舒國重常來灶房玩，一心期望讀書成績還不錯的他，多花些時間在學習上。以便將來長大後能當上一個國家公職人員，不再像父輩那樣從事廚師這行地位低下且艱辛的工作。不過有時家裡請客，或逢年過節什麼的，父親忙不過來，也要舒國重幫著燒火、切菜或翻翻鍋。有時，父親見舒國重對炒菜確實很有興趣，也就教他做些較簡單的家常菜。至今舒國重依然清晰的記得，父親叫他做的的第一個菜——回鍋肉，那時他才8歲。打那以後，大凡家裡打牙祭要吃回鍋肉，都是舒國重操刀掌勺。在父親的言傳身教下，他小小年紀就已經打下了紅白兩案的基礎。

其後，舒國重的廚藝天賦展現無遺，親戚聚會、朋友聚餐等都要他操持，且大家都對他的廚藝讚賞不已，舒國重也就感受到了一種成就和榮譽感，一心要當廚師的願望更加堅定了。這或許是基因遺傳，亦或是與烹飪有不解之緣吧。到高中畢業時，父親托人好幾次將他介紹到政府機關和大工廠做事，他都顯得懶心無腸不感興趣。最後家裡只好讓他自己選擇。這樣，1977年8月，舒國重頂替父親的班正式進入飲食行業。這時父親也就把幾十年積累的廚藝悉心傳授給他。此後他更是全身心投入到工作中，吃苦耐勞、刻苦專研，僅在幾年時間中，經過苛刻的層層考核，就成為了當時成都烹飪行道中最年輕的特級烹調師、特級麵點師。一舉成為行業中難得的「雙科狀元」、「全能廚師」。

此後，舒國重臨危受命，被派到成都小吃名店麥邱主廚，使經受文革衝擊、奄奄一息的麥邱，不僅經營特色全面恢復，且在傳統特色的基礎上推陳出新，陸續亮出了罐罐雞、罐罐肉等風味小吃。舒國重還在麥邱招牌小吃玻璃燒麥的基礎上，依據四季時令開發出了麥邱系列燒麥，如：翡翠燒麥、四喜燒麥、金銀燒麥、白玉燒麥、三鮮燒麥、梅花燒麥等花色品種，成為成都燒麥品種最豐富，風味品質最佳的燒麥專賣店。在省內外食客的要求下，麥邱亦推出不同檔次的小吃席宴，和各式工藝點心，接待了許多來自全國各地的賓客、海外僑胞、外國友人，受到極高的好評，展現了成都小吃絢麗多滋的風味魅力和工藝水準。

舒國重這期間，還在一些國內烹飪大賽中屢屢獲獎。並由廚工、廚師升任到廚師長、總廚、餐廳經理、餐飲總監、技術顧問等。１９９７年回國後陸續被鄉老坎、蜀漢酒店、南台月、蓉城飯店、北京長城飯店等聘為餐飲部經理、總廚、餐飲總廚。並長期擔任《四川烹飪》之《烹飪課堂》專欄主講老師。四川烹飪高等專科學校名譽教授，新東方烹飪學校廚藝大師。

２０００年舒國重被授予「川菜烹飪大師」稱號，２００２年榮獲「中國烹飪名師」稱號，後被授予「中國烹飪大師」稱號。中國國際美食節大賽評委、中國首屆川菜大賽評委等職務。因其在中華餐飲界有較大影響，被編入《中國廚師名人錄》。舒國重還先後發表了數十篇烹飪技藝和菜品研發論文。在他從廚幾十年中亦著述頗豐，陸續出版了暢銷全國的《四川江湖菜》、《菜點合璧》、《佳餚菜根香》、《江湖小吃》與徒弟朱建忠共同烹製，與向東老師合作撰寫，由台北賽尚圖文出版公司出版，在海內外影響極大，並獲德國法蘭克福國際圖書展優秀菜譜圖書出版大獎的《川味河鮮料理事典》，近年新作《四川小吃大全》等佳作。舒國重亦因此被行業尊稱為「文武雙全」的一代儒廚。

說到舒國重的輝煌成績和文武全才、儒廚風範，他把這一切都歸功於他的恩師——曾任聯合國中國代表團廚師長，著名川菜大師、小吃大師、中國烹飪大師，現代川菜的重量級人物張中尤。他不無動情地說到：「我這一生最值得高興的事，是圓了我的廚師夢；最讓我得意的是，首創並成功推出「小吃宴」和『三國宴』成為行業熱點；最值得我驕傲的是，有幸成為張中尤老師的學生。」他還說：「父親雖是我學做菜的第一個老師，但還是師傅培養了我、造就了我，讓我不僅懂得了如何調和五味，更讓我明白了先做好人，才能做好菜的道理。」

舒國重認為，自１９８５年投師中尤老師門下，學到的不只是灶門烹爐之術，席上品飲之工，還是師傅為自己打開了一扇通往「自由王國」的大門。他說：「師傅傳給我的一種『儒氣』，幫助我克服並力戒事業追求中可能出現的浮躁與虛華，永遠保持一種銳氣、一種骨氣、一種信念和精神。正是這一師徒代傳的精神，使我承受住了各種誘惑和考驗，在從廚生涯中得到了昇華」。是的，對於舒國重而言，張中尤老師既是他人生中難能可貴的良師，也是一位終生受益的佳友。

與舒國重接觸，你會立馬感受到，他不僅在廚德廚藝上，亦在為人處事，甚而生活習慣上都與師傅一般無二，總是西服領帶，衣冠整潔，完全就是個書香儒家風範的氣派。日常生活中，也和師傅一樣，不抽煙、不喝酒、不玩棋牌，不浮誇虛談，為人彬彬有禮，真誠直率；喜歡看書讀報、聽音樂、旅遊、花鳥蟲魚，看似清心寡欲，卻是有著豐富內涵與情趣的日常生活。

常言道：往事不堪回首。但舒國重之往事卻頗值得品味。在尚未幸遇張中尤老師之前，正值年輕活潑的他，琴棋書畫、吹拉彈唱無一不好。但在躬身師門受教後，他毅然丟棄了這些愛好，尊聽師父教誨，全身心投入去博覽群書、吸取歷史內涵、文化精髓，作為自己菜餚創新，提升德藝的養分。早在１９８５年，在師傅的指導下，舒國重就設計開發出了「成都小吃筵席」，將各種風味特色小吃和菜餚組合成一套五彩繽紛，色香味形各異的獨特小吃席宴，成為四川風味小吃宴的首創者之一。其後，舒國重的研發和創新才能更是揮灑的淋漓盡致，１９９４年之「三國宴」精彩亮相；１９９８年之鄉老坎川西鄉土菜：泡豇豆煸鯽魚、老罈子等獨具風味特色的菜式，風靡華夏大地；老格兒酒樓的花鳥菜式，江湖菜式……，款款轟動市場，成為餐館生意紅火，甚至起死回生的良方絕技。２００２年開始，他相繼出任了新山城菜根香和卞氏菜根香集團公司的廚政經理、行政總廚。中央電視台《絕活世家》專門拍攝了介紹舒國重的專題片，從而讓他名聞華夏。

２０００年後，舒國重的名字在餐飲江湖上那是如雷貫耳，「怪才」、「奇才」、「智多星」、「鄉土菜大師」、「江湖菜宗師」、「流行菜大師」、「創新菜先行者」、「新派川菜始祖」等稱呼此起彼伏、口碑四傳。如今，師承張派之廚風、廚德、廚藝的舒國重，其門下徒子徒孫已是三百多人，遍佈中華各地，真可謂桃李滿天。其中不少已成為中國烹飪名師、川菜名師。張家廚派可以說佔據了川菜行業與市場之半壁江山。

然而，天地之間自有因果之緣。饒有趣味的是，舒國重之愛子，亦同樣在少年時就悄然愛上了廚藝。今天的舒國重也像當初自己的父親一樣，不希望兒子再從事廚業行道。但基因遺傳和環境之影響是難以抵禦的。小兒子也與當年父親一般十分執拗。這也真是應了古往今來的一句老話：有其父必有其子哈！

２００５年，兒子舒傑比當年之父親更為雄心勃勃，居然隻身一人，獨闖京城。俗話說，哪兒熱往哪兒擠。可那年冬天，舒傑卻偏往寒冷的北京鑽。這可讓舒國重夫妻二人既心痛又擔心，大冬天的，又不能往兒子身上潑冷水。此時的舒傑，看似一臉青澀的陽光小夥，但他已經在四川省烹飪技術大賽中多次獲獎。他之所以要奔赴北京，一是首都可見多識廣；二是遠離父親的光環，獨闖天下。到北京不久，身懷家傳絕技的舒傑就以一款川菜名菜「雞豆花」，讓一家大型酒樓的老總與總廚刮目相看。此後，這款雞豆花不僅成為酒樓的當家名菜，舒傑亦很快晉身為總廚助理。現今，舒傑去了更為遙遠的地方，在澳大利亞雪梨一家川菜酒樓主廚，他還準備在那裡發展自己的事業。這真是：山外有山、天外有天；青出於藍勝於藍，長江後浪推前浪。

「以美食的名義去熱愛生活，以美食的情懷去感受生活，以美食的精神去創造生活，讓人們如詩如畫般的生活在美食美味之中」。九十高齡的四川美食家協會會長李樹人老先生談到舒國重時如是說。是的，數十年來，在掌庖製宴的天地裡，舒國重即便是每天面對一碟小菜、一款小吃，哪怕是一個蘸水碟子，他也是那般專注，精益求精。他會為自己一不小心的失手而長久懊悔，也常常會因為獲得一個小小的突破而像孩童般歡喜。他至始至終矢志不渝、忠貞無二——以廚為傲。這就是他為之奉獻一生的，如詩如畫般的美食生活。如今，賦閑在家的舒國重仍勤於筆耕。夫妻二人最大的心願，最為期待的，便是去到澳洲，看望和輔佐兒子舒傑，助其事業有成，夢想成真。

話說：山外青山樓外樓，德藝雙馨世代傳。

第四十三回

一代儒廚德藝雙馨，五洲四海風流顯盡

說起一代儒廚，在百年川菜傳奇中，能被餐飲江湖公認的，恐怕除了1930、40年代姑姑筵的一代宗師，享有清宮「御廚」之美譽，一代秀才、三任縣太爺黃敬臨外，就只有當代比黃敬臨更厲害，享有聯合國中國代表團「御廚」之稱的張中尤大師了。而提起張中尤，在四川餐飲業和川菜行業中，你一定聽不到一絲閒言雜語。無論老闆還是廚師，人們總是懷著崇敬與欽佩的心情談起他的點點滴滴。「廚藝高超、藝德雙馨、溫文爾雅、博學多識、為人謙和」、「蜀中第一儒廚」、「一代雅廚」、「川菜泰斗」……。那麼，各位看官不禁要問，這位張中尤先生，有何德何能，享受到如此獨特的尊重，有何特殊魅力，擁有如此廣泛的聲望呢？我們先來看看他的官方介紹，再說他的傳奇故事。

張中尤，國家特一級烹調師、川菜大師、麵點大師、中國烹飪大師、中國名廚專業委員會委員、四川名廚專業委員會常務執委、四川烹飪高等專科學校榮譽教授、成都市及四川省勞模。

張中尤大師早年師從於四川麵店狀元林家治，紅案名師李德明等老一輩川菜名師，深受兩位前輩的教誨。話說林家治大師，享有川中麵點狀元之美譽，擅長川點小吃技藝，尤精通米食點心；其代表作品有鮮花餅、鴛鴦酥、豬油發糕、白蜂糕、四喜米餃、大米蒸餃等。林老師愛業敬業、一絲不苟、為人謙和、治學嚴謹，張中尤為其一生鍾愛之高徒。再說紅案大師李德明，烹技全面、尤長墩爐技藝，曾多次被派往金牛、錦江、濱江等賓館、省政府招待所，主持接待國家領導人和重要外賓的宴席製作。一生除事廚外，多負責技術與培訓工作，張中尤深受先師之器重，盡得其烹飪技藝之真傳。1962年，張中尤學成參加工作，先後在成都炳新園、回民飯店、王胖鴨、努力餐等飯店酒樓任廚師、廚師長和經理，開始書寫他廚藝生涯中的精彩歷程和如詩如畫般的燦爛篇章。

1984年6月，率領中國川菜專家表演組赴埃及表演和傳授中國烹飪技藝。

１９８５年，在北京人民大會堂、首都國賓館和北京國際大廈做技術表演，並為黨和大陸主要領導人烹製川菜。

１９８７年，由外交部派往美國紐約聯合國總部中國代表團任廚師長。

１９８９年，在四川國際經濟技術合作公司出國人員培訓中心餐飲部任副經理兼總廚師長。

１９９０年，派往日本本田汽車公司樓蘭四川飯店任廚師長。

１９９４年，在成都岷山飯店（四星級）任中餐餐廳總廚師長，後赴德國杜塞爾多夫市，任中國四川飯店廚師長。

１９９７年，在天府麗都喜來登大酒店任餐飲部總監。

１９９８年，在成都總府皇冠假日酒店（五星級）任中餐廳總廚。

張中尤自１９８４年起，經國家考核合格後，先後被政府有關部門授予特三級，特二級和特一級烹調師技術等級職稱。

從１９８７年起，先後當選為四川省烹飪協會的首屆和第二屆理事會理事，第四屆理事會常務理事。

１９９７年，任大型電視節目《中國川菜》技術顧問。

１９９８年，參加《川菜烹飪事典》的編寫工作和多種菜譜、教材的編寫工作。

２０００年，被四川烹飪高等專科學校（大專）特聘為榮譽教授。

曾受上海社會科學研究院旅遊研究中心的聘請，擔任全國飯店餐飲高級管理研究班教師。

２０００年１０月，被四川省人民政府授予川菜大師榮譽稱號。

２０００年，在中外合資的成都華洋花園城大酒店（四星級）擔任中餐行政總廚。

２００１年在中美合資的馬瑞卡酒店管理公司任副總經理兼成都五糧液大酒店副總經理、餐飲總監。

２００１年１１月，被中國商業聯合會、中國烹飪協會授予中國烹飪名師稱號。

２００２年６月，被中國飯店協會授予中國烹飪大師稱號。

２００２年後，先後出任喜慶坊酒樓、麗都喜來登酒店餐飲總監、行政總廚、副總經理等職。

張中尤大師在從廚生涯中曾多次為黨和國家的主要領導人鄧小平、胡耀邦、趙紫陽、楊尚昆、張愛萍、錢其琛等，以及各國的國家元首和政府領導，如前美國總統雷根，柬埔寨國家元首西哈努克親王、巴布亞新幾內亞總統、聯合國前秘書長德奎利亞爾、前美國國務卿季辛吉等製作宴會，均受到了中外貴賓的高度評價和讚揚。

怎麼樣，著迷了吧，傻眼了吧！相信你不是目瞪口呆，亦也是驚訝不已。一個成天圍著灶台打轉的職業廚師，能到達這般之事業頂峰，人生境界，也可謂百年難遇，登峰造極了。其實，在張中尤家裡，那滿牆壁上，有書寫著中文也有印著英文的獎狀、證書，滿櫃的金牌、銀牌、金杯，更會讓你歎為觀止，這些正是張中尤幾十年儒雅風範和精湛廚藝的結晶。

2003年7月26日，這天是張中尤五十五歲壽辰暨從業三十年紀念日。他門下上千名弟子，從華夏各地奔來朝拜他、祝賀他。不僅如此，為他慶壽祝賀的還有來自官方的四川省商務廳、四川商業集團總公司、四川省飲食服務總公司、四川省烹協、省餐飲娛樂行業協會等領導蒞臨。社會活動家、美食家協會會長李樹人老先生不顧高齡亦親臨道喜。在師生聯誼會上，與會者人手一本《師生錄》，大十六開、彩色印刷、40頁銅版紙，上面記載了張氏一派500多名川廚的資訊。張氏門派，到底有多少徒子徒孫，連張中尤自己也不知道，只是笑著說：「簡直無法統計，已經是五代同堂了」。

這次師生聯誼會，100多個在世界各國家和地區的弟子，發來賀電的就有60多個，很多在各國大使館工作的也打來電話恭賀。媒體驚呼，這已經創烹飪界弟子拜壽的金氏世界記錄了。一個廚師，居然能牽掛如此眾多在世界各地的門徒崇敬之心，真是不可思議。各位看官，這就是享有川菜廚界一代宗師，儒風瀟灑的——張中尤。

1948年7月26日，一個男孩在四川成都一個張姓書香門第家庭裡出生了，時任醫生的父親給他取名「中尤」。此時正值戰亂年代，民不聊生，家境不算富裕的張家寄希望於兒子長大後學習醫術，繼承家業。但幼小的中尤似乎並不明了。1950年後，張中尤繼續生活著、努力學習著。一轉眼，已是清秀少年、帥小夥，此時一心想從醫的他，在「一顆紅心，兩種準備」號召下，被命運送進了成都商業學校學習烹飪。消息傳來中尤的父母一臉的茫然，而張中尤卻不以為然，他背起行囊毅然跨進了將要影響他一生的商校大門。

起立，敬禮！請坐下！一位謙和而又儒雅的老師站在講台前向同學們侃侃而談，他就是資深烹飪名師林家治先生，隨後是李德明先生……在學習的日子裡，中尤發奮學習、刻苦鑽研，以優異的成績結束了學校生活，步入社會去完成人生中的追求。

烹飪工作的艱辛與勞累，是行外人無法體會到的繁重體力勞動。帥氣的中尤雖個子中等，略顯瘦削，但工作中的他卻虎虎生風，吃苦耐勞、勤勤懇懇、足踏實地。林家治老師、李德明老師看在眼中，心裡既喜歡又心疼，覺得這個小青年將來一定有出息。在二位良師精心培養和嚴格調教下，中尤感悟頗深，將恩師的人格、魅力、知識和技藝傾力吸收、悉心領悟，化作人生中的制勝之寶，其後的事廚生涯精彩地展現了張中尤的絢麗人生。

50年前一個偶然的決定，讓一個年輕人從一名準醫生變為一位廚師；40年前一份執著的堅韌性，讓他走進了人民大會堂，開始了為國家領導人的服務生涯；37年前一顆對烹飪技藝的不懈追求和對川菜的熱愛，使他成為一名世界御廚，這就是中華食苑奇才，烹壇雅士——張中尤。

1987年外交部在全國各地和各大菜系，選派一批優秀廚師到聯合國工作。當然，這些人都是行業精英，南京、無錫、上海、湖南、福建、山東，甚至還有北京釣魚台國賓館的大廚和廚師長，大多都廚藝高超、身懷絕技。當時這個任務自然是被上升到了政治任務的高度來完成的。在這個精英團隊中，張中尤認識了不同菜系中的「好東西」、「真功夫」，領略了不同菜系各有千秋的技藝和優勢。然而在集中培訓後，名不見經傳的張中尤卻被任命為「聯合國中國代表團廚師長」。於此，在近三年的時光歲月中，川菜的榮耀和川廚的風采，在聯合國高高的大廈中亦如探戈舞一樣輕快地飄蕩，讓世界各國政要賞心悅目。張中尤圓滿完成任務準備回國時，聯合國中國代表團秘書處給了他這樣的評價：「自到聯合國中國代表團工作以來，勤奮踏實，對廚師班子的管理卓有成效，出色地完成各項外事接待工作。」除了這個評價，張師傅在「聯合國」的工作中還得到了一個重要的啟示。

「1988年中國作為聯合國的輪值主席國，接待了很多國家的領導人，其中一項比較重要的任務就是，他們在參觀過中國總部之後，大都要在這裡就餐。出什麼樣的菜餚，用什麼樣的調料，甚至連使用什麼樣的餐具，我們都想到了。」張中尤侃侃而談。「當時禮賓司的同志有這樣的擔心：國外的代表不能適應中國的口味。其實說實話，不光他們，我們也有這樣的疑慮，畢竟中餐和西餐在口味上的差異確實不小。但後來我們幾個廚師在商量的時候，有了比較成熟的想法，在聯合國工作，自然我們也能接觸到其他國家的廚師和烹飪技術，逐漸發現在做菜這個方面，雖然其他國家和我國菜餚的口味有差異，但在原料的選擇和製作，還是有很多相似的地方。而且，國外人的口味並沒有我們想像的那樣陌生和不可捉摸，他們對中餐的味道較能接受。於是，我就大膽地把川菜做了部分的改進，直接加到了晚宴的菜單裡。比如，川菜中的魚香味型，我們就用這種口味來製作當地能找到的原料，我記憶最深刻的一道菜叫『魚香蝦排』，蝦排的做法還是傳統的西餐的製作，然後用魚香味來調味，這也算最早的FASHION（時尚）菜餚了吧，客人的反應都非常好，甚至有一個東南亞的外交官，把整份菜餚吃了乾淨，後來這道菜也成了聯合國的保留項目。」

張中尤對於餐飲的認識，也是他從業生涯中得到的啟示之一：「餐飲服務無小事！」。他說：「改革開放的初期，一個香港旅遊團首次訪問成都，其中有一道菜和一道點心，當時沒有做到位，後來想想是我們對客人瞭解不足造成的，因為那個時候能瞭解的管道真是太少了。但對於我們的餐廳，這種錯誤就是不能原諒的，因為無法彌補，這批客人走掉了，不可能再來你的餐廳了，對餐廳的口碑和印象就會有負面的看法，一個小小的過失就會影響整個餐廳的形象。」張中尤是個追求完美的人，別人可能覺得差不多了，但他必須要求自己做得盡善盡美，「有時候覺得挺累的，但想想真把餐飲當事業來幹了，還是值得。」

現今，以四川美食家協會會長，九十多歲的李樹人老先生的話講：「張氏之門，自成一派，具有左右蓉城川菜風味之勢。」２０００年他被四川烹飪高等專科學校（大專）聘任為榮譽教授。僅在烹專，他教授的學生中就有２０多名被評定為國家特三級、特二級、特一級高級廚師。在他的弟子中有現今鼎鼎大名的中國烹飪大師、川菜大師舒國重、蘭桂均等，川菜名師數十人；現有近１００多名學生在日本、美國、德國、奧地利、澳洲、美國、英國、馬來西亞、匈牙利、日本等國展現川菜烹藝。２００２年，張老師又喜收成都空軍毓秀苑賓館，現役中校軍人、女老總趙豔斌為徒。這不僅首開烹飪行業和餐飲界大師收軍官女徒之先例，更成為一段佳話。這年底，趙豔斌率團參加第四屆全國烹飪技術比賽暨第１２屆全國廚師節，在張中尤的悉心指導下，其參賽作品從冷拼到熱菜，無不摘金抱銀，榮獲６塊金牌。而也就在這次川菜歷史上最為重大的中華餐飲盛會上，張氏門派之弟子技術與創意優勢凸顯，從冷拼、熱菜到麵點，無不摘金奪銀，共榮獲１０多塊金牌、２０多塊銀牌，一時震驚中華餐飲界。

而說到徒弟這個話題，張老師神情嚴肅起來。他說：「能讓我接受的徒弟，首先是人品好的孩子，先要考察他的人品，看他是否能在廚師這個行業中成材，包括：是否熱愛這個行業，是不是真的對這個炒菜感興趣呢？」「當年我的老師對於我的言傳身教，一直很有影響，他們對於菜餚製作的那種嚴謹和刻苦之心，是我終身受益的東西。」

桃李滿天，星光燦爛。這是張中尤真誠質樸的為師之道，德藝雙馨的烹藝廚風所孕育。而現在這些跟了張老師１０年、２０年、３０年的學生看上去更像是張氏家人，或是親朋好友，彼此都親密無間，無拘無束。無論是對張老師還是張師娘，都敬重有加。儘管現今張老師已經退了休，他仍十分關注餐飲業和川菜業的現狀與發展，只要是有利於川菜發展的事情，他都會義不容辭地奉獻自己的餘熱。

談到川菜的發展，幾十年的從業經驗，先進的烹飪理念，開放的思維，無數的榮譽，非但沒有使功成名就的張中尤大師有一點居功自傲的隱退之心，反而更增添了不少他對改良餐飲、提升川菜，使其更加國際化、現代化的關注。他認為，現代餐飲應該是傳統與新派、歷史與現代的結合，既追求風味口感，又崇尚營養健康；而環境時尚、舒適溫馨、簡約明朗、衛生潔淨及個性化裝飾、人性化服務等，是提升菜品感性享受的重要因素。因此，所謂時尚經典川菜，就是去采各家之長，烹一家風味，選萬千風景，成一店亮色。如今，在張老師這一理念的指導下，成都一大批餐飲酒樓打破地域概念，融合各菜系特點，吸取東西方烹飪及美食精髓，注重環境營造和軟性服務的企業紛紛湧現，使本已繁榮興盛的四川餐飲文化更為百花齊放，奇葩吐芳。

張中尤在皇冠假日酒店、麗都喜來登酒店、華洋花園大酒店、五糧液大酒店、中美合資馬瑞卡酒店管理公司擔任總廚餐飲總監、喜慶坊任酒樓餐飲總監期間，就常對廚師說：「民間真言，千古一理：好菜民間，好味家常。出自民間的家常菜一經名師神手便成經典佳餚」。他極力主張要讓尋常百姓也能登大雅之堂，高檔酒樓也要有家常菜。如他在皇冠假日酒店和喜慶坊酒樓，就親自動手開發家常經典菜餚，儘管是家常菜，卻依然用料嚴謹、烹調規範，製作精美、突出真味，足見大師之風範。

像在喜慶坊首推之六款「大師家常菜」足顯其家常風味之魅力。「泡椒福螺片」，脆嫩適口，爽滑宜人，泡椒風味醇濃；「乾豇豆燒鴨掌」，豇豆脆爽，香芋嫩滑，鴨掌糯嫩，鹹鮮微辣，家常味濃；「紅湯冷魚片」，鮮香細嫩，麻辣多滋，味美爽口；「筍乾拌雞脆」，嫩脆相間，鮮香宜口，辣麻滋爽；「泡椒鯇魚」，魚肉嫩滑，鮮美香醇，椒香味爽；「黃金燒豬手」，鹹鮮香辣，滋味豐厚，口感舒爽。食客評價說：「大師之家常菜，色香味形俱佳，重在真味，意在實惠，宜酒宜飯，韻味深長，口福同享，好吃不貴。」還有食客贊其家常菜：「有真味，有雅境。」

張老師從不居高自傲，亦不保守故作神秘，他常常是毫無保留地教會手下廚師一些傳統經典名菜，儘管他們都不是他的正式門徒。像芙蓉雜燴，就是一道傳統經典名菜，多用於宴席之中，菜品原料多樣，做工精細講究，色澤美觀，湯菜合一，營養豐富，香鮮醇濃。在四川的喜慶活動宴席中多作為大菜上席。

生燒筋尾舌，該菜是成都著名的餐廳「努力餐」的招牌名菜之一，是四川已故的老師傅馮德興最擅長的菜品之一，深受廣大食者的推崇。菜品選用上等豬蹄筋、豬尾豬舌等原料煨而成。菜品色澤金黃，湯汁稠濃，香鮮味美，軟糯爽口。

紅燒魚翅鴨卷，則是一款在傳統經典菜品基礎上改革創新的著名菜品。在保持傳統技法和主要原料與風格的同時，也大膽使用了高檔原料如魚翅等，使傳統的經典名菜得到了較大的昇華，成為一款高檔的經典名菜，更加適應於現代人的消費和時尚追求。

芙蓉雞片，以成菜色白雅潔而名「芙蓉」。該菜是一款現在難以面市的傳統菜餚。菜品以其製作工藝精細，配料講究而充分體現了川菜「一菜一格、百菜百味」的獨特風格。芙蓉雞片不僅菜品美觀，更是一款有利於健康的精美菜餚。

黃燜大鯰魚頭，在餐飲市場上眾多的魚頭菜品中，獨具風味魅力的黃燜大鯰魚頭。是１９４０、５０年代深受廣大消費者好評和青睞的菜品，選用肥美的大鯰魚頭配以精美的輔料烹製成的一道營養豐富、口感鮮美的經典菜餚。

乾燒鹿筋，該款經典川菜用料高檔，營養豐富，滋補性強。自１９８０年代起就建立極佳的口碑，１９８３年時，在北京人民大會堂的小宴會廳曾以此菜作為宴會的主菜之一。此菜色澤紅亮，軟糯爽口，鹹鮮微辣，家常味濃。

銀皮包燒魚，採用傳統和現代烹製方法的結合，更能體現出經典川菜的風格特點。此菜鮮香味美，細嫩爽口，滋味豐厚，家常味濃。

張中尤大師身為烹飪巨擘，廚界泰斗，其廚技廚藝，超群出眾，廚風廚德，世人敬重；經歷多彩、學識淵博，從事烹飪技術與管理工作三十餘年，精通川菜、通曉各大菜系、熟悉西餐、日韓料理，具有嫻熟操持大型國宴之功力，為業內人士公認與敬重。

其烹飪技藝和儒雅風采征服了眾多不同膚色的食客，他的氣質與風範一直代表當代廚師的典範；將傳統和市場有機結合，將創新與傳承融為一體；他身體力行，以自己一生的廚藝追求，將川菜成功展現並推向全世界，將中華烹飪推向了未來時空。

自古道：古樸君子力挽江河，名節之士光爭日月。又道是：有才者如渾金璞玉，為學者如行雲流水。生活中的張中尤，衣冠楚楚、學者氣度，喜好看書讀報、聽音樂、旅遊、崇尚大自然；尤喜中外歷史、烹飪書藉和雜誌；最欣賞的一句話是：書山有路勤為徑，學海無涯苦作舟；勤奮工作、真誠待人。最引以自豪的是：多次代表國家到各國展演川菜技藝，宏揚中華飲食文化，為川菜的發展培養了一大批優秀人才。

有道是：勢利者言行虛假，浮躁者一事無成。張氏廚德，坦蕩踏實、虛懷若谷；張氏廚風，意趣清高、志量遠大；張氏廚藝，一菜一格，百菜百味，與時俱進，引領食尚，奇峰妙境盡在眾弟子鼎鼐之中。真個是：智者無疆，仁者無垠。張中尤大師之廚德、廚藝、廚風，必將世代承傳，道行天下。

大千風味守護神，一代宗師楊國欽

題目開篇，大千風味守護神，那得先說說大千，方才引得出守護神來。大千者，張大千是也，名權，後改作爰，號大千。四川內江市人。傳說其母在其降生之前，夜裡夢一位老翁送一只小猿入宅，所以在他二十一歲的時候，改名猨，又名爰、季爰。後出家為僧，法號大千，故而世人稱其為「大千居士」。

張大千是二十世紀中國畫壇最具傳奇色彩的國畫大師，一位深受愛戴的偉大藝術家，特別在藝術界更是深得敬仰和追捧。無論是繪畫、書法、篆刻、詩詞都無所不通，特別在山水畫方面卓有成就，堪與齊白石、徐悲鴻並駕齊驅。被譽為「東方畢卡索」的張大千先生，也是有名的美食家和烹飪行家。他把烹飪看做藝術，不僅善於品評菜餚，而且尤擅烹製菜餚、設計筵席，他的大千風味菜和大風堂酒席深得中外食家讚歎。他曾說：「以藝術而論，我善烹飪，更在畫藝之上。」徐悲鴻也讚揚說：「大千蜀人也，能治蜀味，性酣高談，往往入廚作羹饗客，夜以繼日，令失所憂，能忘此世為二十世紀。」

在烹飪上，張大千亦與繪畫藝術一樣，善於兼收各大菜系之優，以川菜為根基，集炒燒燴煮蒸於一體的烹調理念，創製出享譽世界的「大千菜餚」。１９５０年代，張大千遷居巴西，在所築宅園「八德園」內，除盡享中國園林之美外，吃的也是地道的中國菜。他常說：「美味還是在中國，還是中國的美食最講究。」在八德園林園中，他經常請一些專業廚師來切磋廚藝，研究菜譜，自己烹飪時再加以改進，最終形成獨具風味特色的「大風堂菜系」和「大千風味」。如大千雞塊、大千粉蒸肉、紅燒肉、乾燒魚、泡菜燒魚、麻辣則耳根等。若有重要客人造訪，大千先生必親自定菜並手書菜單，貼在廚房裡。但在不斷變換的菜單中，有三樣菜卻是大風堂菜系中的保留菜餚：紅燒獅子頭、煨魚翅、燒鮑魚。出自江蘇揚州的紅燒獅子頭，張大千覺得口感雖好，但過於油膩。為此他將其「改良」，減少油脂，使這道菜入口即化，滑嫩鮮香，肉味可口，亦符合現代人提倡的低脂肪健康飲食之要求。

張大千對食材原料的認識亦有他獨到的見解，像在選購海鮮產品時，他尤為注重其生長習性等特徵。比如鮑魚，他總結出一套與常人不同的識別品質優劣的方法：一般人購鮑魚的標準是肥大、厚實及光滑，他認為這恰是最差的，因為這是鮑魚死了以後捕撈上來的。相反皮皺皺的、看上去緊巴巴的才是優質鮑魚，原因是那只鮑魚是活著的時候被捕撈的，捕撈時被漁夫緊緊抓住，鮑魚因掙扎而緊張，身體便就蜷縮成一團，皮膚就不光滑，外形就不好看，但卻是真正的生猛。

張大千認為，選料不好，會直接影響菜餚的風味及口感品質。他的原則是，要用最好的原料和調輔料，才能達到最佳效果。魚翅是宴席中常見的高檔菜品，一次，張大千宴請客人，一位客人估計餐桌上的一道魚翅要花兩千元錢才能做出來，張大千笑著說，還要加幾倍才做得出來，因這盤魚翅是上等的排翅，價格在萬元以上。張大千追求菜餚的極致，由此可見一斑。

讓張大千頗為得意的是，經他指導，從「八德園」中走出去的幾位川菜廚師後來獨立謀事，成為名震一方的著名大廚，為他爭得不少榮光。像陳建民，在日本東京開設了「四川飯店」，其分店幾乎遍佈全日本，他經常在日本國家電視台主講「中國料理」，傳播中國飲食文化。婁海雲，由於從小愛讀書，是一位廚藝高超的儒廚。他以「大千菜餚」食譜而遐邇聞名，在主廚美國紐約「京華樓」後，又獨自在巴西聖保羅開了一家「四川味」飯店。陳少泉在德國曼哈姆開了一家「四川飯店」，也是一位廚界名師級人物。華僑阿明為向張大千學廚藝，自願為他當義工，做清潔衛生一類的瑣事，由於勤快，很受張大千喜歡。張大千親自為他講解廚藝的微妙奧秘，他學成之後，即在美國蒙特利公園市開了一家中餐館，其店招「青城山」三字就是張大千親筆題寫的。張大千還為他繪了一幅《青城山》山水畫，與店名配套，彰顯該店的獨特的文化品味。

１９８１年正月十六，張大千設家宴招待張學良夫婦及其他幾位朋友。同往常一樣，張大千手書了菜單，他的摯友秦孝儀在菜單上題寫「邈若山河」四字，稱以「大千風味」為代表的中國飲食文化是一種氣魄、一種境界。張學良十分喜歡，特別看重。宴席結束後，回到家中，特請人對這幅「菜單畫」進行精心設計，裝裱成手卷，並特意留出空白宣紙。在又一次與張大千會面時，張學良便將這幅裝裱後的「菜單畫」拿了出來。張大千非常感動，隨即揮毫，在空白宣紙處畫上白菜、蘿蔔、菠菜，並題詞：「蘿菔生兒芥有孫，老夫久已戒腥葷。髒神安坐清虛府，摘些牛羊踏菜園。」為「菜單畫」錦上添花。

張大千嗜好飲食，研究飲食，尤善品味，一生以此為一大樂事。張大千認為吃是人生最高藝術，繪畫追求的是意境和筆墨情趣，飲食追求是味覺藝術。他為了吃，經常不計錢糧，吃得腰無分文，而卻神情泰然；為了吃，經常無拘無束，吃得眾人驚視，他也毫不在意。他一生曾遊歷過大陸的大江南北，也漂泊過歐洲與美洲。走到哪裡，就吃到哪裡，在充分認識了中菜和西菜之後，認為不論在菜餚的製作上，還是吃法上都要中西結合，使菜餚既有可口的味道，又富於營養。張大千吃多識廣，再加之對經驗的不斷總結，便在品評菜餚時獨具慧眼，提出超越常人的真知灼見來。如臊子胡蘿蔔茸，本是一款極普通的菜餚，但用緋紅色的胡蘿蔔製作的這道菜味鮮微辣，色澤紅亮，燦如雲霞，猶如一幅絢麗而有立體感的畫卷，張大千非常讚賞它。

張大千還用他那畫家的匠心和妙手創製菜餚。他的繪畫以山水花木、鳥獸蟲魚及人物等為題材，清麗雅逸，渾然一體。他製作的菜餚也講究造型別致、色彩天成。他常常用家禽、魚肉、蔬菜等作為原料，加以拼切鑲嵌，巧妙擺設成禽鳥花草等象形圖案。他烹製的一道道工藝菜，恰似一幅幅五彩斑讕的畫卷。

他還善於吸取民間家常菜的精華，加以巧妙地改進和變化，形成別具一格的大千風味菜餚。如三味蒸肉，是在四川田席粉蒸肉的基礎上，將豬、牛、魚肉置於一籠，用粉蒸的方法創製出的。此菜原料各異，味道各異，既有鄉土風味，又新奇獨特。特別是將海鮮、冬菇、肉類、時鮮蔬菜及乾菜做成的「大雜燴」改名為雅致的「相邀」，成為一時美談。

張大千創製的菜餚還有很多，如大千雞、大千鴨、大千乾燒魚、大千櫻桃雞、大千丸子湯、燴一品豆腐、大千三味蒸肉、大千羊肉、大千豆乾、乾燒鱘鰉翅、大千鱔魚、大千薑汁雞塊、大千魔芋雞翅、大千茶燻雞、大千泡菜燒魚、大千紅燒大肉、大千珊瑚肉丸等，以及名目繁多的大千風味小吃。

而在本土，「大千風味」之一，是結合內江鄉村的「九大碗」，但在材料的選配和味道的組合上更高檔、更豐盛，如粉蒸肉既有川味又有家鄉味；大千風味之二，是根據自己的愛好和特長，不斷改進前人的做法，像大千乾燒魚既有傳統的作料，又加入不同的輔料，變換做法；大千風味之三，是廣采博納，兼收並蓄，其白砍雞就是不用單一的一個味，而是多個味融合。三大風味，讓大千菜餚，多姿多彩，大千風味，變幻無窮。此後，內江川菜大師楊國欽發掘、收集、整理成了譽滿世界的《大千風味菜餚》專著。「大千風味菜」便成為川菜獨一無二、特色獨具的一支奇葩，也是川菜文化中的一筆珍奇瑰寶。

２０１０年6月9～２０日，在張大千故里四川內江，「第五屆大千美食文化節」盛大舉行。來自美國、巴西、韓國、日本、泰國、印度、新加坡、俄羅斯及台灣和四川各地的川菜名師大廚彙聚一堂，各顯神通，將其製作的大千風味菜品進行展演。而「四川名宴」之五大「大千宴」、「大千海鮮宴」「大千甜食風味宴」等，成為「大千宴」、「大千系列宴」之一，一舉成為國際美食展的一大精彩亮點。「今天擺出的這桌大千宴，不僅包括張大千先生推出的大千風味菜，還融合了當今內江的眾多傳統及流行風味美食，極具地方特色。」指導製作此桌大千宴的川菜大師楊國欽說道，「大千宴全套菜品多達100餘道，此次僅展出了其中30多道菜品」。

2011年12月17日至23日，為期一周的「第六屆大千美食節」又落下帷幕。雖然時值隆冬，寒風凜冽、小雨淅瀝，但是市民觀美食、品美食的熱情卻勝過七月流火，一場空前成功的美食盛會讓大千美食再次名揚國內外。內江川菜大師楊國欽說：「當代著名的國畫大師張大千不僅擅長烹飪，而且還是一位美食家。張大千綜合中外飲食文化，結合中國書畫藝術創造的『大千風味菜』，同他的畫作一樣馳名海外。張大千調羹要求『色、香、味、形』四字，如製香酥鴨，則要求酥脆香嫩，且以生菜墊鴨身，四周不另加花、生菜，與鴨肉同時入口，味尤鮮美。這便是大千先生的美食之道」。大千風味宴的精彩亮點就是將大千菜餚和大千書畫融為一體，集書畫和美味於一宴。

像「大千雞塊」，選用剛張冠的仔公雞，雞肉連皮烹炒，肉質細嫩、香美適口，味極鮮香；而魔芋燒雞翅便有選用肥美結實的雞拐翅烹燒，肉美味香，體現他「峨眉為四川」的國畫風格。大千喜歡畫荷花、荷葉，而「荷塘泛舟」這款菜，及時選用湯圓加蓮末做成；還有巧用拉麵，豬瘦肉、蝦仁、口蘑、海參、青紅椒、火腿等原料製作的象形麵點，以其國畫名「江山無盡」來命名。再有以仔鴨加清湯造型成菜，體現張大千國畫「倚柳春愁」的意境；以石斑魚、番茄、竹筍、蘑菇加清湯，用大千之國畫「清池遊魚」命名等。大千風味工藝菜，如同幅幅絢麗多姿的精美畫卷，將書畫與烹飪、將水墨色彩與五味調和融為一體，使其成為世所罕見的「吃的藝術，藝術的吃」。

各位，聽楊大師這麼一講，不難看出，他不是學者也是專家。其實讀者有所不知，這兩者皆為是也。然而楊大師更是以畢生之精力挖掘、整理、編撰、宏揚、傳承大千風味的先行者。大千風味宴，正是楊大師之精湛廚藝、廣博學識、靈性睿智的經典傑作。楊國欽大師也正是本章題目所示——大千風味之雕塑家、守護神。

楊國欽，1948年7月生，四川內江人，大專學歷，川菜大師、中國烹飪大師。楊國欽從事烹飪技藝四十多年，以其精湛廚藝、廣博學識為行業所敬重。曾被派往德國、俄國、泰國、哈薩克斯坦等國家和地區的賓館、酒樓主廚，以及川菜技藝表演與交流。一次在香港表演期間，曾被香港《大公報》、《明報》、《西德日報》等全面報導，予以高度讚譽。他編著的《菜品集錦》一書，獲內江市委、市政府頒發的優秀科技成果獎；他還編著出版了《甜城甜食風味》、《甜城佳品》、《甜城甜食風味民間遐邇》等著述。同時，作為川南及內江烹飪業界的領軍人物，他一往情深地關注內江百年餐飲的跌拓起伏。兩千年伊始，內江城市以前所未有的速度和規模改造、擴建，餐飲業隨之大興，楊國欽更加活躍在烹飪舞台上，他不僅在區、市政協會議上極力呼籲，獻策獻藝，更置身前沿參與打造內江「大千美食一條街」和「大千美食之鄉」，傾力連續舉辦了七屆「大千美食節」。並受中央電視台盛邀，製作大千美食風味文化節目，使大千美食得以弘揚並傳名於世。

楊大師率先宣導研究世界著名國畫大師、美食家張大千的「大千風味」，並傾其全力，精心編著出《大千風味菜餚》，在國內外引起廣泛關注和讚譽，因此而榮獲四川省頒發的優秀科技成果獎。他亦被中央電視台、《中國人才報》等數十家新聞媒體報導，影響於海內外，被知名專家學者譽為難能可貴的四川大千美食研究專家與學者。

此外，楊國欽亦也喜好舞文弄墨，是國內第一個撰寫論文，從美食名家角度論述了張大千烹飪藝術、飲食文化，讓國內外專家學者頗感震驚，譽其為有關張大千烹飪與美食藝術「驚世駭俗之絕妙論文。」幾十年間，他發表了數十篇有關張大千烹飪和美食軼聞的論文，其中《淺論張大千的飲食藝術》獲省、市、區頒發的優秀科技論文獎。由於在烹任藝術和大千風味學術上的顯著成就，１９９７、１９９８年被授予「四川省技術能手」、「內江市科技拔尖人才」等稱號，其事蹟被載入《中國人物志》、《中國大百科人物傳集》等十多部辭書中。

「大千風味」是張大千這位「美食家」綜合南北佳餚的特點，在川味的基礎上，親自設計和製做的菜餚統稱，該風味屬於川菜，但又創新於川菜。經川菜大師楊國欽反覆研究之後，親自試製，最終推出了頗具代表性的「大千雞塊」、「大千乾燒魚」、「大千三味蒸肉」、「大千羊肉」、「大千豆乾」、「大千魚翅」、「大千鱔段」等以及各種風味小吃。

而享譽中外的的「大千風味菜餚」、「大千飲食藝術」專著的問世，更要歸功於這位擅長文字的川菜大師。楊國欽作為當今內江餐飲界的「舵爺」，也是當今川菜烹飪界頗有聲譽的大千風味菜專家。把他幾十年從廚生涯的大部分歲月，都投入到潛心研究、整理和弘揚大千風味菜餚中。填補了中國烹飪及川菜文化的一項空白。因研究張大千風味飲食藝術，他挖掘、收藏到了

「大千風味菜系」、「大風堂酒席菜單」和「大千飲食軼聞軼事」等眾多寶貴文獻資料，在國內外收藏界獨領風騷。其所收藏的1000多冊中外菜譜，2000多本烹飪雜誌，500多分歷史菜單，使其成為國內烹飪典籍收藏大家。著名國畫大師趙蘊玉為其藏書提名「五味書屋」，著名老作家馬識途也為其書房提名為「大千烹飪書屋」。中國收藏家協會、上海收藏聯誼會吸收其為會員，國內諸多中央、省內媒體報導稱他為最早自建烹飪文獻的第一人。楊國欽的名字和大千菜還被收編進了《中國名廚大典》、《中國廚師名人錄大全》、《華夏名廚名菜辭典》等多部權威典籍之中。

楊國欽生在舊社會，長在紅旗下。1964年，楊國欽初中畢業，高中錄取通知書遲遲不到，等來的卻是一張內江市商業學校烹飪專業的通知書。父母勸誡楊國欽說，學廚藝當廚師，沒什麼不好，至少畢業走上社會能「有口飯吃」。在校時，楊國欽踏實好學，筆記本總是被記得滿滿。畢業實習時，他被分配到了內江市甜城公寓餐廳學習。受師於川菜名廚黃福財、張仲文。為學到更多的東西，楊國欽每天很早就趕到廚房，邊做事邊偷偷看師傅們如何做菜。曾有一次因為偷看老師做菜出了神，竟忘記自己鍋裡還燒著油，油鍋燃起時他才手忙腳亂撲火，自己差點受傷不說，也讓廚房虛驚一場。儘管挨了一頓臭罵，但師傅們卻被他對廚藝的執著追求所感動，於是開始給他傳授各種技藝。有了老師傅的指點，楊國欽漸成單位裡出類拔萃的「小師傅」，1973年被挑選進入重慶廚師高級培訓班進修一年。爾後又師從重慶特一級烹飪大師徐德章、陳志剛。楊國欽廚藝提高甚快，返回內江時已烹技全面，以其刀工技藝「精、快、美」，爐灶功夫「穩、準、快」而廣受讚譽。1980年，他被授予國家特一級廚師。

1983年，四川省飲食服務總公司在全省挑選廚師赴西德慕尼黑主廚川菜酒樓，唯一兩個名額被授予楊國欽和一名助手。楊國欽這個平日便喜歡收集菜譜和菜單的「文藝美食家」，開始著手整理有特色的四川名菜、傳統菜和創新菜。因為成長在張大千故鄉，偶得香港《飲食天地》雜誌時，意外發現有提到張大千的大千雞塊，是地道川菜。於是他心頭一亮，決心要從大千風味下手，帶出國門。但書中所提「大千雞塊」也僅是一個菜名，於是楊國欽給朋友徐明德（特級廚師，由重慶派往香港的川菜主廚）發去書信，詢問是否知曉製作方法。很快，香港復信，將大致烹製法和用料等告知，並囑託說，張大千是位美食大家，善吃善烹，尤為喜歡大千雞塊這款菜，務必請楊國欽研發後推出。隨後，正在編寫內江商業志的內江市中區領導找到楊國欽，也叫他研究整理大千風味菜系。

真也是天時地利人和，楊國欽因此而倍受鼓舞。

此後，他不分晝夜拼命翻查資料。在成都辦理出國手續閒暇中，楊國欽偶然又從省飲食公司翻閱到日本菜譜中，由陳建民先生編寫的《四川菜譜》，裡面一道「大千櫻桃雞」的做法、用料和風味等均與大千雞塊一致。經過反覆推敲，楊國欽總結出，張大千綜合南、北菜餚的特點，以川味為基礎，親自設計和製做的「大千風味菜」，既屬於川菜，但又創新於川菜，既講究味濃味厚，又注重風味口感出新。經過反覆實踐，楊國欽推出了「大千乾燒魚」、「大千雞塊」、「大千鱔魚」、「大千羊肉」、「大千丸子湯」等菜式，「大千風味菜」由此呼之而出，靚麗登堂，一時間在烹飪業界與美食界引起很大轟動。１９８４年４月，楊國欽飛往慕尼黑，他帶去的「大千風味」菜餚在西德引發極大關注，《大公報》、《明報》以及西德多家媒體對之做了跟蹤報導，楊國欽也由此名聲大噪，揚譽海外。

１９８４年１０月，張大千的親友回內江觀看川劇《張大千》，機會難得，楊國欽借機舉辦了「大千風味研究會」，邀請張大千的女兒、女婿等親屬，聽他們講述張大千與美食的故事。

張大千的長女張心瑞說，「先父一生所嗜，除是文字書畫外，喜自製美食為樂，其足跡遍及全球，因能吸取海內外各派各家之長，融為一體，形成以川菜為主體之大千風味菜餚。」會上，她介紹了張大千拿手的美食近２０個品種，楊國欽一一作了筆記。會後，張心瑞還揮毫寫了「大千風味」四個字贈送與楊國欽，感謝他對發掘先父烹飪藝術所做出的研究和奉獻。以後，楊國欽又通過多方尋訪瞭解，查閱了《大千傳》、《大千年譜》、《大千畫集》、《張大千生平》等許多著作，如同考古學家一般搜尋大千風味蛛絲馬跡。終於是天道酬勤，上天不負苦心人，楊國欽所收集到的諸多翔實文史資料，證實張大千不愧為是位造詣高深的美食家與烹飪大師。

１９８５年，作為培訓餐廳的教研組長，楊國欽將２９５個菜品整理成油印資料，後與學生陳和平（一級廚師）合作，把最初研製的５個大千風味菜加上，撰寫前言後，成為大千風味菜餚最早的專著。隨後，多家雜誌社找到楊國欽，希望由他撰文連載張大千烹飪藝術和美食方面的文章。於是，楊國欽又拿起筆杆子開始介紹大千風味美食。一直到１９８８年，他的作品已達數十篇，「大千風味」之名更盛。當年５月四川科技出版社找到他，希望合作出版《大千風味菜餚》一書。這正是楊國欽心中之夙願，於是他將過去發表過的大千風味作品再次反覆論證、實踐、修改，最終編寫成２６個經典風味菜品的專著。並由馬識途、楊繼仁作序，畫家邱笑秋作畫，楊方德、王月新撰文，楊建一作英文翻譯，於１９８９年１２月正式出版發行。其後、來自國內外的電話、信函紛至遝來，有邀請楊國欽去做專題講座的，有希望他作專題研討的，亦有請他撰寫文稿的……如此等等，楊國欽感受到了一生中莫大的欣慰與滿足。

情必近於癡而始真，才必兼乎趣而入境。觀楊大師之廚藝人生，其虛懷若谷，寧靜而致遠，方得以能閑世人之所忙者，而忙世人之所閑。仰望著繁星閃爍的夜空，一輪華月，銀光傾瀉，楊國欽仿佛見到星光月影中，大千先生那氣度非凡，銀髯飄忽的雄偉身影，一手拂鬚、一首豎起大拇指，仰天長笑……。

有道是：一代天驕，數風流人物還看今朝。

第四十五回　唐家菜聲震川南，唐七爺名冠三江

宋朝咸平四年（西元1001年），宋真宗下詔書分川陝轉運使為益州路、梓州路、利州路、夔州路，合稱為「川峽四路」，簡稱「四川」。至此，便逐漸形成川西人「尚文」，川東人「尚武」，川南人「尚仁」之「三分天下四川人」。這一以地域、物產和食俗的差異，促使川菜以長江流域為主線，形成了四大風味流派，即上河幫、下河幫、小河幫及自內幫川菜。亦對川菜「百菜百味」特色的形成起到了重要的促進作用。而以宜賓為代表的小河幫川菜，依託三江之水，創造出了江河川菜風味如詩，風情似畫的動人特色來。

宜賓，別稱：「僰道」、「戎州」、「敘州城」，位於四川中南部。因金沙江、岷江在此匯合而成長江，故宜賓亦被稱為「萬里長江第一城」。宜賓市是長江上游開發最早、歷史最悠久的城市之一，也是南絲綢之路的起點，素有「西南半壁古戎州」的美譽。神州瓊漿，豪情酒海；天下奇觀，風情石海；翡翠世界，詩情竹海；抗戰精魂，博愛李庄；民族瑰寶，古韻夕佳，宜賓，這座美麗的濱江城市千百年來就這樣流光溢彩，美醉川南。

宜賓之三江，即金沙江、岷江、長江。可以說，沒有三江就沒有宜賓這片沃土，也沒有宜賓這座古城。三江潤澤了宜賓的山川原野，三江也塑造宜賓人之風情民俗。數千年來，浸潤在宜賓人血脈中的第一文化元素，就是大江文化。江納百川、奔向東海的氣魄，塑造了宜賓人兼容並包、開放開明、崇尚自由、追求真理的精神氣質，更賦予了這片土地肥沃豐碩，萬種風情之大江文化的靈與魂。

早在一千多年前，李白、東坡、杜甫、陸遊、黃庭堅等文豪詩聖就對宜賓這片神奇而美麗的土地由衷感歎，觀江水、賞竹海，啖江魚、品佳釀，濃墨染三江，詩詞浸竹海。到抗日戰爭時期，中華各地文人學者彙聚宜賓李庄，觀民風、賞古城、啖白肉、品佳茗，豪情滿三江、壯志流東海。三江風情、豐腴河鮮、宜賓燃麵等風味美食使其念念不忘。特別是朝霞月色映照下的三江打漁船，以及渺渺青煙夾著股股鮮美香濃的魚鮮味，讓

人心神難安，思緒纏綿。讓古時的大詩人杜甫、陸遊等深羨不已，因此而書寫了大量詩篇，盡抒其懷。連向來鬱鬱寡歡、神態嚴肅的杜甫也不禁揮毫寫下了「蜀酒濃無敵，江魚美可求」等絕句名篇而傳誦至今。

三江打漁人，以船為家，享樂於淳樸簡單，其樂無窮的生活。每到傍晚，平靜的江面上薄霧輕飄，只只小船炊煙渺渺，一股股泡椒泡菜融合著魚鮮原味的香風飄蕩在江岸，漁夫一家就船圍鍋而坐，斟美酒、品魚鮮，盡享其樂。

再有宜賓燃麵，為中華名優特色小吃，原名敘府燃麵，早在清光緒年間，便開始有人經營。這種小吃選用本地優質水葉子麵（水鹼麵）為主料，將麵煮熟，撈起甩乾，按傳統工藝加油和宜賓黃芽菜、金坪豆油（即醬油）、思坡醋、小磨麻油、芝麻、花生、核桃、辣椒、花椒、味精以及香蔥等輔料調味即成。宜賓燃麵特點是：鬆散紅亮、香味撲鼻、辣麻相間；因其油重無水，引火即燃，故名燃麵。不僅是宜賓人的最愛，中外遊人亦也讚不絕口。

長寧、江安竹海，以竹筍、竹蓀蛋、竹蓀菜、竹菌、竹海臘肉、竹筒豆花、竹筒竹、竹蓀酒、竹泡菜等「竹」菜匯成的「全竹宴」。可謂滿桌皆是竹，無竹不成席，令人大開眼界、垂涎欲滴。「全竹宴」共計有十多個大類100多個菜品，每一道菜都與「竹」有直接或間接的聯繫，從竹的根菌，到竹筍、竹竿，再到竹的枝葉每一部分都得到充分利用。「全竹宴」的各個大類又有許多的烹飪方法，根據廚師的技藝和消費者需求，可燒、燉、炒、烤、蒸、煲、燴、涼拌等等。

著名古鎮李庄及李庄白肉，更是味美多情，其選料精、火候準、佐料香，特別是刀工片製，堪稱一絕。成菜白肉把瘦均勻，晶瑩剔透，每片長20公分，寬10公分，厚0・1至0・2公分，肥而不膩，爽口化渣，鮮美多滋、無窮回味，給人留下的印象尤同那令人驚悚的傳說一樣是極為深刻的。

至於「五糧美酒」更是天下盡知而無需煩訴。然而近代以來，還有一款傳承三代之川南江河川菜經典——「唐家菜」，以及現今之第三代傳人，川菜大師、中國烹飪大師，川南小河幫菜系的一代宗師——唐澤銓，那更是聲震川南，名冠三江。

傳統上川菜分為上河幫和下河幫兩大派別，上河幫又稱蓉派，蓉派川菜講求用料精細準確，嚴格以傳統經典菜譜為準。下河幫又稱渝派，渝派川菜大方粗獷，以花樣翻新迅速、用料大膽、不拘泥於材料著稱，俗稱江湖菜。在兩大派別之外，另有以宜賓、瀘州為主的小河幫一派，流行於川南，特點是菜品風格大氣，風味特色別樣。現今這一風格風味特色的代表人物，就是雄霸三江，笑傲一方的唐澤銓。

唐大師自幼習武，喜歡冬泳，常劈波斬浪橫渡金沙江。因其排行老七，故而人稱唐七爺，在餐飲江湖上，說起「七爺」，男女老少無不帶著敬畏的神情。唐澤銓是宜賓唐家菜的第三代傳人，他的38種烹調方法，成就了中國民間第一大菜系。宜賓扼守大西南水陸要衝。金沙江岷江在此匯合，這裡也是陸路入滇必經之地，自古即為川南重鎮。1920年代，宜賓人唐泗卿在水東門開了一家餐館，取名泗合園，這便是唐家菜的起始，至今提到「泗合園」，宜賓人都會告訴你，那是宜賓最有聲望的名店。

到唐澤銓這裡，唐家菜已經傳到第三代了。他對很多傳統菜品進行了改革，比方在保持原味的基礎上，更注重營養均衡。唐澤銓自小喜歡武術。正是在蜀南的竹林裡打拳時，他悟出了一冊註定要寫進川菜歷史的菜譜，那便是有著整整幾十道菜的全竹宴。

2011年2月14日，唐澤銓大大地露了一次臉。這一天，作為川菜菜系的代表，他登上了央視的《人物》節目，在《美食世家．唐澤銓》中對著鏡頭，侃侃而談他終生熱愛的川菜。

唐澤銓說：「川菜是中國最有特色的菜系，也是民間第一大菜系。川菜所用的調味品複雜多樣，有「七滋八味」之說。「七滋」指甜、酸、麻、辣、苦、香、鹹；「八味」即是魚香、酸辣、椒麻、怪味、麻辣、紅油、薑汁、家常，烹調方法共有38種之多，故國際烹飪界有『食在中國，味在四川』之說」。

1974年，十八歲的唐澤銓來到當時的宜賓市飲食公司跟隨其父——一代名師唐紹華學廚藝。最初學做白案小吃，兼學墩子、爐子技藝。他深情地說：「當時父親在可口香餐廳及光明餐廳工作，很多老食客因為喜歡吃他做的菜，所以都追著他走，我也是在這個時候開始學習的。」唐澤銓說，最開始的時候他學的是做白案，也就是做點心和小吃。隨著時間的推移和技藝的長進，唐澤銓不滿足於只學習白案，他還想更進一步學習紅案。「在當時那個年代，很多結婚的都喜歡在家裡請客辦酒席，但不可能請客的時候只吃點心和小吃吧，所以就想掌握紅白兩案的烹製技藝」唐澤銓說。隨心所想、心想事成，這是唐澤銓的性格，他立即將自己的想法告訴了父親，在父親的指導下開始學習紅案。

然而紅案的學習卻並不是想像中那麼簡單，從切墩到上灶炒菜，那是一個非常艱苦的過程。當時的他無時無刻都在想著如何充實自己，提高自己。特別是在剛開始的一段時間裡，唐澤銓為了練習基本功，妻子每天買菜的時候都會給他買回幾個蘿蔔來練習基本的刀功。「基本功是一個廚師應具備的基礎能力，有了扎實的基本功，才能在做菜時得心應手，有很強的應變能力，做出可口的飯菜。」唐澤銓說道，直至今日，他都還無時無刻地不在練習著自己的基本功。勤奮、有文化，再加上有名師的點撥，唐澤銓很快就成了年青一代廚師中的佼佼者。１９８５年４月，唐澤銓考一級廚師，考試菜品是魚香肉絲，他炒出的肉絲像蛐蟮一樣靈動，獲得了評委的一致好評。

１９８６年，唐澤銓到重慶味苑酒家進修，師從川菜名廚陳志剛和吳萬里。「像我們那個年紀，不到三十歲能夠考上一級廚師，四川當時很少的，學員吃的是有專人做的食堂菜，老師吃的就由指定的學員做，很多學員都不敢給老師做，怕做不好要挨罵，但我就不怕，就是要去做。」唐澤銓說。在他看來，為老師做菜是一個難得的提高自己廚藝的機會，每次做好菜讓老師吃了後，他都會問老師這個菜好不好，好在哪裡，不好又在哪裡，還需要怎麼樣改進，就這樣，他的廚藝也在一步步地提高。

「記得有一次陳老師讓我做一道家常豆腐，我就隨便弄了點配料，結果我端上去就聽老師說，你這個菜味不錯，顏色不錯，就是配料做差了。我就對老師說，我想著都是自己吃的，就隨意，但老師卻說，自己吃也要按規矩做，要養成這種習慣。」重慶進修，不僅讓唐澤銓的廚藝得到了提高，也讓唐澤銓懂得了不管是什麼時候，做什麼菜都必須用心，按規矩做。

「除了按規矩做，還要反覆實踐才能把菜做好。」唐澤銓說，記得有一次他九十二歲爺爺的一個朋友結孫媳婦，他便和爺爺一起去做菜，當時做了一個甜黃菜。唐澤銓看到爺爺只是用雞蛋，並沒有加太白粉和水，後來做出來後菜的質地就有點老，而他的父親在做這個菜時又將太白粉和水加得比較多，成菜的效果也不好。比較之後，他在此基礎上把水和太白粉適當地加以調整，經過多次試驗和反覆逐磨，最後終於把水和太白粉的比例做到恰到好處，成菜就像魚籽蛋似的，且口感細嫩柔滑，吃口十分舒爽。

１９８０年，隨著改革開放的深入，躊躇滿志的唐澤銓想出去闖蕩一番，於是他帶上幾個徒弟遠走他鄉，先後去了雲南、福建等地，１９８８年，唐澤銓在北京五糧液大酒樓停下腳步，一做就是１１年。「當時酒樓的生意很好，有時一些客人點了菜因為沒有桌子，站到窗檯旁邊就吃上了。」由於唐澤銓通曉川菜冷、熱菜餚和麵點的烹製技藝，擅長爐頭功夫及山珍海鮮、淡水魚類烹製，旁通湘、魯、粵菜系，故在北京他的烹飪技藝得到廣泛好評。１９９９年４月，唐澤銓被省烹協派赴法國巴黎中國城作廚藝烹飪表演，現場展示川菜烹飪精髓。

「宜賓人口味很刁，很懂吃，如果沒有真本事，你在這裡立不住腳。」時代在改變，川菜也在改變，除了帶徒授藝，培訓教學，唐澤銓還緊跟現代餐飲業的發展潮流，反對墨守成規，大膽改良創新，不斷推出新菜，受到市場和消費者的認可。「不斷創新才會有進步。」唐澤銓幾十年來一直致力於菜品的研發創新，至今，唐澤銓家裡還保留著入行幾十年來的菜單和學習筆記。筆記上面還能清晰地看到「五糧液酒家任廚期間菜單，擇優記錄，以供日後參考」等字樣，同時還記載著一些菜品的名字以及如何製作等，比如辣子肉丁、酸辣湯、一品海參、魚香大蝦片、銀耳鵪蛋等，在他的筆記裡都有詳細記載。

而對於自己創新的菜品，唐澤銓頗為自豪的便是全竹宴。這是一個他在蜀南群山環抱的竹林中悟出的菜譜，足足有著幾十道菜，每一道菜都有著不同的風味與口感，讓人吃起來愛不釋口。「其實只要每個人用心去做菜，都可以做出一手好菜的。」現在，唐澤銓在宜賓市一家酒店任常務副總經理、行政總廚。然而，不管時間如何變遷，地位高低，聲名彰顯，唐澤銓灶上的手藝卻一直沒有丟下，站在鍋灶邊，嫻熟靈巧地為客人烹製款款美餚，是他最為開心的事。

１９９７年和２００２年，我專程到宜賓拜訪了唐大師。號稱七爺的他給我講了很多故事。這些故事的講述環境不同，聽起的感受也截然不同。在老街上講，與在兩江口講，味道是不一樣的。老街上是來來往往的人，街面上有冒著熱氣的蒸籠。兩江口有顏色涇渭分明的江水，悠悠駛過的打漁船。對於我這個文化人，七爺一向是十分尊重，也很喜歡與我談天說地、聊川菜。他說，過去開飯館，總會有地痞無賴找上門搗亂，到酒足飯飽該結賬的時候，說出一些稀奇古怪的菜名，若是廚師做不上來，就趁勢起哄跑單。有一次，七爺的師哥遇上兩個客人，點名要吃「鑽沙肚頭」，這是一道誰也沒聽說過的菜。師哥覺得來者不善，仗著後廚人多勢眾，就爆了一盤肚頭，撒了一勺爐灰砂子在上面，叫跑堂的端了上去。兩位客人看了一眼，沒說話，掏錢結賬走了。後來七爺知道了這件事，就對師哥說：這兩個人不一定是來搗亂的，因為以前確實是有鑽沙肚頭這道菜。你該問他，是鑽黃沙？還是鑽黑沙？如果他回答鑽黃沙，就是出鍋後撒上炒熟的白芝麻；如果他說鑽黑沙，就撒上黑芝麻。

聽了這段趣事，讓我領悟到唐澤銓是個很用心的人。我曾看了唐大師的存留的菜譜，發現他的菜有兩個特點，一是麻辣菜並不多，二是富有川南特色。比如全竹宴，每一道菜品裡面都有竹類食料。唐大師還是個細心的人，十多年前他的菜單都還留著，有厚厚的幾大本。雖說他早已是名冠三江，譽滿巴蜀，但手上功夫一直沒有放下。同樣一道炸雞球，徒弟做的就是趕不上他，他做的的雞球能夠在鍋裡自己轉，出鍋後拿在手裡一搖，嘩啦嘩啦響。

唐大師雄霸川南，其徒弟也都是師高弟子強，在宜賓任意一家叫得出名的酒樓裡，廚師長幾乎都是唐七爺的弟子。聽說七爺來了，老闆會畢恭畢敬地前來敬酒。為推動川菜烹飪的發展，唐大師還熱心授徒傳藝，培養川菜新人。多年來，他言傳身教，為社會培養出不少優秀的廚師人才，經他培養的川菜廚師可說是桃李芬芳。其中李莊、李俊等多人被評為中國烹飪大師、川菜大師、川菜名師等。學生李莊獲１９９８川渝挪威三文魚川菜烹飪大賽總決賽第一名，並受挪威和法國主辦方邀請，赴巴黎表演三文魚川式烹調技藝，李莊還榮獲第四屆全國烹飪技術比賽冷菜金牌、銅牌和熱菜銀牌、銅牌；另一學生李俊獲冷、熱菜銅牌各一枚。

唐澤銓膝下有個兒子叫唐雲，是個很機靈的年輕人，性情和悅、豪爽，很有親和力。然而唐雲卻不想學川菜，因為身為「七爺」的父親，像一座山擋在前面，他說他永遠也翻不過去；還說川菜不賣錢，一般吃一頓，人均二、三十塊錢就打發了。他說，他想開宜賓的第一家日本料理店，乾淨、時尚、體面，還賺錢。其後，他看了央視專題片《名廚世家》之後，很為祖祖、爺爺及父親的精神所感動，也頗有感悟，打算認真學藝，把唐家菜傳下去，這讓唐澤銓十分欣慰。

唐澤銓大師，名廚世家出道，馳騁餐飲江湖幾十年，廚藝廚德俱佳，貢獻突出，成為宜賓、四川，乃至中國餐飲業烹飪科學技術的領先人物，曾多次榮獲各級政府職能部門的榮譽和表彰：１９８８年獲「四川省第一屆烹飪比賽」熱菜銀牌、冷菜銅牌；１９９３年獲「全國第三屆烹飪大賽」熱菜銀牌；１９９８年獲宜賓市「勞動模範」稱號；２０００年獲全國首批「中國烹飪名師」和「川菜大師」稱號；２００１年為「餐飲業國家級評委」；２００２年為國家職業技能競賽裁判員；２００２年為四川烹飪協會副會長；２００５年為全國餐飲業認定師；２００７年獲中國烹飪協會「金爵獎」。

唐大師勤於學習廚藝，精於鑽研烹飪業務。他對乾貨原料發製、上湯系列菜品、竹蓀與竹筍系列菜品、野菌系列菜品、宜賓芽菜系列菜品，以及小煎小炒等方面有獨到之處。近幾年不斷推出的新菜，如乾燒極品網鮑、蜀南竹蓀釀魚翅、瓜燕延年蓀、紅燜三江玄魚、葉船小發糕等，受到市場認可和消費者好評。他在多年的事廚實踐中，緊跟現代餐飲業發展形勢，不斷研究學習，總結融匯眾家之長，將其先進、科學的烹製方法，大膽運用於川菜菜式、宴席的改良創新中，注重研究平衡膳食合理烹調。曾多次在有關烹飪雜誌上發表學術見解及菜品，並收錄在《創新川菜》一、二集中。他還編著有《蜀南全竹宴》一書，已於２００３年由四川人民出版社出版。

在今日之宜賓，唐澤銓可謂是譽滿酒城的知名人士。因為在這座遠離喧囂的三江古城，唐澤銓和這裡香溢四海的「五糧液」一樣，都榮獲了國家級的認定，所不同的是，一個是代表了中華釀酒的最高工藝，另一個則代表了川菜烹飪技藝水準。對於美食伴美酒的觀點，曾擔任過北京五糧液大酒店廚師長的唐澤銓，自然有著與眾不同的獨到感悟。因為出身烹飪世家，在祖輩的薰陶下，加之對「唐家菜」的一往情深，唐澤銓對生他養他的宜賓山水、物產原料自然有著獨到的研究，在他的手中常是獨出心裁、別具一格。宜賓竹海特產之一的竹蓀，就被他精心烹製成一款席宴大菜，一道「蜀南竹蓀釀魚翅」便讓滿堂食客驚歎不已；一道「紅燜三江玄魚」，將宜賓特有河鮮做出了別樣風味；而濃縮了江邊漁家口味的「葉船小發糕」。在精巧中展現出了精美；風味風情別致的「老雞湯煮冬寒菜」，更能看出唐大師的鄉土烹調情懷。在宜賓，在北京，「品地道川南美餚，喝原漿五糧美酒」成為一種奢侈，一種時尚。而在唐大師看來，餐飲的發展就是一種時尚的更迭。唐澤銓曾這樣解釋他對烹飪的理解：「其實烹飪很簡單，只要能將顧客的需求找到，你就獲得了最好的工藝；其實烹飪亦很複雜，你只有瞭解了顧客的需求，才能找到適當的原料和怎樣加工的方法。」

古人云：雲煙影裡見真身，禽鳥聲中聞自性。唐大師在鍋勺刀鏟、油煙霧影中明白了生命的價值，亦如雲煙一般自由不羈，隨心所欲；在鳥語聲中感悟到人性之純真，坦蕩胸襟，盡情揮灑。唐澤銓雖身居一隅，確得川菜烹飪之真諦，作為川南川菜的代表，它以其獨特的風格豐富了川菜的烹飪技藝、風味及文化內涵。生活中的唐澤銓，為人謙恭隨和，喜好看書讀報，尤愛武術、太極拳、冬泳。他自己頗感自豪的是，培養了一批較有成就的弟子，獨自在餐飲江湖上呼風喚雨，大展身手，為川菜的發展做出了顯而易見地貢獻。

有道是：三江清波千年吟唱，大師雄風世代傳揚。

Black&White

第四十六回
中華烹壇常青樹，川菜英傑史大爺

大爺，這個詞，在此處不是通常所指年長高齡之人。不知道在中華其他菜系如何，川菜行業中，自來便把廚藝高強、德高望重之人，尊稱為「大爺」，這與年齡無關。在巴蜀大地，只要一提起史大爺，餐飲江湖上那是無人不曉，甚而不少年輕廚師完全不知道史大爺的名字，也無所謂，只要知道「史大爺」就行。有時，在較大型烹飪或廚界大會上，一堆堆廚師聚在一起談笑風生，這時誰要說一聲：「史大爺來了！」頓時鴉雀無聲，個個神情端莊，目光齊刷刷聚焦在會場入口處。當史大爺身著唐裝或休閒服，在一大群形似保鏢的年輕廚師簇擁下，面帶微笑，信步走來，灑向他的即是一波崇敬、敬畏的目光。

２０１２年２月２０日，史大爺在綿陽金海酒樓納徒授藝。那才是號旗一揮，驚動四方。來自中國烹飪協會、中國名廚專業委員會、美國、比利時及全國各地餐飲界的賀電如雪片飄來，向他表示衷心的祝賀和崇高的敬意。儀式開始，那陣仗才叫威風凜凜、讓人肅然起敬。只聽大廳上一聲令下，史大爺身著大紅唐裝，銀白圍巾、大踏步瀟灑而出，正襟危坐在大廳中央一把「太師椅」上，神情威嚴而詳和。十幾位資深弟子身著潔白無瑕的廚師服、鮮紅領結，頭戴廚師高帽、英姿颯爽，背著雙手呈八字形列隊站在兩旁，守護著這位神聖的「大爺」。十餘位來自華夏各地的新納弟子，一字排成兩行、鞠躬朝拜、敬獻香茶，握拳宣誓、約法三章、聲音洪亮、群情激奮。那場景、那氣勢、那氛圍，不禁讓人驚心動魄、手心出汗，仿佛是身置武俠電影的情節中。史大爺那副派頭與氣勢，儼然就像是武林江湖峨眉派或青城派之宗師。

中國烹飪協會副會長高炳義發表祝辭：「史大師是當今中國川菜的領軍人物，他廚德高尚、廚藝超群，廚績斐然，是一代中國名廚的楷模，他在弘揚中華烹飪技藝的征途中，既是一位傳播大使，更是一位中國烹飪界屈指可數的多產作家。這位聲譽廣播、久負盛名的餐飲界宗師，通過納徒授藝傳承川菜文化，弘揚川菜技藝」。

而後，史大爺站起身來，豪情襲人地向每個參拜徒弟一一授發「史家軍」的標誌銅牌。徒弟們再次宣誓忠誠，與師傅合影留念。第二天，各大媒體將其作為一條重要的社會與餐飲新聞廣泛報導。

2012年3月13日，四川綿陽「蘭亭十三廚」酒樓，中華四大菜系泰斗聚首，各施絕技神功，展現烹調技藝和飲食文化之魅力。「魯、川、蘇、粵四大派高人各顯神通，炒煎燒燜，融合創新。高炳義、史正良、楊定初、莊偉佳四位中國烹飪大師，川魯蘇粵菜系代表輪番登台上灶，揮刀舞勺，以各自的拿手絕活演繹中華烹飪之精湛技藝。

「九轉大腸」、「乾隆宴球王」、「宮廷魚頭王」、「燒汁迷你肉」、「醃肉山芋卷」，一道道浸淫了數十年功底的美味佳餚，經「廚神」之手烹製端至前堂，或鬆軟、或清淡、或麻辣、或酥脆，色香味俱全。「別說品嘗，就連觀賞大師們的烹製過程也是一種極致的享受！」一位慕名而來的美食家讚歎不已。

作為東道主，史大師充滿激情地說：「三流飲食做菜品，二流飲食做品牌，一流飲食做文化。」史正良認為，而今，除了果腹的原始功能外，飲食蘊含著更多的是文化內涵，能夠給食者提供更多的精神享受。飲食業界必須根據市場的需求，在注重品質、品味的同時，增添更多的文化時尚元素。

各位，欣賞完這兩段情節，相信你對這位威風八面、氣度非凡的史大爺已經是印象深刻了。

史大爺，全名：史正良，四川綿陽梓潼人氏。1947年出生在川西北梓潼縣一個偏僻的窮山村。他原本姓童，因其舅父膝下無子，父母便把他抱養到舅舅家當兒，改姓為史，名正良。少年時的史正良喜歡舞文弄墨，酷愛書畫，夢想長大成為一名書畫家。但因家中貧困，養父長期臥病不起，生活來源僅靠養母替人照看孩子所得，無法維持一家生存，時年又遇上三年自然災害，迫於生計，在養父「天下餓不死手藝人」的觀念影響下，子承父命，1961年，十四歲的他不情願地走上了學廚之路。

史正良從廚所遇到的第一個恩師，是當時梓潼國營潼江飯店的川北名廚魏興國。學徒入門，即是擔水劈柴、掃地倒渣、搓炭圓、拉炭灰、生火煮飯、洗鍋涮碗、殺雞宰羊，剖魚剔骨、採買零碎等，樣樣雜活都幹。師傅見這娃娃吃苦耐勞、不偷奸耍滑、勤奮好學，便常教他一些基本技術、培養他的悟性。有時師傅炒好一樣菜，就讓他先品嘗，識別味型。如紅油味與家常味的區別、酸辣味與麻辣味的區別等。魏師傅說：「這叫感覺味型」。漸漸地，魏師傅在烹飪方法上，蒸炒燒燉，炸煎汆熗，汨蒙貼釀等技術上都叫他識別與感悟。師傅的認真和耐心，精道廚藝及人品，以及對烹飪技術的一絲不苟的態度，給了少年史正良極大的影響，也讓他打下了扎實的基本功。

三年滿師出道後，１９６４年單位領導見史正良刻苦專研廚技，聰明好學，便送他到成都芙蓉餐廳和成都餐廳進修。這可是當時成都最高級別的兩家餐廳，專門負責外事接待，故而彙集了很多頂級名廚。也正是在這裡，這個來自偏遠山鄉的小青年，方才知道學習烹飪遠不只是炒菜做飯那麼簡單，還要懂得歷史、美學、營養學、物理、化學……在這些大師名廚的薰陶和感染下，在他們的言傳身教中，史正良第一次真正開闊了眼界、長了見識，深刻瞭解和學習到了傳統川菜的精髓。於是，他暗自下定決心，珍惜這次人生難逢的機會。他不分晝夜忘我學習，如饑似渴地拼命吸取、眼觀耳聽、細心領悟，勤動手腳，有時臉上手上被滾油或爐火燙傷、燒傷，痛的淚水直滾，他也不吭一聲，繼續苦練，直至完全掌握後方才去搽點藥。

為進一步提高烹飪技藝，他參拜著名川菜大師蔣伯春為師。蔣師傅技藝全面精湛，經驗老道，長期擔任廚師培訓講師，編寫了《中國菜譜・七》、《四川菜譜》等專著。蔣老師不驕不躁，不保守，對烹飪技藝的執著追求深深地打動了史正良。使他不僅在技藝上有了很大的飛躍，更對其職業素質與廚德廚風的樹立產生了極大地影響，也對烹飪這一行有了更深層次的感知。並開始了他對烹飪技藝和文化內涵的不懈追求與研究。

通過這次進修和拜師，史正良感受到自己文化知識淺薄，從此一方面抓緊時間看書讀報，提高自己的文化素養，一方面深入到農村，聯絡了８６個鄉廚，經常到鄉間做田席，婚喪嫁娶、修房理屋、高堂做生、滿月賀酒等。每一次他既要悉心安排提調，又和鄉廚們一道砌灶、殺豬、做席，各個環節每道工序都去體驗。就這樣，他逐漸積累了大量的民間田席和傳統川菜的烹製經驗，為後來獨自操辦鄉村八大碗、九大碗、十大碗打下了堅實基礎。這時的史正良以其烹技全面、經驗豐富在綿陽地區已頗有名氣。１９８１年，綿陽地區飲食服務公司點名要調他去搞烹飪教學和培訓工作，但是，梓潼縣有關部門卻抓住這個人才堅持不放。最後綿陽地區公司不惜動用２７萬元，還外搭２４噸平價柴油才把他「交換」到手。

１９８５年，史正良又以其優秀的廚藝與廚德，被四川省飲食服務總公司和省烹飪協會一眼看中，選送到北京中商部舉辦的宮廷菜進修班深造。這又讓他再次看到了山外有山，天外有天。尤為讓他欣喜不已的是，他全程見識了由全國精英名廚與清宮御廚製作的滿漢全席。同時也得到了清末宮廷御廚唐克明大師的真傳，較全面地瞭解和掌握了中國烹飪的精髓。史正良真正感受到自己更上了一層樓，自然也就站得高看得更遠。他從滿漢全席中深深感悟到烹飪之術，其用料之廣，上至山珍海味、下至珍禽走獸、低至野根小蔬，都要選用精品，那怕都是名師精英，也得一絲不苟、精心製作。回川後，史正良開始嘗試把高貴的皇家菜和傳統川菜進行融合，提升川菜的檔次與文化內涵，最終讓他成為行業中屈指可數的宮廷工藝菜大師。

雖說是登高望遠，名氣傳揚，但史正良自己並不滿足，也沒有就此而停止他的追求。為了進一步開闊自己的眼界，他有意識地遊蕩江湖，結交更多不同菜系的同行朋友，學習眾家烹飪技藝之長，甚至開始了「走學、遊學」經歷。他說：「古時的文人墨客大多有走學、遊學的經歷，如李白、蘇東坡、杜甫、陸遊等，他們遊歷名山大川，足跡遍及華夏大地，方才寫下了流傳千古的經典詩篇。清代著名美食家袁枚，他通過『走學、遊學』，瞭解和收集了豐富的第一手資料，為後人留下了《隨園食單》這部中華烹飪界的傳世傑作。」

此後的歲月中，史正良浪跡天涯，飛越大陸、穿越沙漠、橫跨海洋；先後在成都、西安、烏魯木齊、濟南、南京、上海等地的飯店和星級酒店，擔任廚師長、行政總廚、飯店經理、副總經理等職。以及台灣、香港、澳門等大酒店主廚。亦遠赴菲律賓、瑞士、瑞典、美國等國家事廚或表演廚藝。國內《中國商報》和《中央電視台》等十多家媒體曾多次深入報導過他的精湛表演、廚藝廚德之風采。當年，美國的《今日新聞》評論他為「訓練有素，藝高一籌，是不可多得的烹藝高手。」然而在國外的交流和表演中，史正良也受到不少的啟發。

1986年3月，他在菲律賓馬尼拉希爾頓飯店做了一道地道的川菜麻婆豆腐，客人吃後麻得說不出話來，還以為自己中毒了，馬上要「投訴」他。雖然事後的解釋消除了誤會，但此事讓史正良陷入深深地思考，川菜並不是一味的麻辣，真正被認可的川菜應該是味多味廣、因時因地善於變化的，富有生命力的，是世界各地的朋友能夠廣為接受的。所以川菜要走出去，必須進行改良！回國後，他開始嘗試對川菜進行改良，首先就拿麻婆豆腐開刀。他去除傳統麻婆豆腐中必用的辣椒粉，僅用郫縣豆瓣，花椒粉則改用花椒油，鹵水豆腐改用石膏豆腐。這樣改良後的麻婆豆腐，既保留了原有的特色，又照顧了部分不喜麻辣的客人，得到顧客的一致好評。這讓他更加放開思想，在傳統的基礎上因地制宜地烹調出色香味形美輪美奐的各式菜餚。

還有次他到南京參加烹飪大會，組委會為增加亮點，特意安排他與八十六歲高齡的餐飲老前輩江南廚聖胡長齡打擂台。當他下飛機聽說後，便慌忙不迭地前往胡老家拜訪。史正良誠懇地說：「胡老，您是我的老前輩，我怎敢和您打擂台。」胡老卻笑嘻嘻地說：「正良啊，現在時代不同了，你的觀念也要變了，我不會生氣，你也不要介意，我們就是要大力推廣烹飪事業，傳播烹飪文化。」正是受到胡老的鼓勵，在這短短的12天時間裡，史正良放開手腳，才華橫溢地創製出「中國詩仙太白宴」，技驚四座、風雅漾溢，引得滿堂喝彩之聲四起。

1997年，筆者有幸在綿陽目睹了史大師的廚藝風采。大爺親自動手，為我演示了傳統名菜梓潼鑲碗和歷史名菜葛山八陣肉的傳統工藝。鑲碗成品雍容豐滿、亦如大家閨秀，湯汁清香鮮美，食料豐富多滋，潤美爽口，鄉土風味濃醇，品嘗之間，頗感其香風雅韻非人間所有。八陣肉則相傳為當地百姓慰勞諸葛亮的一款佳餚。此菜刀工精湛、做法精細，成才紅亮豔麗、大氣凜然，頗有大家風範。展現了一位廚藝大師的嫻熟廚藝和瀟灑廚風。

其後，又再次有幸親口品嘗史了大師的「食文化」，他設計製作的「文昌宴」。「七曲素珍」、「大廟地蠶」……僅菜的名字就讓人充滿好奇。桌上的菜看似「貌不驚人」，連一朵平時最常見的蘿蔔雕花也沒有，實在是很難把它與一席名宴聯繫起來。從廚房出來的史正良笑著說，「菜的確要美，但美的是意境。如果裝飾品比菜還多，食客吃不飽，就失去了菜餚烹調的主要功能」。

一款「八錦獅頭」，感覺就是平常吃的肉丸子，但史正良卻有他的解釋，它實際是當地八大景觀的寫照。「不要小看這些菜，我研究了20多年的文昌文化，才設計出來今天的菜品，才想出了這些菜的名字。」史正良說。「『亞子蒸雞』這道菜來源於當地傳說的『蹩腳席』和『田席』。傳說當時每月當地人都要趕會兩次，大家把餘錢湊在一起吃飯，其中豬肉、牛肉等『大五葷小五葷』不能吃，於是他做了這道不包括『禁食』的『雞肉菜』。」詩人愛說「功夫在詩外」，史大師卻說：名廚的功夫在刀勺之外。刀功、調味，只是廚師的基本功，把菜做得像詩、書、畫一樣顯出意境情趣來，才該是名廚所為。設計、創造新的有內涵的菜品、宴席，傳承千年飲食文化，雖是廚門小藝，確實含大「道」。

史大師常說：廚房裡的工作遠比他想像的要複雜，一道菜、一桌席背後的文化和樂趣，簡直就是一門學問。小廚房裡也有大世界！做一名優秀的廚師不僅是簡單的做菜，還要懂得歷史、營養學、美學、管理等等。做一個優秀的廚師的，他必須在生活中有一種積極思考的快樂：菜不僅要好吃好看，更要從吃中品味一番文化，吃出一種情趣。為此做廚藝人就一定要擺脫匠氣，做菜其實就是做文化、做創意。

最為值得稱道的，也是十分經典是，一次，他的得意高徒綿陽名廚邱偉，要參加一個世界烹飪大賽，史正良只用半斤黃豆，及一縷巧思，就讓徒弟捧回了大賽特金獎。

在這次馬來西亞的參賽中，當各國參賽者挖空心思，雕龍刻鳳，用價值數千上萬元的魚翅、龍蝦等名貴原料，製作新奇造型的菜餚時，史正良卻為自己的徒弟開出了「文化偏方」：製作一道富有田園詩情畫意的菜品。結果僅用半斤黃豆磨製成豆花，裝在一個普通的小石磨裡，旁邊配上蘸水，菜旁是麵團捏塑的抽葉煙的老農，一旁是簡樸茅屋……農家民居風光，川西民俗風情，都淋漓盡致地展現在麵、豆、水的立體融合與生動場景中。沒有華麗的裝飾，沒有昂貴的主料，簡單而充滿地方特色的這道川菜小菜，一下子就從紛繁十色的各個作品中一躍而出，以返璞歸真、淳樸濃厚的鄉野氣質，贏得了大賽評委的一致認可，榮獲「第四屆中國烹飪世界大賽」特金獎。

說起這些經歷，史正良誠摯而又謙遜的說：「我所擁有的精湛技藝，都全靠時代賦予的外部環境，給了我難得的人生機遇。在走學遊學的經歷中，我有大量的時間和機會去多看、多吃、多聽、多鑒賞、多交流。這使我感受到，川菜是一個偉大的菜系，它源自民間，有廣泛的群眾基礎和悠久的歷史。川菜的菜品來自民間，川菜是以味見長、味多味廣，同時，川菜既有博大胸懷、包容性強，又有自己的內涵。作為一個川廚，首先要做好家常菜、鄉土菜、民間菜，這樣才能具備因人、因時、因地、因氣候而靈活變化的適應能力，這也就是川菜的精髓」。史正良常對弟子們說的一句話就是，「做菜就是做文化」。這是一種獨特的境界，要做簡單、實用、有文化味道的菜。這是史正良一貫的烹飪觀念。

史正良還說：「一個優秀的廚師，首先要懂菜品，要有動手能力，要在美術、企業管理、藝術等方面的都要有一定的知識來支撐美食文化。在國外廚師長和「小弟」一樣要親自動手，三天不練手生，不能忘本」。「要把川菜之魂表達出來是不容易的，比如出國表演川菜，實際上是藝術的展現，面對眾多記者、專家、市民，如果沒有一定的文化休養，沒有經過若干場從廚房到大廳的講座，是不可能展現川菜的魂，與其說你是在表演川菜，還不如說你在展現自己的人生」。他語重心長的告誡他的弟子們：「廚師必須用空閒時間博覽群書，營養學、中醫學、藥物學、美術、植物學、烹飪學原理等都是必不可少的知識，藝無止境」。

史正良功成名就後，依然一如平常，把追求又放在了培養後人，傳承和弘揚川菜上。他先後舉辦過４８期約２萬多人參加的烹飪培訓班；撰寫了３０餘部烹飪專業圖書；寫了上百篇烹飪類文章，發表刊載於《中國烹飪》、《餐飲世界》、《中外飯店管理》等１２家全國性雜誌和《中國商報》等6家報刊上。使這些散發著巴山蜀水泥土芳香的鄉土菜（點）、民間佳餚得以走進大雅之堂。尤其是他親手執筆著書出版的《創新川菜集錦》、《中華名廚史正良烹飪藝術》、《麻辣誘惑》、《家常一招鮮》、《招牌小炒》、《家常醃滷》、《海鮮風味菜》、《史正良作品集》等。實現了他書畫家的夢想，完善了他從工匠型廚人到文化型藝術大師的優雅轉換。他還與同事合作出版了《創新川菜》一、二集、《中式烹調師》（川菜）、《中國川菜大觀》、《四川豆腐菜》、《海鮮川菜》、《中國川菜大觀》、《鴨餚百味》、《雞餚百味》，中國《定邊土豆菜》、《中西菜餚圍邊藝術》等20多部烹飪專著，參與編寫了《川菜烹飪事典》。史正良如此勤於筆耕而碩果累累，而被國家勞動和社會保障部禮聘為國家職業技能鑒定專家委員，編寫全國烹飪教材和川廚培訓應試指南的編審。亦被禮聘為四川高等烹飪專科學校、陝西烹飪專修學院、山東東方美食學院客座教授。

在他培養的成百上千的徒子徒孫中，在參加世界和全國及全省的各類烹飪比賽中，榮獲各類金牌上百枚；遍佈在華夏各地，五大洲四大洋的弟子中，大多都出任酒店酒樓的廚師長、總廚、餐飲總監、副總經理等，不少已是國內知名的烹飪大師和名師，更是發了家致了富。因此，也有不少人說他是「傻子」，寫了那麼多書，又沒有掙到什麼錢。其實，史正良著書立說的終極目的，是想把他一生的烹飪心得與感悟用文字記錄下來，給後人以啟迪。回顧百年川菜的發展歷程，一輩輩川菜廚師們艱辛付出，終身默默無聞地奉獻，走到了今天，史正良認為自己已經算是很幸運的。他把自己收穫的所有榮譽都歸為中國廚師和川菜廚師的驕傲、歸功於整個行業對他的培養和支持。

2006年7月史正良就已退休了，原想告謝江湖，隱居山野，輕鬆下來與家人好好享受下悠閒生活。但沒想到他是退而不休，各種與中華烹飪、川菜產業發展有關的社會活動與公益活動都少不了他。而他依然是毫不推諉，幾乎是呼之即來，一如既往地熱情參與。他把這看著是自己作為一個「川菜人」，一個「烹調者」義不容辭的責任。他依舊氣宇軒揚地說：「我堅信自己對中國烹飪事業的追求和熱愛始終都不會改變，我會永遠地保持下去」。這，就是中華烹飪大軍千百萬人心目中的——史大爺。

史正良從十四歲入廚，近50年的烹飪實踐，使他練就了一身扎實深厚而嫻熟的基本功，尤其擅長墩爐及山珍海味、河鮮、豆類、道家、佛家仿葷素菜，身懷多種烹飪絕技。他精通川菜，旁通魯蘇粵閩徽湘及宮廷菜和西菜。基礎功底深厚而堅實，他能將各種原材料加工得厚薄均勻、剞花清晰、片薄似紙、切絲如髮；他能熟練口訣、默寫、烹製2000多種傳統和創新川菜的冷、熱菜餚與麵點製作工藝。幾十年來，他在繼承傳統川菜的基礎上，博採眾長，勇於創新，推出了數百款新派菜式與工藝菜。如當今四川流行的「魚香蝦球」、「火爆春蠶肚」、「茄汁茶花魚」、「峨眉松鼠魚」和「太白詩酒宴」等，在全國首創推出的「中華文昌宴」、「桔梗養生宴」、「田園百雞宴」等，都堪稱為經典之作。這些創新名菜既保持了傳統特色，又富有時尚風韻，也體現了營養的合理調配，更具綠色自然的氣息。形成了新派川菜的「史派廚風」。許多中外賓客慕名專程來到四川品嘗「史派」菜餚。

１９８４年以來，史正良多次應邀到國內外各地及菲律賓、馬尼拉希爾頓飯店、瑞士日內瓦馬達飯店、瑞典斯德哥爾摩沙華飯店、美國西雅圖國際貿易中心和米德蘭竹園飯店表演川菜烹飪技藝。還先後兩次赴美國西亞圖國際貿易中心和米德蘭竹園飯店、香港賽馬場、加拿大溫哥華川菜坊、澳門旅遊烹飪學院任廚師長和表演廚藝。菲律賓的《世界日報》和《菲華時報》、瑞士的《日內瓦論壇報》、美國的《當今新聞》和《撒金那新聞》均對他的廚藝表演作了報導，讚譽其「技藝精湛，令人歎為觀止」。１９９１年，史正良參加在美國芝加哥舉辦的《美國烹飪錦標賽》獲得了熱菜、冷菜銅獎各一枚。他為弘揚川菜文化，提高川菜地位，增進中外友誼做出了卓有成效的貢獻。

１９９０年以來，要說史大爺所擔任和兼任的四川省和綿陽市各種社會與行業職務，那可真是有如幾十個呼啦圈套在腰間；要說他所榮獲的各種金牌，如果全掛在身上，那也真要彎腰駝背了。僅展示他所獲得的國家級榮譽與擔任的國家級行業職務，就足以讓人驚歎不已。

作為中華餐飲界十大名人，中華四大菜系之四大金剛，１９９７年被國內貿易部授予「全國商業行業技能之星」，國家勞動部授予「全國技術能手」；１９９７年還被中國烹飪協會選載入《中國名廚》大典；同年被中國國內貿易部授予首批「中國烹飪大師」；２００６年被國家商務部授予他中國首批十大「中華名廚」榮譽稱號。退休後，依舊擔任中國烹飪協會副會長、國家級評委、世界餐飲大賽及世界廚聯國際評委，以及《快樂廚房》、世界知名食品和調味品企業高級顧問，是國內多所烹飪院校的榮譽客座教授。

２００６年４月２０日，代表國際專業廚師最高榮譽協會的法國國際廚皇美食會，專門在綿陽正式向中國烹飪大師、中國烹飪協會副會長、世界廚聯國際評委、綿陽飲食服務公司副總經理史正良，授予法國國際廚皇美食會榮譽主席和國際烹飪藝術大師的榮譽稱號，並頒發法國美食勳章。史正良成為四川首位獲得此項殊榮的中國烹飪大師。

國際廚皇美食會如此評價說：史正良大師是中國著名的川菜大師，不僅烹飪技藝精湛、貫通中西美食，更難得的是他具有很深的中國傳統文化修養，廚德高尚、誨人不倦，桃李滿天下，其創立的「史派廚風」，在中國烹飪界享有極高的聲譽。法國廚皇美食會亞太區主席袁偉明先生說，史大師是第一位獲此殊榮的川菜大師，因為他德藝雙馨，影響巨大，是現代川菜大師中的傑出代表。在這次隆重的授勳儀式上，史派師徒團的廚師為來賓們展示了他們製作的精美菜品，同時還表演了光背剁肉絲、切36公尺長燒白不斷等烹飪絕技，令人歎為觀止。

現實生活中的史大爺，喜好看歷史、文化、烹飪、美食類書報雜誌，尤愛讀《紅樓夢》、唐詩宋詞，喜歡交流、旅遊攝影；他引以為豪的是，從廚無悔，廚績卓著，廚風廚藝受人尊重，廚技廚藝為食眾所認可。他的座右銘是：知識無邊，學海無涯；有志者、事竟成。

在史正良大師的家中，最大的房間就是那近二十平方公尺（約6坪多）的書房，整整兩堵牆壁的書櫥裡都是書，大量不同類別的書籍透露出史正良的涉獵廣泛，除了烹飪類，還有大量的文學、歷史、管理、醫學等方面的書籍。史正良言語談吐很少涉及廚房話題，侃侃而談的反而是文化、歷史，左看右看，都是個文人學者。然而，正是這位只讀到初級小學三年級，但卻散發出濃厚書卷氣質的川菜大師，一旦具有了廣博的知識加上豐富的閱歷，史正良的廚藝、廚風、思想、思維便如虎添翼，達到天高任鳥飛，海闊任魚躍的至高境界，他的人生亦因此產生了質的變化，一路走來，是波瀾不驚，多姿多彩。

近20多年來，這位集烹飪技藝、餐飲理論、飲食文化之大成者，在中華烹飪界，史正良的名字代表著川菜發展的高度；在四川烹飪界，他的思想足以影響一代行業人的行為。光明磊落、襟懷坦蕩，樸實無華、大公無私，鑄成了他高尚的道德風範；博採眾長、烹飪創新，傾心奉獻、無怨無悔，涵蓋了他燦爛的廚藝人生。

有道是：凡花色之嬌媚者，多不甚香；瓣之千層者，多不結實。又道是：物之能感人者，在天莫如月，在樂莫如琴，在動物莫如鵑，在植物莫如柳。我之以為，在飲食者莫如味也！觀史大爺六十餘年人生，五十餘年之從廚經歷，走南闖北，浪跡江湖，心無界、夢無疆。他骨子裡那種對川菜的熾熱情懷，對美味之執著追求，對川菜的癡迷、眷戀和期待，始終如一，不改初衷，可謂：立言與立功、立德並傳。

有道是：百年傳奇觀川菜，錦江風吟頌英傑。

後記

歷時數載筆耕，終了宿願。幾十年人生之旅，頗感有幸與川菜結緣，和烹飪相伴。

十餘年間，在四川省烹飪協會、《四川烹飪》雜誌的熱誠支持和幫助下，在與各地大師名廚的真摯交往中，對伴隨我成長，濃縮了人生經歷與情感的川菜美食，有了廣泛而深層次的瞭解和感悟。撰寫此書，僅對百多年間，為川菜之發展默默奉獻的名館名店、名師名廚的些許紀錄與紀念。亦是對從小帶著我泡茶館、坐酒館、品小吃的父親，對每日操勞、費盡心機、弄菜做飯，養育我成長的母親略表感恩寸心。也將此書作為對四川省烹協、《四川烹飪》的一個回報；對巴蜀各地大師名廚的致謝。對有所參考和引用之《藍派川菜是如何出爐的》、《四方名餚薈萃正興園》作者楊文華，《李九如：舊時餐飲業的縮影》作者張森奉，《清真粵香村餐廳興業史》作者優素福．達鵬貴表示誠謝，對《四川烹飪》所刊相關文章之作者一併感謝。

十餘年來，雖得行業賞識，主導拍攝《中國川菜》、《今日川菜》；掛銜省烹協副秘書長，參與《四川省志．川菜志》編撰。但敝人既非專家，更非學者，常自侃為專家中之業餘，業餘中之專業。故而，書中若有謬誤，儘管笑話並指正。

向東

2012年9月秋分時節

於蓉城蝸居

國家圖書館出版品預行編目資料

川菜江湖百年傳奇／向東 作. --
初版. -- 臺北市：賽尚圖文，民 102.08
面； 公分. --（書食館；07）
ISBN 978-986-6527-31-9（平裝）
1. 飲食風俗　2. 通俗作品　3. 四川省
538.782　102013134

書食館 07

川菜江湖百年傳奇

作　　者／向東
發 行 人／蔡名雄
主　　編／蔡名雄
影像處理／蔡名雄
出版發行／賽尚圖文事業有限公司
106 台北市大安區臥龍街 267 之 4 號
電　　話／02-27388115　傳　　真／02-27388191
劃撥帳號／19923978　戶　　名／賽尚圖文事業有限公司
網　　址／www.tsais-idea.com.tw
網路商店／賽尚玩味市集 http://tsiasidea.shop.rakuten.tw
封面設計／BEAR
電腦排版／帛格有限公司
總 經 銷／紅螞蟻圖書有限公司
台北市內湖區舊宗路二段 121 巷 19 號（紅螞蟻資訊大樓）
電　　話／02-27953656　傳　　真／02-27954100
製版印刷・科億印刷股份有限公司
出版日期／2013 年（民 102）8 月 初版一刷

I S B N／978-986-6527-31-9
定　　價／NT380 元

版權所有　翻印必究

書食館系列讀者支持卡

感謝您用行動支持賽尚圖文出版的好書！
與您做伴是我們的幸福

讓我們認識您
姓名：____________________
性別：☐ 1. 男　☐ 2. 女
婚姻：☐ 1. 未婚 ☐ 2. 已婚
年齡：☐ 1.10~19 ☐ 2.20~29 ☐ 3.30~39 ☐ 4.40~49 ☐ 5.50~
地址：☐☐☐ ____
電子郵件信箱：____
電話：(日) ____________________(夜) / 手機 ____________________
職業：☐ 1. 學生 ☐ 2. 餐飲業 ☐ 3. 軍公教 ☐ 4. 金融業 ☐ 5. 製造業 ☐ 6. 服務業
☐ 7. 自由業 ☐ 8. 傳播業 ☐ 9. 家管 ☐ 10. 資訊 ☐ 11. 自由 soho
☐ 12. 其他 ______________
（請詳填本欄，往後來自賽尚的驚喜，您才接收得到喔！）

關於本書
您在哪兒買到本書呢？
連鎖書店 ☐ 1. 誠品 ☐ 2. 金石堂 ☐ 3. 何嘉仁 ☐ 4. 網路書店
量販店 ☐ 1. 家樂福 ☐ 2. 大潤發 ☐ 3. 其他 ___________
一般書店 ☐ __________ 縣市 ______________ 書店
☐ 1. 劃撥郵購 ☐ 2. 網路購書 ☐ 3.7-11 ☐其他 ________________

您在哪裡得知本書的消息呢？（可複選）
☐ 1. 書店 ☐ 2. 網路書店 ☐ 3. 書店所發行的書訊 ☐ 4. 雜誌 ☐ 5. 便利商店
☐ 6. 超市量販店 ☐ 7. 電子報 ☐ 8. 親友推薦 ☐ 9. 廣播 ☐ 10. 電視
☐ 11. 其他 ______________

吸引您購買的原因？（可複選）
☐ 1. 主題內容 ☐ 2. 圖片品質 ☐ 3. 編排設計 ☐ 4. 封面設計 ☐ 5. 內容實用
☐ 6. 文字解說 ☐ 7. 使用方便 ☐ 8. 作者粉絲

您覺得本書的價格？
☐ 1. 合理 ☐ 2. 偏高 ☐ 3. 偏低 ☐ 4. 希望定價 _________ 元

您都習慣以何種方式購書呢？
☐ 1. 書店 ☐ 2. 網路書店 ☐ 3. 劃撥郵購☐ 4. 量販店 ☐ 5.7-11
☐ 6. 其他 _________________

給我們一點建議吧！
____

填妥後寄回，就可不定期收到來自賽尚圖文的出版訊息與優惠好康喔！

請沿虛線剪下，謝謝！

廣告回信
台北郵局登記證
台北廣字第 2066 號

10676
台北市大安區臥龍街 267 之 4 號 1 樓
賽尚圖文事業有限公司收

請沿虛線對折，封黏後投回郵筒寄回，謝謝！

川菜江湖 百年傳奇

請沿虛線剪下，謝謝！